吴圆圆　著

新视频
节目创作教程

Video
Program
Production

清华大学出版社

北京

图书在版编目（CIP）数据

新视频节目创作教程 / 吴圆圆著 . —北京：清华大学出版社 , 2023.6
ISBN 978-7-302-63510-9

Ⅰ . ①新… Ⅱ . ①吴… Ⅲ . ①计算机网络 – 视频 – 节目制作 – 教材 Ⅳ . ① G222.3

中国国家版本馆 CIP 数据核字（2023）第 085359 号

责任编辑： 纪海虹
封面设计： 崔浩原
责任校对： 王荣静
责任印制： 杨 艳

出版发行： 清华大学出版社
　　　　　 网　　址： http://www.tup.com.cn, http://www.wqbook.com
　　　　　 地　　址： 北京清华大学学研大厦 A 座　　**邮　编：** 100084
　　　　　 社 总 机： 010-83470000　　　　　　　**邮　购：** 010-62786544
　　　　　 投稿与读者服务： 010-62776969, c-service@tup.tsinghua.edu.cn
　　　　　 质量反馈： 010-62772015, zhiliang@tup.tsinghua.edu.cn
印 装 者： 涿州汇美亿浓印刷有限公司
经　　销： 全国新华书店
开　　本： 188mm×260mm　　**印　张：** 17.75　**字　数：** 389 千字
版　　次： 2023 年 8 月第 1 版　　**印　次：** 2023 年 8 月第 1 次印刷
定　　价： 68.00 元

产品编号：096018-01

序　言 Preface

　　2020年年初，我正在给纪录片专业本科生上"电视节目制作"课程。受疫情影响，这样一门强调实践的专业课程不得不转为线上教学，对教师而言，这无疑是一大挑战。同时，对广电业何尝不是一次考验和挑战呢？我们看到，除电视节目、常规性直播和新媒体直播等方式外，央视频客户端依托5G技术开通了武汉雷神山和火神山两所医院建设现场的24小时"慢直播"，以真实纪录式、不间断的直播形态让亿万网民成为"云监工"。在原有的线下录制计划难以执行、现有的综艺被限制播出的情况下，一些老牌节目纷纷开启云录制模式。如，以湖南卫视《嘿！你在干嘛呢？》为代表的将技术创新和内容创意组合优化的新节目，"云录制＋音乐竞演／宅家谈话／美食制作"等全新互动的节目形态为观众带来心灵慰藉。广电业在疫情倒逼下渐入佳境，在推动湖北经济复苏上，央视新闻策划发起"谢谢你为湖北拼单"媒体公益行动的首场直播，以多样化应用实践服务疫情防控主战场。广电战"疫"引起全社会的高度关注，也引发了我对视频节目创作教学更为深入的思考。

　　当下的节目已远不是传统电视节目的概念，"内容为王"的"内容"也已不是传统思维中的节目生产内容。从传播理论到传播实际，再到教学实践，关于媒体深度融合的思考不断深化。在疫情网课期间，我设计了一档云录制的短视频谈话节目，让学生观察疫情之下宅家的问题，关注特殊时期人的心理变化。在缺乏专业灯光、设备、场地的情况下，师生共同完成了《你不知道的事情》《最熟悉的陌生人》《家话》《疫家人》《宅在一起》《爆炸吧厨房》6档云制作短视频节目，在"青年不NG"课程微信公众号平台和同名B站号播出后，作品集锦登上学习强国平台，短时间内点击量超过28万次。2020年年底，面对网友所谓的"史上最难毕业季"，我策划了《同疫时代的后浪》系列短视频节目，聚焦疫情时代的大学生毕业和就业问题，用一系列大学生访谈短视频节目构建形成"同疫时代"的人物群像，部分作品登上学习强国—上海平台。疫情大考让我们更深入直观地看清新媒体的本质特征和传播优势，学生实训把新视频节目从理论转化到具有可行性的实操，进而形成立竿见影的社会服务效应，进一步激发了我对课程思政融入专业课程教学的理解与认知。

新媒体的本质特征和传播优势让我们看到，节目传播面对挑战的不是内容和思想，而是表达方式和渠道革命。1G 拉开移动通信的大幕；2G 读图；3G 看视频；4G 时代看直播和短视频，手机成为争夺视频用户的主战场；5G 推动广电业与人工智能、大数据、云计算、VR/AR 等新兴技术深度发展，大容量承载的万物互联，将媒体与跨行业应用紧密联结。伴随信息技术的迭代，节目形式和形态一直都在持续不断地变化，节目创作与研究亟待立于新高度，拓展新思维。

与此同时，新文科建设下的中国特色新闻传播学科对应用型传媒人才培养提出具体要求，强调人才培养要加速融入"互联网+"时代的新发展，新闻传播与戏剧影视交叉相融，建构形成更加丰富多元的传媒学科。在关键性的教材上，已有电视节目研究相关书籍，或倾向于理论性的方法论，或侧重实操性的手册。热销的"创作宝典"类国外教材无法服务于我国新时代传媒人才培养，传媒教育的学科发展与一线教学实践都呼唤能满足视听新媒体前沿教学要求的教材建设与改革。

本书系统梳理新视频节目的概念发展、生产过程、创作技巧、移动思维，打破很多视听专业教材从传统电视或视听节目维度爬梳学科发展的传统。从新视频节目创意和编导具体可操作的层面入手，以系统发展的眼光把握从传统电视"内容生产"向新媒体节目"产品服务"的思维变迁，全面阐释新视频节目的长短和类型突破、编剧工种和采编流程的调整、大小屏幕和传播渠道的革命、字幕音乐等创作表达，透彻解读新视频节目区别于传统广电行业创作规律的新播出平台、新技术支持、新表现形式和新互动参与，形成适配媒体行业发展的专业认知。另外，引入行业流程，将新视频节目创作全套流程拆解为策划、文案、拍摄、编辑、叙事、编剧、后期、传播板块，一个章节对应一个创作步骤。援用大量优质案例深入论证，挖掘放大专业教学中的思政元素，注重归纳提炼创作方法，总结强化实用技巧，以抽丝剥茧的分析和清晰明了的讲解产生带着读者做节目的实战感，使教材实操应用性落地，丰富新时代大文科视野中不断发展的学科属性。

值得一提的是，本书在各主要章节后以附件形式提供一线媒体实战资源，包括新视频节目的创作团队制度、前期文案创作、现场拍摄脚本、解说词的写作、优秀文案技巧评析、综艺编剧台本等，并附二维码，扫码可同步观看附件所对应的真实案例视频。在教师自建教学实践平台（微信公众号"青年不 NG"）上，可观看与学生共同创作的新视频节目实践作品。同时，本书还制作了内容匹配的视频课程，为读者利用网络手段实现线上线下融合学习提供便利。

党的二十大擘画了以中国式现代化全面推进中华民族伟大复兴的宏伟蓝图。新时代新征程，在世界百年未有之大变局背景下，如何为党育人、为国育才，如何培养"为我所用"的新时代优秀传媒人才，既是传媒教育的使命，也是本书创作的初心。

　　自初稿完成，已经过多轮修改。新节目层出不穷，数字化日新月异，虽已竭尽全力，但仍恐论证不深、引证不详、考虑不全。还有在节目案例解析或影像使用版权上，若有不当之处，望读者予以谅解。此外，本书还参考了国内外相关论著，并引用了部分一线媒体的应用实践成果，亦在此表示敬意和谢意。书中尚存诸多不足，望同侪学友教正！

　　本书在成书过程中，李一宁、柴文静、张君至、赵振宇、潘一统、卢扬、张俊艳7位学生在资料整理、案例补充上作出了贡献。清华大学出版社及编辑纪海虹女士给予了倾力支持，谨致衷心谢忱！

吴圆圆
于上海松江大学城

目 录 *Contents*

第一章　新视频节目概论 **001**

第一节　新视频节目的发展历程 001

一、电视节目：从节目产生到栏目专业化发展 002

二、新视频节目：从传统媒体到新媒体融合发展 003

三、新视频节目类型的发展历程 004

第二节　新视频节目的采编流程 008

一、传统电视节目的采编流程 008

二、传统电视节目的制作方式 011

三、新视频节目采编流程和思路调整 012

第三节　新视频节目的编创分工 013

一、新视频节目制作的工种及职责 013

二、新视频节目团队创作的后台制度保障 015

三、新视频节目编导应具备的三项能力 019

附 1　湖南卫视 12 大工作室简介 021

第二章　新视频节目策划 **027**

第一节　新视频节目策划的界定 027

一、新视频节目策划的概念 028

二、新视频节目策划的要素 029

三、新视频节目策划的原则 030

第二节　新视频节目策划的流程与方法 033

一、新视频节目策划的流程 033

二、新视频节目策划的常规思路 038

三、新视频节目的创新方法 039

第三节　新视频节目策划书的撰写 044

一、新视频节目策划书的写作要点 044

二、新视频节目策划书的写作规范 044

三、新视频节目策划书的写作案例 046

附1　湖南卫视《音乐不断》节目策划书 046

附2　湖南卫视《好奇大调查》
　　　——《什么方式醒酒最有效？》编导策划案 049

第三章　新视频节目前期文案创作 **053**

第一节　新视频节目的选题 053

一、新视频节目的选题判断 054

二、新视频节目选题的构思步骤与方法 058

三、新视频节目选题单的写作格式及关键要点 062

第二节　编导阐述 064

一、编导阐述的意义 064

二、编导阐述的具体内容 065

第三节　拍摄提纲与脚本写作 068

一、拍摄提纲的写作 069

二、分镜头脚本的写作 070

三、新视频节目脚本的写作 072

附1　江西卫视《跨越时空的回信》第二季之"父亲"台本（20190619）...075

附2　湖南卫视《新闻大求真》（"求真动物园"板块）
　　　之《谁是猴王》（上）台本（20151015）.....................................084
　　　《谁是猴王》（下）台本（20151016）...086

第四章　新视频节目画面造型与现场拍摄 **087**

第一节　认识新视频节目的画面 087

一、新视频节目的屏幕特性 087

二、新视频节目画面的时空特性 089

三、新视频节目画面的成分构成 092

第二节　新视频节目的画面造型 096

一、新视频节目的画面造型三要素 096

二、新视频节目固定镜头的画面造型表现 103

三、新视频节目运动镜头的画面造型表现 105

第三节　新视频节目的现场拍摄 108

一、新视频节目的现场拍摄准备 108

二、演播室节目的拍摄要求 110

三、纪实跟拍的摄像技巧 112

四、情绪和细节镜头的处理方法 114

附1　南京铁检形象片拍摄制作脚本 116

附2　腾讯室外游戏真人秀《王者出击》第二期　古北水镇拍摄脚本 121

第五章　新视频节目编辑 **123**

第一节　蒙太奇与视频节目编辑 123

一、影像表现中的蒙太奇思维 123

二、蒙太奇的类型 124

三、视频节目编辑中的蒙太奇 125

第二节　画面编辑——一项贯穿节目创作始终的活动 126

一、素材的挑选 126

二、叙事的打磨 127

三、视频节目剪辑的两个层面 129

第三节　新视频节目剪辑原则与技巧 131

一、新视频节目剪辑的五大原则 132

二、新闻专题节目的剪辑技巧 138

三、竞技类真人秀节目的剪辑技巧 142

四、观察类真人秀节目的剪辑技巧 144

第六章　新视频节目叙事 **149**

第一节　用视频节目讲述视听故事 149

一、新视频节目对故事的界定 149

二、新视频节目叙事模式的组成 150

第二节　悬念——讲好故事的关键技巧 155

一、新视频节目悬念制造的重要意义 156

二、新视频节目的形式设计性悬念 157

三、新视频节目的内容结构性悬念 159

第三节　从典型案例看不同类型节目的叙事特色 162

一、亲子真人秀《爸爸去哪儿》：弱化游戏难度，放大情感因素 162

二、文博探索节目《国家宝藏》：用多元形式让文物活起来 163

三、体育竞技真人秀《忍者勇士》：竞技故事外壳与体育精神内核 164

第七章　新视频节目后期文案写作 **169**

第一节　新视频节目解说词的写作 169

　　　一、新视频节目解说词内涵的扩展 ……………………………………170
　　　二、新视频节目解说词的构成 ……………………………………………171
　　　三、新视频节目解说词的写作技巧 …………………………………………173
　　第二节　新视频节目字幕的使用创新 ……………………………………………176
　　　一、视频节目字幕的发展历程与表现形式 …………………………………176
　　　二、从字幕到花字——新视频节目字幕形式与功能的变迁 ………………180
　　　三、新视频节目花字的使用技巧 …………………………………………183
　　第三节　宣传文案——新视频节目的点睛之笔 …………………………………187
　　　一、新视频节目宣传文案的特性 …………………………………………187
　　　二、新视频节目宣传文案的写作思路 ……………………………………188
　　　三、经典视频节目宣传文案评析 …………………………………………190
　　　附1　《致富经》——《"范天坏"的致富逻辑》解说词文案（20131224）……195
　　　附2　浦东电视台《东方艺术长廊》之艺术真相板块解说词文案 …………201
　　　　　"三乐"人生——戴小京 ……………………………………………201

第八章　新视频综艺节目编剧 ………………………………………………205
　　第一节　我国综艺节目编剧的发展历程 …………………………………………205
　　　一、我国综艺节目编剧工种的产生 ………………………………………205
　　　二、综艺节目编剧与导演的分工 …………………………………………206
　　　三、综艺节目编剧的职责与工作流程 ……………………………………207
　　第二节　综艺节目的编剧技巧 ……………………………………………………209
　　　一、综艺节目编剧的人物设定 ……………………………………………210
　　　二、综艺节目编剧的叙事构建 ……………………………………………212
　　　三、综艺节目编剧的情感传播 ……………………………………………216
　　第三节　综艺节目编剧台本的构架 ………………………………………………218
　　　一、综艺节目台本的内涵 …………………………………………………219
　　　二、综艺节目编剧台本的应用实践 ………………………………………221
　　　三、当前视频节目编剧存在的问题 ………………………………………226
　　　附1　江苏卫视《世界青年说》第一季第一期台本 ………………………228
　　　附2　江西卫视父亲节特别节目《出发吧，老爸》 ………………………235
　　　　　朱翊、杰米父子·逗乐之旅（澳门站台本）…………………………235

第九章　新视频节目传播策略 ………………………………………………245
　　第一节　新视频节目的内容生产变革 ……………………………………………245
　　　一、新受众：从传统观众到社交媒体用户 ………………………………245

二、新渠道：从单一平台到立体多样 248

三、新表达：沉浸体验与网感互动 249

第二节　新视频节目的传播逻辑重构 250

一、破圈：新视频节目的圈层突破 251

二、热度：新视频节目的话题营销 253

三、口碑：新视频节目的影响力构建 259

第三节　新视频节目的传播优化思考 263

一、创造正向情绪价值 263

二、激发多元主体的创作活力 265

三、守正与创新同步的融合传播 267

参考书籍 **272**

CHAPTER 1
第一章

新视频节目概论

　　伴随网络社会的崛起，视频（Video）一词出现在世人面前。尤其是智能手机录像功能的增加，极大地改变了媒体内容传播生态，使得视频节目可以随时随地想看就看，让每个人都有参与视频节目制作，甚至成为视频节目制作人的可能。

　　媒体融合发展至今，传播科技的发展不断推动着传媒生产力的提高。在节目生产与技术融合的发展中，传统电视节目的存在形态和采编流程都发生了根本性的改变。同时，在互联网环境下，新媒体以崭新的姿态走在传统媒体发展的前沿，网络自制视频节目的兴起抢夺了传统电视节目的半壁江山。对新视频节目的论述，不只是区别于传统概念中采编平台的差异，更是以面向未来的姿态探讨视频节目制作中新的内容形态、受众需求、传播思维和商业模式。

第一节　新视频节目的发展历程

　　1985 年，世界诞生第一台现代意义上真正可移动的电话，手机成为人们握在手中、随时随地通话的工具。2000 年 9 月底，日本夏普公司将摄像头植入手机，在日本推出了可拍照手机。作为一款内置数码相机功能的手机，当时还不能在手机上编辑照片，只能将其导入电脑。但即使这样，也预示着手机能承载通话之外更多的功能，由此开启了手机的视觉传播时代。

　　在媒体深度融合的背景下，新技术深刻影响视听媒介进化。传统的电视节目面临大小屏幕协调、分发等问题，跨屏衍生出形态各异的多样化节目类型。节目从内容到分发、从表达到渠道、从跨屏到融屏产生了一系列翻天覆地的变化，传统电视节目的概念早已无法准确表达当下的视频节目传播理念和创作实践。基于此，我们摒弃传统"电视"的概念，也不局限于节目类型变迁的表象与平台传播的差异，而是回归到节目形态变迁的"视频"本质，探讨视频节目的视觉传播。本书提出"新视频节目（New Video Program）"的概念，该概念本身即是媒体深度融合的体现。

一、电视节目：从节目产生到栏目专业化发展

广播电视的产生是人类文明发展和科学技术进步的结果，它们的出现使得人类信息传播的广度和深度都得到空前的拓展。政治、经济、文化、科技等因素直接影响广播电视的发展历程。作为一种现代化的大众传播媒介，广播电视的发展与科技的推动有着密不可分的关系。

1936 年 11 月 2 日，英国广播公司电视台 1 台（BBC One）正式开播，这一天被称作世界电视事业的开端。随后，电视事业开始在世界范围内蓬勃发展。1958 年 5 月 1 日，我国第一座电视台——北京电视台（中央电视台的前身）的诞生（图 1-1），标志着中国电视事业的正式起步。创办之初，北京电视台节目的拍摄使用 16 毫米摄影机（图 1-2），制作手法借鉴电影的拍摄。当时播出的节目主要依靠电影厂提供电视纪录片和科教片，文艺演出单位提供其他直播的支持，自制节目非常少。落后的技术、装备制约了电视节目形态的生产。到 1978 年党的十一届三中全会以后，国家提出优先发展电视，由此，电视媒介在新闻传播媒介中的地位发生了根本性变化，推动了我国电视节目栏目化的崛起。

图 1-1　北京电视台开始实验性广播的新闻　　　　图 1-2　北京电视台建台初期
（原载《人民日报》1958 年 5 月 5 日）　　　　　　使用 16 毫米摄影机

按照《广播电视辞典》的解释，电视节目[1]指电视台所有播出内容的基本组织形式和播出形式。它是一个按时间段划分、以线性传播的方式安排和表现内容，依时间顺序播送内容的系统。作为包含一套节目（电视台整体的节目群）、一个节目（电视台日播的个体节目）、一次节目（电视台一次性播出的节目内容）的多层次系统，电视节目实际上涵盖了电视台和其他电视制作机构制作的、供播出或交流的、具有特定内容和形式的电视作品，也是为人所感知和理解的视听内容产品。电视节目内容丰富，形式多样，节目系统具有灵活机动的特点，导致节目的概念使用有一定的模糊性。

而电视栏目[2]脱胎于报刊专栏，是隶属于电视节目的内容组织形式。电视栏目一般是有固定时间、固定长度、固定风格并定期播出的电视节目，体现了一种板块化的

①　赵玉明，王福顺主编.广播电视辞典 [M].北京：中国传媒大学出版社，1999：219-220.
②　赵玉明，王福顺主编.广播电视辞典 [M].北京：中国传媒大学出版社，1999：220.

组织方式，是电视制作和播出中的基本衡量单位之一。从宏观上说，电视栏目是电视内容产业的重要组成部分；从微观上看，电视栏目是电视频道编排的基本单元。

与电视栏目概念密切相关的一个概念是"电视栏目化"[①]，它是广播电视编排节目的一种方法。电视栏目化通过使节目的内容类型系统化、时间长度规范化、节目编排条理化，有利于培养观众稳定的收视习惯。栏目化播出要求电视节目成为一种模式化、类型化、可批量生产的视听产品，促进了不同类型电视节目形态的发展。

从"电视节目"到"电视栏目"是电视内容逐渐丰富的演变过程。在电视业发展的起步阶段，电视播出内容贫乏，电视节目成为电视播出内容的基本单位。到20世纪80年代中后期，随着电视节目内容的丰富，电视行业逐渐出现固定时间播出的内容板块，如《新闻联播》《东方时空》《健美五分钟》等，中国的电视节目进入"栏目化"阶段。电视栏目的发展同时也成为了电视媒介"锁定"电视观众的方式，成为媒介竞争的一种有效手段。

经过半个多世纪，中国电视事业的发展取得了辉煌成就，电视节目的内容不断丰富，形态更为多元。

二、新视频节目：从传统媒体到新媒体融合发展

随着数字技术与互联网的应用和普及，新媒体节目形态迅速发展，逐渐形成不同于传统广播电视的节目内容和服务功能。在视频网站发展初期，多通过购买电视台制作的电视节目网络版权进行节目播放。2014年被认为是中国网络自制节目的元年，从这一年开始，以腾讯视频、优酷视频、爱奇艺等为代表的各大视频网站涌现出一定数量且品质相对较高的网络自制节目。

如今，在新媒体融合发展时代，伴随着抖音、快手等短视频平台的崛起，电视媒体的垄断性消费地位已经消失。电视台与网络视频媒体的关系从单向输出到双向流动，现在，不少网络平台开始反哺电视台。对传统媒体而言，依托互联网思维和平台思维对电视节目资源进行创新性变革，也是传统电视节目走向新视频节目的关键。基于互联网交互性的基础，新媒体节目形态逐渐丰富，其节目内容和形态逐渐超越传统媒体，诞生出新的类型、特点和形态。

按照新媒体播出平台分类，主要是传统电视与互联网融合所产生的新媒介形态，例如，电视与互联网融合产生的网络视频、IPTV、电视与移动互联网融合产生的手机电视。此外，还有网络节目、IPTV与互动电视内容、手机电视节目等新媒体节目形态。

按照新媒体节目内容分类，新媒体正在发展过程中，由于传播者与受众之间关系的变化、受众参与程度的增强、微型碎片化内容增多以及技术应用创新等因素，出现了公民视频新闻、微电影、新媒体剧、富媒体广告、电子游戏等新媒体节目形态。

对于新视频节目来说，无论是传播实践还是传播理念，传统电视传播的概念已经无法准确表达，因此，新视频节目不仅指代的是平台和内容，更是媒体融合环境下的

---

① 赵玉明，王福顺主编．广播电视辞典 [M]．北京：中国传媒大学出版社，1999：220.

传播思维。

三、新视频节目类型的发展历程

节目类型是指具有相似元素、结构的电视节目所形成的统一风格，当我们谈论节目创新时，首先要系统地、实践地、与时俱进地理解节目类型的概念。

1. 传统线性排播思维下的传统电视节目类型划分

西方国家对节目分类的研究是与产业发展同步进行的。在制订电视节目分类规则的时候，学术界和产业界都有一个规划和培养期，培养相关人员及观众对该节目类型的认知。

在根据"文本"进行划分的节目类别中，主要以节目的内容元素和叙事方式进行分类的方法普遍受到学术界和产业界的认同。据此，电视节目通常分为如下几个类别：新闻、纪录片、娱乐杂志、脱口秀、肥皂剧、情景剧、喜剧和体育等。

按照内容元素和叙事结构建立的电视节目分类体系对西方的学术界和产业界具有很重要的意义。学者们可以根据分类系统进行分门别类的节目研究；节目制作者可以依据分类体系中对类型节目较为明晰的规定实现生产的标准化和规模化，同时，还可以通过结合不同类型的节目特征，准确找到创新方向；观众可以借助对节目类别的认识，迅速建立起理解节目内容的思维体系。

不同于西方，在我国传统的电视节目分类研究中，对电视节目的分类一般采用以内容为主要标准的"内分法"和以形式为主要标准的"外分法"。在两种分类原则的指导下，形成常见的两大节目分类系统：一种是按照节目的内容性质和社会功能划分的新闻性、文艺性、教育性、服务性节目；一种是按照节目内容构成和组合形式划分的综合节目、专题节目、杂志型节目。[①] 不同的标准有不同的分类，在多种分类并存的情况下，一个节目可能隶属于多个节目类型。综合主要节目分类标准，我们对传统电视节目的类型划分作出简要梳理：

（1）电视新闻类节目包括消息类、专题类、评论类、杂志类、谈话类五个基本节目类型。其中，消息类电视新闻节目以迅速、简要、客观地报道新近发生、发现的事实为主要目标，是出现最早、最常用的新闻体裁，也是电视台实现要闻总汇的主要栏目类型。如中央电视台的《新闻联播》《朝闻天下》《第一时间》《新闻30分》《国际时讯》《午夜新闻》《晚间新闻》，凤凰卫视的《凤凰早班车》《凤凰午间特快》等。

（2）电视社教类节目是电视节目中对观众进行社会教育、文化教育的一类节目样式。这类节目寓教育于娱乐，寓教化于服务，寓宣传于信息、文化知识的传播之中。如社会法制类《今日说法》《法治在线》《经济与法》；自然科学类《探索发现》《我爱发明》；教育类《百家讲坛》《汉字英雄》等。

（3）文艺娱乐类节目包括综艺表演类、游戏类、益智竞技类、真人秀、娱乐谈话类、

---

① 赵玉明，王福顺主编. 广播电视辞典 [M]. 北京：中国传媒大学出版社，1999：228.

娱乐资讯类。这类节目是一种综合多种艺术形式并带有娱乐性的电视节目，给大家带来很多欢乐。如《欢乐中国行》《快乐大本营》《艺术人生》《开心辞典》《中国好声音》《金星秀》。随着互联网的发展，产生于互联网的网络综艺节目往往脱胎于传统电视综艺节目，并依托互联网进行传播，是一种新兴的综艺形式。

（4）生活服务类节目包括专题性服务节目和综合性服务节目，如《美女私房菜》《交换空间》《为您服务》等，还有在普法背景下涌现的《律师帮帮忙》等法律援助类服务节目。这类节目为广大受众传播知识、指导生活、陶冶情操，满足了人们日益增长的物质和文化需要。

此外，从节目制作层面上，电视节目类型可以简单划分为剧情类节目和非剧情类节目，前者有剧本和分镜头本，后者通常没有剧本和分镜头本，所以这两类节目也可以叫作有脚本类节目和无脚本类节目。

电视节目类型的划分无论是哪一种分类方式，都是基于传统电视节目线性排播展开的，节目的创意策划无不是沿着传统线性传播思路发展的。但新媒体的出现，打破了这种延续许久的传统思路。

2. 新媒体节目的互联网特性

不同于电视台的线性排播，新媒体节目具有很大的反复收视和使用空间，使其节目呈现出强烈的分众化、交互性传播效果，这是新媒体节目先天的互联网基因所决定的。新媒体节目形态迅速发展，逐渐形成不同于传统广播电视的节目内容和服务功能。

在网络自制节目发展初期，节目类型较为单一，相对低成本的脱口秀和真人秀节目是其主要类型。随后，各大网站围绕自身的资源优势，对网络视频节目进行了多样化的拓展，既包含对细分的生活服务、教育科技、财经等领域在内容和形态上的延伸，也包含围绕大型节目多层次、多角度的立体开发，以此创建具有可识别性的网络视频节目生产体系。

（1）差异化、分众化的平台思维

与电视传播的大众化路线不同，分众长尾效应是网络视频节目收获大量用户的关键性策略。以优酷为例，从 2012 年开始，优酷便在自制节目上发力，在节目策划时加强对文化类节目的布局。在具体节目的打造上，如 2012 年上半年开始上线的、由著名音乐人高晓松主持的《晓说》（图 1-3），该节目系为文化名人高晓松量身定制的脱口秀，优酷将其定义为中国第一档全自由发挥的知识类名人脱口秀。在传统电视节目中，这种为社会名人量身打造的漫谈式脱口秀节目形态并不常见。在节目播出后，节目组会关注网友留言和反馈，及时调整节目内容，显示出与传统电视平台互动性的差异。2015 年，优酷又推出梁文道主持的文化读书栏目《一千零一夜》（图 1-4）。不同于以往的文化类节目，这档节目采用全程实景夜间拍摄的方式，由说书人梁文道在街边、地铁等场景中向观众分享他对经典的独特理解。据说该节目策划的前身为梁文道在凤凰卫视主持的直播节目《开卷八分钟》。"只有晚上，只在街头，只读经典"的《一千零一夜》也是优酷聚焦青年群体，实现节目长尾效应的代表。

图 1-3 优酷推出高晓松个人脱口秀《晓说》　　图 1-4 优酷推出梁文道主持的文化读书
　　　　　　　　　　　　　　　　　　　　　　　　　　　栏目《一千零一夜》

而在真人秀节目层面，优酷推出为极限情侣张昕宇、梁红打造的中国互联网第一档户外真人秀《侣行》于 2013 年 6 月 15 日正式开播第一季，据悉，上线仅 3 个月播放量就突破 1 亿次，集均达 611 万次。2015 年，该节目第三季全程采用 4K 摄像机，将文化、真人秀结合，成为首部全 4K 拍摄的互联网自制真人秀节目。

优酷围绕在特定受众群里有影响力的意见领袖个体，为其量身打造对应的节目类型，通过多档聚焦目标用户的自制节目，共同形成区别于其他平台的综合优势，构建自身人文、大气的平台形象。

（2）互联网视频产品思维下的节目创新

互联网视频网站具有强烈的 IP 意识，反映到节目创作中，体现为围绕核心 IP，利用其自身优势资源进行节目内容的深挖，形成协同效应。如芒果 TV 播出女团成长综艺节目《乘风破浪的姐姐》时，就附带节目加长版，在节目播出后，又推出城市体验类音乐旅行节目《姐姐的爱乐之程》。无论是《乘风破浪的姐姐》还是《姐姐的爱乐之程》，都从属于真人秀节目类型的范畴。从细分类型上看，《乘风破浪的姐姐》属于女性成团综艺节目，而《姐姐的爱乐之程》是城市体验类音乐旅行节目，但这两档节目都是从高效利用"姐姐"IP 衍生出来的节目产品，目的是深度挖掘独播资源的优势和价值。可以说，这就是网络视频平台的互联网产品思维的体现。

产品思维或者说节目的商业合作开发是互联网视频节目在节目类型上的又一优势。区别于节目赞助及播出后的产业链开发，在节目策划的早期，网络平台就已经尝试商业合作开发。比如《爱上超模》是由爱奇艺独家出品，悦联动力创意制作的一档中国超模时尚互动真人秀节目，节目中所有展现的服装可以通过京东商城链接购买；芒果 TV《爸爸去哪儿》火爆之后，推出官方手游和大电影。直播带货火爆之后，优酷上线跨界主播职场竞技真人秀《奋斗吧！主播》，通过选拔直播女团，直接采取直播带货节目的模式，将节目形态、价值呈现与流量变现融合在一起。

3. 新视频节目类型的突破与发展

新形态的视频节目在当下实践中不断涌现，这些新视频节目中有的可以归纳到以往划分的类型中，还有很多丰富、跨界的节目形态很难精确归类。加之层出不穷的原创新节目样态在初期也无法做到模式化操作,因此,理解类型突破背后的互联网逻辑尤为重要。

互联网视频网站拥有先天的互联网传播优势,节目在形式内容、传播共享方式上都擅长以互联网思维充分激发节目受众的活力。与互联网媒体相对应的传统电视媒体是完全不一样的媒介形态及媒介思维方式。在互联网环境下,以电视节目影像制作为核心优势的传统电视媒体在坚守自身内容优势的同时,强化"互联网思维",将具有内容优势和品牌影响力的传统电视节目积极与新媒体进行深度融合,综合运用多种媒介和终端全天候、全方位、立体化展示传播内容,努力打造全媒体化平台。

互联网视频节目在节目类型上的优势主要集中在直播层面。视频直播在传统节目制作中多被应用于新闻节目中,而且传统电视媒体无法实现节目中的全时全景直播。互联网视频节目利用网络播出的优势,早期在节目类型上甚至 24 小时不间断直播,形成网络视频自制节目的一大亮点。如腾讯 2015 年推出的大型实验真人秀《我们 15 个》,芒果 TV2015 年开播的全时全景直播网综《完美假期》(图 1-5),都是通过多机位、多窗口、不间断直播的方式为观众带来沉浸式的观看效果。直播带来的无剧本、无剪辑的制作方式,将真人秀中的"真"做到了形式上的极致。

2020 年突发新冠肺炎疫情,央视频客户端依托 5G 技术开通武汉雷神山和火神山两所医院建设现场的 24 小时"慢直播",以真实记录式、永远在线的直播形态让亿万网民"云监工"3 天时间内在线观看人数突破 5 000 万。人民网、人民视频则依托 5G 技术实现中国媒体界首次自发组织的大型网络联动直播,网络共享直播节目《人民战"疫"》(图 1-6)开播一个多月以来,全国共有 75 家媒体、区县级融媒体中心记者参与出镜连线。在原有的线下录制计划难以执行,现有的综艺被限制播出的情况下,多家卫视纷纷尝试将"云录制 + 音乐竞演 / 宅家谈话 / 美食制作"等模式进行技术创新和内容创意上的组合优化,创造了一种依托直播互动的全新节目形态,其中,较为有代表性的有湖南卫视使用"5G 芒果超视"应用的"云录制"节目《歌手·当打之年》、浙江卫视《我们宅一起》等。

总之,新视频节目的思维既不是在原来传统电视媒体基础上叠加的简单的新媒体传播产品,也不是传统电视业务与新媒体业务两者并行,而是从内容、形式、技术等多重层面进行整合调整,形成以互联网思维为指导的新视频节目传播体系。直播、共享直播、云录制等新的电视制播形式是未来传统电视节目类型突破的改革方向。

图 1-5　《完美假期》第二季收官之夜　　　　图 1-6　人民视频直播节目《人民战"疫"》
　　　　　　　　　　　　　　　　　　　　　　　　　播出画面

第二节　新视频节目的采编流程

电视屏幕限定了受众对节目观看的时间、地点和观看的方式，而网络屏幕尤其是移动手机小屏更加方便受众观看，并且可以随意重复播放，深受广大受众喜爱。因此，对节目采编而言，应深控一线采编要求，强化内容生产的移动化、智能化，积极探索前沿技术在节目采编业务中的创新应用。

一、传统电视节目的采编流程

对一档传统的电视节目制作而言，往往可以简单地划分为前期制作和后期制作两个过程。前期制作包括选题策划、现场录制两个阶段；后期制作包括编辑混录、审片修改两个阶段。可以说，这是一种传统的作品意识，采编思维是背后的线形作品传播思路。

随着新媒体的强势崛起，视频节目开始将原来的长视频节目，通过碎片化进行微博号、公众号、视频号等新媒体平台推送，这虽是对传统节目业务的拓展，但是仍旧属于传统内容制作层面的业务。

1. 第一阶段：前期选题策划

选题策划是新视频节目制作的关键，主要解决两个方面的问题，即"做什么"和"怎么做"。简单来说，策划包括确定主题、策划创意、人物筛选、联络沟通、统筹相关的技术和执行等工作。

一个好的选题策划直接影响到一个节目的效果。按照节目类型，我们简单地从剧情类节目策划和非剧情类节目策划进行区分。对剧情类节目选题策划而言：

第一，要对拍摄对象有所熟悉，查找与准备拍摄对象的相关材料，然后对搜集来的材料进行分析与加工。做好相关准备后进入拍摄方案、拍摄思路的确定阶段。

第二，进行节目构思，确立主题，搜集资料，草拟脚本。

第三，主创人员开碰头会，写出分镜头方案。分镜头剧本一般包含：镜号、景别、摄法、内容、长度、音响、音乐、备注等内容。

第四，进行拍摄计划筹备。在制作具体的拍摄计划前，我们首先需要对拍摄内容进行合理评估，制订相关的日程表，对拍摄时间和演员档期等有基本的了解。宏观来说，拍摄计划包括剧本筹备、审批立项、勘景、团队建立、演员选拔、开拍、后期等阶段；微观来讲，拍摄计划包含：剧集、场次、场景、日/夜、室内/室外、角色、服装、化妆、道具等。计划是节目的基础，节目的构思越完善、拍摄的条件和困难考虑得越周全，节目制作就会越顺利。

第五，人员配置。根据节目性质对导演、演艺人员、主持人、记者作出选择，向制片、服装、美工、化妆人员说明初步讨论的舞美设计、化妆、服装等方面的要求。确认前期制作所需设备的档次及规模，配备摄像、录音、音响、灯光等特技人员。制片部门要确定选择的拍摄场地及后期保障。

第六，各部门主要负责人讨论并确认拍摄计划。

第七，各部门细化自己的计划，如签订租赁合同，建造场景道具、图版，征集影片、录像资料等。

对于非剧情类节目的选题策划，比如新闻资讯、新闻专题、评论/谈话节目等，一般没有分镜头脚本，且在进行选题策划时，应尽力避免主题先行。创作思维的出发点首先应该确定关注点，然后再提炼主题。在故事内容的构建中，要特别重视故事情节和人物细节，情节和细节是节目构成的重要因素。创作者在关注点的基础上，要有基本的判断和预测能力，判断正在发生的事件价值所在，预测正要发生的事件重要走向，厘清已经发生的事件主线和脉络。

以 CCTV-1 和唯众传媒联合制作的中国首档青年电视公开课《开讲啦》为例，2019 年 6 月 8 日中国文化和自然遗产日主场城市活动在陕西省延安市举行，此次主场城市活动以"保护革命文物，传承红色基因"为主题，由国家文物局、陕西省人民政府主办，陕西省文物局、延安市人民政府承办。《开讲啦》栏目制作播出了《到延安去》主题节目（图 1-7），聚焦 80 年前那群不顾一切到延安去的知识青年，解读他们留下的珍贵革命文物，弘扬宝贵的精神财富。

节目开篇，从青年人的视角出发，大家走进延安。这个地方有着怎样的魅力？为了找到答案，他第一站我们来到了鲁迅艺术学院旧址。我们熟知的《黄河大合唱》的曲作者洗星海、词作者光未然，以及作家茅盾、丁玲等当时都生活于此。

《黄河大合唱》竟是这样创作出来的：《黄河大合唱》的词作者光未然当时刚刚手术不久，还在病床上的他只用了 5 天时间，就口述了 400 行的歌词；曲作者洗星海在发烧的情况下，仅用 6 天 6 夜就完成了曲子。顾玉才用讲述小花絮的形式，成功吸引了年轻人的兴趣。

遗产日跟我们青年人有什么关系？这是节目中主持人撒贝宁提的第一个问题。有一种文物你或许没那么熟悉，但你身边肯定存在，那就是"革命文物"。那什么是文物？什么是革命文物？革命文物跟我们青年人有什么关系？接下来，顾玉才用深入浅出的故事，为我们解读了这些关系，从一座城市到一个事件，从一个事件到一种价值，环环相扣，脉络清晰，紧密连接。

2. 第二阶段：拍摄、录制、制作

不管是外拍还是现场录制，拍摄、制作阶段都需要完成沟通采访、影像设计、镜头语言、灯光场景、服装、化妆、道具等相关工作，同时，要对可能出现的诸多意外情况提前做好预案，并随机应变地进行合适的处理。

图 1-7　《开讲啦》在中国文化和自然遗产日策划《到延安去》

（1）现场录制

现场录制是构思创作阶段拟定计划的具体落实过程，根据不同节目类型有不同的制作方式。按照制作场地的不同，可以分为外景录制与室内录制，本书主要以室内录制为例进行介绍。

第一，现场检查。导演和演员应当与美工师、技术负责人一起进行各项准备工作的检查。如布景、道具是否符合要求，在舞台上走动有无声响；图标、字幕是否正确无误；录像素材是否可用；各种录制设备是否齐全，工作是否正常，等等。

第二，集体协商。准备工作检查完毕后，导演应该把所有参与制作的工作人员集中起来，按照分镜头脚本的要求，明确工作的程序和每个人的职责，要使每一个人都十分清楚地知道什么时候该做什么，该怎么做。

第三，排练。排练的过程和正式录播的要求是一样的。在排练中，导演要对要求修改和强调的地方加以说明。首先，进入演播室前要对演员走位、表情、动作、交流等进行沟通；其次，导演要对剧情进行阐述，对灯光、舞美要进行最后确定，协同工作；再次，对音响、音乐进行处理；最后，对转播资料进行确定。

第四，录制。在正式录制时，参与制作的所有工作人员都必须严格按照既定方案执行录制工作，记录每段的场记、时间标准，适当穿插及备份镜头的拍摄。另外，正式录制开始后，不要干扰别人的工作，尤其不能发出声音。在控制室也是一样，否则会影响工作人员的注意力。在演播室更不能随意走动，如果相互之间沟通信息，可以靠耳麦或者手势进行交流。

（2）编辑混录

编辑混录阶段的任务就是将镜头拍摄下来的素材进行编辑，再分别配以解说、音乐和音响，完成最后的混合录制。编辑混录阶段主要包括以下几个步骤：

第一，确认素材的编辑方式，整理素材，搜集素材的入出点并确定；搜寻母带的入出点并确定。

第二，编辑画面，添加特辑，制作字幕。

第三，编辑完成后进行初审，看结构是否合理，段落层次是否清楚，有无错误并修改。

第四，录制解说词及音乐，将解说词、效果声、音乐进行混录，并处理音调、音量。

第五，审看完成片，负责人审看并提出意见。

第六，播出带复制存档或上传到服务器磁盘阵列。

经过这个阶段后，基本完成了整个节目作品的呈现。

（3）审片修改

电视节目在制作完成到播出之前，都必须经过样片的审片修改才可以播出。一般情况下，首先要对节目是否符合播出要求进行技术性的审核，包括检查时间码是否正确、字幕音效是否正确、结构审核是否完善、视频指标是否达标、音频指标是否达标、节目包装是否符合要求等；其次要进行内容审核，对是否符合选题、叙事是否清晰、节目控制是否恰当等内容进行全方位把握。

不同的制播单位有不同的审片机制，由审看人根据具体的播出要求审核后提出修改意见，由主创人员进行修改完善后再播出。

经过现场录制或拍摄、后期编辑混录、审片修改后，节目完成了内容层面的制作工作。

二、传统电视节目的制作方式

传统电视节目制作的三种方式，本书在"电视节目制作"前面加上一个"传统"。从新视频节目制作的角度上来说，这三种制作方式是从过去延续至今的电视大屏幕制作方式，但是在未来，移动屏幕带来的移动传播和内容的垂直分发，势必催生更丰富的新物种、新形态、新直播方式，比如，疫情期间手机直播节目就已经是一种新的尝试。

由于电视节目制作过程的复杂性和兼容性，制作电视节目的方式也是多种多样的，可以根据不同分类角度分成不同的类别。目前主要有以下五种分类方法：按照制作环境分类，可以分为 ENG、EFP 和 ESP 三类；按制播的同步性关系分类，可以分为实况直播、实况录播两类；按记录的载体分类，可以分为影片制作、录像制作和电脑制作三类；按机位的数量分类，可以分为单机制作和多机制作两类；按电视信号的形式分类，可以分为模拟方式、全数字方式和混合方式三类。我们主要对按照制作环境分类的方式进行具体阐述。

1. ENG 方式

ENG（Electronic News Gathering）即电子新闻采集，它主要采用便携式摄录设备对突发性新闻事件进行迅速采集和制作。这种方式分为前期拍摄和后期剪辑两个阶段，通常用于新闻片、纪录片和电视剧的制作。由于其可以通过通信技术将拍摄信号进行实时传输实现新闻的直播，因此 ENG 方式通常具有以下特点：

（1）前期拍摄，后期编辑。由于 ENG 方式拍摄和编辑是两个相对独立的过程，因此给前期拍摄留下了充足的时间和空间，可以对灯光、布景、摄像、服装等进行不断优化；后期编辑时，可以对镜头的运用、解说词的撰写、效果声的选取等方面反复琢磨，以求最佳效果。

（2）灵活机动。ENG 方式所用摄像机为便携式摄像机，可以实现第一时间单人单机奔赴事发现场。ENG 方式依靠其独立的传输系统，可以第一时间将现场画面传回，提高新闻的时效性。

2. EFP 方式

EFP（Electronic Field Production）即电子现场节目制作，它是以一整套完整的拍摄设备和编辑系统进行现场拍摄和现场编辑的节目制作方式，常用于发生时间、地点相对集中，场面较大，较为重要且不能重复的事件，如大型晚会、体育赛事等。这套系统包括两台以上的摄像机、一台以上的视频信号切换台、一个音响操作台以及灯光、话筒等辅助设备。这种制作方式通常具有以下特点：

（1）多机位拍摄、及时编辑。一般需要两台以上的摄像机从不同角度拍摄画面并且利用导播台进行切换，这是 EFP 方式的根本特点。

（2）现场感强。EFP 方式是根据现场情况，以多机位切换的方式对视频信号进行编辑和制作的。不论是直播还是录播，都能最大限度地还原现场氛围，具有很强的现场感与参与感。

（3）效率高。采用 EFP 方式即表示节目的制作过程与事件的发生过程完全同步，没有时差。

（4）机动性强。整套制作系统通常在一台转播车上，可以方便地把器材和编辑室带到现场，随时随地进行工作。

由于 EFP 方式的制播流程为连续地一次性完成，因此需要在摄制前对整体方案进行精心策划和准备，包括不同对象、景别、角度、技巧、节奏的变化和穿插等，这考验了导演和现场工作人员的指挥与调度能力。

3. ESP 方式

ESP（Electronic Studio Production）即电子演播室制作，主要是指使用演播室系统在室内进行节目制作。ESP 方式融合了 ENG 和 EFP 两种方式的长处，既可以先拍后编，又可以及时编辑；既可以单机拍摄，又可以多机位拍摄。ESP 方式是制作高质量节目的基础，它是电视台自办节目的主要手段，其最大的优点是有良好的制作环境，为高质量的电视节目提供了强有力的保障。

ESP 方式需要经常性地搭景和排练，制作周期相对较长。因此，要求对演播室进行科学规范的管理以及较高的布景和导播效率。

三、新视频节目采编流程和思路调整

新视频节目与传统电视节目采编思维的差异，不是简单的流程上的差异，而是流程背后的产品思维和服务思维的差异。它不是局限在视频节目制作的某个阶段，而是贯穿于整个节目制作当中，在节目生产的方方面面都要尝试将媒体沉淀的优势资源落实成具有针对性的社会服务和受众服务。这是新视频节目生产从内容思维到产品思维的转变。

在抗击疫情的媒体实践中，广电媒体顺势而为地推出了电视慕课（MOOC）、远程问诊、带货直播等新的传播内容，推出云录制、VLOG、慢直播等新的电视制播形式，但是这些举措多是特殊情况之下更为被动应急的产物，在疫情之后，传媒行业对其受到疫情影响的反思是严重不足的。近年来，在媒体融合的推进中，广电业虽然在进军MCN[①]（多频道网络）、碎片化传播方面也举措不断，但对新传播环境下新视频节目的认知还是存在相当的局限性。

---

① MCN：Multi-Channel Networks 的缩写，即多频道网络。早期是指内容生产者与 Youtube 之间的中介，主要是帮助内容创作者解决推广与变现问题。广电 MCN 是广电媒体融合转型中的大胆尝试，本质上是一种新型视频媒体机构。

当视频影像与各终端在以 5G 技术为代表的新媒体时代跨界互联、人的感官将被嵌入用户生活轨迹中的媒介场景时，媒体内容早已经超越了表象上被受众观看的层面，而与人的消费行为、社会关系与情感需求紧密相连。

1. 前期策划贯穿创作全过程，每个工种都要有编剧意识

传统的策划思路认为，策划仅仅存在于创作早期或者创作发生之前，而新视频节目策划思维需要打破传统局限，以编导的名义在作品创作环节中不断进行互动和调整。目前，在很多大型综艺节目中对编剧工种的重视很大程度就是对策划思路的重视。但是，节目的构建不能只依靠编剧或者编剧团队。相对于传统的节目制作，每个工种都有程式化的明确分工，新视频节目制作强调每个工种都要有编剧意识，都要以整个编剧大系统中一员的身份围绕编剧对整个节目的策划进行调整，共同完成整体的节目叙事搭建。

2. 内容制作层面必须突出社会服务性

在内容制作层面，策划意识也是同期进行的。用什么样的形式背后，是节目能提供怎样具体的服务，给谁提供具体的服务，并把这些落实在节目文本上。

3. 后期产业链的衔接

媒体生产聚焦于内容层面，往往忽略商业对接和产业化的落实，这一思路的调整是传播业向服务业转型的演进，也能有效地突破媒体经营困境的现实问题。

整体而言，新视频节目的生产不是单纯为播出而生产，电视成品也不是新视频节目生产的唯一产物，基于节目剪辑而成的简单短视频仍旧是内容的碎片化产物，也无法实现服务落地和资源变现。依托节目内容资源，发挥媒体优势，开发线上线下打通的服务型产品才是未来创作的趋势。

在众多的跨领域垂直行业中，娱乐、医疗、教育等行业和领域是广电业最有机会介入的，如"广电 5G+VR/AR/ 赛事直播 / 游戏娱乐 / 虚拟购物"与内容提供商的加强协作，促进了新型视频信息消费；"广电 5G+ 医疗健康"在远程体检、远程诊疗、智能影像辅助诊断方面的应用，推动了智慧医疗系统建设；"广电 5G+ 在线教育"创造了随时随地、互动沉浸的学习模式，促进了教育资源共享。这些将成为广电未来跨行业融合发展的发力方向，也是新视频节目未来创意策划的一片蓝海。

第三节　新视频节目的编创分工

一、新视频节目制作的工种及职责

传统的电视节目创作分工，多是自上而下的链条式结构。在互联网时代下，新视频节目制作更多采取无中心化的组织形式，组织内部分散成小团队，团队之间多采用协同作战模式，整个组织呈网状结构，这样能大大提升节目制作效率。

1. 制片人——团队管理

在新视频节目的网状结构中，制片人是整个团队的管理者和决策者。负责节目的整体构思，领导制作过程，协调各部门关系，对遇到的各种复杂情况作出决定并掌握财务大权。

国内率先进行节目管理体制改革的电视台，湖南卫视可算是一个。早在 2001 年，湖南卫视开始推行全员竞聘制、栏目制片人制、栏目淘汰制。改制之后，制片人权力放大，掌控着节目制作的具体事宜，节目团队也以制片人的名字命名，如罗昕团队、都艳团队等。不少知名制片人都是从优秀节目里走出来的，如从《变形计》走出来的徐晴团队，后操刀《一年级》。在团队内部，大多采取项目责任制，鼓励团队成员成为执行制片人从而独立制作节目。到 2022 年，湖南卫视内部有综艺节目制作团队二十余个，各团队负责不同节目的策划，数个团队齐头并进，保证节目的质量与创新。

在具体的新视频节目创作中，围绕内容生产，我们将其分成节目组和技术组。

2. 节目组——具体制作

在一个具体内容制作团队中，一般性岗位与职能分配如下：

（1）导演 / 编导：从编写分镜头剧本、搜集素材、选择演员、组织拍摄、直至编辑完成。

（2）助理导演：根据导演的要求找演员、安排道具、选择服装、搜集素材，协助导演现场调度。

（3）现场导演：负责掌握现场情况，通过耳机随时与导演联系，向演播室传达导演的命令。

（4）编剧：以文字形式完成整个节目设计、节目策划、节目框架设计和剧本撰写。

（5）编辑：参与摄制，负责画面的剪辑合成。

（6）场记：在拍摄现场准确登记摄像工作，每一个镜头都要记录，包括记录拍坏的镜头内容和原因。

3. 技术组——技术落实

人员工种如下：

（1）导播：负责现场切换工作。设计录制现场机位，通过耳机指挥摄像师录制并进行现场切换。

（2）音频工程师：负责布置和选择话筒、拾取声音、录音及音响的合成。

（3）摄像师：正确地选择镜头和拍摄角度，根据节目要求摄取画面。

（4）灯光师：负责灯光设计、布置和调整灯具、创造节目所需要的意境。照明也是一种艺术创作。

（5）美工师：负责布景、大小道具和图表的设计。

（6）道具师：根据美工师的要求制作大小道具并负责编制道具预算。

（7）化妆师：负责演艺人员的化妆。

另还有特技制作人员、烟火、剧务等工种。

需要强调的是，在以上具体工种中，编剧是新视频节目制作中不可忽视的关键。在很长一段时间内，国内节目制作中没有单独的编剧工种。国内早期的综艺节目核心是编导，编导一个人身兼编剧和导演两种职责。自2013年国内引进《我是歌手》《爸爸去哪儿》等韩式综艺节目开始，综艺编剧开始作为正式职业引入国内。近年来，随着综艺节目的发展，编剧在节目制作当中的作用逐步被行业所认识。

以综艺节目编剧与导演的分工为例（表1-1），一般在节目录制前，编剧负责跟嘉宾对接沟通，对设计的任务和规则进行沙盘推演，导演组（执行组）则负责落实编剧组的方案。在录制现场，编剧需要根据现场情况调整或设计新的人物，导演组要对应编剧的调整落实拍摄方案，尤其是要控制节目流程和进度。录制结束后，导演组负责后期剪辑，编剧负责下一阶段的方案策划和剧本撰写。

表 1-1　综艺编剧、导演分工简表

分工项目	编剧	导演
核心任务	设计与推演	落实创意，全盘把控
录制前	对接嘉宾，沙盘推演	落实编剧组的方案
录制中	随时调整或设计人物	落实拍摄方案，控制节目流程和进度
录制结束后	进入下一阶段的方案策划和剧本撰写	落实后期剪辑

在团队完整、分工明确的新视频节目中，尤其是大型的真人秀节目，编剧和导演组都是节目制作的核心工种。一般来说，编剧的核心任务是负责设计与推演，导演组则负责落实创意及全盘把控。在美剧《镜花水月》（*UnReal*）中，编剧以相亲节目的视角，讲述了一个相亲类真人秀节目的制作团队如何通过制造各种戏剧性的冲突，对嘉宾进行包装人设并操纵参赛者，从而完成节目中充满戏剧性的叙事。从另一个侧面看，该美剧能够说明节目编剧这一工种的重要作用。

二、新视频节目团队创作的后台制度保障[①]

新视频节目的生产制作，除单一团队的独立操控外，团队间的资源协同、强强联手已成趋势，而合作机制的达成需要背后的制度和平台保障。

很多大型节目、季播节目，需要多个团队共同制作甚至外请制作公司参与制作。一般在总导演之下有数个导演组，每个导演组与其他导演组之间是协同作战的关系。导演组没有强制性的中心进行控制，而是依据需求与别的导演组形成一定的关系。导演组内部高度自治，个体与个体之间通过网络形成关系。这样的团队组织形式保证了各个团队的合作及团队内的高效工作，同时，各个团队内部统一协商，与其他工种也配合默契。

---

① 刘秋娜. 在收视榜上屹立不倒的芒果台背后各团队究竟是如何分工的？[EB/OL].[2016.9.19]. https://www.digitaling.com/articles/30605.html.

在一个团队中，也可能有数个导演组，各个导演组工作为并行关系，而不是链条式的关系。因此，单个个体行为的小故障可以得到最大程度的抑制。以湖南卫视为例，在《我是歌手》第三季比赛现场出现孙楠退赛的突发情况，此时，主持人的及时反应，以及现场工作人员的及时配合，使得整个系统随之运转，而不需要等待总导演的命令。

传统媒体在制度改革中较有代表性的当属湖南卫视。首先，其不断改革的工作室制度进一步激发了大家的创新和生产力；其次，通过三大核心机构——节目制作中心、创新研发中心、总编室，将资源进行集结和有效利用，从而实现了中央控制与集群系统的统一，发挥优势，避免了效率低下、重复创新和资源分配混乱等问题。下面将详细介绍其工作室制度及三大核心机构。

1. 工作室制度①：头部人才激励，提升创新攻关能力

湖南卫视自2018年1月以来试点推行升级版的工作室制度，先后成立了由12位制作人领衔的工作室（图1-8）。该制度推行的主要目的是头部人才激励和创新攻关。

图1-8　湖南卫视授牌的12大一线团队工作室的专属LOGO

据了解，这12个工作室拥有湖南卫视26个节目团队中51%的导演人数，主创完成了湖南卫视接近80%的自办节目量，赢得超过90%的频道营收，在进入样片制作和上档播出的所有创新方案中，70%也是来自这12个工作室。升级后的工作室制度通过激励头部工作室、头部人才，打造超级制作人、超级团队，同时强化对头部人才的保护，每个工作室的核心成员可分享全工作室70%的项目价值奖。

工作室的人事权完全放开，无论是从外部招聘，还是内部用工，领衔制作人都有直接"提拔"的权力。因此，如刘建立工作室的杨子扬、徐晴工作室的陈震，以及刘伟工作室的刘乐等年轻导演纷纷走上一线，担纲《中秋之夜》、七夕《爱情歌会》《快乐中国毕业歌会》等湖南卫视品牌晚会的总导演。在实际操作之后，升级版工作室制度实行制作人与项目总导演分设，鼓励制作人优先指派35岁以下优秀导演担任项目总导演，给工作室增添活力。

工作室"签约成员"须签订《特殊人才保护协议》，设定竞业禁止和竞业限制条款。

---

① 综艺报. 12工作室一周年，湖南卫视总监丁诚直言不讳[EB/OL]. [2019.4.22]. https://www.sohu.com/a/309714888_247520.

签署竞业禁止和竞业限制条款的范围并非工作室全体成员，每个工作室可以挑选最多15人的核心成员签署。目前在12个工作室中，人数最多的工作室有五六十人，这意味着该协议可锁定至少1/4的头部制作人才。

工作室"激励嘉奖"与"竞业限制"相辅相成。依据工作室考核制度，每个工作室每年必须要有1个创新节目上档播出。包括工作室在内，湖南卫视大小团队30多个，加之已有王牌节目占据了多数黄金时间，芒果TV优质节目又纷纷登上卫视，每年上1档新节目的考核难度不言而喻。

在制度升级之下，团队分工合作更为合理。总导演对内容负责，制作人负责沟通内外部关系、方向把握与管理。工作室不是终身制，需要完成相应的业绩指标和创新指标，工作室的量化考核更加明确；制片人不一定兼任总导演，只要是优秀人才都有成为总导演的机会；工作室核心人员也可以动态调整。

在头部人才激励之外，创新攻关能力也是工作室制度的根本落脚点。比较有经验的制作人专业水平都很高，但他们更习惯于做内生的或者叫衍生性创新，搞突破性创新的冲动不那么强烈；真正敢搞颠覆性创新的人，往往可能经验不足，或者一直做着相对边缘的工作。制度升级后，节目制作中心将建立制作人联席会议机制，为二者提供一个结合点；鼓励由制作人牵头，组建各类创新小组，定向攻关；强化对工作室的创新KPI考核；配合并支持总编室和研发中心建立新的试播体系，对年轻人"传帮带"，推动整个频道制作人梯队的培养。升级后的工作室制度作为内部团队管理和激励方式的一种进化，在体制内和现有的政策环境下，尽可能地激发工作室打破各种限制，提升创新力。

2. 节目制作中心：推动项目合作，提供后勤保障

随着大型综艺节目时代的来临，单兵团作战越发显得捉襟见肘。早期湖南卫视多为临时抽调，如做晚会的马昊被抽调帮助人手不够的龙丹妮做《快乐男声》。2012年，时任节目制作中心主任的宋点打破了独立制片人制，为当时只有10个人的洪涛团队配备了64名精英，成功制作了《我是歌手》。由此，在湖南卫视节目制作中心主任一级人物的统筹下，湖南卫视多个团队合作越发频繁，集合多个团队进行大兵团作战的节目也层出不穷。

节目团队的合作由节目制作中心主任参与调配，组合团队进行联合制作：某个团队作为领衔，其他团队配合，几个团队一起策划、一起工作。节目生产所需要的后勤保障——设备出关、异地吃住、人员接待、场地接洽，以及节目所需要的资源包括服装、化妆、导演、摄制、演播厅、车辆调度等，也全由节目制作中心进行协调。

节目制作中心主任由知名节目制片人选拔产生，如由《快乐大本营》制片人选任的宋点、由《我是歌手》总导演选任的洪涛。主任级人物熟悉节目流程与集团内部人员，保证了整合资源的合理与高效。《全员加速中》就是由洪涛监制，集结许可、都艳、刘蕾、张丹丹四大团队共同打造（图1-9）。在团队合作中，人员彼此熟悉，增强了制作人员的流动性。如《一年级》由徐晴团队和许可团队共同打造（图1-10）。

节目制作中心能够有效调配资源，完全消除团队协作可能产生的资源冗余、效率

图1-9　洪涛监制、多团队打造真人秀《全员加速中》　图1-10　徐晴团队和许可团队共同打造《一年级》

低下的问题。同时，因为节目制作中心主任由知名制片人选任而来，因此能够树立绝对权威，能够在关键部位使劲，为团队找到目标。

3. 总编室：配合团队宣传，及时反馈市场

总编室下属策划编排部、品牌推广部、研发管理部、形象工作室、播出管理部、办公室6个部门。

在策划阶段，总编室从各个部门抽调出项目负责人与节目组共同开会制订推进过程的各个节点（例如播出前3个月、1个月、1周等），把控好宣传进度，保证每个步骤都清晰明确，最大程度保证节目的前期推广。因此，我们可以看到，在某一个时间段里，湖南卫视的节目宣传无论在门户网站还是自媒体账号都遍地开花。

节目播出之前，总编室人员会提前看片，节目组中的宣传人员（通常是1~2个）挑选精彩看点进行重点展示，根据精彩看点确定宣传方向。总编室各个部门的项目负责人领到各自任务后，根据任务完成自己的工作。

在节目播出之后，由研发管理部提供观众反馈，比如收视率高的时间点、网友的舆论走向等，由专门人员做播出后的舆论分析。而总编室在做下一期节目的宣传时，便依据这些观众分析来确定下一期的宣传方向和宣传重点。

4. 创新研发中心：发现市场需求，激励整合创新

湖南卫视创新研发中心于2006年成立，每年在内部举办创新招标大会。主要通过命题式招标和团队自主投标来激发内部创新。命题式招标主要针对当季需求来鼓励团队有针对性地进行策划。而团队自主投标则不设门槛，制片人、非制片人甚至外台的人都可以投标，独立制片人也会鼓励团队中的年轻人上交创意方案。创意经过评估后创新研发中心会给予他们相应奖励，并围绕创意组成新的团队进行节目制作。在《奇妙的朋友》制作时，湖南卫视还为严典雅团队请来外国团队予以协助。因为创新研发中心的存在，使个体创新与科学论证相结合，避免了无效创新。

3个核心机构与团队协同配合，有效激发了集群的活力，同时避免了集群系统的缺陷，使得团队对集群的依赖性增强，而体制提供的保障使得这些团队能够对集群产生向心合力，从而保证了核心制作力量的黏性。

三、新视频节目编导应具备的三项能力

新视频节目的创作，既包含对传统电视内容生产的延续，又能够满足移动场景和传播技术的发展所带来的内容和空间的拓展。电视屏幕和网络屏幕是两块截然不同的屏幕，新视频节目的载体是移动网络的屏幕，它存在着内容的垂直性拓展、形态的多元化变化、传播的更多种可能。因此，新视频节目编导需要在了解新视频节目传播特性的前提下，进行节目影像的策划与创作。

1. 与时俱进的创作能力

湖南卫视著名电视人吴梦知在一次采访中被问到优秀媒体人需要具备哪些基本的素养时，她回答：第一，年轻。不是物理的，而是心理的。第二，世界观。好的创作，必然有美妙的世界观。第三，奇异的视角。视角，代表睿智和好奇心。好的故事叙事可以很古典，但视角一定很特别。看到别人没看到的，便是创意的源起。第四，无限的热爱。没有热爱，这个行业的艰苦足以让你三个月就走了。别浪费时间，包括你的和大家的。第五，勤奋和意志。世界上大多数人都不是天才，但很有趣的是，天才的天赋里天然拥有的就是勤奋和意志。第六，会写作。取材、视角、结构、想象力、审美等一系列的表达均需写作能力的保证，这是创作故事的基本功。对新视频节目创作而言，这种创作能力必须是在对移动屏幕深刻影响内容创作的前提下进行的针对性创作。比如，怎样合理利用直播、短视频等形式进行有效传播，如何将对圈层的突破思维融入内容创作之中等。

2. 敏锐的感知 . 观察和反应能力

编导的感知能力既包括对用户、流行趋势的把握与引领，也包括自觉站在党和人民的立场上，坚持正确的价值导向，倡导主流价值观。做好一档新视频节目，成为一个不落伍的新时代媒体人，自身扎实的影像创作能力是基础。在媒体融合时代，还要有不断探索的敏锐感知能力、协调和统筹各部门的能力，尤其是应对瞬息万变的媒体环境和高强度的传媒工作的心理承受能力。

作为大众传播媒介，新视频节目的首要任务是对观众传播信息。用户是视频节目的传播对象，编导要以用户为出发点，满足不同用户的审美习惯、性格爱好、文化层次以及内容需求，创作出用户喜闻乐见的视频节目。编导如果想要通过自己的作品传达出某种价值观或引发观众的共鸣，就需要深入了解用户的需求，对现实生活进行细致体验与观察，从自身编导的职业角度出发，敏锐地找到有价值的题材，抓取鲜活的事件，发现人民群众关注的热点和焦点问题，从而获得创作的灵感。

这种感知和观察能力一是来自专业的思维习惯，能够从视频节目创作的角度出发对社会事物进行观察和思考；二是来自丰富的生活经验，平时留心观察、热心感受生活，才能精准地把握广大群众对美好生活的向往；三是来自深厚的文化知识修养，长久的积累沉淀会让编导自身更加敏感、锐利，能够更好地创作出增强人民精神力量的优秀作品。

3. 社会活动和商业开发能力

新视频节目制作流程牵涉面广、环节多，编导在节目制作中起着中枢作用。他既是面向现实社会的创造者，又是一个集体的领导者；既要面对内容创作问题，还要面对商业合作与产业链开发问题。

一部完整的新视频节目制作完成，需要编导与各个部门不同层次的人们来配合完成，不仅包括场记、摄影师、灯光师、主持人等业内人士，还包括投资人、赞助商、政府人员等人际脉络关系。如何充分调动各个部门及人员的积极性，使各个部门人士配合好编导完成工作，不仅是一个技术活，更与编导的情商有很大的关系。

新视频节目编导就像团队内的润滑剂，如果没有较好的合作意识和良好的沟通能力，是无法保证节目组有效运作、也无法保证拍出高质量作品的。在集体中，编导不但要承担策划、选题、构思、采访等任务，还需要完成统领其他创作人员、联络赞助商、沟通政府部门等工作。所以说，一名优秀的新视频节目编导，对内既要将大家紧紧凝聚在自身周围，又要为各自工作指明方向；对外要能够充分调动人脉，争取多方面对工作的支持。

除此之外，随着新媒体技术的发展，节目的时效性要求越来越高，创作周期不断缩短，需要编导能够连续作战。面临高强度的工作压力和工作节奏，编导有较强的身体素质和心理承受能力也是一大重要因素。

附1　湖南卫视12大工作室简介 [①]

湖南卫视自从2017年开始，在所属芒果TV推行"工作室制度"，2018年以来又试点推行升级版的工作室制度，先后成立了刘伟、徐晴、王琴、王恬、沈欣、陈歆宇、刘建立、安德胜、洪啸、孔晓一、秦明和卞合江12位制作人领衔的工作室。截至2020年7月，芒果TV节目中心总共有20个节目制作工作室和团队，此外，还有包装工作室、统筹调度部、艺人统筹部、节目技术部4个支撑团队。在节目中心的统一运营部署下，各工作室和团队负责人、制作人带领团队进行自制节目的研发与创制，而支撑团队则为他们提供统筹、技术、导摄、包装等全方位的专业支撑服务。我们对其中12个工作室进行简单介绍。

1. 刘伟工作室：以创新让"快本"永远年轻

1997年成立《快乐大本营》团队，核心成员从最初的8人发展到了36人，其中40岁以下占比75%。20多年来，从"快本"走出了宋点、龙梅、罗昕、易骅等一大批优秀的电视节目制作人。2017年，刘伟成为制片人，2018年其领衔的"快本"团队成为湖南卫视试行一线团队工作室制的首批授牌工作室之一。

经过多年的制作实践，"快本"从前期策划、节目舞美、游戏设计、道具制作与测试、嘉宾沟通、撰写台本，到现场录制、后期剪辑、营销宣传，生产工序越来越复杂，对细节要求越来越高，需要各个小组通力配合。一年52期节目，对团队来说就像52次小考。对于"快本"这样的常态性节目团队来说，几乎全年无休。此外，刘伟工作室还制作过各类大型晚会并承揽过一些重点项目，如《快乐中国毕业歌会》《湖南卫视跨年演唱会》《元宵喜乐会》等。

创新是"快本"多年来保持节目常青的秘诀。"快本"内容创新有几个途径：一是调研了解当下年轻人喜欢玩什么、看什么，以及喜欢怎样的视频表达方式等，将年轻人喜欢的元素融入节目之中；二是观摩并借鉴其他流行节目的创新形式与设置；三是局部节目模式的引进。"快本"的近千期节目，也是一部中国电视内容的潮流变化史。辩论、脱口秀、歌唱竞演等近年来现象级的节目模式和形式都被团队化引用，成为"快本"的游戏或者环节之一。每期节目之后，刘伟工作室都会仔细研究收视数据、口碑评价，琢磨观众究竟喜欢什么。如果数据或者口碑不理想，团队则会调整思路和方向，在坚守自我的同时迎合潮流。2021年9月"快本"停播后，刘伟工作室联合刘建立工作室推出新综艺《你好，星期六》。

2. 徐晴工作室：深耕原创纪实节目和文化真人秀

徐晴是新闻记者出身，做了7年新闻后，于2004年转型研发工作，主导、亲历了湖南卫视创新小组、研发中心从无到有的过程。徐晴工作室从最初的10多人扩充到30人左右。她将工作室定义为"在新闻和文化真人秀领域走得比较稳的一支原创

[①] 附1主要整理自《综艺报》对湖南卫视12大工作室负责人的专访。随着湖南卫视的持续管理改革，工作室制度的具体内容与数量或将变化。

队伍"。徐晴说："做任何节目，我们首先想的是它有没有意义，再去想如何将它做得有意思，让大家喜欢。"徐晴工作室由"85 后"担纲主力，"90 后"成员占多半。在节目策划阶段，全员先分成 N 个小组，到了项目执行阶段，这些再像八爪鱼一样分布到各个岗位上。在工作室内部，徐晴最大的管理理念是"激励"，不轻易打击年轻人积极性，也不搞一言堂。如有工作室成员提交提案，她不会直接说"行"或"不行"，而是和成员一起分析、推演节目形态，论证节目的可行性。

徐晴工作室推出的作品在题材和形态上一直在变化和迭代，从新闻到纪实，从真人秀到棚内综艺，从谈话节目到主题晚会，品类丰富。在发掘节目创意时，徐晴工作室总是挖掘市场不太关注的领域，擅长在小众题材、垂直领域另辟蹊径。其工作室创作并产生国际影响的原创节目《声临其境》，被英国的投资、制作、发行公司 The Story Lab 购得其国际发行权，并于 2019 年在戛纳电视节上销售。

3. 王琴工作室：实力锻造大型晚会和选秀节目

王琴工作室擅长制作大型晚会和选秀节目，连续打造多届"中国金鹰电视艺术节颁奖晚会"，这台不断创新的"国家级"高品质晚会在业界内外广受赞誉。工作室还做过"湖南卫视小年夜春晚""全球华侨华人春晚""湖南省纪念毛主席诞辰 120 周年文艺晚会""七一晚会""阅文超级 IP 盛典"等不同类别的主题晚会。在节目制作上，工作室不断延展音乐节目的外延，尝试"新鲜有趣"的表达方式，这也是《我想和你唱》这档颇具"网感"的电视综艺节目诞生的内在动力。此外，该工作室还扩展内容品类，推出家风类节目《儿行千里》；多档音乐类节目，含 2012 年的大型直播音乐竞赛类慈善节目《天声一队》，以及 2016 年开始连续制作了 3 季的全民音乐互动综艺《我想和你唱》。

在王琴看来，很多不同类型的节目本质上都在做同一件事——"讲故事"，只不过是借助不同的素材和方式表达。比如，大型晚会是用文艺表演、演员、镜头、短片、文字等综合要素来讲故事；音乐节目除了音乐品质，也要有人物故事。目前，工作室成员"90 后"占一半，以"老带新"的方式将新人阶梯性培育起来。

4. 王恬工作室：用综艺展现"美好生活"

该工作室对美食经营题材"慢综艺"精耕细作，如两季国内"慢综艺"代表节目《中餐厅》。王恬将"慢综艺"成功的法宝总结为两个字"真实"。"做真人秀，我觉得最重要的是要有真实的情感，不要装。"从选角到拍摄，再到后期制作，王恬坚持节目要强化真实感，呈现生活的本真状态。"善良很重要，就算一些题材或者内容稍加包装就能炒作成大家会比较喜闻乐见的话题，但是如果带有恶意，或者会对艺人造成负面影响，我都会拒绝。我希望我的节目是干干净净、靠内容本身打动人心的，我也相信真善美的东西永远都不会过时。"

王恬工作室内部采用动态管理，根据项目竞争上岗。王恬介绍，不管是节目的创新方案，还是已成型节目的执行方案，工作室每次都会分组进行内部竞争，从而实现优中选优。"我们会作推演，像辩论赛一样讨论。大家自行组队，每个小组都会提出各自的方案和观点，然后大家内部竞争，先两两 PK，最终再选出一个最优方案。"具体到人员的选拔和任用，王恬遵循着"不拘一格降人才"的理念，"我们团队没有论资排辈，年轻人一样有很多机会，来一两年就能独当一面，担任执行导演的也不乏其人，而老员工有好的想法同样能够落地。在我的团队里，每个人只要有想法就可以提出来，如果方案足够好就能变为现实"。

5. 沈欣工作室：做有价值锐度的精神产品

沈欣工作室目前共有 40 多人，分工上有 3 个方向：前期导演组、编辑组以及执行统筹宣传。导演组人数最多，一共 30 人，编辑组 12 人左右，负责执行统筹宣传工作的约三四人。工作室于 2016 年接手操刀《天天向上》（2022 年 10 月停播），打造《2022 知乎答案奇遇夜》等大型晚会。

"我们这个团队最主要的特点是善于做脱口秀类节目，擅长发掘话题性内容。"在沈欣看来，《天天向上》与其他综艺节目最大的区别在于它的新闻性。因此，节目的筹备过程与媒体编辑部的选题会类似。《天天向上》的选题会以小组为一个提案单位。每个导演组都会针对下期节目提出自己的兴趣点和选题点，连同一些佐证的材料形成一个简单方案。经过导演组组内讨论达成共识后，被认为较有价值的前 3 个或前 4 个方案会拿到工作室的周会上讨论。如果题材能够获得大家共鸣或是操作性最强，便会针对该题材进行深挖。如果题材不错但素材还不够丰富，工作室会等资料完善后放到下次周会讨论。

每周一个主题，全年 52 期节目，对于工作室来说选题的重复和创新的疲软几乎不可避免，这对编导选题的敏锐度是一个非常大的考验。"当下是信息化时代，资讯非常发达，甚至可以说是泛滥。大家缺的不是资讯，而是怎样把所有资讯梳理成一个脉络。"沈欣经常鼓励工作室导演去阅读或者观看更多门类的书籍和影视作品，然后从他们的兴趣点出发，梳理出新的脉络，通过这种方式发掘节目题材。沈欣工作室承担的另一项重要任务是培育主持新人。从"天天小兄弟"的打造以及加盟外景的"天天四小花"，都可以看出团队在发掘主持新人上的努力。

6. 陈歆宇工作室：人物关系创新，在电视综艺领域"永远追求第一"

陈歆宇工作室擅长在"人物关系创新"上做文章，在观察类真人秀领域独树一帜打响诸多品牌，见证了观察类真人秀从 1.0 时代到 3.0 时代的迭代升级。他认为，观察类真人秀 1.0 时代节目以跟拍摄影为主，展现特定情境中明星与陌生人之间的关系，以《花儿与少年》为代表；2.0 时代，节目以监控摄像为主、跟拍摄影为辅，展现的是虚拟情境，比如开餐厅、经营客栈，人物关系变成以熟人关系为主，如《亲爱的客栈》；到了 3.0 时代，节目呈现的是非特定情境，人物关系从熟人关系变成血缘关系，如"我家"系列。

时政、娱乐、社会领域的电视内容更容易形成大众话题，在这 3 个领域中"我家"系列切中了社会话题和娱乐话题，并且把二者有机结合，这是互联网不能比拟的。《我家那小子》播出期间，有 50 个相关话题上了微博热搜，"闺女"上热搜的话题超过 100 个。2021 年 4 月，工作室推出全国首档关注女性"银发族"的综艺《妈妈，你真好看》,聚焦 50+ 女性人生态度,母女同台逐梦前行。陈歆宇认为,未来荧屏上以"人物关系"为切入点的节目还会不断涌现,但想要做好这类观察类节目不能仅靠挖掘人物关系,更重要的是节目价值观的建设。比如,让观众"更积极地面对生活,真正理解什么是生活,好好地跟它相处,跟自己相处"。

7. 刘建立工作室:既"接天线"又接地气

在湖南卫视,刘建立工作室做过的节目,既有大型电视晚会,也有轻量级的棚内综艺;既有家国主题的重大题材,也有接地气的社会民生题材,创作方向可"上"可"下",多元化、高包容度。刘建立工作室最早从 2006 年制作湖南卫视大型音乐节目《超级歌会》时开始组建,2008 年制作"汉语桥"世界大学生中文比赛,此后又制作了《"四海同春"华人春晚》《金鹰节开幕式》《小年夜春晚》等大型晚会,及晚间带状 730[①] 生活方式分享节目《好好生活》,并用 3 年时间探索制作喜剧节目《我们都爱笑》,为湖南卫视开辟出了喜剧市场。

在众多节目题材和品类中,刘建立工作室对文化历史、民间外交、航天等重大国家级题材节目的策划与制作尤为擅长,将家国的宏大命题与生活中平凡的个体之间用电视语言达成同理共情,在大命题中找到小切口。历史文化类以及人文科学类题材也是他特别关注的创作方向。工作室连续 11 年联手国家孔子学院总部传播汉语文化,连续 7 年联手国务院侨办为全世界华人奉献《四海同春》文艺晚会,连续 3 年携手中国航天员科研训练中心及国家航天局研发创作太空科普题材节目。除了"上接天线",刘建立团队也很接地气。工作室制作的《好好生活》用市民的视角看生活,用朴实的语言讲生活,为观众提供全方位生活引导服务;喜剧节目《我们都爱笑》也根植于草根文化,善于捕捉、加工生活中的幽默哲学。

工作室内部形成了一套行之有效的节目制作流程体系:根据不同的项目,由工作室制作人提名项目总导演和执行总导演,再由总导演、执行总导演搭建该项目的执行团队,并报由工作室制作人确认。之后由制作人召开创作会议,确定整体目标规划,由项目总导演带领创作团队讨论节目的核心设定和具体的模式结构。节目框架得到基本确认后,由各组长组织各板块展开节目设计与执行工作。

8. 安德胜工作室:崛起中的芒果新势力

安德胜工作室的前身是洪涛团队。由于洪涛职务转变,他的团队一分为二,延续、演变至今,一支是安德胜团队,另一支是洪啸团队。团队推出《幻乐之城》之前,安德胜曾参与《百变大咖秀》《全员加速中》等湖南卫视王牌节目制作。从执行制片到制片人,再到挂牌成立自己的工作室,安德胜用了不到一年的时间,他的成功代表的是芒果年轻制作力量的崛起。目前,工作室成员共 21 人,包括前期团队、后期团队、外拍及编剧团队,以及艺人管理、宣传人员等。前期团队主要负责节目策划、内容设计及具体执行;外拍和编剧团队则合为一体,隶属同一部门,除了外拍内容,编剧及

---

① 即"730 节目带",是一种晚间编排策略。通过调整节目安排,形成新的收视小高峰。

外拍团队还负责人物的记录、塑造以及其他真人秀性质的内容。

从《全员加速中》《幻乐之城》到《一出好戏》，安德胜工作室操刀的项目风格迥异，难点也各不相同。《全员加速中》是一档大型户外游戏真人秀，挑战如何通过规则设计让游戏更具可玩性、可看性，以及整个游戏过程如何一次性录制成功。《幻乐之城》的难点是如何让几分钟的表演出彩，以及"一镜到底"的拍摄模式。《一出好戏》通过无彩排剧本合演挑战这一环节创新，重点突出人物关系。经过这些大型节目试练，安德胜团队累积了擅长做"秀"的优势。

9. 洪啸工作室：创新，是我们的最大标识

洪啸工作室的发展与"歌手"系列节目紧密相连。自工作室成型以来，洪啸工作室已经完成《歌手2017》《歌手2018》《歌手2019》（下称《歌手》），以及湖南卫视《未来可期，快乐中国毕业歌会》等大型项目制作，迅速成长为一支能打硬仗的团队。现在的《歌手》团队分为导演组、编剧组、音乐组、素人组、外宣组以及后期团队，大家各司其职，分工合作。以《歌手2019》总决赛为例，两个多小时的直播，包括钱正昊、毕书尽现场表演在内的多个节目涉及多个工种的配合，需要几百人的团队无间协作。无论是歌手表演、舞台设计，还是节目开始时的长镜头和节目尾声的暖心告白，每年《歌手》节目都会给观众带来惊喜。

洪啸工作室每个项目启动前，都需要经过整个团队的反复推敲，在实操性与理想状态的不断磨合中重组落地。无论是前期筹备还是节目录制，都会有大量的问题生成、更迭，节目组在不断解决问题的过程中，完成最终的节目制作以及团队塑造。"秉持初心，做应该做的，做没人敢做的；荣誉共享，前路共行，这是我们整个团队得以成长的关键。"洪啸表示，未来要积极响应湖南卫视"建立面向未来制作生态"的号召，为工作室铺垫好未来之路。

10. 孔晓一工作室："正向娱乐"大胆地往前走

孔晓一工作室曾打造过《快乐女声》《快乐男声》《夏日甜心》《少年说》等节目，获得过中国视协最佳作品、最佳导演、"TV地标"最具创新影响力等奖项，以及国家广电总局的专文表扬。孔晓一采用了年轻化的管理模式，"事来了全力以赴去做，事完了各自天涯海角去玩，我鼓励年轻人大胆试错，能不停地犯不同的错误也是非常优秀的，最可怕的就是不停地犯相同的错误，那就是愚蠢。'敢为''敢创'，是我一直对团队提倡的精神"。

孔晓一团队不仅年轻敢创，还有着超强的执行力，总能抓住时下最受年轻人喜爱的共鸣点，很多主旋律题材都被他们做得很好看。为更好地挖掘全人类的精神宝藏，激励中国青年奋发有为，孔晓一团队打造了一档纪实性文化品格传承节目《我们的师父》。孔晓一表示，《我们的师父》发掘了普世的师徒关系，但主要表现的不在于技艺，而是文化品格。"现在以及未来，无论做什么类型的节目，我们都会牢牢抓住年轻人的喜好，将有意思和有意义有机结合，真正做到展现青春气质、寓教于乐。"

11. 秦明工作室：用创新思维做不同节目

秦明是王牌节目《天天向上》的"元老"之一。2016 年，秦明与一些老搭档离开《天天向上》组建新团队。谈及工作室的管理理念，秦明首先提到了"平等"。有别于其他团队，秦明工作室并未设置"执行制片人"岗位，"我们鼓励每个人都可以成为总导演，不问出身，不讲先来后到，只要你有能力都有机会。我们也会根据每位团队成员的特点，在不同的项目中为他们设立不同的岗位"。

秦明工作室擅长制作文化和教育类节目。"2016 年创新创优节目"《中华文明之美》就出自其之手，《放学后》也是其作品，"这档节目是从放学后家长、孩子的状态这样一种切实存在的社会现象出发的"。秦明介绍，节目的创意是他在看《嗨！看电视》的一个素材片段时无意中想到的，"当时正好是一个妈妈带孩子做数学作业，我们看到那个片段觉得特别好笑，也很发人深省。""节目的创意和内容都来自于生活，反映了当下一个突出的社会问题，其实就是家庭问题，而做作业的过程一般是亲子关系集中爆发的体现。我们做这个节目，并不是想告诉父母该怎么教孩子做作业，也不是想教育或者批判谁，而是希望通过节目向大家传递家庭教育，包括父母的言传身教对孩子成长的重要性，从而帮助更多家庭发现并解决自身存在的问题。"

工作室"两条腿走路"，在专注文化之外一直致力于做"市面上没有的节目"。挖掘还没有变为电视节目但有潜力成为节目的一些社会现象，结合创新研发中心的模式支持将其变成节目是工作室的创新主张，"从这个角度来看，我们对于创作方向并没有明确限制，想法上还是比较开放、广阔的"。但秦明强调，所谓的创新并不一定要做全新的综艺品类，还包括开发出全新玩法。

12. 卞合江工作室：做一群热血"守艺"人

卞合江工作室从 2014 年开始组建，截至目前，团队达 70 余人，是 12 个工作室中规模最为庞大的一支队伍，也是唯一一个后期工作室，承担了湖南卫视每年近一半节目的后期任务。70 多人的团队分工相当精细，大的组别包括音乐组、动画组、剪辑组等，在这 3 个组别之下还可以细分。比如，动画组还分为三维、手绘、合成、平面等不同的子团队。"市场上的后期公司很难支撑这么大一个体系，或者说这样一个完整的生产链。"

卞合江认为，做后期是一种修行。从海量素材中，撷取精彩片段汇集成一期期几十分钟的节目，需要耐心、恒心，同时也体现了后期团队认识人生、看待世界的方式。很多时候，前期给到的素材有局限性，甚至与最初策划大相径庭，在有限的素材里去提炼故事，难度不小。因此，他提出了后期前置的概念，这也是卫视领导下定决心让其组建后期团队的原因之一。《声入人心》便是后期前置的例子之一。包括节目的镜头设计、脚本设计、舞美设计等，卞合江的后期团队都参与其中。录制现场，后期团队也一直蹲守，并在录制之前已经明确分工，例如，谁重点剪辑哪一段落或哪一个学员，便重点检查那个时间段，或重点关注该学员。

除了后期工作，卞合江工作室也将触角延伸至前期。"领导也会想看看，从后期角度制作节目会有哪些不同。而对于我们来说，这也是个转换思路的最好方式，可以让我们从不同的方面、角度思考后期问题。"

CHAPTER 2
第二章

新视频节目策划

　　一档好的新视频节目的诞生，离不开好的策划方案。策划有多重要呢？网络上流传着一个为乞丐作策划的段子，讲的是一个策划精英为一个流落街头的乞丐作策划。他首先让李姓乞丐拥有个人标识，取名"叫花李"，并为其制定了"只准乞讨不准捡破烂，先走专业化道路，进而做大做强转向多元化经营"的目标。利用口碑营销，要求乞丐不管什么人给钱，只收五毛，此怪事口口相传，就成了免费的品牌宣传广告。原本只是乞讨的乞丐，因为给大家创造了新奇和快乐，成为了注意力经济时代的一道风景。流量引来多家媒体关注，地方媒体以《一个具有职业道德的叫花子》为题对其进行报道，不少网红争相找他直播，出了名的"叫花李"成了当地的地标人物。策划精英再回到"叫花李"的乞讨地点，此时的乞讨地点人多拥挤，不少人争先来乞丐乞讨地拍照打卡，"叫花李"的牌子还在，可人已经换了一个。"叫花李"呢？他已经在别处开了分店，当了老板。

　　这是一个网络段子，管中窥豹，一个好的策划可能会在某个角度启发我们对新视频节目策划的思考。随着移动视频时代的到来，新视频节目策划较之以往的电视策划，非常关键的一个变化是对网络环境下受众的行为习惯和收视兴趣变迁的把握，深挖网络资源，增强参与意识，让节奏更紧凑、笑点更密集、内容更贴近时代脉搏。

第一节　新视频节目策划的界定

　　策划制作出一部优质的视频节目，不仅能够在注意力经济时代迎合大众审美趣味，做到精彩吸睛、保证收视率在线，也会受到更多广告商的青睐。因此，想要做出好的新视频节目，节目策划就变得越来越重要。全面的节目策划要通过对媒介信息和媒体生存环境的分析，进而对新视频节目的生产在宗旨、目标、定位、收视对象、节目模板、发展战略、营销方式，以及人力、财力、物力的配置和效益、效果的预测等进行科学的预判与精心设计，为新视频节目的整体运营提供智力支持。

　　在深入探寻新视频节目策划原则之前，有必要对新视频节目策划概念本身作一个基础了解。

一、新视频节目策划的概念

1. 新视频节目策划的定义

"策划"字面意思："策"作为名词,有"马鞭""杖""简""册书""文体"等意思;作为动词,则有"以鞭击马"的意思,而其最重要的意思是"谋略"。"划"有"割裂""筹谋"等意思。"策划"合起来意味着筹划、谋划、计策、对策,通俗的说法就是"出谋划策"。美国哈佛企业丛书编撰委员会曾对策划作过一个表述:策划是一种程序,本质上是一种运用脑力的理性行为。简单来说,我们可以把策划理解为借助一定的信息素材,为达到一定的目的或目标而进行的设计和筹划,为具体的操作行为提供创意、思路、方法与对策。

对传统电视节目策划而言,它是指对电视频道、电视形象、电视活动及电视栏目和实体节目的策略规划,是对电视频道及栏目和节目整体性与未来性的策略与规划。作为一种无形的产品,传统电视节目策划的存在形式是将对节目描述与预测的脑力劳动外化成一套聚焦内容生产的策划方案。对新视频节目策划而言,则需要遵照节目生产和运作规律作出相应调整。

新视频节目策划需要关注到传播科技带来的层级化、区域化传播地域的突破,以及移动传播带来的交互性、即时性传播场景的变迁,因此,策划的主体内容和存在形式已经从节目的生产形式与内容转变为节目的表达创意与渠道创新。可以说,新视频节目策划是从传统的、单一的节目内容生产转向社交的、立体的共享互动传播,进而延展至传媒经营的节目创收、IP 开发、品牌运作等产业链条的一种创意思维与媒体行为。

2. 新视频节目策划的层次

对新视频节目制作而言,不论其背后播出机构是否为电视台,其策划层次均包括平台或频道策划、栏目策划、节目策划 3 个层面。

（1）平台 / 频道策划

宏观层面的平台 / 频道策划,包含播出平台或电视频道的内容定位是走综合化道路还是专业化道路;风格文化定位采取什么样的文化策略;受众定位打地区牌还是全国牌,以及播出时长、栏目编排、重点栏目和自创节目所占比例、频道整体包装等一系列复杂的问题。

（2）新视频栏目策划

中观层面的栏目策划是指在频道策划的框架下,确立栏目的宗旨、目标、定位等,树立品牌栏目,从而培养固定的收视群体,让目标受众的情感和行为忠诚度保持稳定并上升,从而取得较好的流量或收视率。

（3）新视频节目策划

微观层面的节目策划是指新视频节目编创人员遵照节目生产和运作规律,对节目的选题立意、采拍制作、播出销售、传播推广等生产和运作过程进行总体策划和论证并形成具有指导性文案的一种创作行为。

二、新视频节目策划的要素

1. 策划主体

策划主体一般包括制片人、频道总监、台长及相关专家学者等，也包括互联网视听平台、企业的相关策划人员以及独立视频制作团队或个体 UP 主。

（1）制片人

制片人一般指影视剧制片生产制作人。其全权负责剧本统筹、前期筹备、组建摄制组（包括演职人员以及摄制器材的合同签订）、摄制资金成本核算、财务审核；执行拍摄生产、后期制作；协助投资方国内外发行和国内外申报参奖等工作。

（2）频道总监

频道总监是频道第一监管人。其职责包括制订频道年度节目制作计划，按月分解并协调、组织、实施节目制作；确定节目内容，并对节目内容进行策划、审核、控制管理；制订节目质量标准，并对节目质量进行评估、监督等。

（3）台长

负责全面管理工作及整体的工作安排，包括人员调配和业务的总体把关。

（4）相关的专家学者

在视频节目策划中，涉及权威性以及专业性的问题，其作为策划人组成要素的一部分，根据自身所在领域以及所长对节目策划提出指导性意见或建议。

（5）互联网视频节目策划人员

负责为互联网视听平台和企业提供宣传活动、短视频节目、直播节目的内容策划、脚本撰写、创意方案输出等。其中，淘宝等平台的策划人员主要从事策划直播间引流视频拍摄方案的任务，抖音、微信公众号的策划人员更强调对网络流行热点的编创能力。

（6）UP 主

独立视频制作团队或者个体 UP 主将节目制作与账号运营合一，在策划上往往要突出账号个性特点，以满足固定粉丝的需求，进而对视频节目内容进行选择、排列和编辑创作。这类策划对节目的原创性和个性风格要求较高。

2. 策划依据

一般将国家政治环境和社会经济环境作为策划的主要依据。

（1）国家政治环境

媒体是宣传国家意识形态的重要阵地，新视频节目生产制作的思想导向、内容构成、议程设置等都或多或少地受到政治因素的影响。视频平台的整体定位、办台理念、办台思路的策划与设计必须符合政治环境的要求。

（2）社会经济环境

视频节目的生产、传播、流通对社会经济环境的依赖性较强。一方面，视频媒体在推进、影响市场方面有积极作用；另一方面，视频媒体的发展也受特定市场环境的影响。因此，对视频媒体产业的市场策划必须要考虑具体的市场环境。

3. 策划方法

（1）头脑风暴法

头脑风暴法是美国创造学家阿历克斯·奥斯本（Alex Faickney Osborn）创造的一种思维方法，其核心是高度自由联想。一般是通过小型会议让与会者提出各种构思，相互诱导，追求产生一种创造性的意念。他要求会上禁止批评，鼓励无所顾忌，多产生一些构想并将这些构想有目的地选择或重新组合。这种方法适合于各种社会策划活动，在我国媒体界对它的应用主要表现为借用"外脑"的形式。这里所说的"外脑"主要是指非本单位的智囊人物，即充分发挥"外脑"的策划作用与媒体人的专业制作水平，两者密切配合，制作出高质量的视频节目。

（2）调查法

调查法是指通过从策划者组织的问卷调查、抽样调查中得到相关有效信息，然后对这些信息进行分析得出结论，最后根据调查的结论进行策划的一种方法。这种方法常被栏目作为阶段性调查与栏目改版时使用。由于耗资大，一般性栏目较少采用，但在规模可控的互联网视频企业、拥有一定粉丝量的视频 UP 主中则较为常用。

（3）经验法

策划者根据自己多年的经验，找出与本次策划背景相似的策划案例，结合视频节目特点、人员素质、制作经费、执行环境等因素进行有针对性的策划。这种方法是目前许多栏目经常使用的方法，它最大的优点是成功率高、操作性强，最大的弊端就是循规蹈矩，很难创新。

4. 策划对象

视频节目、栏目、频道、媒介等均为策划对象，要针对节目的目标市场和消费群体从不同层面进行策划。

5. 策划效果预测和评估

策划效果预测和评估包括事前推测和事后评价。一档栏目在进行策划之前往往会根据目标市场和消费群体进行预测，以期达到最佳节目效果。节目播出后还会根据收视率、流量热度以及观众互动平台反馈的意见来评价节目播出效果，进而再调整策划方案。这其中受众满意度、社会影响力两个因素最为重要。

三、新视频节目策划的原则

1. 坚持正确舆论导向，建立差异化传播趋势

媒体是党和人民的喉舌，这是我们国家媒体的属性所决定的。新视频节目的策划

既要考虑到以正确的舆论引导观众，又要考虑观众的实际需求，把握两头、巧妙结合，是节目策划的出发点。例如《今日说法》专家评说、大众参与，节目策划的目的是监督执法、促进立法、重在普法；《走近科学》树立"学科学、讲科学、爱科学、用科学"的社会风尚，旨在指导大众生活实践。

当下我们正处在一个舆论纷繁复杂的时代，习近平总书记要求"要适应分众化、差异化传播趋势，加快构建舆论引导新格局"。对视频节目生产者，尤其是主流媒体而言，即是用节目创作与时代对接、与百姓共鸣，为巩固壮大主流舆论助力。

如在疫情背景下，除了传统电视节目聚焦疫情报道，央视两次新型的直播节目更为引人关注。

第一个是从 2020 年开始，央视新闻客户端推出长达 73 天的全天候不间断视频直播节目《共同战"疫"》，成为全网最长时间、最多视角、最高关注度的疫情防控大直播，在微博引发多个热搜话题。同时，大量新媒体新闻素材反哺，实现了媒体的深度融合。

第二个是在武汉抗疫保卫战中，刚上线两个月的"央视频"推出《两神山造医院》"慢直播"，多机位对准建设工地，吸引过亿网友化身"云监工"，自行开展互动，自创热搜话题。无解说、无剪辑，只有画面和白噪声，非常具有原始的现场真实感，创造出现象级视频传播案例。"慢直播"介入重大突发事件报道，成为媒体融合传播的全新探索。

从节目形态上看，两种直播方式构建成为新型视频节目，在各种视频平台竞争如此激烈的环境下，显现出传统电视媒体的强势和优势。从这一点上而言，我们发现，新视频节目的形式最终是为内容服务的，报道的持续性和连贯性形成抗疫背景下的显著传播力和影响力，而这个背后是媒体始终坚持的正确的舆论导向在发挥作用。

又如，在主旋律作品探索新表达上，由国家广播电视总局指导，芒果 TV、优酷、爱奇艺、腾讯视频 4 家视频网站联合出品的新视频节目《十一书》，在主旋律表达上进行了很好的题材拓展和方式创新。该节目用故事和纪实元素结合的方式表现重大历史题材内容，实现了 5 分钟左右时间重大题材的高密度内容输出，是红色主题创作在网络上一次很好的探索尝试。

在未来的发展中，新视频节目如何用年轻化、接地气的表达方式吸引更多年轻人关注，引导正确的社会舆论，还有很长的路要走。

2. 改善审美疲劳，创新创意至上

当下的节目如果要从形式到内容给观众全新颠覆性的体验是不太现实的，同类型的题材如何在新的表现形式、视觉呈现等方面改善观众的审美疲劳，既是创作的目的，也是节目创新创意的出发点。

创新是策划的灵魂。它的产生要打破传统知识结构和思维习惯，不受经验的羁绊，从不同角度作发散性联想思维，寻求新突破。观众审美的变化、市场的需求、自我的发展都要求节目不断创新。

以韩国 JTBC① 音乐类综艺 *Sing Again* 为例。根据韩国尼尔森公司（Nielsen Korea）报告，该节目自 2020 年首播收视率获得 3.2% 以后，收视率持续上升，同时登顶了 11 月综艺最高收视率榜首。② 目前，国内豆瓣评分达到 9.2 分。③ 这档节目定位无名歌手翻红真人秀，JTBC 此前已打造过 *Super Band*、*Begin Again* 等音乐类综艺，国内之前有过不少类似《蒙面歌王》这类老歌手翻新的节目。默默无闻的歌手以选秀的形式再唱歌，这类节目观众见得已经不少，审美极易疲劳，这种节目如何创新呢？

首先，*Sing Again* 在赛制上进行创新。节目定位"歌手的第二次机会"试镜类选秀，"抹掉"参赛歌手们的姓名，以他们的号码牌作为评判标准。其次，去掉观众、外场评审。该节目没有为了满足流量请来一些业余的歌手或音乐评论家，而是由 9 位音乐流派领域的佼佼者担任评审，从专业角度给出建议。当然，单纯赛制上的变化并不能真正改善观众的审美疲劳，普通观众对赛制的关注有限，赛制变动不能成为节目吸引人的手段。最后，如何讲好参赛者的故事，让评委和观众尽可能地沉浸在故事里，进而对这些艺人产生同理心是节目创意的具体落实。通过叙事内核和外在机制的合理配置，整个节目的节奏紧凑而吸引人，同时，一定程度上打破了对此类型音乐综艺选秀的审美疲劳。

创意是策划的关键。好创意必须是一个切实可行的、能达到一定目的和效果的节目构想，它来自对大量信息的捕捉、采纳、串联，打破常规重新组合。策划者在广泛搜集、了解观众收视情况的基础上，有的放矢地作出视频节目整体战略规划。

以湖南卫视 20 多年改革发展中的 3 次节目创新风潮为例。1996 年 1 月 1 日，湖南经济电视台（后简称"湖南经视"）正式开播，随后推出湖南电视第一档真正意义上的综艺节目《幸运 3721》，可谓内地综艺节目鼻祖。次年，湖南卫视上星，在湖南经视综艺节目试验成功的基础上，1997 年开播的《快乐大本营》带来一股快乐旋风，形成地方卫视风靡全国的第一次创新风潮。

2004 年《超级女生》开启了草根选秀、全民娱乐的综艺模式。在这一年，湖南卫视确定"快乐中国"品牌定位，敏锐捕捉青年文化的变化，同时，这股选秀风潮也拉开了湖南卫视第二次创新风潮。

随着江苏卫视、浙江卫视等频道的崛起，竞争愈发激烈。2008 年《快乐向前冲》（原名《奥运向前冲》）开启了湖南卫视第三次平民竞技创新风潮。到 2013 年《爸爸去哪儿》《我是歌手》等节目的推出，湖南卫视始终都在推陈出新，湖南卫视品牌领跑省级卫视。近年来，湖南广电强势挺进"融媒时代"。尤其是 2020 年后，以 5G 为代表的新一轮科技革命和产业变革加速演进，湖南广电积极开启新一轮改革布局。中国广电第一个

① JTBC（Joongang Tongyang Broadcasting Company），是韩国一家有线收费电视台，自 2011 年 12 月 1 日起开播，为综合编成频道四台之一。2011 年 12 月 1 日，JTBC 与每日广播网（Maeil Broadcasting Network）、Channel A、朝鲜电视公司（TV Chosun）四家电视频道开播，这些频道不通过无线电视而采用有线电视、卫星电视或宽带电视等方式进行全国播放，被称为综合编成频道。

② 传媒 1 号 . 1 号风向 | 韩综又来「回忆杀」！致曾被遗忘的「无名歌手」[EB/OL].[2020.12.24]. https://mp.weixin.qq.com/s/heaSk3KhdTKEqxOPOkBG7A.

③ 豆瓣 . Sing Again：无名歌手战 第一季싱어게인（2020）[EB/OL].[2020.12.25].https://movie.douban.com/subject/35131250/.

5G 基站在长沙开通，全新 5G 应用"5G 芒果超视"的开发促进中国广电第一个云录制浪潮的诞生……在节目方面，湖南卫视《舞蹈风暴专属 VR 版》、芒果 TV《VR 大侦探》用 VR 重构节目场景、深化受众互动，《向往的生活》成为慢综艺常青树，从《乘风破浪的姐姐》到《披荆斩棘的哥哥》，从《妻子的浪漫旅行》《女儿们的恋爱》到《再见爱人》，湖南广电用真实的节目创作实践持续推出有价值的爆款内容，实现了与用户共情，与时代共振。

3. 社会效益第一，双重效益并重

新视频节目的社会效益是第一位的，这是节目策划对社会效益原则的坚守。策划的重要责任之一就是当重大事件发生时，尽最大可能以视频方式向受众及时提供准确的新闻信息，从而满足受众对焦点热点问题的关切。

当然，除了社会效益，新视频节目要生存、要发展，经济效益也必须要抓。只抓经济效益，不择手段地媚俗，把社会效益晾在一旁，经济效益也会好景不长。节目是做给观众看、要观众消化的，策划人在策划时心中不装着观众、不考虑社会影响，节目就走进了死胡同。没有了受众就没了市场，没有市场就肯定不会有经济效益。所以，节目策划人在策划节目时要将主要精力放在节目构思上，争取社会效益和经济效益双丰收。

第二节　新视频节目策划的流程与方法

一、新视频节目策划的流程

新视频节目策划的流程一般可分成立项、创意、设计、实施、总结 5 个部分，这 5 个部分也被称为节目策划的 5 根支柱。

1. 立项——SWOT 分析法

所谓立项，就是研究自己，立项之时，常常使用 SWOT 分析法。

SWOT 分析法是一种常用的战略分析工具，即对企业的优势（Strength）、劣势（Weakness）、机会（Opportunity）和威胁（Threat）的梳理、概括与评估。其中，优势和劣势针对组织自身，而机会和威胁则是针对外部环境。

下面以东方卫视综艺娱乐节目为例，借鉴 SWOT 分析法的思路，系统地找出问题、制定战略。

（1）优势

东方卫视综艺部自成立后，致力于综艺娱乐节目的研发和制作，并负责娱乐频道和戏剧频道的编播。这一时期所制作的节目主要优势有以下几点。

第一，资源整合。综艺部先后整合了集团在综艺、戏剧、音乐等领域的资源，作为集团内综艺娱乐节目的主要制作部门，享有整个集团的娱乐资源优势和资金投入优势。

第二，平台优势。娱乐频道前身为新闻娱乐频道，是上海的主频道之一，有很好的观众收视基础。改版为娱乐频道后，收视稳步提升，后稳居上海地区收视三甲行列，特别是小长假和黄金周的特别版面，收视常常跃升至第一名。

第三，品牌节目。《相约星期六》《新老娘舅》等品牌栏目深受上海观众喜爱，曹可凡、陈蓉等节目主持人也享有很高的知名度，这些栏目和面孔都具有很高的品牌影响力。

第四，优质团队。该团队一线的导演、编辑、记者、摄像等有200多人，有着丰富的大型活动、综艺栏目、娱乐资讯等各种类型节目的制作经验，并且具有敢打敢拼的顽强作风和奉献精神，执行力较强。同时，节目的制作水准和艺术品位在业界和社会上享有较高的美誉度。

（2）劣势

优势与劣势都是相对的，在一定条件下可以相互转化。看到以上优势的同时，也必须承认东方卫视综艺板块在整体战略、持续创新、人才培养和市场运作等方面尚存在明显不足。

第一，战略规划缺乏整体性。东方卫视综艺娱乐节目一直以占领华人娱乐制高点为目标，但是，在日常运作中往往更注重某个时段和单个栏目的收视得失，而不能确保各项工作都能服务于长远目标，缺少整体的战略规划。尽管一直强调要敢为人先，但是在激烈的竞争环境下，往往由于竞争对手的节目变化而亦步亦趋，节目开播前缺少科学论证，开播后缺少培养耐心，可能因为短期的收视无起色而匆匆改版甚至取消，影响到当前版面的整体性和新娱乐品牌的长远发展。

第二，节目创新缺少持续性。可持续性的创新机制缺失，导致创新频率低、亮点少。从创新手段上来说，引进外国的模式由于缺少有效的本土化改造，多遭遇水土不服，效果不佳。节目提升收视的手段比较单一，如过于倚重搞笑明星，缺少全国范围内的竞争力，不能为卫视的娱乐竞争提供更有力的节目支援。

第三，人才培养缺少系统性。对编导的培养基本上延续指导老师带教实习生的传统方式，在高强度工作下，往往以培养熟练工为目标，导致编导往往只熟悉某一方面的事务，不能真正成为一个优秀的独立导演；对主持人资源缺少有意识的包装和开发，优秀演艺储备人才少。由于原先的事业部不承担运营职能，导致经营人才稀缺。

第四，市场运作缺少自主性。市场意识不强导致节目生产与观众需求、市场需求脱节。

第五，观众构成出现老龄化。尽管频道收视的提升带来年轻观众绝对数量的增多，但是频道整体观众构成仍是以中老年观众为主。主要原因在于缺少能够吸引年轻观众的内容，节目创意老化。

（3）机会

转企改制的历史性机遇带来运作上的灵活性和引进社会资源的可能。经济整体回暖和民众娱乐需求的增长、新技术的发展（如高清电视等）改善了电视观众的收视体验，产生了更多互动手段，三屏融合趋势对视频娱乐内容的需求量进一步增大，这些均为东方卫视综艺娱乐节目创造了新的提升和发展机会。

（4）威胁

第一，其他休闲娱乐手段对观众的分流。一是网络、电影、游艺等娱乐手段日益多样化，分流特别体现在年轻观众上；二是其他卫视对观众的分流。湖南、江苏、浙江等卫视纷纷推出新的综艺娱乐节目，主打娱乐牌，形成综艺节目带状、块状播出，给东方卫视带来直接压力。

第二，其他媒介载体对广告的分流。新媒体和户外广告的发展以及精准营销理念的兴起都对电视广告带来冲击。

第三，政策限定。综艺娱乐节目易遭到三俗的诟病，因此也受到比较多的政策限定，如选秀牌照、亲子真人秀限定、港台和境外演员的使用等。

2. 创意——模式与模式化的突破

节目策划就是要有创意、有创新，主要体现在模式创新上。以选秀节目为例，目前选秀节目各种类型已经屡见不鲜，有一些节目有成熟稳定的模式，但要长期保持吸引力必须进行模式化突破。

在各种选秀竞技类节目中，规则和赛制设计是节目实施的关键。以韩国几档翻红歌手的同类型音乐选秀节目为例。如 MBN 的 *Miss Back*（图 2-1）将选手聚焦到女团出身的女明星翻红上，而 JTBC 另一档 *Sugar Man* 则寻找代表韩国歌坛某一时代、现在却逐渐消失在大众视线的歌手。*Sugar Man* 整个节目把重点放在选秀比赛上，在比赛环节展现节目的情绪点，在旧歌翻唱时抓住情感与怀旧两个点，回顾韩国歌谣历史，自然地将过去与现在融合。而 Mnet 竞技选秀 *Do You Know Hip Hop?* 相比较而言，虽然节目重点也是放在比赛上，但是节目的竞技感不足，选手缺乏亮眼的舞台表现，情感点不构成连贯性，无法让观众感同身受。

同样是翻红歌手音乐竞技，2020 年还有一档节目不得不提，它就是韩国 JTBC 的

图 2-1　MBN *Miss Back* 海报

图 2-2　JTBC *Sugar Man* 海报

Sing Again。该节目一经播出即迎来收视高潮，节目创意最为新奇的是"无名"的设定（图 2-3），这个设定不但可以直接表明节目初衷，引导观众客观关注歌手本身，给无名歌手重新找回自己名字的机会，还能为选手们的身份与背景再添一层感性滤镜。

　　Sing Again 借用经典歌曲与"无名"的设置的确能让观众把注意力放在歌手身上。在第一轮比赛中将参赛歌手再次划分，参赛歌手自由选择小组，包括"真无名""Sugar Man""民间高手""选秀最强者""OST"和"独当一面"，标签化歌手的个人特点。同时，多位元老级音乐制作人和年轻音乐代表组成的明星评委阵容也十分耀眼（图 2-4）。但是不得不说，此后的两两分组后再 PK 的形式是该节目赛制设计上的不足，重复的竞技形式是对节目情感的冲淡。因此，赛制创新体现为对节目整体性的结构与布局。首先是提炼赛制核心，进而以赛制展开推进人物故事发展，再以赛制升级调动人物的主观能动性，最终呈现赛制精神，用视听享受满足大众期待值。

图 2-3　*Sing Again* 节目对歌手进行无名设定　　　图 2-4　*Sing Again* 总制作人 Lee Seung-gi 和评委

　　近年来，许多省级卫视谋求突破的重点节目都倾向选择模式引进的道路。由此不禁要问，节目模式创新的瓶颈到底是什么？在缺乏相应完善的法律保护版权的环境下，原创模式面临着大规模的山寨风险，辛辛苦苦想出来的好点子，却为他人做了嫁衣，这是瓶颈之一。原创出来的模式收视与口碑双差，这是瓶颈之二，也是最主要的瓶颈。再加上有国外全套的模式可以参考引进，原创自然就更稀缺了。但是否引进模式了就一定成功呢？如果节目只停留在收视层面的满足，模式引进只是饮鸩止渴，一定程度上依赖引进模式对节目内部创新能力是有害无益的。"拿来主义"时间久了，就会丧失市场上的创新品牌号召力，直接导致溢价幅度的下跌。因此，如何发挥编导人才优势，挖掘节目创意，形成某类型节目原创模式，进而在模式操作的基础上寻求突破，才是出奇制胜地打造可持续竞争力的关键。

　　节目创意和模式创新对观众心理的把握要求较高。观众心理包括两部分：一般心理和特殊心理。前者指大多数观众共有的心理，后者指不同年龄、不同职业、不同文化层次和不同性别等特殊观众的心理。掌握共有心理可以使我们在宏观上把握广大观众的心理需求，尽可能去满足需要，并加以适当引导。掌握特殊心理，能从微观上制作出满足分众差异化需求的节目，进行全方位覆盖与渗透。以湖南卫视陈歆宇工作室为例，该团队能敏锐感知社会、行业、受众需求的变化，发挥团队制作纪实观察综艺的优势，稳抓观察类节目中的人物关系，多角度深挖并创新，或聚焦大龄未婚女青年生活状态，或聚焦原生家庭问题。从《花儿与少年》到《亲爱的客栈》，再到《我家那小子》《我家那闺女》《妈妈，你真好看》，逐步形成市场上既有团队风格，又有衍生性与持续性的观察类综艺节目样态。

3. 设计——节目的壁垒

创意本身是没有门槛的，在没有形成作品前不受法律保护。因此，一定要在实施创意的过程上下功夫，以形成节目创意的壁垒和门槛为根本目的。

在对具体节目设计上，我们参照模式化节目的设计进行分享。一般而言，所有模式都拥有 4 个基本点，其中至少有一个基本点具有足够量级。

（1）故事：比现实和真实更加多样丰富，更具有悬念和吸引力；

（2）体验：不同于日常生活的经历、感受与知识等；

（3）刺激：视听冲击、金钱、暴力、性等；

（4）情绪：充分共鸣，能引发喜怒哀乐等。

所有模式架构都具备 6 个要素。

（1）节目主题：与众不同，核心明确；

（2）内容梗概：能用简明一两句话概括，并表现出人物有何动机或怎样达到目的；

（3）心理动机：将选手置身于某个环境中，他们必须达到某个重要目的，从而真实可信；

（4）矛盾冲突：阻碍人物实现目的，需要有发生、发展、高潮、结束的进程感；

（5）人物角色：有便于视频表达的感召力，能够用体现自身性格的独特方式解决冲突；

（6）戏剧张力：始终保持期待与意外，例如时间限制、选手不知道但观众知道的意外等。

我们发现，即使打造一个华丽舞台、请一个知名主持人、制定一个别人没玩过的规则、挖掘一些选手，也并不一定能达到很好的节目效果，形成收视高峰。一些已经做得很好的节目，即使我们照搬它们的设计脚本，也难以形成社会热点，或者成为高收视的常规节目，这是因为这些节目形成了一定的门槛和壁垒。

门槛的形成必须要达到两个要求：精良与持久。如《快乐大本营》《天天向上》和《非诚勿扰》的主持组合，《中国达人秀》和《中国梦想秀》的选手资源，《百变大咖秀》的艺人资源等。

细数这些成功的节目，它们的创意是可以临摹的，但是总会发现某些方面其他节目难以做到，这就是壁垒。制造壁垒是需要付出大量辛劳和时间以及背后的团队平台给予支持和保障的，有时甚至需要一些运气。

4. 实施——掌握模式核心

节目的实施环节，是对节目模式的具体落实。而这种落实不仅仅局限于执行层面，比如游戏规则如何制订、灯光如何设计、主持人有何要求等，还要在理论上归纳总结其中的原理与规律。

国外模式创新的大概流程仍遵循创意（点子）—模式—制作的基本步骤。在节目的具体实施阶段，围绕创意策划的落实，大多数模式常用的 7 个技巧如下：

（1）围绕一个核心主题展开；

（2）由一系列的因果构成内容发展（便于观众理解）；

（3）所有发生的一切都有根据（能够被其他部分证实是合理、清晰和不容置疑的）；

（4）必须要有所有人物都无法控制的非个人事件发生；

（5）人物的心理动机推动内容向前发展；

（6）反复强调最后时限和选手性格特征（一般用三次原则，即发生前、发生中、发生后）；

（7）保持过程清晰，但大多并不简单（用勾连、预约、说明等方式）。

在落实具体的节目框架设计后，再对具体的技术性环境进行规划。

5. 总结——持续生产

就最终成型的节目模式而言，节目架构都基本符合以上这些原理和流程。好的节目是要能持续生产、持续更新、持续保持吸引力的，因此需要在节目完成后及时进行受众的反馈和节目的反思，做好利弊成败的分析，从而进一步完善节目的制作和创新。

二、新视频节目策划的常规思路

在新视频节目策划中，往往采取处理日常化和陌生化两种手段。比如，民生新闻类节目中日常化内容如何做出更加亲民、更有日常感的效果；真人秀节目中如何将日常化内容创造出陌生化的效果，让平民选秀也能新奇辈出；还有陌生化的、少见题材的挖掘，如历史题材与现实的关联、专业知识与大众的关系、特殊题材中引入共同的情感元素。这些都是在新视频节目策划中需要处理的题材和节目中的日常与陌生的关系。通常有以下几个简单思路。

1. 找准节目卖点——"知己知彼，出奇制胜"

卖点是新视频节目价值的商业体现。"人无我有，人有我新，人新我活，人慢我快"是策划制胜的"法宝"。思考、研究节目卖点一是要考虑节目的伸缩性，即节目的可炒作性；二是节目的创意，创意的原则往往要从最不显眼处着手、从最简单处着手、从最不可能处着手、从其他行业借鉴，再应用联系思维和逆向思维，给人耳目一新的感觉；三是评估自身的实力，量体裁衣，研究与自己产生竞争的节目，寻找以强击弱的突破口。

2. 造势、借势和避势——"万事俱备，还借东风"

造势，是指全面出击，引起注意，造成声势，冲击心理，产生轰动效应，抢占市场；借势，是指不同媒体共同宣传、共同炒作，加强联动，取得双赢；避势，是指避开其他媒体或成名栏目的强势，扬长避短，另辟蹊径。

2020年，湖南卫视制作团队刘伟工作室在抗疫期间推出全新原创分享互动综艺《嘿，你在干嘛呢》，何炅、李维嘉、杜海涛三位主持人依次自拍居家日常并以视频连线的方式与艺人朋友进行互动，与电视观众分享抗疫心情，展示丰富多彩的趣味生活。"云录制"方式是特殊时期的顺势而为，节目在策划层面上响应国家号召，体现国人众志成城的抗疫决心，引导大家淡化恐慌情绪，疏解压力，热爱生活，这就是在特殊环境下很好的一次策划实践。

3. 重视策划"智囊团"——"三个臭皮匠，顶个诸葛亮"

媒体竞争愈演愈烈，智囊已成为现代新视频节目策划、制作环节中的一个重要组成部分。聘请不同年龄、经历、专业、性别的"外脑"，提供咨询、献计献策、判断运筹、提出设计、反馈信息、调查研究、预测未来、提供优化方案，与编导、主持一起策划节目，是新视频节目的质量保证。

对bilibili、抖音、快手等视频网络平台的视频节目策划而言，用户是不可忽略的策划核心。不同于简单、常规的用户意见征集，由于各大平台针对用户作个性化推荐已成常态，内容创作者要利用好用户这一"智囊团"。首先，要了解推荐算法和规则，在此基础上，调整个人信息以及视频内容的初始化标签，形成视频节目内容被打开的方式；其次，对固定体量的用户展开需求分析和效果反馈，形成关键性的优质内容；最后，设计内容的互动属性，通过用户社交社区增加用户的使用黏度，通过用户分享使内容产生更广泛传播的可能。

三、新视频节目的创新方法

类型的划分依据于不同节目所使用的特殊程式（convention），这些程式我们在经常接触之后能够被观众所熟悉和预见……程式包括：人物、情节、场景、服装和道具、音乐、灯光、主题、对话、视觉风格。[①] 各类节目几乎都是在类型化的发展下寻找切入点和突破点展开构建的。

新视频节目或覆盖多种节目类型以创新模式，或聚焦某一种节目类型展开创新，相较于传统电视节目的高度类型化，它契合传播移动化和信息社交化的媒介发展特点，节目类型变化更加多元，亚类型与新类型不断产生。然而，从视频节目所属的底层技术基因来看，节目类型是无法超出基本形态的，因此，题材的选择、切入的角度、构建的方法成为诞生新类型和创造新爆款的生产因素。

---

① ［美］大卫·麦克奎恩.理解电视：电视节目类型的概念与变迁[M].苗棣，赵长军，李黎丹，译.北京：华夏出版社，2003：22-23.

在节目策划创意上，西方国家的节目擅长在同一题材下依托新技术和已有模式创新，东方国家的节目策划更倾向于在同一题材下寻找关注的社会话题，以"人物关系"切入，在节目呈现中进行价值观的构建。

在具体构建上，绝对的原创是具有相当大的难度和不确定性的。英国是全球电视节目模式创新的"大户"，在向西方市场出口节目模式的产业中，英国的节目样式出口时间高达每年 6000 小时，以 53% 的份额占据了绝对主导地位；荷兰占 18%，而美国只占 14%。英国电视人虽然一直主张"彻底的创新才是成功的关键"，但实际情况是：即便在英国，彻底的创新也很罕见。相比较而言，部分创新其实是一条更为行之有效、更为实际的路。也就是说，我们可以通过"置换"实现局部的创新。置换式创新能降低再次创新的风险，也能够最大程度地获取节目的剩余价值，延长它的收视生命。

1. 项目、选手元素、人物关系的置换

简单置换多见于比赛类的节目中，因为这类节目有两个最容易置换的元素——选手、项目。比如，由英国 Shine 独立制片公司为 BBC 制作的《大名厨》（*The Masterchef*）是一个普通人比赛厨艺的节目，播出后取得了非常好的收视成绩。于是 Shine 公司在原节目模式基础上，置换了参赛选手的类别，开发了四个同类节目《明星大名厨》《专业厨师大名厨》《少儿大名厨》《家庭大名厨》，都取得了很好的收视成绩。

《名人国标舞大赛》（*Strictly Come Dancing*）是 BBC 的王牌栏目，也是东方卫视《舞林大会》的原版。该节目目前已经播出到第八季。因该节目的成功，英国又掀起了名人比赛的风潮，分别有名人滑冰、名人唱歌剧、名人男女搭档唱歌、名人和父母一起跳舞，甚至名人摔跤。这些节目的流程几乎一样，只是置换了比赛项目。

国内综艺在选手置换的使用上，不得不提到现象级综艺——芒果 TV 的《乘风破浪的姐姐》。该节目在未有大规模宣传的情况下推出，播出即引爆全网，同时，关于女性的相关话题和热词刷屏网络。从置换创新上，该节目就是一个很好的案例。湖南卫视团队在选秀节目上已有较为成熟的模式，而《乘风破浪的姐姐》将"选手"这一选项置换为"30+ 女星"，打造一场以 30 岁以上熟龄女明星为主角的女团综艺节目，选手的置换为其开创了女性综艺节目的新风潮。

在项目置换上，经营类真人秀综艺是近几年的热门。前期餐厅、民宿类项目经营已经衍生出《中餐厅》《亲爱的客栈》等被市场认可的节目，除此之外，通过经营项目的置换，咖啡厅、花店、烧烤店等经营也已成为当下节目制作的题材，产生出市面上诸多领域的经营类节目（表 2-1）。

在诸多经营项目的选择侧重中，韩国 MBC 在 2019 年推出一档新综艺《塞维利亚的理发师》，借由韩国发达且受关注的美妆造型产业，形成韩国文化对外传播的综艺尝试。2021 年 3 月，腾讯视频出品、谢涤葵担任总导演的武馆经营类真人秀《姐姐妹妹的武馆》开播，该节目将武馆经营置换入经营类题材，在节目名字和嘉宾选择上，一定程度上设计并导入热门流量明星元素，在玩法上延续以往该类型"自负盈亏"的

表 2-1　2021 年经营类真人秀节目不完全统计（来源：传媒内参）

序号	节目名称	节目类型	播出平台
2021 经营类真人秀（不完全统计）			
1	《中餐厅 5》	青春合伙人经营体验节目	湖南卫视
2	《喜剧不谢幕》	全新喜剧真人秀	湖南卫视
3	《美味夜行侠》	明星餐车美食经营真人秀	浙江卫视
4	《走吧！吃饭去》	美食打卡台网互动真人秀	浙江卫视
5	《打卡吧！吃货团》	户外美食趣味真人秀	东方卫视
6	《外卖江湖》	美食类真人秀	江苏卫视
7	《上新了·故宫 3》	故宫博物院文化创新类真人秀	北京卫视
8	《人生的处方》	场景化深夜经营综艺节目	北京卫视
9	《隐秘的美味》	扶贫餐车经营类真人秀	深圳卫视
10	《春日酱》	春日郊游节目	爱奇艺
11	《潮流合伙人 2》	潮流经营体验节目	爱奇艺
12	《夏日冲浪店 2》	冲浪生活体验清凉综艺	爱奇艺
13	《冬日滑雪屋》	冬日滑雪度假体验治愈系真人秀	爱奇艺
14	《姐姐妹妹的武馆》	经营类真人秀	腾讯视频

备注：请以实际节目播出为准。

设置，将武术、国潮与经营对接。

当然，置换不只有单一元素的置换，也可以用多样元素组合替代原本的单一元素，同样是置换的一种方式。比如，央视推出的大型文化情感类节目《朗读者》，著名节目主持人董卿首次担当制作人，节目摒弃单一的访谈形式，将新闻性的访谈、纪实性的纪录、综艺式表演环节和一波三折的叙事融为一体，形成多种节目类型的有机融合，从而探索出我国类型节目创作生产的新路径。

2. 置换成功的关键在于掌握原节目成功的内核

置换式创新虽然省时、省力、成功率高，却不可盲目使用，原节目成功的核心、看点是置换成败的关键。

（1）置换背后是一致的情感共鸣

湖南卫视在选秀节目上一直有积累和尝试，节目团队的把控能力要追溯到湖南卫视早期代表性选秀节目《超级女声》，初步积累对女性综艺的掌控模式。后来的《我们来了》等女性综艺，通过设置日常生活的桥段，在矛盾中展现女明星的个性，湖南卫视的团队在这个阶段已经十分娴熟。在整个选秀节目的市场环境中，年轻女性始终占绝大多数，而 30 岁以上的女性只是零星的点缀。因此，2020 年火爆的《乘风破浪的姐姐》把年龄属性作为综艺节目的卖点之一，将 30 岁以上熟龄女星作为节目主角，开启"她综艺"又一个高峰。

对《乘风破浪的姐姐》中的"姐姐"而言，节目制作的内核是原《超女》《我们来了》等类型节目的内核，"姐姐"是选手的置换。这些"姐姐"是标签化的人物，通过比赛竞争和故事的展开逐步撕掉标签，如张雨绮从"人间鹦鹉"到能歌善舞，张含韵不再是"酸酸甜甜就是我"的女孩。透过节目，观众能看到明星作为艺人之外的女性魅力和女性美，能看到她们在节目中呈现的打破年龄限制的拼搏和努力，从而引发情感共鸣。另外，与综艺配套的人物访谈节目《定义》更是与节目中的每位女嘉宾进行深度对话，倾听她们的困惑、挣扎、努力，进行节目的产业链开发。

（2）置换一定程度上是分众时代的群体引流

置换其实在一定程度上是对受众面的窄化，如何深度吸引这一群体的目标受众十分关键。如韩国 Mnet 电视台走小众歌曲流派路线，在 2000—2004 年推出说唱综艺 Hiphop The Vibe，2012 年开始制作发掘有实力的 Hip-Hop 歌手淘汰制节目，被称为 Rap 版我是歌手，2019 年夏继续推出说唱歌手（Rapper）选秀节目 Show Me The Money8。

同样做翻红歌手选秀，韩国 MBN[1]2020 年推出选秀节目 Miss Back，将节目设定为在人们记忆中淡忘的女团出身歌手，帮助她们再次实现梦想。节目通过前期纪录片背景介绍女团歌手过去的经历与如今的现状、光鲜亮丽的舞台及背后的真实，两种反差感交错，更深层次地探究娱乐圈的生存规则，给予观众多重震撼。节目挖掘各式各样的流派和艺人，将不同流派和时代的歌手聚集在同一个舞台上，用一种非常有效且公正的方式引流各个群体的观众。

（3）置换不是简单的类型替换

不是所有节目置换后都能成功，人物是否在节目中呈现反差，人物与节目的形态和规则设计是否一致十分关键。比如《乘风破浪的姐姐》将"姐姐"置换成"哥哥"后，明显就没有兴起太多高潮。同样的还有 ITV 的"名人摔跤"节目，也是置换创新不成功的典型。比起唱歌、跳舞、滑冰，摔跤这个项目对名人来说太难了，名人们既没有角斗士的体力和技术，也不愿在观众面前展现自己暴力、不雅和狼狈的一面。所以，这个节目最终的结果是：既看不到名人也看不到摔跤。

英国真人秀节目《农夫相亲记》（Famer Wants A Wife）是一个以 1 个农夫与 10 个城里姑娘为主角的相亲节目，取得了非常不错的收视成绩。那么把农夫置换成司机、工人相亲可以吗？该节目片人指出，在英国，农民的日常工作非常繁重，这一点在节目中也有大量的展现。然而他们的生活交际圈子比起城里的男人们来说小很多，碰到心仪女生的机会不多，所以英国农民娶不到老婆的情况比较常见。另外，农夫的特殊身份和生活状态必然会和从大城市来的姑娘们产生反差，引发节目看点。可见，如

---

① MBN（Maeil Business Network），韩国 24 小时新闻频道每日经济 TV，该频道成立于 1993 年 9 月，1995 年 3 月 1 日有线电视播出，2009 年 10 月 5 日以高清晰度电视播出。

果在这个节目中把"农民"简单置换成"医生"或者"司机"的话，未必会成功。

另一个英国真人秀节目《合唱团》(*The Choir*)讲的是一个合唱团的老师把几十个喜欢嘻哈、街舞、打网络游戏的叛逆少年组成一个合唱团的故事。节目对他们进行为期两个月的训练，最后在某个国际合唱大赛登台演出。节目最大的看点在于，这些叛逆少年最初对合唱这种表演形式嗤之以鼻，认为很"老土"，却慢慢地在合唱中感受到音乐的魅力，最终爱上了合唱并且在音乐厅一展歌喉。试想一下，如果将合唱团置换成田径队、航模队、时装表演队，这样的节目看点是否还存在？答案则不能轻易肯定。《合唱团》节目之所以好看，是因为孩子们的性格、爱好都与合唱这一传统音乐形式有着极大的反差，有反差才有矛盾和冲突，节目才有亮点，而无论是田径队、航模队还是时装表演队，恐怕都无法形成这样的反差效果。

3. 情感共鸣：共享次元破壁

制作人章碧珍[①]认为，年轻人喜欢的内容趋势有三点：不变的王子与公主梦、多次元的内容垂类触达、最大程度的受众共鸣。这是一个共享次元破壁的时刻，新视频节目要达到良好的传播效果，在内容和形式载体的背后如何融入情感共鸣，实现破圈发展，这一点值得深思。

继《演员的诞生》令"演技"成为观众茶余饭后的谈资之后，CCTV电影频道谈话节目《今日影评·表演者言》引发受众关注。这档节目由演员周迅发起，作为《今日影评》的平日特别节目播出，邀请到包括黄渤、段奕宏、奚美娟、易烊千玺在内的老、中、青三代共11位实力派演员，与周迅面对面一同分享表演经验。真正的表演者，应该什么样？如何做一个好演员？该节目只谈表演专业，谈角色，不谈八卦，不博眼球，而"只谈表演那些事儿"即是在表演领域的垂类内容。

在依托题材策划引发受众共鸣上，《国乐大典》很有代表性。该节目是广东卫视、山西卫视联合制作的大型原创中国经典音乐竞演节目，每次展播都成为各大高校电视节的高燃话题。2018年，广电总局为节目点赞："节目以独具魅力的民族乐器，给观众带来文化熏陶和艺术享受，增强了中华优秀传统文化的传播力和影响力。"被广电总局评为2018年一季度创新创优节目。该节目给了年轻人接触民族音乐的机会，搭载上综艺节目的形式，就是在节目策划设计上与青年受众产生了很好的情感共鸣。虽然节目在整体的叙事呈现和舞美效果上还存在一定的不足，但是节目本身的策划切入点是值得肯定的。

另一档由腾讯新闻和单向空间联合出品的新视频谈话节目《十三邀》，在读懂年轻人这一点上也做得很好。该节目富有文化名人许知远鲜明的个人特色，通过寻找13位具有模板作用的个人，向他们发出邀请，在许知远对其的观察、交流中产生思想的碰撞，形成探求中国发展的影像切片。"许知远式"的发问，带着"偏见"的观点表达，

---

① 章碧珍，蓝天下传媒集团总裁、知名策划人、制片人，担任《向往的生活》《十二道锋味》《来吧！冠军》《青春旅社》《没想到吧》《做家务的男人》等节目的出品人、总策划、总制片人等职务，获第十一届全国电视制片业十佳栏目制片人奖。

不客观不中立的个人化态度，是能引发当下年轻人情感共鸣的内容。节目偏向严肃和深度的内容体制，透出对真实的探索，对现实生活的反思，折射出浮躁社会风气的当下不少年轻人内心的真实需求和渴望，也是这档小成本制作的谈话节目能达到一定传播效果和社会效应的原因。

第三节　新视频节目策划书的撰写

一、新视频节目策划书的写作要点

节目策划书的写作与一般的文案写作有所差异，策划书核心的作用是让决策者对即将成形的节目一目了然并给出决策意见。

简而言之，策划书要注意以下几点：

1. 设定策划所处状况，使之具有说服力和吸引力；

2. 引人入胜地描绘策划主题，使之具有说服力和吸引力；

3. 详细地描述整体形象，展开策划主题，使之具有感召力；

4. 分条细述，按一定逻辑展开，使之具备可操作性；

5. 尽量使用图表、实物照片、影像资料等可视化手段，使之形象生动。

二、新视频节目策划书的写作规范

新视频策划书一般包含如下内容：

第一部分：现实环境

1. 背景浅析

2. 企划动机

第二部分：节目设定

1. 节目名称

2. 节目类别

3. 节目主旨

4. 节目目标

5. 节目定位

6. 节目形态

7. 节目内容

8. 节目特色

9. 节目特点

10. 节目风格

11. 剪辑风格

12. 叙事方式

13. 主持人串联风格

14. 诉求对象

15. 节目长度

16. 单集节目构成

17. 播出时段

18. 播出次数

19. 节目集数

20. 制作方式

21. 版权所有

22. 合作方式

第三部分：摄制策略

1. 主持人

2. 节目顾问

3. 创作思路

4. 节目要求

5. 整体目标

6. 节目包装

7. 制作设备

8. 节目标准

9. 制播周期

10. 工作人员设置

第四部分：行销宣传

1. 节目优势分析

2. 节目市场分析

3. 广告市场分析

4. 节目宣传片规划

5. 节目预告带规划

6. 宣传推广规划

附篇：

1. 企划人简介

2. 公司简介

3. 合作程序

三、新视频节目策划书的写作案例

附1 湖南卫视《音乐不断》节目策划书

一、背景分析

当下，音乐文化已被提高到了一个前所未有的地位，随着 MP3、MP4 等音乐播放器的普及，音乐已经成了大众尤其是年轻人生活的重要组成部分，它不仅是一种放松的方式，还是一种精神上的追求。可以说音乐是这个时代大众消费的主要精神产品。随着互联网的不断发展，单调的本土音乐已经不再是年轻人音乐世界的主导，更多的国外音乐在不断地走进年轻人的世界，成为年轻人的爱好。年轻人不只是关注大陆以及港台的单曲或者专辑排名，他们放眼于世界，寻找着国际性的音乐，关注格莱美等世界级的音乐大奖，不再局限于本土文化。

二、策划意义

到目前为止，各大省级电视台的音乐节目层出不穷，但是新颖度并不高，内容大致相同，拥有品牌力量的音乐节目少之又少，而且在主持人方面，主持风格单调，没有突破。作为音乐节目的主持人除了对音乐有所了解外，还应该非常热爱音乐，并且能够在节目中演唱，发表较资深的评论，我台立志于做出更为专业的音乐节目，不仅在于娱乐大众，更在于传播音乐文化，提高观众的音乐素养。所以，这档节目内容一定要丰富，然后是专业，对观众在音乐上面的知识能有所补充，打开观众的音乐视野。

三、节目设定

1. 节目名称：《音乐不断》

2. 节目类别：爱好音乐的年轻人参与的一档音乐节目。

3. 节目主旨：传播音乐文化，扩大音乐爱好者的视野。

4. 节目目标：吸引音乐爱好者，普及音乐知识，提高观众音乐素养。

5. 节目定位：成为为音乐爱好者提供了解世界音乐和掌握音乐专业知识的电视平台。

6. 节目形态：是主要由主持人引导、嘉宾参与的音乐娱乐节目，也属于录播节目，但是走更为专业化的路线。

7. 节目内容：分为以下几个板块。

（1）音乐新闻：控制在 5 分钟以内，快速播报世界各地的音乐资讯，可以以图文和视频形式出现。

（2）推荐新歌：向观众播放新上榜的日韩、欧美、大陆和港台新歌，要求歌曲是能体现歌手唱功的、有档次的歌曲，不吹捧没有实力的网络歌手和选秀明星。主持人的推荐词要非常专业化，每一个地区的音乐至少播放 5 首，重点播放一首完整的实力歌曲，其余的歌曲用幻灯片形式一扫而过。

（3）重温旧歌：介绍 1~2 个在乐坛上非常有实力的歌手，然后做他的专题节目，从出生到演唱事业，剖析他在唱歌和音乐上的贡献，并请资深乐评人或者是歌手作为嘉宾进行评论，然后以播放他的歌曲结束这一板块。（20 分钟）

（4）我要当歌手：要求主持人自己唱歌有扎实的功底，然后现场教大家一些演唱的技巧，并且现场示范歌曲的演唱，把当前比较走红的歌手的唱法告诉大家，普及音乐小知识，扩大观众的知识面，提高听众的音乐素养。（10 分钟）

8. 节目特色：走娱乐与专业化结合的路线，打造电视音乐节目品牌。

9. 节目风格：轻松、专业、艺术。

10. 节目长度：70 分钟 / 期。

11. 单期节目构成：片头、音乐新闻、新歌推荐、重温旧歌、我要当歌手、结尾歌曲。

12. 播出时段：中午 12 点 50 分到 2 点整。

13. 播出次数：周一、周三、周五、周日。

14. 节目集数：待定。

15. 主持人：有以下几点要求。

（1）形象：年轻、时尚、青春、健康。

（2）年龄：50 岁以下。

（3）学历：本科以上，会一种以上的乐器，有演唱的经历，对世界各国的音乐有所了解，会流利地使用英语，对音乐充满热爱，对音乐有自己的见地。

（4）主持风格：有个性，能在现场表演，能与嘉宾配合主持。

（5）服装以及化妆安排：由专业人士进行指导，提升节目整体形象。

16. 嘉宾的邀请：

（1）时间：每周邀请一次嘉宾。

（2）嘉宾条件：乐评人，或者是资深歌手，或者是选秀冠军。

（3）服装以及化妆安排：由专业人士进行指导，充分尊重嘉宾自己的意见。

四、摄制要求

1. 片头：动感、时尚充满活力，背景音乐必须有档次，而且是由多种类型的音乐剪辑而成。

2. 背景：配合每一期的主题随时更换。

3. 人物的拍摄：以近景为主，当主持人或者嘉宾表演的时候，以中景为主，再到近景、特写。主持人与嘉宾的服装颜色不仅要与背景协调，而且要互相呼应，形成一个整体，摄影的时候注意全景拍摄出这样的意境。

4. 片尾的处理：在歌曲中结束，将现场切换到 VCR。

五、设备及资源要求

1. 设备来源：由电视台提供。

2. 物力、财力、一般人力：均由电视台提供。

3. 主持人：向外招聘，或用内部资深人士。

4. 嘉宾的邀请：由采访小组出任务，邀请后并采访。

六、节目宣传

1. 网络媒体：通过湖南卫视网络战略合作伙伴搜狐网、湖南电视网、新浪网、百度贴吧进行宣传。将每次的单期节目视频上传到湖南电视网播客、优酷视频，土豆网等各大门户视频网站。

2. 平面媒体：在省内具有知名度的平面媒体上整版宣传，争取成为《轻音乐》《我爱摇滚》等知名音乐杂志的合作伙伴，利用知名音乐杂志进行宣传，提高节目的知名度。

3. 电视媒体：在节目播出前以及播出中，湖南卫视给予一定时间段宣传。在湖南卫视的各综艺节目中，请主持人对《音乐不断》节目进行介绍。

附2　湖南卫视《好奇大调查》——《什么方式醒酒最有效？》编导策划案

开场主持：

（桌上摆3碗酒，其余摆很多瓶装酒，把包装撕掉，有白酒，有红酒，有啤酒）主持人就座：好奇大调查。

测试员谭子和罐子从两侧走到李锐两旁：您的好奇我们解答。

主持人：只要看桌上的摆设大家就应该知道，今天的调查跟酒有关，到底什么快速醒酒方式最见效！当然，要做这个调查得有一个前提，那就是必须要有人喝醉，两位，请慢用！（说完就闪）（主持人说这段话的时候，谭子和罐子自顾自地在喝酒）

上菜时，时不时有人上去劝酒（感情深、一口闷，红酒白酒啤酒一起上等），施展劝酒者的百般才华，唱歌跳舞表演节目都行，主持人也可以很殷勤地介绍哪种菜最下酒等。

在喝酒过程中介绍即将使用的快速醒酒方式。

主持人：花开两朵，各表一枝，利用谭子和罐子的入醉过程，赶紧介绍一下我们搜集的5种人们认为最有效的快速醒酒方式。第一种就是市面上卖的醒酒药（从桌上拿起，撕掉包装盒），我们特意挑了药店老板认为最有效的一种。第二种，激烈的有氧运动，我们选择了跑步机（走到跑步机旁边）。大伙儿，我们的测试员要在醉酒状态下在时速10公里的跑步机上跑5分钟，估计今天这两位测试员即使不醉死也会被摔死！今天要测试的第三种醒酒方式就是把整个头部浸入冰水中，饭店老板已经帮我们准备了测试用的冰块。这么寒冷的冬天要把整个头部浸入冰水中，想想都冷得打哆嗦。第四种醒酒方式在电影电视里经常出现，那就是打耳光,啪,啪。不会是叫我打吧？像我这么慈眉善目的人如何下得了狠手？最后一种醒酒方式估计很多观众朋友醉酒后都用过，那就是呕吐，把手指插进喉咙，啊，好恶心！那这5种人们常用的快速醒酒方式到底哪种最有效呢？悬念！

试探谭子和罐子是否真醉，可以看看是否酒后吐真言（主持人临场发挥，比如你更喜欢你现在的老婆还是更喜欢你的初恋等），或者伸出手指请谭子和罐子辨认，这是几？

主持人：其实要想知道谭子和罐子是否真醉很简单，只要用这个东西一测就知道了。人是否醉酒取决于血液中乙醇，也就是酒精的浓度，当血液中酒精浓度在0.05%~0.1%时，人开始朦胧，这就是我们常说的微醉。当血液中酒精浓度达到0.3%时就会口齿不清，步态蹒跚，那就是喝醉了。如果血液中酒精浓度达到0.7%，人就会死亡，因此，为了安全起见，赶紧测试——宣读结果：是否真醉。（记录数据）

主持人：接下来就要进行第一项醒酒方式的测试，为了对比醒酒方式是否有效，做每项醒酒测试时我们都只选择一位测试员接受测试，另一位充当控制组样本，也就是说，两位测试员每轮测试只上一位，另一位静观其变，一段时间后两位测试员再同时接受酒精测试仪的检测，以验证该醒酒方式到底有多大的成效？那么，到底哪一轮测试由哪位测试员来接受体验呢？为了公平起见，编导专门为两位测试员设计了5个小游戏，一句话：游戏定胜负！

（为争夺控制组样本设计的游戏：筷子运鸡蛋、面粉上面吹乒乓球、乒乓球投篮、头顶碗过梅花桩、绕口令、出现平局时就采用锤子剪刀布等）

醉酒状态下比拼第一个游戏（筷子运鸡蛋），胜利者充当控制组样本，失败者接受第一轮醒酒方式（醒酒药）的测试。

游戏说明：碗里放10个鸡蛋，1分钟时间用筷子把鸡蛋夹到不远处另外一个空碗里，两位测试员同时进行，数量多者获胜！

5分钟后，两位测试员同时接受酒精测试仪的检测，记录下数据，数据显示醒酒药不能快速醒酒。

（采访醒酒中心的专家：醒酒药不能醒酒的原因）

主持人：您也许会问，咱们周围不是有很多人都采用喝浓茶醒酒吗？为什么你这5种快速醒酒方式里面没有浓茶？原因就在这里。（走到黑板边，黑板上写着5种极其错误的醒酒方式，只露出第一项：浓茶）酒精进入人体内对神经系统有兴奋作用，会使人心跳加快，血管扩张，血液流动加速。当人醉酒时，这种兴奋作用会加剧转变为一种不良刺激。而茶叶所含茶碱、咖啡因同样具有兴奋作用，这对醉酒人的心脏来说，等于火上浇油，更加重了心脏负担。而且酒后喝茶，特别是醉酒后喝浓茶，茶叶中的茶碱等会迅速通过肾脏产生强烈的利尿作用，这样一来，人体内的酒精会在尚未被分解为二氧化碳和水时，过早地进入肾脏，从而对人的健康产生危害。因此，"浓茶醒酒"的说法不但毫无科学依据，而且极其有害！

两位测试者继续喝酒，用来补充这段时间被新陈代谢的酒精，以达到每种醒酒方式测试时酒精含量相当。

主持人：（站在跑步机旁边）下面我们马上要接受第二种醒酒方式的测试，激烈的有氧运动。现在跑步机的时速已经调整为每小时10公里，同样，我们也为两位测试员准备好了争夺控制组样本的小游戏：面粉上面吹乒乓球（那边两位体验者正在热身），那这一回合究竟是胜者继续胜，还是上一轮失败者扳回一城呢？三、二、一，开始！游戏说明：两个装满面粉的小碗，碗上面放一个乒乓球，小碗的前方放一个大碗，两个人使用相同的道具站在对面使劲吹，看谁在一分钟之内吹进大碗的乒乓球更多。（笑点：两个人因为站在对面，因此两个人脸上会沾满面粉，如果事先把两个人的眉毛沾水，到时候必定变成两位白眉大侠）

第二轮游戏过程中……

主持人：好，现在结果已经出来了，要接受第二轮醒酒测试的是……如果同一个人失败两次，就可以趴在地上感叹：苍天啊，为什么失败的又是我？

第二轮醒酒方式：跑步机。

5分钟后两位体验者再次同时接受酒精测试仪的检测，记录下数据。

（采访醒酒中心的专家：有氧运动能否解酒，为什么？）

主持人：下面又到了醒酒知识普及时间，第二种极其错误的醒酒方式是什么呢？是热水澡！酒后洗澡，会使体内储备的葡萄糖消耗加快，易使血糖下降，体温急剧下降，而酒精又能阻碍肝脏对葡萄糖储存的恢复，易使人休克，所以酒后不要马上洗澡以防不测。另据报道，酒后立即洗澡容易发生眼疾，甚至会使血压升高。想知道这后面还有哪三种极其错误的醒酒方式吗？先看一小段广告。

（广告：可以以两个醉鬼演绎两个广告，如喝杯白酒，交个朋友。劲酒虽好，可不要贪杯哦！又或者是要他们现场模仿别的广告都行，但求有笑点）

主持人：欢迎回来，这里是正在为您播出的《好奇大调查》，我们今天的调查主题是什么快速醒酒方式最有效？前面我们测试过醒酒药和激烈的有氧运动，接下来我们要进行第三项醒酒测试：冰水。同样，在测试之前两位测试员要进行控制组样本争夺战，这回他们要比拼的游戏是乒乓球投篮，每人十次机会，谁投进碗里乒乓球多，谁就是这一轮的控制组样本，准备……开始！

游戏说明：在1米开外放一个大碗，测试员站在1米外的位置向碗里投乒乓球，每人10次机会，看谁投进大碗的乒乓球更多。根据游戏结果，失败者接受冰水测试。

5分钟后两位体验者同时接受酒精测试仪的检测，记录数据。

（采访醒酒中心的专家：冰水能快速醒酒吗？为什么？）

主持人：（又站到黑板旁）下面又到了揭晓错误醒酒方式的时间，极其错误的醒酒方式第三条：睡觉。

（主持人自己说：天啊！好像我以前喝醉的时候就是采取睡觉的方式，而且，我经常听别人对喝醉酒的人说，睡一觉醒来就好了）

醉酒后马上睡觉容易造成体内血液循环不畅，动脉远程缺血，严重者会造成肢体系统缺血坏死。真是不看不知道，一看吓一大跳！

穿插专家解释睡觉不利于醒酒。

主持人：下面要进行的就是5种醒酒方式中我个人认为最刺激的一种，打耳光。说实话，这种醒酒方式我还真的只在电影电视上看过，没想到今天看到真格的呢，那么，两位测试员谁将扮演打人者，谁将扮演被打者呢？还是那句老话：游戏见真章！因为这个醒酒方式最残忍，所以，游戏的难度也更大。头顶碗过梅花桩走得更远、用时更短者扮演打人者，另一位扮演被打者。

游戏说明：把10个碗倒扣在草地上，形成"S"形，分成并列两组，两位测试员听口令同时进行，为了增加难度，调查员的头上还要顶一个碗。失败者接受打耳光测试。

两三分钟后两人同时接受酒精测试仪的检测，记录数据。专家分析打耳光对于醒酒是否有效？为什么？

主持人：好，下面还剩最后一种醒酒测试方法，那就是呕吐法，这也是我个人认为最有效的办法。道理很简单嘛，因为酒已经吐出来了，血液里的酒精含量自然就降低了，但事实真像我估计得这样吗？老规矩，先玩游戏，这一轮是比绕口令，因为我很好奇，醉酒的人舌头到底会不会打结？

绕口令写在黑板上，两位测试员依次来念。

绕口令："粉红墙上画凤凰，凤凰画在粉红墙。红凤凰、粉凤凰，红粉凤凰、花凤凰。红凤凰、黄凤凰，红粉凤凰、粉红凤凰、花粉花凤凰。"由主持人选出表现较差的测试员进行最后一轮醒酒测试。

主持人：（测试者就在主持人旁边，呕吐的声音时不时传进来，人不进画面）观众朋友，知道为什么刚才我会漏掉介绍第四项极其错误的醒酒方式吗？因为现在正是吃饭时间，我可不想影响您的食欲啊！第四种极其错误的醒酒方式：喝陈醋——容易诱发胃、十二指肠溃疡或急性胰腺炎。第五种错误的醒酒方式：（我们正在进行测试的）呕吐——很多喝酒者为了保持清醒，经常会在饮酒后去卫生间将酒吐出去，然后再继续饮酒。这种醒酒方法固然有部分效果，但剧烈的呕吐很容易引起贲门撕裂，导致消化道大出血，因此喝完就吐出的办法其实也不可取！（对测试员大喊）手下留情！5分钟后两人同时接受酒精检测仪的检测，记录数据。

数据总结：从一系列数据中分析得出结果，哪种方式最有效。

（采访醒酒中心的专家解释：我们这样测量是否准确？为什么是这种结果？）

结尾主持：好了，以上就是今天《好奇大调查》的全部内容，下期节目再见！

（注：节目策划案经多轮修改，与实际节目或存在差异，一切以节目播出状态为准。）

扫码观看
本章视频

CHAPTER 3
第三章

新视频节目前期文案创作

  文案创作是新视频节目至关重要的一部分。上一章我们谈到新视频节目的策划,当一档栏目策划完成,接下来就进入每一期节目的具体实操部分了。在节目开拍之前,首先要做的就是前期文案。

  早期的电视文案只包含电视新闻稿、电视脚本、电视解说词等基本样式。随着节目形式的不断发展变化,现在新视频节目文案囊括从前期策划到后期宣传在内的所有节目写作内容,具体包括:选题报告单、电视节目策划书、采访提纲、编导阐述、拍摄提纲、脚本写作、串联词、解说词、编辑提纲、宣传文案等。为了方便理解,我们按照节目制作流程,将节目拍摄前、开拍后两个部分涉及的文案分开。前期策划部分的文案是指从策划到正式拍摄活动开始之前所需要完成的文本内容,主要包括新视频节目的选题、编导阐述、拍摄提纲与脚本写作三个主要部分。正式拍摄活动开始后的文案创作,如解说词和宣传文案将在第七章阐述,编剧和台本部分文案将在第八章进行详述。

  本章重点从新视频节目构思、文案写作方法、拍摄提纲写作以及经典案例分析四个方面对新视频节目的前期创作所需要的文案进行讲解。

第一节 新视频节目的选题

  伊万·克里[①]认为,十种格式构成了电视节目的基础,即小组谈话节目、演示节目、游戏节目、现场直播、体育、纪录片、新闻、电视剧、音乐节目及其变体、表演和动态艺术。这十种格式又可以归纳为两种最基本的类型:一种是无脚本的节目,这类节目制作时不会预知何人何时讲什么内容;另一种是有脚本或者乐谱的节目。小组谈话节目、演示节目、游戏节目、现场直播、体育、纪录片属于无脚本节目,而新闻、电视剧、音乐节目及其变体、表演和动态艺术等则属于有脚

[①] [美]伊万·克里,美国洛杉矶加利福尼亚州立大学(CSULA)传播系荣誉教授,曾工作于纽约 WNET 电视台和 CBS,并作为自由电视业者在洛杉矶执导和制作大量节目,著有《电视节目导演与制作》一书。

本节目。这其中较为特殊的一种格式是新闻，也被认为是有脚本节目。

在无脚本节目中，我们不需要对拍摄对象的具体言行进行干预，也就是说，我们不需要进行细致的分镜头脚本，但是不代表节目的制作是完全放任自流的纪录态，设计一个粗略的框架来规制节目内容的大致走向是必须的。比如，谈话节目和现场直播，现场的不可控因素会极大地损害节目的品质，这时谈话和现场脚本就起到把控全局的作用。因此，对不同类型的节目而言，涉及具体文案的写作会有一些差别，但是不管形式如何变化，每个类型节目文案背后对应的选题判断、思路方法的设计是共通的。

一、新视频节目的选题判断

新视频节目的创意与构思是对节目从内容（选题、对象、主题）到形式（题材、类型、风格）的全面考虑。与其他文字创作形式不同，新视频节目的策划和创意必须考虑实际操作中的各种问题，策划的过程同时也是文案逐渐清晰并形成的过程。

对于一档新视频节目来说，对选题的判断要考虑内部因素、平台因素和外部环境因素，在满足这三者的情况下，再进行具体的选题策划和执行。

1. 内部因素

对新视频节目构思本身的把握，必须关注选题本身的可视性、创意性和足量的信息呈现。无论是套用老的模式，还是进行全新的创意，重点在于如何在形式和内容上都带来新鲜感，这对选题能否有持续生命力至关重要。

一方面，是作品的视觉呈现所带来的欣赏性。欣赏性不一定是指大制作、大后期，而是指画面是否讲究，是否具体对应的作品有形式上的设计，是否从画面上就有吸引人看的可能。另一方面，节目是否有足量给观众满足感的信息，有没有提供多一点信息，让人看过能知道多一点内容，这种信息既包含知识层面，也涵盖情感层面。如果选题的意义只停留在欣赏性阶段，还远远不足以成为一个优秀的选题。好的选题既要能够给观众带来视觉上的赏心悦目、情感上的满足，还要向观众传递一些知识层面的信息。

以 2018 年 9 月腾讯视频推出的明星纪实真人秀《奇遇人生》为例，该节目以发起人阿雅探索自我的角度推出，与嘉宾一起踏上定制的未知旅程，"用探索世界的方式探索自己"（图 3-1）。该节目导演系知名纪录片导演赵琦[1]，不同于一般的户外真人秀脚本创作，整体节目使用全程"无台本"的纪录态，通过"公路电影"质感的影像手法进行呈现，画面整体具有强烈的纪实感（图 3-2）。其中有一期，阿雅与小 S 到非洲近距离接触大象，在这个过程中，节目讨论了大象等动物与人类的关系，这种对公共话题的关切就是一种知识性的体现。而在未知旅程的探秘过程中，突发的意外带来的戏剧张力和两个好姐妹之间的情感交流，嘉宾在给自己一个难忘回忆的寻找旅途中，也给观众带来情感上的满足。

---

[1] 赵琦，中国纪录片制作人、导演，是第一位同时获得艾美奖、伊文思奖、金马奖、圣丹斯大奖和亚太电影大奖的中国人。

图 3-1　阿雅及《奇遇人生》第一季嘉宾　　　　图 3-2　《奇遇人生》拍摄的非洲落日

在一个好的选题构思出来后，我们必须对选题进行理性判断，该选题是否可以实现，所在栏目的类型、风格、经营要求、制作能力怎样，节目制作周期、经费、播出时段如何安排，这也是节目在具体采编创作实际中为了保持创作的一致性和可操作性需要关注的内部因素。

2. 平台因素

节目播出平台的具体要求是判断节目的选题走向、选题是否可取的衡量标准之一。对平台内部因素的考量既包括播出平台的先天限制，又包括节目制作和平台经营层面的实际要求。在做选题时，我们必须要考虑，是电视媒体还是新媒体平台？是专业频道还是综合频道？播出平台、播出频道对节目创作的整体要求和基本定位是什么？

以传统媒体湖南卫视和安徽卫视为例，湖南卫视的平台风格就是青春，所以它的栏目如《快乐大本营》《天天向上》的定位都是年轻群体，因此邀请到的嘉宾都是年轻人关注的影视明星或者有娱乐属性的素人。湖南卫视采编执行力较强，故创作控制在栏目组内部。对于安徽卫视而言，有些节目就采取合作的形式制作。如 2016 年，安徽卫视播出国内首档由艺人加盟参与的野外生存类真人秀节目《我们的法则》就是与韩国 SBS 联合制作的。

传统媒体如此，新媒体平台风格就更为鲜明。以哔哩哔哩（视频弹幕网站 bilibili，简称 B 站）为例，它是目前国内最热门的时代青年高度聚集的文化社区和视频平台。随着用户数量和活跃度的不断增长，B 站不断拓展内容生态，加快综艺布局。不同于传统媒体平台，B 站围绕平台特性，在节目布局上既要带有自身圈层的独特属性，又要通过优质内容辐射更多受众，达到圈层与破圈之间的平衡。

目前，B 站综艺节目来源主要是在影视板块之下的版权综艺服务，头部版权综艺也是 B 站服务于付费会员的一大重要内容。2019 年开始，《奔跑吧》系列、《非正式会谈》系列、《极限挑战》系列、《王牌对王牌》系列、《国家宝藏第二季》《中央广播电视总台 2019 主持人大赛》等节目都可以在 B 站进行观看，其中，大部分节目来自卫视版权。

在版权综艺播出之外，B 站主动出击，与多家卫视、知名制作公司合作，而这些合作节目都是基于 B 站青年圈层的定位。比如，定位外国青年访谈节目《非正式会谈》（图 3-3）第五季、第六季就由 B 站与湖北卫视联合打造，在 B 站全网独播。节目

图 3-3　外国青年访谈节目《非正式会谈》　　图 3-4　职场代际观察类真人秀《花样实习生》

整体以热辣对话的形式凸显全球视野下青年人观点的碰撞。《花样实习生》（图 3-4）是 2020 年 7 月上线的一档职场代际观察类真人秀，由东方卫视、哔哩哔哩、文火传媒出品。蔡明、韩乔生和吕良伟三位前辈艺人以"实习生"的身份进入 B 站，与员工一起完成工作，让"老"艺人与新工作、新思维擦出火花。

B 站还有一档纪实观察类的破圈综艺《守护解放西》引人注目，2019 年 9 月 14 日，《守护解放西》在 B 站首轮上档，10 集作品引发了 88 万弹幕，102 万追剧量，4700 万播放量；2020 年 10 月开播的《守护解放西 2》（图 3-5）热力值依旧高涨，截至 2020 年 11 月 24 日总播放量超 1397 万，B 站评分 9.8 分，112 万系列追剧。[①] 这档节目与中广天择传媒股份有限公司联合出品，以湖南省长沙市坡子街派出所民警为人物核心，以观察纪录式为拍摄手法，展现都市商圈警察的日常工作，在塑造良好警察形象的同时，用案件故事普及相关安全和法律常识。2022 年 1 月 7 日《守护解放西 3》回归，依旧延续前两季的超高口碑，B 站播放量过亿，节目评分达 9.8 分（图 3-6）。

图 3-5　《守护解放西 2》B 站播出　　　图 3-6　《守护解放西 3》B 站评分截图
　　　　弹幕刷屏

① 澎湃新闻·澎湃号·政务.守护不打烊！《守护解放西第二季》来了！[EB/OL].[2020.11.24]. https://www.thepaper.cn/newsDe-tail_forward_10124340.

除了头部版权、合作之外，B 站加快布局自制综艺的步伐，自制综艺板块主要依托优质 UP 主资源，如 bilibili 2019 年度最佳原创栏目《莽吧！变形兄弟》、VLOG 节目的新尝试《UP 主变形记》等。通过激励 UP 主创作内容、吸引粉丝，形成平台原生内容生产的闭环。B 站的内容创作紧紧围绕年轻人文化社区这一平台特性，使节目的类型和形式都击中平台用户的喜好。

3. 环境因素

环境因素即节目出台的外部环境，主要包括社会、政策、竞争三个方面。选题要紧紧抓住当下政府、老百姓和其他媒体最关注的问题，恰当地掌握节目出台的时机和火候。如 2020 年疫情期间，不少卫视以及平台都推出了"云综艺"节目，在节目中穿插了一些疫情防控的知识以及医生、警察抗疫事迹等内容，回应观众对疫情的关切。

调查是选题的重要环节。在做节目选题之前，要先做好调查，了解当下社会最受人们关注的话题，了解社会、潮流及观众收视心态。如 2018 年，湖南卫视推出一档亲情观察成长节目《我家那闺女》（图 3-7），该节目折射出的是当下青年普遍独居的现状，其中涉及的女性独立、女性自我价值实现等问题也触动了大部分女性观众的敏感神经。这一节目的选题正中社会痛点，迎合了观众的收视心态，所以引起了相当范围内的讨论，取得了良好的收视效果。再以优酷和理想国合作的节目《圆桌派》为例，定位为不设剧本，即兴聊天，平等视角，智慧分享。同样走的是人文风，与梁文道的《一千零一夜》、马世芳的《听说》、陈丹青的《局部》相比，这档节目更擅长拿捏热点，成为带有名嘴窦文涛个人风格的"闲谈下饭"节目。比如，从娱乐明星李某某出轨事件引入《界限：社交时代有没有男女之防？》、从艺考热点开启话题《艺考："你的梦想是什么？"》等都是当时的热点话题。

另外，为避免节目播出后带来的各类负面影响，政策因素也是选题需要认真考虑的。比如，自 2013 年真人秀节目井喷式发展以来，广电总局先后出台"限真令""限童令"等，所以节目在策划选题时必须充分考虑广电总局最新的政策要求。

由于环境和政策的限制，视频节目所能选择的题材是有限的，不同的节目制作机构不可避免地会选到同一个话题。在此情况下，必须坚持"人无我有，人有我优"的原则，在节目的选题角度和制作质量上下功夫，以"新、奇、巧"取胜。

每个关键性节点和大型节日，都是纳入节目计划的可预计性选题。如每年 3 月15 日推出消费者维权节目，香港、澳门回归推出《香港沧桑》《澳门岁月》等特别节目。对这种选题而言，角度的切入更显重要。以东方卫视《闪亮的名字》（图 3-8）为例，2019 年在中共上海市委宣传部指导下，东方卫视打造了这档文化纪实寻访类节目。2019 年 6 月，该节目第一季入围第 25 届上海电视节白玉兰奖综艺类最佳电视综艺节目。这档节目在新中国成立 70 周年的时间节点播出，采取"纪录片 + 情景再现 + 访谈"的形式，邀请知名影视演员宋轶、俞灏明等演绎英雄故事，通过"影视式"的情景再现极大地提升了节目的可看性，也增强了观众的代入感。节目不仅很好地迎合了新中国成立 70 周年背景下国民普遍高涨的爱国情绪，更重要的是让这些"闪亮的名字"

图 3-7　湖南卫视亲情观察类节目
《我家那闺女》

图 3-8　东方卫视文化纪实寻访类节目
《闪亮的名字》

真正进入观众的心里。

总之，选题要充分考虑好内部创作能力因素、外部环境因素和平台属性，因地制宜地创作出角度新颖、形式独特、观众喜闻乐见的好作品。

二、新视频节目选题的构思步骤与方法

新视频节目是一种声画合一、视听一体、移动伴随的视频形式，与传统广电节目不同之处在于，小屏幕的移动伴随特点使其更能充分发挥融媒体环境下的传播特性。

在传播学中，对大众传媒的功能一般归纳为以下四点：文化传承功能、社会教育功能、舆论监督功能、娱乐功能。一般而言，节目选题的构思可以从大众传媒的功能入手，思考在具体选题的节目制作中如何提供令人愉悦的视觉体验、足够的信息和更深入的社会服务。

1. 选题构思的一般步骤

新视频节目在经过内部、平台、环境三方面因素考量后，进入对具体节目的构思阶段，一般需要经历初步遴选、实地调研、可行性分析三个步骤。

（1）初步遴选

面对具体选题的时候，首先，编导要问自己：你有什么事想要向公众说明吗？你是不是对某件事有着强烈的感情？如果自己有强烈感受的事，把使你热血沸腾的事让公众公平自由评论即可，千万不要试图用预设的观点说服公众，而是尽可能地把多元观点的交锋呈现出来。

其次，对自己的行为进行分析，这样可能会想到一个思路去引起别人的兴趣。想想有什么是你确实很感兴趣的，比如，你在抖音、B站上喜欢看哪方面内容？最近关注了哪个UP主？近期热门的聊天内容是什么？最喜欢看哪部电影、哪个视频节目？开始做节目的时候，应该找一些人们想要看的选题更容易成功。

最后，编导需要始终牢记视频节目的本质是视听语言，节目选题的呈现形式是文字，但是，编导脑海中一定不能只是文字，而是要有连续的画面。因此，编导要学会用视听语言来展开叙事，用连续的影像在脑海中过一遍选题。

（2）实地调研

初步遴选很大程度上是基于编导的自我判断，那么，接下来就要针对你的判断以及思路中尚未解决的问题尽一切可能地进行实地调研。调研的目的是对你脑海中的选题进行可操作的思考，通过调研解决疑问或者得到答案，并寻找做节目最恰当的方法。

不管是演播室录制还是户外录制，编导都要实地对节目场地进行考察和体验。在勘景的过程中，编导需要设计好机位，寻找有趣的、动态的、能展现内在的镜头等，并把需要涉及的场景罗列出来。

同时，要注意与拍摄对象及周边人群进行交流，并及时对线上得到的信息进行记录。以访谈节目为例，在拍摄之前，编导需要与采访对象进行接触，在征得其同意的情况下，最好能录下与采访对象的谈话。普通人在交流过程中，第一次接触往往最自然。因为预采访的时候压力较小，更容易流露真情实感。在开拍以后或者预采访以后的接触中，被采访者带有"表演"成分的对话可能会更多，因此，往往第一次采访能够收到一些意外的惊喜。

对不同的节目，选题调研的时间、方式都不一定相同。同一项调研工作，有的选题可能持续数月，有的可能只需要一通电话。

编导在亲自调查完毕后，要及时将调研时得到的信息进行整理并记录下来，任何在调研过程中发现的信息都可能是有用的，曾被否定的设想有可能在节目具体化时重新变得有价值。

（3）可行性分析

在基本的内容信息和影像表达确定的基础上，选题已经具备了初步的可操作性，但是如何让选题更吸引人，这就需要对切入角度、呈现形式与深化主题等方面进行分析论证。

第一，选题要突出个性和特色，凸显新颖和独特的形式美感。

传统电视台特别是综艺娱乐节目因为面临着营收上的压力，所以在选题上有时会直接借鉴一些已有的模式，这就导致相似视频节目撞车严重。《爸爸去哪儿》走红之后，《爸爸回来了》等一系列亲子节目接连出现，这些节目往往因为过于类似而缺少独特的个性，自然也就不能打动观众。一档优秀的视频节目要想在表述方式、观察角度、包装形式上都有所突破，必须在选题的广泛性、可操作性、受众的接受性，以及技术实现的可行性上做文章，以取得预期效果。

如实力文化和腾讯视频联合出品的场景式读书节目《一本好书》，通过新颖的"戏剧＋影视＋品读"的形式，将书籍的内容进行了舞台还原，吸引读者读书，成为娱乐综艺大环境下的一股清流。2019年，北京电视台和故宫博物院联合出品文化季播节目《上新了·故宫》，这个节目聚焦故宫的文化资源，但是又不局限于讲述文物的故事，而是安排了"新品开发官"跟随故宫专家一起寻宝，并联手设计师开发文化创意衍生品，可谓取材独特。

第二，选题要挖掘深入，以独到而深刻的主题取胜。

无论是哪一类型的节目，表象背后所呈现的主题都是更为重要的。如央视的经典栏目《今日说法》，节目为了保证案例分析的专业性，每期都会邀请专业的法律人士来为观众分享案例中的法律知识；《百家讲坛》则是邀请知名的学者来为观众讲述一段历史故事，客观分析历史事件和历史人物，具有较高的权威性。因为被邀请嘉宾的专业性，使得节目在深入挖掘和案例分析上都具有了一定的深度和高度，从而最大限度地吸引了观众。

对综艺节目而言，需要在娱乐化表现的背后根植深入的主题，以综艺的叙事手法对现实社会生活进行解读。如女性价值与女性年龄一直是备受讨论的问题，男女生理的差异，社会、家庭、教育对女性的塑造，共同造成女性独立的藩篱。女人应该是什么样子、在哪个年纪应该做什么事，似乎已经成为约定俗成的模板。《我家那闺女》《婚前二十一天》《新生日记》《妈妈是超人》《婆婆与妈妈》等一系列节目聚焦女性从恋爱、婚姻，到生育、育儿、婆媳等角色或者关系，最终聚焦到对女性价值的思考上。

第三，基于更好传播效果的考量。

选题的价值还需要考虑选题的传播度，比如，节目要以通俗、醒目、响亮的标题取胜，或者依托节目进行话题、主题曲等内容层面的拓展。

标题对于传播度的影响不言而喻，好的标题不仅能让人看到节目的内容，更能感受到节目的态度，如《奇葩说》既有态度，又能感受到节目"说"的辩论色彩。

对女性价值的话题，《乘风破浪的姐姐》在保证趣味性与观赏性的同时，更好地在节目中展现出不同年龄阶段的女性魅力，这与片头及主题曲《无价之姐》的立意相匹配，使得节目多次上热搜。

2. 选题构思的方法

一个好的选题，很大程度上决定后期节目的呈现和效果。如何满足受众在视觉、信息、情感层面的多重需求，构思一个好的选题呢？以下有几个方法。

（1）坐标法

如果编导擅长日常积累，可以在自己已经建立的题库中进行初步搜索。一般来说，节目选题的坐标点应当这样定位：行业、领域、部门、群体为横坐标，时间为纵坐标。把三百六十行都在脑子里搜寻一遍，哪个行业、哪些人在做什么，是否值得我们关注？是否有被关注得少的群体？哪些领域有新的变化？留心一下，我们往往会有意外的发现。

从时间上进行排列、搜索：今年是什么特殊的年份？今天是什么日子？纪念日、历史上的今天等。将这些联系起来，把行业和时间进行观察比照，寻找其中的结合点和撞击点，如果能发现两者的关联，这个点可能就会进入我们的选题范围，初步确定选题的坐标定位。比如2020年是脱贫攻坚关键之年，选题可以聚焦那些有代表性的贫困地区、贫困人群；2021年是中国共产党成立100周年，解读党的故事，或者讲述大学生青年党员的故事都可以成为选题的方向。

（2）热点法

无论是哪种类型的节目，对热点的关注是必不可少的。微博热搜、热点新闻不只是节目蹭热度的一种方式，也是对当下社会问题的反馈。在看热点时，编导要留意新闻信息下面的观点评论，尤其要看对立观点，这往往能带来选题切入角度的启发。

既然是热点，势必是所有人都能注意到的。那么，如何深入热点背后？如何依托热点却又不局限于热点呢？热点是某个时期大众所关注的问题、新闻或者信息，挖掘好了热点有利于提升节目的社交属性，使节目更快地抵达受众，更好地吸粉引流。同样的热点内容，用何种方式挖掘，以何种形式创意输出取决于创作平台的自身定位、节目类型的属性要求以及创作主体的表达需求。如疫情期间的节目选题，美妆类节目可以做口罩下的妆容，美食类节目可以聚焦宅家健康美食制作，健康服务类节目则可以拓展免疫提升、病毒预防、医患沟通等内容。

热点反映的是相对时长内受众的兴趣点和注意力，由于分众时代不同地域和平台群体对热点的关注程度与价值偏好不同，因此，在挖掘热点时要密切把握时效、地域和目标群体的差异，做到不单纯迎合热度、不随意带上热点，通过对热点话题的筛选，吸引更精准的粉丝，从而创造话题、制造热度。

（3）日常分析法

想想有什么是你确实很感兴趣的，这样可能想到一个思路去引起别人的兴趣。通过自身行为的分析和对受众的调研，可以帮我们从熟悉的日常中挖掘出新的思路，有时候也能产生一些好点子。当然，接下来要做的是如何将熟悉的内容以新的面貌进行节目上的呈现。

卡斯特尔维特洛认为："欣赏艺术，就是欣赏困难的克服。"人们在观看节目的过程中，容易对熟悉的东西产生共鸣，对陌生的形式产生兴趣。比如，央视综合频道和央视创造传媒有限公司联合制作推出的文化音乐节目《经典咏流传》，读诗词是观众所熟悉的形式，但唱诗词却不常见。该节目的创新之处在于它还原了词本身的歌唱功能，人们对一些有名的经典诗词相对比较熟悉，但对"唱出来的诗词"却感到新奇，加上音乐艺术本身强大的感染力以及明星效应，自然就吸引了大量的观众。

以日常生活获取观众的情感共鸣，以打破日常的形式或者反差带给受众新鲜感，这就是日常分析法的创作逻辑。2022年3月19日，芒果TV推出国内首档真实法医职场纪实节目《初入职场的我们·法医季》，聚焦法医这一相对冷门的职业。近年来，以《非你莫属》《职来职往》《令人心动的offer》等为代表的职场类综艺层出不穷，在职场话题成为普遍性公共议题的当下，这类节目让观众在屏幕职场故事的观看中获得经历、经验，引发共同的情感共鸣。但是对于"法医"这一具有极强专业性的特殊职业而言，尽管此前《法医秦明》等影视剧取得了不错的收视成绩，但由于影视作品的戏剧创作需要，观众对法医的认识仍旧好奇。熟悉的职场类型与陌生的法医行业产生碰撞，透过人物故事呈现的对行业的初心与热爱引发观众的普遍性共情。光明网点评："《初入职场的我们·法医季》目前的热度不仅表现在行业呈现的踏实上，更表现为对行业的敬畏和共情，与观众共同建立起行业意义、精神和价值观的深度认同。从'看到'到'得到'，《初入职场的我们·法医季》进一步强调社会价值和时代价值，捕捉时代与市场需求，实现新要求与新使命。"①

（4）培养法

做选题的时候，既要考虑选题本身的价值，又要考虑当下社会环境是否有接受选题的土壤。所以，有时候对一些好的选题，我们需要给予其适当成长的时间、给公众接受选题的时间，到时机成熟的时候再进行制作。

比如，浙江卫视 2017 年大型演技竞演类真人秀《演员的诞生》，一经播出多次登上微博热搜，引领演员演技类节目的一股收视热潮。但是鲜为人知的是，早在这个节目推出的两年前，浙江卫视与北京泽悦文化传媒有限公班尼路联合出品了一档演技真人秀《我看你有戏》，斥重金邀请成龙、张国立、冯小刚、李冰冰加盟。但很可惜，该节目收视率和影响力都没有达到很好的效果。除了素人比赛等赛制和制作方式差异之外，在《中国达人秀》类似节目进入红海、观众对素人产生审美疲惫的情况下，素人演技是否具备吸引观众的能力？演技类节目在当时是否具备传播的土壤？这是节目推出前需要考虑的问题。相比较而言，在《演员的诞生》推出之前，湖南卫视率先推出的音乐竞技节目《歌手》风靡全国，节目聚焦歌手的专业能力，打造了一场听觉盛宴。可以说，这档节目的成功能让节目制作人看到观众对好音乐本身的关注，这也间接证明对演技类节目而言，现在已经具备了一定的社会土壤。在条件成熟的前提下，《演员的诞生》再对节目的具体呈现形式进行细致策划，最终受到观众的热捧。

此外，建立自己的选题小宝库也是一个好办法。英国制作人华兹②在《开拍啦：怎样制作电视节目》一书中提出要建立"点子档案"，就是在档案里收入你可以做节目的题目，如有趣的书名、人名、报纸杂志摘要等任何可能有用的东西。需要创意时，可以不带任何目的地去看它，可能更容易产生一些新的联想与想象，有一些意外之喜。

三、新视频节目选题单的写作格式及关键要点

节目选题单，也叫作选题报告、选题单，简而言之，它是选题从思路落实到文本上的呈现，是选题执行前的关键性步骤。

① 光明网.《初入职场的我们·法医季》的"看到"与"得到" [EB/OL]. [2022.4.2].https: //e.gmw.cn/2022–04/04/content_35634313.htm.

② [英] 华兹.开拍啦：怎样制作电视节目 [M]. 徐雄雄，陈谷华，李欣，译.北京：中国广播影视出版社，2006.

1. 选题单的基本内容

一般节目选题单大体上要包括以下内容：

（1）节目标题；

（2）拍摄对象与背景介绍；

（3）拍摄目的与预期目标；

（4）拍摄地点、路线、设备、人员、经费、周期；

（5）节目内容的基本结构与表现方法；

（6）节目创意点。

2. 选题单的格式要求

选题单不宜过长，常规节目一两页为佳，要一眼让制片人/决策人看出未来节目的基本雏形和大体轮廓。对选题单的基本要求如下：

（1）简明扼要——展现节目雏形；

（2）有创新——要突出自己的特色，不重复已有的节目创意；

（3）可操作性——要能够在现有条件下实现拍摄与制作；

（4）有说服力——要有一定的观点与基本的出发点。

做与人物相关的选题时，"人物故事"应成为采访拍摄的重点并构成节目的主干。选题单写作在设计"人物故事"的内容时，一方面，要善于抓住人物的特点和个性，挖掘此人的独特魅力或者个性特点，进一步证明节目关注此人、拍摄此人的理由和意义；另一方面，要抓住该人物最具吸引力、最具传播价值以及采访开掘价值的故事，通过简明扼要且采用适度叙事技巧的方式，使之较具说服力。

以《致富经》选题单（图3-9）为例，该节目聚焦的是创富故事，在选题单定下来之后，这期节目主要讲述哪个主人公的故事就确定下来了，具体做法也就基本明朗。首先是解决一些流程上的事务，比如需要当地宣传部门的一些配合；其次是正式的创作过程，编导需要深入一线去挖掘主人公的故事，然后给人物做一个准确简练的"人物画像"，也就是主人公是一个什么样的"致富者"，这个基本就是本期节目的标题，进而根据标题和了解到的故事形成一份大致的拍摄提纲；再次，按照提纲做好素材的拍摄；最后，编导需要通过设置悬念、适当放大一些冲突等，利用一些叙事技巧将故事讲述得更有吸引力，从而增强节目的戏剧性和可看性。

对央视《东方之子》这类访谈节目而言，从图3-10的选题单中可以看出，在人物访谈节目中对人物命运和故事的把握，而"最新动态""相关背景""播出时机"等相关内容的考量，能有效帮助选题契合当下的播出价值。其团队对选题策划还有几点补充。

（1）如果你不能找出至少一个该人物的故事内核，请你慎报这个选题；

（2）如果你说不出这个人物有何特点和个性，请你慎报这个选题；

（3）如果你能拿出更多的资料证明这个人物的确了不起，你的选题将更有效。

《致富经》选题申报格式

一、以下内容由本选题负责主编填写：

1、主人公从事的项目是否为加盟、连锁类（对应项打V）：是　否 V
2、中心其它栏目是否拍摄采访过主人公（对应项打V）：是　否 V

　　　　主编签字：　　　　年　月　日

二、制片人签字：　　　　　　　年　月　日

提示：《致富经》成片基本要求

➢ 用鲜活的画面语言通俗地讲述一个很具悬念感的创富故事！

——成片必须有一个故事是创造财富的关键点，也必须有一个是正在发生的或新近发生的故事；
——故事的必要背景信息的交待；
——采访勿证要让观众清楚勿证与事件的直接关系；

三、节目信息

1、标题：
2、编导：
3、选题来源：
4、主人公基本情况及联系电话：
5、节目大悬念：
6、
7、主要故事：

　　在能拍摄到叙事需要的基本镜头，能拍摄到故事的旁证的前提下，清晰阐述故事及发生的背景，请提炼写出并用下划线标示出所选故事的悬念，作为节目的推动力。

8、要规避的问题：有、是什么；或者无。
9、当地宣传部门是否同意拍摄：是或者否（必须报题之前联系），主人公必须有区县级以上宣传部或组织部的政审材料。
9、拍摄时间：

图 3-9　总台央视《致富经》选题单

新闻动态	
人物信息	（姓名/身份）
人物背景	
选题阐述	（着重阐明选择此人的理由，把"人"与"事"勾连起来）
采访重点	
填报人	填报时间
备注	

姓名		性别		年龄		地域	
身份						联系方式	
人物故事							
人物特性							
最新动态							
相关背景							
播出时机							
报题人					报题时间		
备注							

图 3-10　总台央视《东方之子》选题单

（4）如果你能掌握这个人物的最新动态，并为他找到合适的播出时机就更好了。

由此可见，不论是人物访谈还是人物专题，选题中是否有清晰、有代表性的人物形象是选题成败的关键。对不同节目类型而言，一张选题单要基本明确的内容是：这期节目做什么？这期节目怎么做？经过选题、调研后，基本有了做这一期节目的思路和方法。

第二节　编导阐述

一、编导阐述的意义

1. 编导阐述的界定

编导阐述是编导对即将要制作的视频节目创作意图和完整构思进行的文字说明和全面解释，也是编导对摄制组全体人员的指导令和动员令。

编导阐述的环节相当于节目策划会，也是编导明确思路和方法的过程。

2. 编导阐述的重点

不同类型的视频节目所作出的具体阐述侧重点各不相同，但是两大重点必须说清楚。

（1）明确"说什么"。为视频节目获得具体的思想、情节、人物和细节，这是节目的灵魂、躯体和血肉。

（2）明确"怎样说"。一方面，是从总体上把握视频节目的叙述角度、层次构成和风格样式等；另一方面，是从具体执行上确立编导思维手段和视频节目视听形象的塑造方法。

二、编导阐述的具体内容

对剧情类节目而言，编导阐述的内容主要包括六个方面。

1.总体说明

（1）选题总述：编导对选题依据的说明和对选题预期目标的设想。

（2）节目名称：视频节目的标题。

（3）类型：视频节目形态的定位。

（4）时长：视频节目的预计长度。

（5）周期：视频节目的预期制作时间和工作进度。

（6）创作人员构成：视频节目的摄制组构成，包括编导、撰稿、摄像、音乐、音响和剧务等人员安排。

2.主题阐述

是对节目主题思想及其意义的概括，即视频节目需要说明的中心问题，这是整个创作所应遵循的基本出发点。

（1）主题的确立

主题是创作者对客观事实材料的认识、判断或评价，表现在节目中则是内容表达出来的基本意思和中心思想。主题是视频节目的灵魂和统帅，不论何种形态的节目，总是要说明某个问题，或反映社会生活现象，或发表主张和阐明观点，确立了主题也就有了视频节目的支撑点。

（2）确立主题的两种主要方法

一是"意在笔先"，即在创作之初先设定主题，然后根据这个主题来选材和结构。如政论片、人物传记片以及有脚本的大部分节目。

二是不断丰满、逐渐成型。这种创作方式大多在构思阶段就有一个开放的、甚至虚化与抽象的思路和主旨，然后在创作过程中逐渐实在化和具体化，创作者有更大的自由度和思维空间。纪录片或无脚本的纪录态节目的创作经常按照这一方法操作。

（3）对主题立意的要求

主题的确立和提炼是由感性认识上升到理性认识的飞跃，创作者要善于从大量的事实材料中透过现象抓住本质，概括出事物的本质特征和内涵；要善于站在全局的角度，挖掘出最有思想意义、最具时代性和现实意义的主题。通常对主题立意的要求有以下三点。

第一，立意要深刻。要善于超越表面现象罗列的框架，探寻出事物的本质和规律，进行深入的开掘。一档立意深刻的节目，不会仅仅停留在就事论事、就人论人的层面上，而是突破时空的限制，达到意义的普遍指向性。

第二，立意要集中。要善于突出重点和中心思想，从不同的侧面和角度集中表现主要问题或阐述核心理念。

第三，立意要新颖。要善于用独特的视角观察世界、搜集素材、提炼思想，见人所未见，发人所未发。如《小小的追球》《奇遇人生》这类旅行真人秀综艺，以神秘世界的风光展现、明星的话题性带来观众猎奇或寻求神秘情趣为观看的出发点，节目优美地记录了值得珍惜和关爱的自然风光，在追寻美好世界的真人秀中感受生命之美、自然之美，从而使节目脱颖而出。

3. 内容选择

内容服从于主题，要根据主题要求，决定选用哪些内容来表现它。如何突出主要人物、表现性格特征、介绍人物关系、反映矛盾冲突和营造环境气氛等，都需要通过形象化素材的选择予以传达。

新视频节目的选材就是创作者从客观现实或历史资料中选择组成作品的材料，通过具体事件和生活现象反映主题思想。比如，纪录片《四个春天》的创作者就取材于客观现实，将镜头对准了自己的家庭生活，这些对鲜活现实生活的记录就是作者的"材料"。

（1）围绕主题选择材料

凡是能够有力地说明、烘托和突出主题的材料，均可成为新视频节目创作中的材料选项。如《新北京新奥运》的笑脸，《同升一面旗，共爱一个家》中共同注视国旗的镜头。

（2）用视听思维选择材料

选择能够通过影像化手段展现在屏幕上的素材，运用可视化的形象、动人的旋律、和谐的色彩影调以及感人的细节等构成因素塑造出作用于观众的完整视听形象。如视频节目《一本好书》通过将书中的内容进行舞台戏剧化演绎的方式，呼吁观众更多地去读书。这档节目不同于一般访谈式的读书栏目，而是充分考虑了书籍内容的可视化，选择的书目会侧重于形象性最强的小说（表3-1）。

4. 结构方式

结构方式是对节目内容的基本布局，即按照主题的要求对节目材料的编排顺序、过渡与转换技巧等各方面的组织和安排，是一个明确叙述思路，同时也是形成节目框架的过程。结构对节目的总体风格、节奏把握、场景划分、情节安排和细节设置等起到宏观的制约作用。

表 3-1　《一本好书》两季推荐书目统计

第一季推荐书目				第二季推荐书目			
期数	推荐书籍	作者国别	体裁	期数	推荐书籍	作者国别	体裁
第一期	《月亮与六便士》	英	小说	第一期	《红岩》	中	小说
第二期	《万历十五年》	美	明史研究著作	第二期	《骆驼祥子》	中	小说
第三期	《三体》	中	小说	第三期	《红字》	美	小说
第四期	《人类简史》	以色列	历史类著作	第四期	《汤姆·索亚历险记》	美	小说
第五期	《霍乱时期的爱情》	哥伦比亚	小说	第五期	《头号书迷》	美	小说
第六期	《查令十字街84号》	美	小说	第六期	《怪诞行为学》	美	经济学著作
第七期	《未来简史》	以色列	科技理论类著作	第七期	《悲惨世界》	法	小说
第八期	《无人生还》	英	小说	第八期	《了不起的盖茨比》	美	小说
第九期	《暗算》	中	小说	第九期	《简·爱》	英	小说
第十期、第十一期	《尘埃落定》	中	小说	第十期	《鲁迅杂文集》	中	杂文
第十二期	《麦田里的守望者》	美	小说				

新视频作品的结构有两个层次：一个是整体布局，即视频节目系统构成对整体形式的把握，使作品层次分明、结构完整；另一个是内部构造，即对视频节目系统内各局部要素的构成和转换的把握，使作品上下贯通、过渡自然。比较常见的有以下几种。

（1）依照时间顺序排列。如《中国诗词大会》《中国好声音》，这类节目的后期处理主要是建立在现场录制的基础上，其结构基本按照时间顺序排列。

（2）依照认识事物的顺序排列。比如《一本好书》《百家讲坛》，这类科普性比较强的节目要充分考虑到观众的接受程度和节目效果，所以按照认识事物的顺序排列更加合理。

（3）交叉式结构。如《爸爸去哪儿》《我家那闺女》，这类真人秀节目往往要展现嘉宾的群像，所以每个嘉宾都有一条单独的线索，在这个过程中呈现出不同人物的个性特征。节目通过交叉剪辑的方式来保持观众的注意力，不会因为一个嘉宾的时长太久而产生观看疲劳。

（4）板块式结构。如央视《朗读者》，采用"访谈＋朗读＋解析"的板块式结构。节目每期都有一个主题，如"故乡""遇见""陪伴"等，在朗读之前，主持人先在访谈室与嘉宾面对面地交流，了解他们背后的情感故事，挖掘他们故事背后的情感元素，进一步拉近朗读者和听众的距离。进入朗读环节，嘉宾用朗读的方式去诉说自己的内心，讲述自己的故事。朗读之后，邀请专家学者对嘉宾朗读的书进行分析解读，观众从中不仅了解了嘉宾的情感故事，还能增加阅读知识。如在白岩松讲述他的故乡时，那一段访谈让我们进一步了解了他对故乡的情感和深深的思念。

5.风格样式

指新视频节目表达的类型特征，是给予观众形式感受的表现。通常有纪实与表演方法的不同运用、新闻性与文学性的不同侧重、情与事或理的不同传达等。风格样式直接关系到视听语言的运用，关系到编导的创作追求。比如《奇遇人生》的视听语言给人的感觉是感性的、悠闲的。节目中有很多写景的空镜都有强烈的表意意味，配以表意性更强的音乐，呈现出一种独特的风格气质。在毛不易探望老人院老人这一期时，反复出现了枯树上长出嫩芽的镜头（图 3-11），暗喻着歌者们的歌声给老人们带来了生活的新希望。在谭维维寻找童谣的这一期中，当老奶奶在桥边唱起从前的歌谣，画面就转向奔腾的河流（图 3-12），象征着时间的流逝，给人以岁月匆匆而过的感慨。

图 3-11　枯树上新长的嫩芽

图 3-12　奔腾的河流

6.表现手段

指要达到突出主题、表现内容、形成风格的表现手段，即新视频节目中视听语言的综合调度和运用，包括画面与画面、画面与声音、声音与声音的组合形式与技巧等。这部分在后面的章节再进行详细阐释。

第三节　拍摄提纲与脚本写作

在开拍之前，根据具体的节目形式，编导需要撰写拍摄提纲及镜头脚本，对前期文案进行具体落实。

一般来说，纪录性/纪实性的非剧情类视频节目的拍摄不一定都需要脚本和分镜头本，通常编导需要提前撰写拍摄提纲或者拍摄方案，在现场拍摄中，依据提纲来拍摄，在现场实况直播中，导播依据拍摄提纲来切换镜头。

而在剧情类、艺术类的视频节目拍摄中，可预知因素多，因此事先写出脚本很有必要。当下节目类型发展迅速，每个节目文案的撰写都是以保证节目完成为目的。因此，节目提纲和脚本写作会依据具体节目的要求作出调整。

一、拍摄提纲的写作

拍摄提纲，也叫内容提纲，是一种介于文字剧本和分镜头脚本之间的文本，是编导对视频节目拍摄地点、内容、主要构成设计的大致规划和安排，多用于纪录性/纪实性视频节目（非剧情类）。

1. 拍摄提纲的写作内容

拍摄提纲是对未来视频节目内容的大致安排，是构思付诸文字的表达形式。拍摄提纲写作的内容包括画面内容、采访、说明三个部分。

（1）画面内容。主要指视频节目的拍摄对象，有时也简要注明某些特定的拍摄要求。

（2）采访。注明采访对象以及采访的主要内容。

（3）说明。指本段节目将要表达的内容。根据内容中可预知因素的多少，拍摄提纲的写作也会或详或略，没有严格的规定。

2. 拍摄提纲写作注意事项

拍摄提纲撰写时，既要对节目内容进行选择，也要形成节目的大体段落层次和框架。在写作中，场景、对象、目的、镜头提示这几点不要忘。具体参见图 3-13《致富经》提纲格式（局部）和图 3-14《致富经》编导撰写的提纲（局部）。

《致富经》故事一

悬念：
场景：
人物：
结构：

拍摄提纲	采访提纲

图 3-13　《致富经》提纲格式（局部）

冰下养林蛙拍摄提纲

开头：破冰卖蛙

场景：冰上

人物：经销商、工人、主人公

结构：后退式叙述，特写凿冰——主人公现场指挥凿冰，营造"财富全在冰下面"的悬念—捕捞的难度—这个冰窟窿多少钱—销售抢着收—主人公靠林蛙大起大落，靠着冰下的财富年赚千万。

拍 摄 提 纲	采 访 提 纲
凿冰：多一些局部动作特写，抓人物表情与心情（比如出啥意外的时候）	工人：东西好找吗？好捉吗？会冻死吗？ 主人公：这一冰窟窿多少钱？为啥着急弄，有人等着收货？
捕捞准备：工具、流程，记者可参与	难度？捞出来的心情吗？赚钱？
捕捞出来：蛙与人的特写	蛙死了吧？咋让它活过来？值钱吗？这蛙多大岁数？分公母吗？
交易：经销商后续驱车来，与主人公的关系镜头，经销商挑选、林蛙特写	经销商：满意吗？怎么挑？蛙多大，养多少年，能活多少岁？什么蛙最值钱？买了回去干嘛？你赚钱多还是主人公多？
情绪镜头＋环境细节：工人的情绪动作、环境有多冷	

图 3-14 《致富经》编导撰写的提纲（局部）

二、分镜头脚本的写作

1. 分镜头脚本的意义

分镜头脚本，又叫导演脚本／工作台本，是在文字脚本基础上，以镜头为基本单元对未来视频节目进行详细的案头规划。它将文字脚本的内容分切成一系列可以摄制的镜头，并将这些镜头按照一定逻辑关系组成一个个段落，通过对镜头的设计和段落的衔接表现出编导对节目的布局。

分镜头脚本的意义主要体现在它是以镜头为基本单位，对未来视频节目进行规划。它是摄影师拍摄、剪辑师后期剪辑的依据和蓝图，也是演员和创作人员领会导演意图、理解剧本内容、进行再创作的依据。作为整个节目进行具体拍摄和录制的工作蓝图，一份精确无比的分镜头脚本对节目创作的质量起着决定性的作用。

2. 分镜头脚本的内容

分镜头脚本的具体工作内容主要是将文字脚本的画面内容加工成一个个具体形象的、可供拍摄的画面镜头，并按顺序列出镜头的镜号。具体包括：

（1）确定每个镜头的景别，如远景、全景、中景、近景、特写等；

（2）排列组成镜头组，并说明镜头组接的技巧；

（3）用精炼具体的语言描述出要表现的画面内容，必要时借助图形、符号表达；

（4）相应镜头组的解说词；

（5）相应镜头组或段落的音乐与音响效果。

3. 分镜头脚本的基本格式

（1）镜号：镜头顺序号。为便于拍摄和后期编辑，将每个镜头都按顺序编号。

（2）机号：摄制现场所用摄像机的编号。在多机现场摄制情况下，将各台摄像机所摄制的信号依次输入特技效果发生器，并根据分镜头脚本的机号切换。在单机摄制情况下，机号没有具体意义。

（3）景别：景的大小。景别的确定既要考虑对主体表现情况的需要，又要符合人的视觉规律。常用的景别有：远景、全景、中景、近景和特写。在一个镜头内如果景别发生变化应加以注明。

（4）技巧：包括拍摄技巧和组接技巧。常用的拍摄角度有平、仰、俯等；镜头运动方式有推、拉、摇、移、跟等。组接技巧的基本方式有：切、淡变、化变、划变、叠画等。由于切是常用的组接技巧，在“技巧”栏中一般不再注出。

（5）画面：每一个镜头的画面内容。画面一般包括镜头场景、主体及其活动。人物的动作和对话也应列入该栏。画面内容可以用文字描述，也可以用图表表示。

（6）解说：视频节目的解说词或对白。

（7）音乐：音乐的选择及运用的具体要求。

（8）效果：效果声。指自然音响、人声和机器音响。

（9）时间：镜头的长度。以分、秒、帧为单位计算。镜头的长度以确切交代内容、合理展开情节为标准。视频节目单个固定镜头长度一般控制在1~3秒。在一些要求音画对应的段落中，镜头的长度通常要参考解说词而定。

（10）备注：编导的记事栏。

如图3-15张信哲《歌者的信仰》MV拍摄脚本（杨杨导演提供[①]）所示。

拍摄脚本 Story Board

张信哲——歌者的信仰

序号	场景&画面	内容	镜头	表意	备注
1	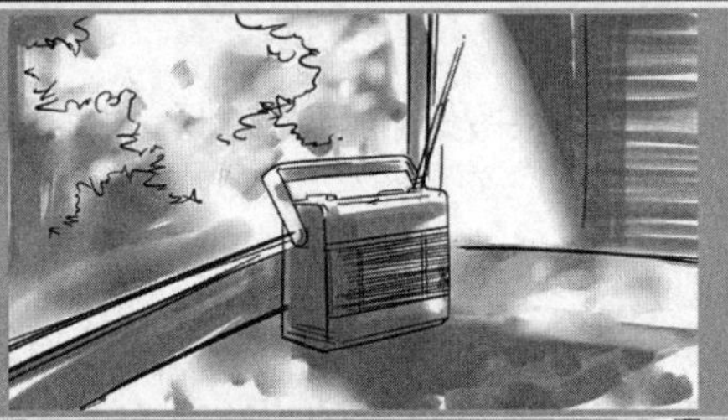	漆黑的环境下（或者如图所示的一个窗台前），一个老式铁皮录音机摆在桌子上，逆光勾勒出铁皮录音机强烈的年代感，镜头缓缓横移&推进	景别：特写 方式：横移 角度：正侧 光线：侧逆光	最初·时光重现 营造怀旧的氛围	窗台上还需要有绿植等道具
2	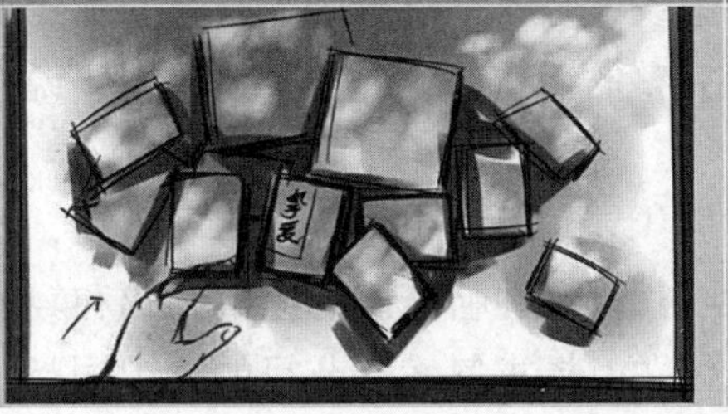	一排磁带和CD摆在桌面上，逆光和前景处的光斑勾勒出磁带盒的斑驳感，镜头俯拍，横移，一只手入画，拿起写着《挚爱》的卡带	景别：特写 方式：摇 角度：俯拍 光线：逆光	最初·时光重现 营造怀旧氛围，用卡带勾起人们记忆 致敬那些经典的专辑	备好桌子与桌布

图3-15 张信哲《歌者的信仰》MV拍摄脚本

① 杨扬，青年导演，执导民谣音乐综艺《新四季歌》、拍摄纪录电影《尺八·一声一世》等。

三、新视频节目脚本的写作

剧情类、艺术类、人物传记类、知识类主题或类型的视频节目在制作时可预知因素多，一般要事先写好脚本。不同体量的节目对脚本写作的人员分工和细致程度要求不一样，对于大型综艺节目而言，如江苏卫视答题闯关节目《一站到底》，脚本写作不仅要包含节目流程、主持人串词、画面设计，还需要囊括游戏规则介绍、对嘉宾或选手反应的预判等内容。

1. 新视频节目脚本写作的内容

新视频节目脚本由画面内容和文字说明两部分组成。画面内容只是一个大致的提示，也可以具体描述拍摄对象；文字说明则是对画面内容的说明、补充或延伸，除采访语言外，有时直接写成解说词。

撰写新视频节目脚本是用文字讲述未来视频节目的基本内容。好的脚本可以准确地提供视频节目所需要的视觉形象与环境气氛、对话场景及行为动作等，为节目成功奠定基础。

2. 常见的新视频节目脚本的写作方法

新视频节目脚本的写作内容必须以视觉造型为基础，充分调动屏幕美学原则，综合运用声音和画面元素，注重视觉化形象的客观描述。新视频节目脚本常见的写法如下。

（1）对应式

对应式脚本一般采用画面和文字（或解说）左右分开的格式，即在左边展示画面内容，右边写解说词，中间用竖线分开，画面与解说相互对应。

（2）穿插式

穿插式脚本把画面内容和解说词穿插在一起写，即展示一段画面，接着写一段解说词。

3. 新视频节目脚本的应用

在具体脚本应用的过程中，除了镜头上的精心设计，人物的选择、话题的设置也是脚本需要包含的内容。比如，访谈节目的话题设置是非常重要的，这对文案提出了比较高的要求，文案需要为整个访谈做出一套完整的话题流程。以《世界青年说》和《非正式会谈》为例。

《世界青年说》每期节目拟邀 11 个外国型男代表和一名中方明星嘉宾出席，围绕当下中国年轻人最关心的议题展开讨论（图 3-16），融首脑会谈的庄重仪式和轻松诙谐的谈话氛围于一体，力求以全球性眼光审视议题、探求答案。节目的关键词是"世界性""谈话""颜值""阳气"和"搞笑"，辩论性不强，重在轻松谈话。由于主持人引导比较少，更多的是嘉宾自由发言，话题设置性相对较弱，特别是节目进行到后半部分，因为没有阶段性的话题点，观众很难抓住讨论的重点。

期数	播出时间	中方嘉宾	议题	收视率
第一期	150416	林志颖	坚持父子之间要说谢谢的我，是正常还是不正常？	0.495
第二期	150423	张玉安、袁珊珊	坚持要谈三年以上恋爱才能结婚的我，是正常还是不正常？	0.425
第三期	150430	孙佳奇	作为一个女生，为了外在形象而苛刻对待自己，是赞成还是反对？	0.463
第四期	150507	沈凌	除了工作拒绝一些无所谓的社交活动，正确还是不正确？	0.420
第五期	150514	王栎鑫	比女人还爱秀恩爱的我是正常还是不正常？	0.402
第六期	150521	柳岩	怎么样与富二代交往？	0.331
第七期	150528	苏醒	对老板不满爆棚，却还假装满意去上班的我，是正常还是不正常？	0.420
第八期	150604	林保怡	把喝酒作为社交利器的我正常还是不正常？	0.323
第九期	150611	姜潮	因为害怕网络暴力的我谨慎发言，正常还是不正常？	0.309
第十期	150618	刘芸	因小事而发脾气的我，正常还是不正常？	0.375

图 3-16　《世界青年说》第一季议题表（来源于百度数据）

在话题设置上，同样是世界青年群体的谈话节目，哔哩哔哩与湖北卫视联合打造的全球文化交流节目《非正式会谈》第六季的话题设置相对来说就更加合理（表 3-2）。2020 年 3 月，在疫情期间的《非正式会谈 04 期》之《怀疑人生？外国人体验中国网课》中，节目先是让各位观众介绍自己在疫情期间的一些情况，接着话题转到长时间与家人相处后出现的问题，最后在主持人的引导下，外国嘉宾开始了中国网课的体验。在后期制作阶段，还加入了一些花字文案，让整体风格更加活泼有趣。

"真人秀节目是展现普通人在特定环境和情境中的真实反应和个性表现的节目。"[①]这类节目可以发挥的空间比较大。目前国内流行的明星真人秀往往每一期都会设置不同的故事主题，故事线索也呈现多样化趋势，一期节目会变换多次场景，并在不同场景进行不同的游戏。以热门综艺浙江卫视《奔跑吧》为例，最主要的游戏内容是撕名牌，但每期都会贯穿不同的故事主线和游戏内容。比如，20170512 期黄河特辑中就以《黄河大合唱》为主题，贯穿了"猜歌名""我是演奏家"等游戏。这就要求前期在脚本设定的时候，预先梳理出一条先行版的故事线，且先行的故事线必须具备一定的开放性发展，然后根据故事线开展活动并进行素材录制，使录制有章可循，以减轻后期剪辑压力。在素材整理完毕后，后期编剧要和责任导演一起将先行脚本与实际录制结果结合，重新对实际故事线进行梳理，在符合逻辑的前提下确保故事和游戏创作意图的达成，进而让剪辑师根据最终故事线对素材进行粗剪，实现节目的故事化叙事。

① 吴保和. 电视文艺节目策划 [M]. 北京：文化艺术出版社，2012.

表 3-2　《非正式会谈》第六季议题表（部分）（来源于百度数据）

会议期数	主席团	各国代表	讨论话题	小剧场
1	大左 杨迪 熊浩 陈超	功必扬、唐小强、钟逸伦、萨沙、欧阳凯、孟杰明、一之濑、阿雷、宁大人、天乐、OO	令人刮目相看的中国知识；是否觉得原著党比影视剧党更高级；知识付费；对于带着功利心去学习知识的看法	*Sunny* 钟逸伦、天乐、功必扬、OO
2	大左 杨迪 熊浩 陈超	功必扬、唐小强、钟逸伦、萨沙、欧阳凯、孟杰明、一之濑、阿雷、宁大人、天乐、OO	各个国家的人容易被哪一句话激怒；公司下班后团建我可不可以不参加；你觉得频繁的虚拟社交给你的真实生活带来什么样的影响；如果只能有一个朋友你会选择 AI 还是真人	《童话》 演唱：OO
3	大左 杨迪 陈铭 陈超	功必扬、唐小强、钟逸伦、萨沙、欧阳凯、孟杰明、一之濑、阿雷、宁大人、天乐、OO	各国小学生的校园生活；餐厅里婴儿哭闹，家长该不该被骂；你最讨厌别人在公共场所做的事情是什么，遇到这些情况你会怎么做	《大眼睛》 钟逸伦、OO
4	大左 杨迪 陈铭 陈超	功必扬、唐小强、钟逸伦、萨沙、欧阳凯、孟杰明、一之濑、阿雷、宁大人、天乐、OO	各国有趣的外来语；只想暧昧不想恋爱的我正常吗；年轻人不想谈恋爱的理由	《王者·元宵》 钟逸伦、功必扬、陈超
5	大左 杨迪 陈铭 陈超	刘正曦（埃及 & 巴勒斯坦，一日）、功必扬、唐小强、钟逸伦、萨沙、欧阳凯、孟杰明、一之濑、阿雷、宁大人、天乐、OO	各国环保现状以及为环保作出的努力；服务行业一定要微笑服务吗；你们在生活中会假装吗	《蹴鞠外传续集》 功必扬、OO、欧阳凯、孟杰明
6	大左 杨迪 妈妈 熊浩 陈超	功必扬、唐小强、钟逸伦、萨沙、欧阳凯、孟杰明、一之濑、阿雷、宁人人、天乐、OO	各国的菜市场；你们啃过老吗，你们身边有啃老的人吗；各国的啃老现象	—

　　在具体的节目制作当中，尤其是真人秀节目，常常会有一些突发状况，故脚本的设计再精致也可能会有实际录制结果与最早设计脚本出现一定程度甚至明显出入的情况。

附1　江西卫视《跨越时空的回信》第二季之"父亲"台本（20190619）①

【主持人开场】大家好，我是张羽，您现在收看的是江西卫视《跨越时空的回信》。这是我们和先烈的特殊相逢，在这里，我们沿着时间刻度，读懂烈士家信；再用一封后人回信，完成跨越时空的对话。

我们今天这期节目的主题是"父亲"，这是一个能够轻易牵动你我思绪的形象，我们可以轻松说出与他之间的种种故事及感受。但对许多先烈的后人来说，父亲，是缺席的存在，是最亲却最远的存在。所以，他们毕其一生都在找寻父亲，只是希望能够走得更近些，看得更清些。

今天，就让我们通过两封书信，一起感受父亲的嘱托和儿女的追寻。

	节目内容
Part1 开场故事：	1948年4月，国民党当局以"妨碍戡乱治安"为名，在全上海逮捕各厂工会负责人。当时被党组织安排在上海杨树浦发电厂工会工作的共产党员王孝和因在反内战的民主运动中站在工人运动的前列，也被列为搜捕对象。此时，王孝和其实有撤离的机会，妻子忻玉瑛曾跪下来求他，但王孝和却说，这里是我的战场，为了上海地下党和工会的安全我不能撤离。1948年4月21日，由于叛徒的出卖，王孝和被国民党反动军警逮捕。 　　1948年9月27日上午，特刑庭准备将王孝和执刑。那天清早，电厂的工人集体为他送行，有着身孕挺着孕肚的妻子忻玉瑛也赶到现场，痛斥反动政府滥杀无辜，一时间，群情激奋，抗议声浪迫使法警再次将王孝和带回监狱，宣布改期执刑。 　　就在这一天，王孝和提笔为自己的妻子写下了一封遗嘱。他知道，他的第二个孩子马上就要出生，他不但不能陪在妻子身边，等待新生命的降临，反倒让妻子为了自己的安危奔走呼号，还遭到法警的皮带抽打，他的内心充满了歉意，他甚至希望妻子能够在自己牺牲后另寻幸福。 　　让我们重回烽火年代，聆听时空的声音。 　　【机械时钟翻动1948年9月27日】
Part2 时空的声音 诵读书信	瑛妻： 　　我很感激你，很可怜你。你的确为我费尽心血。今天这心血虽不能获得全美，但总算是有收获的。我的冤还未白，而不讲理的特刑庭就决定了我的命运，但愿你勿过悲痛，在这不讲理的世上不是有成千成万的人在为正义而死亡，为正义而子离妻散吗？不要伤心！应好好保重身体！好好抚育两个孩子！告诉他们，他们的父亲是被谁所杀害的！嘱他们刻在心头，切不可忘！对我的双亲，你得视自己亲生父母一般，如有自己看得中的好人，可作为你的伴侣，我决不会怪你，而这样我才放心！ 　　但愿你分娩顺利！未来的孩子就唤他叫佩民！ 　　各亲友请代候，并祈多多照应为感。 　　　　　　　　　　　　　　　　　　　　　　　你的夫王孝和血书 　　　　　　　　　　　　　　　　　　　　　　　民国卅七年九月廿七二时
Part3 主持人转场	"我很感激你，很可怜你。你的确为我费尽心血"，这是王孝和对妻子最后的爱意表达，不能继续陪伴的苦楚成为他难以释怀的心结。他担心自己牺牲后妻子会承受不了打击，因此在信中宽慰妻子："不要伤心！应好好保重身体！"而"未来的孩子就唤他叫佩民！"也成为王孝和留给即将出生孩子的最后嘱托。 　　【1948年9月30日】王孝和被枪杀于提篮桥监狱刑场，时年24岁。孩子为什么叫"佩民"？王孝和为自己的孩子起这个名字的寓意是什么？ 　　让我们一起有请回信人。

① 本期节目荣获第26届电视文艺"星光奖"优秀电视综艺节目奖，台本由江西卫视《跨越时空的回信》执行总导演李潇提供，特此感谢。

	节 目 内 容
Part4 回信人访谈	主题：王佩民印象中的父亲：爱家、不畏死。 道具：一份47封信的文件，一个装满了照片的文件夹。 自我介绍 　　王佩民：大家好，我是王孝和的女儿王佩民，就是信中提到的"佩民"，我从来没有见过我的父亲，我很想他。 情感一：爱家——父亲的信 道具：信件夹 【主持人挑出第一封信】：这就是父亲的遗书吧？这封信上面写着"未来的孩子就唤他叫佩民！"，父亲为什么会给您起这个名字呢？ 【王佩民】：这个名字是父亲对我的嘱托，要我心里永远怀揣着人民。父亲那时候还不知道我的性别，所以"佩民"这个名字听上去有些中性。虽然父亲从没见过我，但是他在狱里还惦记着没有出生的我，这也是让我唯一能感受到父爱的地方，"佩民"是我父亲留给我的唯一遗产。 【主持人】：在您小的时候，父亲在您心里是什么样的一个人？ 【王佩民】：父亲对我来说很陌生，离我很远又很近，想见见不到，我们家有一张照片，我是从那张照片认识父亲的，也是看着那张照片长大的。小时候我知道自己的父亲是英雄，但是他是不真实的，没有那种直接的感受，就觉得父亲离我们很远，也体会不到父爱是什么。直到2001年，我找到了更多的信。 【主持人】：今天您带来了两份文件，都与您父亲相关？ 【王佩民】：对，一份是我父亲生前写的一叠家信，一份是我搜集的关于父亲生前的照片。因为我从小就看过父亲写给母亲的遗书，我特别感动，当时只有三封遗书，后来我想尽一切办法去搜寻父亲的资料，我想要了解他、走进他，知道他到底爱不爱我、爱不爱这个家。 【主持人打开第一个文件夹】：这些信您是怎么搜集到的？ 【现场展示：王佩民整理打印的47封信】 【王佩民】：这些是2001年我去档案馆查阅父亲资料时无意间发现的。那时我才知道，父亲从被抓进监狱到牺牲，132天写了47封家书和3封遗书。3封遗书我很小的时候就见过，但是我不知道父亲原来还写过这么多的信。 　　当时，档案馆没法给我47封信的原件，只能给我复印件，当我去档案馆领取复印件时，我太激动了，因为我太想知道父亲在信中写了什么，整个路上我都抑制不住内心的激动，拿到这些信件的复印件我就回家把它们按照时间顺序整理出来，一封一封仔细地阅读。 【主持人】：（这里补充主持人看到王孝和遗书的感受：我看到您父亲写的遗书，我其实非常感动，也非常有感触，作为一个父亲，我能体会到父亲对家庭的不舍，对孩子的担忧……）写信的频率非常高，说明父亲非常担心家里的情况。 【王佩民】：看到这些信的时候，我深深体会到了父亲的爱，你都不能想象我有多开心。除了遗书之外，我感觉我跟父亲有了更多的关联，也让我知道父亲对母亲有多么愧疚，他放心不下女儿和整个家。因为我母亲是不识字的，需要别人读给她听，但是父亲仍然坚持写信，你看信的落款时间，五月一日，五月十一，五月二十，五月二十四，五月二十八，五月二十九，五月三十一，六月一，有的三天写一封，有的是每天都会写一封。我看到这些信件的时候非常激动。 【主持人翻看文件夹】其他的信件都是什么内容？你看每封信开头都是贤妻、妻、瑛——我妻，从信上可以看出来您父亲很爱您母亲，很爱家。哪几封对你印象最深？ 【王佩民拿起第二封信】：这封信是我妈妈带着姐姐去看望父亲，但是法警不让见，我姐姐就在外面哭，被我父亲听到了。他感觉到姐姐可能生病了，就写信询问母亲。 　　琴儿怎么会病了两个月？！怎么我过去一点也不知道，您瞒住我作什么？她究竟是什么病？医生是否去看过？我很想知道，唉！我坐了牢累得小孩子也苦了。我只望了她那卷发下的小脸儿伏在您的肩上，要再来看一下时，环境已不许可了，但只听得她在哭，您在哄她说："喏，喏，阿爹喏！……" 【王佩民拿起第三封信】：这封信是母亲生我前，父亲写信叮嘱她怎么做，询问产科医院的情况，说明父亲很关心母亲分娩的事情，我觉得父亲不仅仅是在关心我母亲，肯定也在关心还未出生的我。

	节 目 内 容
Part4 **回信人访谈**	瑛妻如握： 　　今天见了您的接见信，使我对您分娩事感到有一述的必要，我想您是个很聪明的人，总会听我的话吧！ 　　首先我得问您益友社产科医院在哪里？产妇在那儿可住几天？如能住两星期的话，那我想您还是仍住在三马路比较妥当些，至于洗尿布等等操作或可请邻居家娘姨帮一帮，到满月时给她些报酬好了。 　　杨树浦那儿虽有阿四娘肯帮忙，但究竟她自己家里也有很多人，何况地点冷避，消息隔膜，对我奇冤不知如何会时时担心，这对产妇的您是有很大妨碍的。 【主持人】：您母亲读过这些信吗？ 【王佩民】：当时没有读过，是听别人念的，因为她不识字。后来解放后，我母亲去大专读书，认识字了，我把信件复印件整理好给她看的时候，她才第一次读到这些信，才真的体会到了父亲当时对她的爱和不舍，我和母亲抱头痛哭。 情感二：竭尽所能地"找寻"父亲：父亲的样子 道具：照片资料夹、王孝和获刑前照片 【主持人拿起第二个文件夹】：这些照片是您父亲押赴刑场时记录下来的，（主持人看到照片时的真实感受）看上去有点像"电影剧照"，是如何记录下来的？ 【王佩民】：这都是 1948 年上海大公报的记者冯文冈记录下来的，是在特刑庭和我父亲赴刑场途中拍摄的，当时总共拍摄了 24 张照片，不过在我小时候，学校请母亲作报告，把照片带过去，很多遗失了，现在看到的只有这些。 我看到父亲这些照片的时候，让我觉得父亲是确实存在的，知道了父亲的真实样貌，而不再是通过自己的想象，对父亲有了更具象的感受，也更加想去了解他。 【主持人拿出第一张照片】：这张照片您父亲在笑，为什么呢？ 【王佩民】：我觉得这其实是父亲对敌人的一种蔑视。因为他每次庭审的时候，都是昂首挺胸、慷慨激昂地痛斥反动当局蛮不讲理、滥杀无辜的残暴行为，在即将赴刑的时候还是这种积极的心态，他镇定自若、面带微笑，因为他有坚定的信念，相信自己保护了工人阶级，他牺牲了但是革命一定会胜利的。 【主持人指向第二张照片】：其实有一张照片让我很好奇，（指向大屏）就是王孝和被特务押解时的情景，当时您父亲回头在做什么？（大屏展示照片） 【王佩民】：我觉得他回头是要看家属在不在，我父亲当时可能想再看一眼我们，感觉父亲是想见到我。这张照片是我父亲审判前拍的，当时是秘密审判，每次看到这张照片我就难受。这是父亲最后的样子，每次看到我都特别揪心，父亲回头其实是在看妈妈和姐姐有没有来，他好像在看着家的方向，他实在放心不下家人，我看到这张照片时就能想到他当时的情景，我能感受到那种不舍与愧疚。 情感三：理解父亲的精神 【主持人】为了找寻父亲，您还做过哪些事情呢？（大屏展示照片） ——去见父亲最亲的战友郭伯伯 【王佩民】：我去搜集任何跟父亲有关的事物。除了父亲的信件、照片，把父亲留下来的信读了一遍又一遍，我跑去找同父亲同时期的战友、同事了解父亲的过往，我每次都会去见和父亲关系最亲的郭伯伯。 　　郭伯伯是与我父亲单线联系的地下党员，跟我父亲关系很好。我父亲牺牲后，他给我母亲带来了生活费，鼓励母亲一定要活下去。郭伯伯告诉我：父亲在狱中非常坚强，从不喊苦喊痛，面对酷刑父亲什么都没说，包括郭伯伯在内的很多地下党员都有幸活了下来，所以郭伯伯对父亲充满感激。郭伯伯比我父亲大一岁，今年已经 96 岁，我前不久刚去看过他，每次提到我父亲，他比我还要激动，眼泪止不住地流。这让我觉得我父亲是个特别正直的人，他为了保护自己的战友、保护党组织而牺牲掉自己，从来没有考虑过自己。 （外采：对郭予钧的个人采访） 【主持人】见完被父亲保护过的战友之后，对于父亲的牺牲，您是怎么理解的？

	节 目 内 容
Part4 回信人访谈	【王佩民】：其实，内心还是多少会有些遗憾，因为父亲当时是可以撤离的——党组织已经下达了让他撤离的指示，但交通员没有找到我父亲，我的父亲没有收到撤离通知，但是他严守党的纪律，所以最后我父亲就选择不走。他当时很年轻，也没有考虑到自己还有家人，牺牲掉自己，对家人来说是最大的伤害。 【主持人】这么多年，您一直在追寻您的父亲，什么时候是您觉得心灵上跟父亲最近的时候？ 【王佩民】：我觉得我身上流着父亲的血，每次我看到有些不公平的事情时，就会冲上前去打抱不平，这一点我觉得我跟父亲很像，我也觉得这个时候我就是我父亲。 【主持人】：从您带来的这些信件和您搜集的资料中，我们都能感受到您的父亲特别爱家、也特别爱您。今天来到这里给父亲回信，想对父亲说什么呢？ 【王佩民】：其实我的亲人去世的时候在他们的追悼会上，我都会说一句："你们去找父亲吧，见到他，告诉他，您还有第二个女儿，佩民。"这次终于有机会亲自给爸爸回信，我想告诉他，爸爸，我一直在找您，我非常想您。
Part5 跨越时空的回信	亲爱的爸爸： 　　我是您的小女儿佩民。我是在您牺牲后的三个星期出生的。您在给妈妈的遗书里说"未来的孩子就唤他叫佩民"，所以我出生的时候，妈妈哭喊着对天说道："孝和啊，佩民出来了！"不知您有没有听到妈妈的呼唤？ 　　亲爱的爸爸，您在我心中，既熟悉又陌生，家里的墙上一直挂着您的照片，那熟悉的脸庞铭记在我的心里，可对于真实的您，我怎么也想象不出您究竟长的什么样，有时候我会想，我真的有过这样的父亲吗？ 　　我问过母亲，父亲是什么样的男人，母亲说，您是穿着灯芯绒夹克、有思想的英俊小伙子，是看了一眼便让母亲坠入爱河的有志青年。母亲的回忆让我迫不及待地想去了解您的音容笑貌。 　　我从您的出生地找起从虹口区师善里的一间灶间到汉口路与奶奶一起生活的地方，一个只有五六平方米大的房间。听妈妈讲，这个房间都是煤球炉子，晚上，床上睡不下就睡地上，甚至还会钻到床底下睡，一直到您与妈妈结婚后，搬到了杨树浦振声里的那间屋子，红色的砖瓦墙，门口一排炉子，母亲曾经在那边烧饭，我看着阳台会幻想父亲是不是曾在阳台上读书看报？凡是您生活过的地方，甚至您就读过的学校我都去看了一下，总想在那里看到您的生活足迹。 　　我循着您的轨迹找到了您励志专科学校的同学，找到了介绍您入党的同学许统全在北京的家、找到了与您一起工作的同事和地下党的战友郭予钧郭伯伯，他说，当年您遭受过老虎凳、辣椒水等各种酷刑，但始终没有向敌人吐露半个字，这才救了他一命。但是这些描述都不能满足我想见到您的渴望。 　　多年的寻找，终于让我有机会可以和您"见面"。1994年，上海烈士陵园要把烈士墓搬迁到龙华烈士陵园去，我向烈士陵园负责人请求，能不能看看您。我知道，这是我见您的最好机会。在我的恳求下，他们答应了。我记得那天天阴沉沉的，风很大，我就站在您的墓旁边，看着石板一点一点地移开，我的心扑通扑通地跳得厉害，爸爸，我们就要见面了，女儿找了您几十年啊，我就是您的佩民啊，我的名字就是您起的啊，您要好好看看我。等到石板完全移开的时候，我一下子跪在您的面前，大声哭喊着，爸爸，你能看见我吗？为什么您只剩下几根白骨；爸爸，为什么您不能等着我让我好好看看您；爸爸，您知道我有多渴望被您疼被您爱啊，爸爸！ 　　我好恨我自己，如能早些天出生，您就会看到我了，可是，就差那么几天，您都没来得及见我一面，我就成了您的遗腹女，我们父女俩就阴阳两隔，这是多么悲惨的一件事啊！ 　　爸爸，只要有机会我还会找您，相信一定会再见到您！我们下辈子还做父女，您一定要答应我！ 　　　　　　　　　　　　　　　　　　　　　　　　　　　　　　　您的小女儿佩民 　　　　　　　　　　　　　　　　　　　　　　　　　　　　　　于您牺牲后的71年
Part6 仪式感 寄出回信	有请王佩民寄出这封跨越时空的回信 （现场投寄信件）
Part7 沙画	王佩民与父亲王孝和跨越时空的相遇，王佩民推着轮椅陪父亲散步。

【**主持人转场**】名字即印记，王孝和为未出生的孩子取名"佩民"，是想让孩子一直记住自己是为理想牺牲的，传承理想，便是对父亲最好的安慰。但对王佩民来说，名字，是她与父亲的最亲密关联，她将一张张照片收藏，拼贴出父亲的人生轨迹，将父亲的模样刻在心里。我们在刚才王佩民的讲述中，感受到她眼泪里对父亲的无限思念，错过，成为一生之痛。

接下来我们要认识的这位父亲，也在一封家信中给孩子留下名字，同样的不曾谋面，同样的一生追忆。如果说王佩民的找寻，是女儿对父亲的情感眷恋；那么他的找寻，便是儿子对父亲的身份确定。他的父亲，叫袁国平。

	节 目 内 容
Part1 开场故事：	袁国平是新四军政治工作的重要开拓者和领导人。（出抠图）1937年，新四军成立。几个月后，毛泽东主席亲自推荐袁国平担任新四军政治部主任，他在3月18日给新四军副军长项英的电报中称赞道："袁政治开展，经验亦多。"毛泽东主席还在袁国平离开延安前专门约他谈话，对新四军的工作提出指导意见。袁国平就任后，迅速确立新四军政治工作制度、健全政治工作系统，贯彻党对军队的绝对领导。解放军总政治部撰文称他"为中国共产党领导的革命事业和人民军队的成长壮大建立了卓著功勋，为我军的政治工作建设作出了不可磨灭的贡献。" 　　1938年，抗日烽火燃遍华夏，亡国论甚嚣尘上，袁国平深入开展宣传工作，为每一个干部、战士树立"最后定可战胜日本"的信念，新四军的战斗力和凝聚力迅速提升。1939年春，袁国平提笔给侄子袁振鹏写下一封家信。介绍抗战形势，并决心做个"不聪明的人"，愿以最后一滴血贡献于国家、民族。 　　让我们重回烽火年代，聆听时空的声音。 　　【机械时钟翻动】
Part2 时空的声音 诵读书信	振鹏贤侄如见： 　　敌愈深入愈困难，兵力分散，交通延长，后方空虚，地形不利。而我们前有正规军抵抗，后有游击队积极行动，前后夹击，必使敌人之泥足越陷越深。你应告诉家里，中国抗战前途很好，最后定可战胜日本，只不过要经过一个长期的艰苦奋斗。 　　此刻我身无分文，无法帮助家里，因为我们都是以殉道者的精神为革命、为国家、为民族服务的，或许有人要说我们是太不聪明了，然而世界上应该有一些像我们这种不聪明的人。请家里不要想将来的生活怎么办，因为中国正在大的变动之中，中国抗战成功不愁无饭吃，抗战不幸失败，则大家都当亡国奴，所以我希望家里在这一方面能够想得远大些，能够原谅我！ 　　祖母大人慈照已经收到，白发似乎又添了几根，大概是为珍珍气白的吧！劝祖母大人不要气呵！第二个更可爱的你的弟弟，或妹妹又将出世了啊！ 　　此祝 　　努力学习
Part3 主持人转场	袁国平在信中说："我们都是以殉道者的精神为革命、为国家、为民族服务的，或许有人要说我们是太不聪明了，然而世界上应该有一些像我们这种不聪明的人。""殉道者与不聪明"，是袁国平那一代的革命先驱者镌刻在中国历史画卷上的永恒形象。 　　1941年1月，国民党悍然发动震惊中外的"皖南事变"。军长叶挺在与国民党军谈判时被扣押，副军长项英和副参谋长周子昆遇难。 　　【机械时钟翻动】 　　1941年1月15日，袁国平率队突围，身负重伤；战士用担架抬着袁国平，一路拼杀，向外突围。弹雨纷飞，抬他的战士不断中弹牺牲，为了不影响部队行动，把生的希望留给战友，袁国平拔枪自尽。这一年，袁国平35岁。袁国平在阵前动员时说："如果有一百发子弹，要用九十九发射向敌人，最后一发留给自己，不做俘虏"。最终，他践行了自己的诺言。此时，他在信中提到的即将出生的孩子，不到两岁。 　　78年后，他信中提到的孩子，是否了解这位自称"不聪明"的父亲所做的一切？他对父亲的追寻，又经历了怎样的过程？ 　　让我们有请回信人。

	节目内容
Part4 回信人访谈	主题：袁振威印象中的父亲：商人—炊事员—英雄 落点：父亲是一个不聪明的人 道具：照片 情感一：名字浣郎背后的父亲期许。 【主持人】袁教授您好！ 【袁振威】大家好，我是袁国平的儿子，我叫袁振威。 （照片引入：名字浣郎背后的父亲期许） 【主持人】（大屏幕展示照片）这张照片上的孩子就是您吧，也就是在刚刚信中提到的"即将出世的可爱的弟弟或妹妹"？ 【袁振威】是的。 【主持人】照片中的浣郎是什么意思？ 【袁振威】"浣郎"是我父亲给我起的乳名，是湖南话皖南的谐音。意思就是要我记住皖南，记住皖南人民，记住为民族生存、人民解放而英勇战斗的新四军。 　　因为我出生前不久，正是国民党消极抗日积极反共、制造摩擦挑衅新四军之时，他们要我军去回答他们的那些不实之词，实际上是一个鸿门宴，父亲受命应战。听到这个消息，从不落泪的母亲哭了。而父亲却充满自信，他在安慰母亲时说，"只要他们让我讲话，我就能很快回来，当然也准备他们不讲理，不让我开口……"于是嘱咐我的母亲，如果生下来的是个女孩，就让她学音乐，如果生下来的是个男孩，就让他去当兵，名字就叫皖南。后来我出生以后，父亲又给我取名振威，寓意就是威震华夏，因为要当兵嘛。 【主持人】照片上的字是谁写的？ 【袁振威】正面是我父亲写的"浣郎"及我的生日，其中英文中村是我的出生地。那上面写的两个月，是我那时两个月大。照片中扶着我，却未露面的是我的母亲邱一涵，1926年参加革命，是在中央红军的行列里走完二万五千里长征全程的三十位女红军中的一位。 情感二：从模糊的印象开始，追寻父亲的足迹。 【主持人】您父亲去世的时候您才不到两岁，您对父亲最初的印象是什么呢？ 【袁振威】我对父亲最初的印象是模糊的。 【主持人】为什么是模糊的呢？ 【袁振威】我8个月就被送回老家由奶奶抚养，1941年父亲牺牲。我的出生之日，实际上就是我们父子生离死别之时，我对父亲没有任何印象。约五六岁时，我在和小朋友争吵中，他们说我爸爸妈妈都死了，于是我扑到奶奶怀里哭了。奶奶安慰我说，你爸爸妈妈在外面做生意，来信都讲到你。然后她在我左面亲一下，说这是妈妈的；右面亲一下，说这是爸爸。1946年母亲在上海治病兼做地下工作，把我接到她身边，我却没有见到父亲。因为是敌占区不能暴露自己的真实身份。因此当我问到父亲时，妈妈总说，你爸爸在外面做生意。并告诉我爸爸爱读书，很聪敏，待人好。这就是我对父亲最初的印象。 【主持人】那到了解放区以后呢？ 【袁振威】后来母亲病情好转，根据组织安排，我随母亲经台湾、香港、仁川，于1948年回到解放区大连。那时候我9岁了，我却仍然没有见到我父亲。母亲不忍心告诉我父亲牺牲的事实。当我追问父亲下落时，她对我说："你爸爸在前方打仗，是炊事员。"此时，正当解放战争中某一战役获胜，胜利的捷报满天飞，因此我对妈妈的话深信不疑。 【主持人】我听说因为父亲是炊事员这件事情，小时候还被同学笑话过吗？ 【袁振威】是的，那时候我在干部子弟学校读书，孩子们常常相互攀比父母的官职，你父亲是军长，他父亲是政委、是教导员、指导员。我也自豪地说我爸爸是炊事员，满以为我这个"员"不比他们的那个"员"差。大家笑了并对我说："你晓得炊事员是干什么的吗？炊事员就是伙夫，就是给我们爸爸烧饭的。"受到大家讥笑后，回到家里我扑到妈妈怀里哭了，埋怨父亲"没出息"。而我妈妈却说，司令员、炊事员都是人民的勤务员，没有炊事员烧饭，政委不行、司令员不行，大家就要饿肚皮，就无法打仗，更无法打胜仗。因此当炊事员同样光荣。母亲的本意就是要我记住父亲是人民的勤务员，是为人民服务的。这样父亲在我心里留下来的印象就是一个炊事员，是一个为人民服务的勤务员。"勤务员""为人民服务"的字样从此时开始进入我的脑海。母亲认为干部子弟学校脱离群众，从此母亲再也不让我上干部子弟学校，要我上普通学校和老百姓的孩子在一起。

续表

节目内容

情感三：从自杀到英雄，终于了解父亲。

【主持人】这个时候其实您还不知道父亲牺牲的事？

【袁振威】对，直到有一次小伙伴告诉我说："你爸爸是自杀的！"

【主持人】这些事母亲应该都没跟你提过？

【袁振威】对，我听了之后就感到很委屈。我回家问妈妈，某某小朋友说我父亲是自杀的，是吗？妈妈说"你爸爸是在危急关头，宁愿自己举枪自尽也不影响部队的行动，他是烈士，他是英勇自尽"这时我才知道我爸爸确实已经牺牲了。

【主持人】那你是什么时候才知道具体真相的？

【袁振威】我母亲很少跟我提及父亲的事情。20世纪50年代初期，有一次妈妈在和伯父谈到我父亲时，我在边上偷听到，才知道皖南事变的时候父亲率部队突围身负重伤，卫士连的战士为了保护他，牺牲了很多人。父亲不忍心拖累大家，为了不影响部队行动，举枪自尽，他把生的希望留给了战友、留给了战士、留给了他的部下。

【主持人】所以从这时候起，你才开始去了解作为英雄的父亲吗？

【袁振威】此时，我才意识到父亲是一个英雄。而对英雄父亲的认识则是从父亲创作的诸多诗词、歌曲、剧本、撰写的文章、封封家书，珍贵的照片和母亲及他们战友的教诲中逐渐形成的。这里有两张照片，可以看到父亲和他战友们的形象和英姿。第一张是我的父亲袁国平（右8）与部分参加南昌起义的干部于云岭合影。右起陈毅、周子昆、宋裕和、粟裕、李一氓、叶挺。第二张是1939年2月军委副主席周恩来视察军部时与部分军部及支队领导同志于云岭合影。左起依次是李一氓、我父亲袁国平、粟裕、陈毅、王集成、周恩来、邓子恢和项英。后面墙上的标语是我父亲拟写的：革命的政治工作是革命军队的生命线……"

【主持人】他们会给你说很多父亲的故事？

Part4
回信人访谈

【袁振威】他们的谆谆教诲让我对父亲的认知逐渐清晰。周恩来伯伯曾跟我说："你父亲牺牲是很英勇的，他是一个政治工作的专家，对军队建设贡献很大，你要继承他的事业，不要迷失方向。"刘伯承伯伯则对我说："你爸爸了不起！他是优秀的政治工作领导者和红军著名的理论家，既有远见卓识，又能身体力行。不仅干部、学员喜欢，毛主席对他也很欣赏。"

跟随父亲一起由延安来新四军的顾鸿将军在谈到我父亲袁国平时更是情不自禁。我在拜访他的时候，他曾说：你的父亲袁国平主任不仅是无产阶级革命家、政治家、宣传鼓动家，他还是一个外交家。他口才很好，大家都愿听他作报告，不管讲多长时间，都不会有人打瞌睡。有一次开了三天会，他讲了三个半天，一个晚上，都没有稿子，整理成文，没有一句重复。我问他，你作报告不用稿子，要秘书做什么？他幽默地一笑："秘书？帮我吃饭呗！"繁昌之战时，我随袁主任到五团开会，他讲话不到一刻钟，战士就群情激奋，把枪都抛上了天。他作报告，要你笑，个个捧腹大笑；他要你哭，人人都流泪，他就这个本事。

情感四：如何理解父亲的不聪明？

【主持人】在这封写给袁振鹏的信中，父亲提到了"或许有人要说我们太不聪明了，然而世界上应该有一些像我们这种不聪明的人"对父亲的这种"不聪明"您是怎么理解的？

【袁振威】父亲有才华，文学艺术的造诣很深，是文学大师田汉的得意门生，深得田汉的赏识，1925年他就曾应田汉邀请一起创办南国社。有的前辈跟我讲，如果你父亲选择不是革命这条路，或许他会跟田汉一样，成为一个文学大师，在我们中国的文坛上会多一颗灿烂的明星。然而他选择了革命，并以殉道者精神为革命、为国家、为民族服务。我深深感到如果没有一批像父亲那样所谓"不聪明的人"我们便没有今天的一切。我为父亲的所谓"不聪明"而骄傲。从孩时起，朦胧中我就学着像父母那样做人。从父母亲身上我看到了共产党人的品格，逐渐认识了中国共产党，我在中学就入了党，成为一个光荣的共产党员。

【主持人】"如果有一百发子弹，要用九十九发射向敌人，最后一发留给自己，不做俘虏"这是您父亲在皖南事变中说过的一句话，最后也践行了这一承诺。对于父亲的牺牲，您的感受是怎样？

【袁振威】我父亲"置身革命是以牺牲一切为代价的"自他参加革命那天起，就下定决心为民族生存，为社会幸福艰苦奋斗。在北伐战争的时候，在他整装待发之际，我父亲在给我奶奶的照片背后写了一个短信，上面写着："我愿拼热血头颅，战死沙场，以搏一快……万一凯旋生还……再睹这些像，重谈此语其快乐更当何如耶！"对他们来讲，只要革命需要，生、死都是快乐的事，这就是那一代共产党人的生死观。

续表

	节 目 内 容
Part4 回信人访谈	父亲是一个战士，战士战死沙场，马革裹尸，死得其所。我母亲邱一涵曾说："革命是要付出牺牲的，是以牺牲党的好儿女为代价的。许许多多优秀的共产党人把宝贵的生命献给了革命事业。袁国平同志就是其中之一。"因此，我们一家都为父亲最后的壮举感到自豪，感到骄傲，他是我们世代学习的榜样。然而作为家人、作为袁国平的儿子却感到永远的心痛。父亲是一个孝子，却不能在他的老母亲面前尽孝；他深爱他的妻子，却让她34岁就守寡；他有3个可爱的孩子，他的大女儿13岁就给人做了童养媳，不到两岁的二女儿因病无治而夭折，而他最心疼的独子，也就是我，却一度牵着双目失明的奶奶讨饭度日。 　　80年来，我无数次在梦中向父亲飞奔而去，却怎么也扑不到他的怀里，我为这一辈子都没有得到父亲的抚爱，没有当面倾听过他的教诲，而感到深深的遗憾。 【主持人】今天有机会给父亲回信，您最想说什么？ 【袁振威】想告诉父亲，我一生都在追寻他的足迹，在人民海军的成长壮大中，也有他儿子的一份贡献。这也是我第一次有机会叫一声"爸爸"。 【主持人】有请袁国平的儿子袁振威教授，为父亲回信。
Part5 跨越时空的回信	爸爸： 　　我是您的儿子浣郎啊。1939年出生在皖南军部的我，今年（2019年）已经80岁了——而您是永远的35岁！在逝去的两万八千多个日日夜夜里，我总觉得您睿智祥和的目光无时无刻都透过那副圆圆的镜片深情地凝视着我、温暖着我，也深情凝视着你挚爱的、为之抛洒热血献出生命的神州大地。 　　我出生的那一年，您给我堂兄袁振鹏的家信中写到，"此刻我身无分文，无法帮助家里，因为我们是以殉道者的精神为革命、为国家、为民族服务的，或许有人要说我们是太不聪明了，然而世界上应该有一些像我们这种不聪明的人。"您还说到，"我置身于革命，是以牺牲一切为代价的"。 　　爸爸，您的话我记了一辈子。我也按着您的教导做人做事，竭尽全力为人民军队、为我们的国家服务、奉献。因为我明白，作为烈士后代和人民海军的一员，更要身体力行，不忘初心，让理想信念薪火相传。 　　爸爸，1956年时妈妈因病也永远离开了我。17岁的我虽然失去了您和妈妈，但我也得到了更多的父爱与母爱——当时中共江苏省委常委会决定由第一书记江渭清叔叔来代管我。而康克清妈妈的话更让我终生难忘。她在信中说道："你虽然失去了母亲，但你不会失去母爱，会有更多的妈妈爱你；你虽然失去了家庭，但你不会成为孤儿，我们的家就是你的家。" 　　2015年，"纪念中国人民抗日战争暨世界反法西斯战争胜利70周年阅兵式"在北京隆重举行，您被评为首批著名抗日英烈。作为英烈的后人，我代您参加了这次阅兵。我见到了许多新四军的老战士，他们都没有忘记您。习近平主席在颁发"中国人民抗日战争胜利70周年"纪念章仪式上说的话："一个有希望的民族不能没有英雄，一个有前途的国家不能没有先锋。"这句话，您听到了吗？我觉得您就是这些英雄先锋中的一员，我为您感到无上骄傲。 　　经过天安门的时候，我昂首挺胸向主席台敬礼——向党和国家领导人，也向您和您的战友们致敬。我觉得你们正神采飞扬地屹立在主席台上，看着红旗如海、鲜花似锦的中华大地，与亿万人民共同感受今日中国的繁荣与强大。 　　爸爸，80年前，您主持并和战友们一起创作了传唱至今武雄壮的战歌——《新四军军歌》。歌中唱到"东进！东进！我们是铁的新四军""发扬革命的优良传统，创造现代的革命新军"。是啊，当年是你们这些舍己为国无私奉献的民族英雄英勇奋斗、牺牲流血，赢得了民族独立、人民解放；80年后，您的儿子浣郎与万千后来人一起，学习你们，也来做放弃个人得失的"不聪明"的人，勇当先锋，为实现中华民族伟大复兴的中国梦而努力奋斗，永不停步。
Part6 仪式感 寄出回信	有请袁振威教授寄出这封跨越时空的回信 （仪式感动作：现场投寄信件）
Part7 沙画	年轻的袁振威入伍当兵，对着袁国平敬礼，成了少将的袁振威，对着袁国平敬礼。

【主持人结束】对于我们，父亲的故事，往往是充满骄傲的炫耀。回忆，是为了再一次感受与温暖的重逢。但对于王佩民和袁振威们来说，父亲的故事，都是待解的谜团。找寻，是为了弄清他是谁，我是谁，让彼此之间的亲情不再那么遥远。

我们在王佩民的讲述中，能够感受到当她与父亲遗骨见面时那种肝肠寸断，近在眼前，却无法触碰；我们也能在袁振威的父亲形象里，看到少时被孤立、渴望被保护的成长心酸，急于知道他们口中的父亲，哪一个是真？

先烈许国，再难顾家，唯将遗志嘱托，化为名字印记，融于骨肉。

一声父亲，愿远在天堂的您，能够听到。

一封回信，跨越时空，传承信仰，铭记感动。

附2　湖南卫视《新闻大求真》（"求真动物园"板块）之《谁是猴王》（上）台本（20151015）

【求真动物园片花】

一组长隆空镜头。

一组小猕猴的各种萌态，抓耳挠腮等。

【配音】

在广州长隆动物园里的猴山里生活着这么一群可爱的猕猴。我们今天的主角就是猴哥啦！猕猴主要分布于阿富汗、巴基斯坦、印度和中国，是自然界最常见的一种猴，它们通常喜欢凑在一起过着群居的生活，这座猴山就住着上百只猕猴。

【镜头】

很多猴子围在一起挠痒痒，猴子妈妈背着萌萌的小猴子等表现群居的镜头。

【配音】

不过它们看似和谐的群体生活，社会等级却很森严，其中地位最为显赫的就是猴王了！

【镜头】

大圣归来，悟空打斗的镜头，最后的一个亮相 Ending。

【配音】

猴王每4年进行一次换届，猴王的江山绝对是打出来的，经过无数次的战斗后，将其他选手全部打到，成为猴王。从此，众猴必须听命于猴王。据说长隆这里的猕猴王已经称霸猴山12年之久，经历大大小小战斗数十场。饲养员介绍，在芸芸众猴中，他一眼就能分辨出谁是猴王。

【镜头】

猴子们打架的镜头，龇牙咧嘴。某个饲养员站在猴山前，背着手，眼神犀利。（后期做效果，眼睛犀利地一闪金光）

【采访】

你认为谁是猴王？

【答案】

个子最大的、最强壮的，坐得最高的，屁股最红的（一个可爱的小姑娘）。剪辑配合相应的空镜头。

【配音】

那究竟谁是猴王呢？答案出乎所有人的意料，原来是尾巴翘得最高的那一个。因为猴王是被竞选出来的，因此猴王的尾巴往往翘得老高，以显示它尊贵的身份，而其他猴子则是不敢随便翘尾巴的。猴王极有权威，在猴群中多吃多占，谁也不能跟猴王抢食物！现在是饲养员喂食的时间，我们将请傲娇的猴王暂时回避，看看群猴无首的情况下这群孩儿们会有怎样的表现。饲养员已经准备就绪，拖着一车猴子们最爱吃的香蕉、番薯和胡萝卜，向前冲啊！

【实况】

镜头注意：这一段重点是拍摄出猴子疯狂抢食的画面。

【配音】

似乎感觉到了即将有食物出现，猴子们开始骚动起来，往食物的方向进发。它们似乎已经看到了满载食物的拖车，一个个眼睛都放出光来。

【镜头】

猴山的大景别，猴子全部往一个方向跑，很壮观。猴子有的站起来，有的眼睛直勾勾地望着食物，跃跃欲试。

【配音】

满载美食的拖车，往前冲啊！哎，怎么没有出现疯狂的抢食场面？原来野生猕猴生性胆小，不敢与人类密切接触，所以它们还在观察情况。等饲养员走开后，它们开始了疯狂的抢食！

【镜头】

拖车往前冲，没有猴子敢向前，它们用眼睛观察，待饲养员走后迫不及待地开始抢食。

【音乐】

《吃货之歌》：*刚叼住了几个包，又塞进了大水饺，天下美食怎么它就这么多，（嘿嘿！再来一份牛排！）刚吃掉了几座山，又喝掉了几条河，人间美味怎么它就这么多。*

【配音】

真是猴急啊，一个个跳上车来，哎呀，车子都被压倒了，食物掉了一地。一地的食物引来了更多的猴子。你看，这嘴里吃着，手上还要抓几个。

（模仿猴子）*"真可惜没有口袋，那就用脚再抓一个吧！""我真聪明。躲在这里边吃边乘凉，巴适地哟！"*

还有带着宝宝一起来抢的，来，也不忘记给怀里的宝宝一个。

天哪，这位竟然把自己的脖子都已经撑得变形了！不仅这只，其他的猕猴脸都肿了起来。

（模仿猴子）*"怎么吃都吃不够，干脆都存到口里慢慢吃吧。"*

原来猕猴和仓鼠一样在口腔两侧有一种特殊的囊状结构，叫作颊囊，也就是脖子下面的口袋，用来储存一次吃不完的食物。

（模仿猴子）*"你们慢慢抢吧，我先在边上慢慢吃会儿，我挤……我嚼，我再挤……我再嚼"*

能想出这种方法抢食物，真是聪明的动物啊！

【镜头】

这一段找到最有意思的细节镜头，仔细看清楚，多上提示性字幕，多用细节说明问题，剪得活泼愉快。

【配音】

装满食物的车子很快就被洗劫一空。接下来，我们将再次重复上一次的实验，但不同的是，我们将在装满食物的车子前放上猴王的照片。那么，问题就来了：车子上放上猴王的照片，猴子们会有什么反应呢？如果你知道答案请关注新闻大求真微博或微信，@新闻大求真说出你的答案。还有，如果您拍到了生活中任何有关小动物萌萌的、有趣的或感人的任何视频，都可以以视频形式发给我们，一经选中，就有可能在节目中播放哦！快来参加吧！一起将科学传递下去。

《谁是猴王》（下）台本（20151016）

【配音】

在上一期节目中，我们介绍了广州长隆野生动物园的猕猴。猕猴是自然界最常见的一种猴子，它们通常喜欢凑在一起过着群居的集体生活。猴王通过惨烈的厮杀脱颖而出，在猴群中有着不可侵犯的权威，尾巴常常高高翘起。在猴王不在时，猴子们抢食完全处于疯狂状态，毫无秩序。而我们的问题是，假如将猴王的照片放在装有满满一车食物的车子上，猴子们会有怎样的反应呢？

【配音】

答案是这样的……装着逼真猴王照片的拖车被拖出来了。一开始，又造成了一阵骚动，但当猴子们走近一些后，却没有任何一只猴子敢上前。好像确实很害怕猴王的照片。

【字幕】

20分钟后……

【配音】

20分钟过去了，满载食物的拖车仍然安静地待在那里。终于有一只猴子走向了推车。

（模仿猴子）"哇！食物果然丰富，先不管了，我赶紧吃，吃完就撤退。"

即使壮着胆子跑上车，但完全不敢与猴王照片对视，吃了几口就赶紧跑远。

第一个吃螃蟹的猴子会引起猴子们上来抢食吗？（后期做时间流逝）看来，即使有前人开路，其他猴子也是不敢上前啊！

（模仿猴子）"我上来看看……"

又有一只猴子靠近推车了。

（模仿猴子）"让我上来瞧瞧，哎呀妈呀！老大，是你！！"

哈哈，一抬头突然看到猴王的照片，竟然吓破了胆子，又跳了下去，跑远了！

【配音】

猴子们完全被猴王的照片所震慑，几乎都没有上来抢食……看来，即使一张照片都能完全将这帮孩儿们完全震慑住啊！今天的问题您猜对了吗？如果您拍到了生活中任何有关小动物萌萌的、有趣的或感人的任何视频，都可以以视频形式发给我们，一经选中，就有可能在节目中播放哦！快来参加吧！

扫码观看
本章视频

CHAPTER 4
第四章

新视频节目画面造型与现场拍摄

在现代社会中，屏幕无处不在，以手机为主的移动小屏成为受众影像阅读最重要的物质载体。在全面移动化传播的时代，新视频节目的传播渠道可以是电视和 PC 端，也可以是移动小屏。

从大屏到小屏，受众读取视频的平台变迁反映出随着传播科技的发展，人们阅读兴趣和使用习惯正发生深刻的变化。对节目而言，从多屏到跨屏再到融屏，播出端口与呈现屏幕的变化带来的不仅是节目传播形式与长短的变化，更是播出内容和制作思维的转变。相比于日渐增多的平台和日趋丰富的内容，传播者要争夺的是不变的和有限的受众注意力资源。反映在此章节的节目拍摄阶段，就是要认识新视频节目平台特性和视听画面特性，进而用新思维构建新视频节目画面。

第一节　认识新视频节目的画面

一、新视频节目的屏幕特性

2019 年，抖音短视频平台全面放开 15 分钟视频权限，爱奇艺、优酷等专注长视频的平台也纷纷推出短视频扶持计划，传统媒体更是集体进入互联网主战场，布局短视频阵营。新屏幕空间颠覆了传统电视节目策划—制作—播出的线形模式，承载了对新视频节目消费观念的重塑。

1. 正在变化的传统电视屏幕

长久以来，电视屏幕是传统电视节目最主要的播出载体。随着各式屏幕的出现，对传播载体的研究不再局限于电视屏幕，而是包括各式移动屏幕以及跨屏幕。传播载体的变化带来节目制作从形式到内容的巨大颠覆性改变，对节目创作的叙事思维、叙事模式和叙事风格等诸多方面提出全新挑战。

在传统电视节目制作的概念中，我们对电视屏幕的画面显示特性的理解，是将其与电影屏幕进行对比。一是电视屏幕带来的色彩失真问题，如景物的色调还原能力较弱，色彩层次感表现不强；二是电视画面的影调宽容度 ① 较小，导致电视屏幕对画面的表现和色彩还原不如电影，不利于表现影调层次丰富的场景，不易表现夜晚、强光等。这是电视屏幕较之于电影屏幕显现的不足。

移动传播兴起后，即使主流媒体制作的电视节目也必须考虑到移动传播对受众需求的改变。随着以 5G 为代表的移动通信技术和传播科技的发展与运用，电视媒体已经着手更大程度的革新，主流媒体如央视构建以央视频为代表的主流短视频平台、湖南卫视打造的移动视频媒体平台芒果 TV 等，推动了移动互联时代媒体与受众之间的良性互动。

2. 移动的横竖屏幕

2000 年后，具有拍摄功能的手机的出现，改变了人们使用手机的方式，手机成为人们可移动阅读的主要工具。毋庸置疑，这一块发展中的移动屏幕使人们对影像阅读更加碎片化。2007 年，美国苹果公司推出革命性的第一代 iPhone 手机，虽然没有视频录制功能，却无法掩盖其开创智能手机新时代的光芒。iPhone 的问世标志人类智能手机发展进入一个新纪元，指纹、触屏等更丰富的智能技术嵌入其中，带来随时可拍、可看、可上传的视觉影像传播，人类的多种感官也与一块小小的手机屏幕紧密相连。

新视频节目的播放渠道主要包括网络屏幕、移动屏幕等。无论是移动大屏还是小屏，传播的移动性特质将人们从固定的时空互动环境中解放出来，加剧了公共空间与私人空间的融合。观众在使用移动屏幕观看影像时，观看的物理空间与屏幕本身一起产生身体、情感与精神上的关联。移动屏幕模糊了空间环境和时间框架，跨屏传播打破了以往电视传播的媒介壁垒。

除了移动屏幕，屏幕的横竖也是新视频节目的画面特质。英国社会化视频营销机构 Unruly 2016 年调查数据显示，当今世界上有 53% 的手机用户不会在观看视频时专门将手机转为横屏，有 34% 的调查者会将手机锁定在竖屏状态 ②。Scientia Mobile 2018 年发布的美国市场智能手机占有率报告显示，手机用户在 94% 的情况下都是以竖直的方式拿手机的。③ 从电视的诞生到网络的兴起，在很长一段时间内，节目内容的生产都是以横屏的形式向观众输出内容。移动传播时代推动竖屏内容成为视频节目的另一种传播形式。选择竖屏还是横屏，屏幕画面呈现的物理限制对节目创作会产生直接的影响。

3. 新视频节目中的横竖屏画面

横竖屏画面在新视频节目的影像呈现中有着截然不同的表现力。竖屏画面是一种

---

① 宽容度，是指摄像机能够正确反映景物的最高亮度和最低亮度之间的范围比例。电视画面的宽容度一般为 1∶32，而电影的黑白胶片宽容度则为 1∶128，彩色片为 1∶64，远高于电视。

② Unruly.News Corp And Moat Partner To Bring Viewable Vertical Video To Advertisers[DB/OL].[2016.6.20].https：//unruly.co/news/article/2016/06/20/unruly-news-corp-moat-partner-bring-viewable-vertical-video-advertisers/.

③ Scientiamobile. Mobile Overview Report[R/OL].[2021.11.17]. https：//www.scientiamobile.com/movr-mobile-overview-report.

对移动端友好的视频呈现方式，在操作时不需要转动屏幕即可观看完整的视频画面，在抖音、快手等短视频平台的视频拍摄中很常见。横竖画面有着不同的透视关系，横屏画面较为符合人们的拍摄习惯，水平线条强调画面左右的延伸感和动感，适合表现宽广辽阔的景象与环境、人物之间的关系和互动。区别于横屏画面，竖屏画面强调纵深，擅长表现"由近到远"的空间感。在拍摄景物等空镜头时，竖屏画面能较好地呈现纵深的车轨、高大挺拔的树木和楼房等垂直线条类景物。在拍摄人物时，竖屏模式能够去掉背景对人物的干扰，较好地展现人物的表情与肢体动作，同时，人物在拉长比例的纵向画面中也更显瘦和挺拔。在景别的表现上，屏幕限制导致竖屏画面不易呈现远景和全景的视野，但能强化中景和特写镜头的特性，在人物类视频中，人脸成为画面的绝对主体，使其人物表现具有鲜明优势。

竖屏画面匹配了移动端口的用户社交属性，推动了短时长、快节奏的竖屏微综艺的创新发展。从2017年腾讯率先推出素人访谈微综艺节目《和陌生人说话》开始，除爱奇艺、腾迅、优酷、芒果TV等视频平台外，将竖屏内容作为主流内容形式的短视频平台也纷纷布局竖屏节目，推出不少竖屏的电商直播带货类、健身类、探店类、新闻资讯类以及谈话类新视频节目，也有横屏节目对精彩部分的竖屏录制和剪辑，以满足移动场景下用户的观看需求，如优酷2018年推出《这！就是街舞》（第一季）的衍生节目《这！就是街舞 精彩"竖"看》。由于竖屏画面放大了人脸在景框中的比例，强化了用户与被摄主体的交流感，用户能获得更好的沉浸体验，随后，粉丝向较强的红人微综艺、偶像订制类微综艺得到进一步发展。2019年抖音出品半纪录半采访形式的达人志节目《每个我》，用竖屏方式和分屏处理展现达人们的日常生活及人物间的互动。这类新视频节目不仅很好地利用了竖屏画面社交属性的增强，还能降低制作成本并缩减制作周期，加速宣传成效的显现。

新视频节目中竖屏画面的制作一般有两种方式：竖拍竖发与横拍竖发。竖拍竖发是短视频平台上的常见视频拍摄方式，即拍摄机位竖立，按9∶16等竖屏比例拍摄并发布；横拍竖发则是横向机位拍摄后，再按9∶16等竖屏比例发布，核心视频内容在画面中间，上下空白处可以添加字幕、背景等内容，能更好地强调主题背景。还有一种是横向拍摄后，通过对横屏画面进行遮盖，形成视觉上的竖式呈现，不过这种横屏拍摄的竖式呈现不属于真正的竖屏拍摄。

在屏幕画面类型上，除横屏竖屏画面外，在影像创作中还有1∶1的方形画面和由它衍生而出的圆形画面。方形画面没有长宽屏幕的比例差异，画面看起来相对稳定，适合拍摄美食、人像和细节影像，而圆形画面在构图美感之外，带给观众冷静的看客视角，这一点在冯小刚执导的电影《我不是潘金莲》中得到充分体现。对于一个新视频节目而言，选择哪一种屏幕画面完全取决于平台要求和内容表达的双重需求，同时，横屏竖屏的使用也不是一成不变的，而是根据拍摄需求进行使用与调整。

二、新视频节目画面的时空特性

作为复眼的影像，不同于生活日常的视觉获取，不可一股脑地将生活细节全部塞进影像中。视频画面的特殊性决定了影像表达的时间和空间不是现实生活的时间和空间，而是对现实生活的凝练和压缩。

1. 画面的空间造型特性

视频画面要利用二维画面展现三维的现实世界，主要通过空间透视和运动两种手段实现。

（1）空间透视

空间透视就是利用视觉经验创造具有纵深感的画面空间。通常，我们可以利用物体的尺寸、影调、线条在近远处的变化营造出一种视觉上的立体感。空间透视包含以下四种形态。

第一种，线条透视。近大远小，纵深方向的平行线条有向中间汇聚的趋势。

第二种，空气透视。近暗远亮，近处景物明暗反差大，远处反差小；近处景物轮廓清晰度高，远处清晰度低；近处景物色彩饱和度高，反差大，远处景物色彩饱和度低，反差小。

第三种，影调透视。暗背景条件下近亮远暗，近处色彩鲜明，远处晦暗；亮背景条件下近暗远亮，近处色彩晦暗，远处色彩鲜明。

第四种，焦点透视。越靠近焦点的影像成像越清晰，越远离焦点的影像成像越模糊。

（2）运动

运动是摄像师经常用以创造三维空间的表现手法。运动主要有两种形式：被摄主体的运动和摄像机的运动。

第一种，被摄主体的运动。

当运动物体面向画面或者背向画面纵深运动时，它的运动方向就清晰地显示出画面的纵深空间，另外，由于物体的运动引起物体本身在视觉上近大远小的透视变化，因而也加大了观众对画面纵向空间的感受。

以综艺节目《元气满满的哥哥》片段为例（图4-1），从被禁赛选手蔡国庆出发时的镜头开始，随着小电车的运动，主体在画面中越来越小，到最后只能隐隐看见一个"小点"，物体在运动过程中无形之间将一个二维画面升格成了三维画面，同时，这样一种镜头的运用也衬托了当时的气氛——被禁赛选手的孤单凄凉。

第二种，摄像机的运动。

当摄像机沿着画面纵深运动时，观众的视点就随着摄像机的运动而朝着纵深方向

图4-1　芒果TV《元气满满的哥哥》第二期 蔡国庆独自骑车上路

运动，犹如观众亲自走进画面的纵深空间，这时候，观众对画面纵深空间的感知更加直接和具体。

用摄像机的运动创造纵深感的立体空间，这一点在当下流行的无人机风光摄制中可谓是展现得淋漓尽致。在新华社拍摄的《到黑河 赏花海》视频中，运用无人机对由大片波斯菊组成的花海进行跟踪俯视拍摄（图4-2），使得原先呆板平淡的花海如同潺潺溪水般流动起来，画面由远及近，由高至低，一幅幅立体感十足的风景画徐徐铺开。

图 4-2　无人机航拍波斯菊花海[①]

2. 画面的时间特性

视频画面的时间由放映时间、叙述时间和心理时间三种形式的相互关系组合而成。其中，放映时间和叙述时间属于视频画面的物理时间。

（1）物理时间

物理时间中的放映时间是指播放一则视频画面或者播放一个视频节目所需要的具体时间。

叙述时间是指通过画面形象、声音、字幕等手段对故事情节或者场面事件进行交代、叙述的时间。

（2）心理时间

视频画面的心理时间是指观众在观看视频节目时心理所感受到的时间。如果观众能够全身心地投入到视频情节中去，便很难感受到时间的流逝。视频节目在制作过程中应当尽可能减少观众对心理时间的感受。

视频画面的心理时间会受到节目内容、情绪体验、叙事节奏、心理满足等条件的影响。当节目内容丰富时，越吸引观众的注意力，心理时间会越短；当节目的情绪体验愉快时，比如娱乐性较强的综艺节目，内容轻松、笑点密集，带给人愉快的情绪体验，受众观看节目的心理时间就会缩短；当叙事节奏较快，情节较紧张激烈，悬念感充足之时，观众注意力会高度集中，心理时间同样会缩短。大众的媒介使用行为受到其个

---

① 新华社. 到黑河 赏花海 [EB/OL]. [2020.8.23]. http://www.xinhuanet.com/video/2020-08/23/c_1210765461.htm.

人兴趣的制约，当内容满足受众主观兴趣时，心理时间会缩短，反之，则心理时间会延长，收视兴趣降低。

简而言之，节目内容的性质确实会影响观众的心理时间，但是个人的主观兴趣同样不可忽视。传媒在内容构建时考虑满足受众心理的偏好，有利于实现大众媒介的议程设置功能，从而获得更好的传播效果。

三、新视频节目画面的成分构成

成分构成是结构视频画面的客观存在，构成元素包括主体、陪体、背景和前景。下面以视频节目中的画面构成为例，分析各成分构成的特点及运用。

1. 主体

主体即视频画面中所要表现的主要对象。主体既是反映内容与主题的主要载体，也是画面构图的结构中心。主体可以出现在画面中的任何位置，但一定要鲜明突出。那么，如何在画面中突出主体地位？我们以《极限挑战》等节目中部分镜头为例，解析其凸显主体所运用的方法。

（1）黄金分割法。黄金分割是数学上的概念，由于具有严格的比例性、艺术性、和谐性，所以蕴藏着丰富的美学价值。将画面边线平均分成三等份，将相对的分割点相连，画面中的连线都是黄金分割线，线的交叉点就是黄金分割点，画面主体位于黄金分割点处，被视为一种比较安全的构图方式。

（2）景深虚实法。为了在画面构图中突出主体地位，一般采用小景深，从而使背景得到虚化，有时为了凸显画面的层次感，也会虚化前景。一般通过调整焦距、接近主体、调大光圈这三种方式实现小景深。

（3）视线引导法。利用视线引导的方法不但可以达到突出主体的目的，还能够增强画面的层次感，推动情节发展。一种是分切法，通过两个镜头之间的联系构成一种视线引导的逻辑，依靠非主体人物的视线指引突出主体，经常用在多人物静态构图中（图4-3）。另一种是运动镜头调动，以推、拉、摇、移等方式，将镜头对准主体方向，形成动态画面的结果（图4-4）。

图4-3 《极限挑战》第一季第四期 左—孙红雷视线看向正在座位上睡觉的乘客

图 4-4　《极限挑战》第一季第四期 镜头从空镜头摇向人，凸显主体个性

（4）色彩反差法。利用颜色、明度、冷暖色系之间的反差提升画面美感，凸显人物，有时候还能够起到反讽、衬托、暗示等表意作用。如图 4-5 中，人物的白色着装在绿色的环境背景下十分明显，导演特意让演员撑透明伞，防止对主体的掩盖。

（5）线条反差法。线条是事物外形的基本构成元素，一切形状都可以归结为多条线条之间的相互连接。线条的对比运用一般出现在较大景别的画面中，线条之间的反差只有足够明显时才能够被人注意。例如，全是相同的线条构成，突然出现一个异线条构成，便会迅速吸引观众的视线（图 4-6）。

图 4-5　《元气满满的哥哥》第十期 人物和　　　图 4-6　《元气满满的哥哥》第十期 不规则形状的
　　　　　背景的颜色区分　　　　　　　　　　　　　　　渡口处于画面斜对角线处

（6）光影表现法。将主体放于强光处，主体成为画面中最亮的部分。

（7）朝向关系。除非导演想要表达特殊含义，通常面对观众的人物比背对观众的人物更重要。

（8）前后关系。当画面中包含多个人物或物体时，主体一般在画面中应当占据更多的空间。

（9）动静关系。画面中同时出现动和静两种运动状态时，由于动态的事物更能够抓住观众的视线，应当以动态为主。

此外，我们应当认识到主体具有极大的包容性。它既可以是某一个被摄对象，也可以是一组被摄对象，甚至整个画面都可以成为一个主体。[①]

① 杨晓宏，马建军，马文娟 . 电视摄像教程 [M]. 北京：中国人民大学出版社，2017.

作为画面整体表达的主体，强调对构成整体的画面诸要素关系的严谨控制，各要素之间需要达到一个微妙的平衡，不可喧宾夺主。此时的画面各元素之间形成了一股强大的张力，各元素之间的相互关系不再清晰分明。因此，画面作为情节叙述的组成部分的作用减少，更强调隐藏在表象背后的潜台词，并暗含潜台词与表象的依存关系。如在图4-7中，嘉宾们被导演叫过来之后，茫然地看着导演，完全不知道接下来会发生什么。画面没有绝对的视觉中心，观众一眼看过去不会说先注意到谁，某种意义上说它是一幅"主次不明"的画面。事实上，整幅画面可以被看作一个整体，它的目的是为了揭示画面表象之外的含义，即导演想传达的《极限挑战》无剧本的拍摄模式。

2. 陪体

陪体是与主体有着密切关系的对象，陪体不能脱离主体而单独存在，它的存在有赖于对主体的揭示。陪体可以是任何事物，不局限于某一特定人物。

实际上无论是在某一画面中还是某一段画面中，又或者是整个故事情节中，陪体通常具有以下几个作用。

（1）协助主体推动情节发展、揭示画面内涵

这是陪体作为画面构成部分的最基础也是最重要的作用，陪体需要和主体形成联系，共同推动情节发展。例如，在《开讲啦》节目当中，作为主持人的撒贝宁，在绝大多数时候都是充当陪体。他的首要任务是控制好交谈气氛，通过各种交流技巧，保证嘉宾能够输出更多更深层的个人见解。

此外，陪体除了协助主体说明"画内音"之外，还承担着与主体一道揭示画面内涵、深化节目主题的作用。例如，在《极限挑战》第二季第四期中，黄渤登上山巅之后，巨大的"王位"充斥其眼前，此刻关于情谊和权力的抉择使得黄渤摇摆不决。在巨大的权力诱惑面前，任何人都免不了接受一番对自我的"灵魂拷问"（图4-8）。

图4-7 《极限挑战》第一季第四期 多主体人物画面　图4-8 《极限挑战》第二季第四期 黄渤登临山巅

（2）均衡画面，使画面具有形式美感

陪体对构图的均衡和画面的美化也有着重要的作用，陪体的存在既能够丰富画面的色调，活跃画面的构图，也能够显著提升画面的纵深感和空间感。

（3）陪衬主体，"红花还得绿叶配"

陪体的另一大作用自然是作为一个陪衬而存在。合理的联系陪体和主体，能够帮助主体丰富其形象和特征，使其更加鲜明可感。在综艺节目中，各大主嘉宾的性格特征离不开路人的反应。例如，在《极限挑战》中，张艺兴单纯懵懂的形象，离不开路人对其被孙红雷接连"欺骗"之后的同情和救济的表现。

3. 前景

在视频画面中，我们将主体之前最靠近镜头的景物称为前景。这里之所以强调在视频画面中，是因为视频画面和摄影画面是两种截然不同的概念，两者有着显著的区别。视频画面是动态的画面，而摄影画面是一幅静止的图片。在动态的画面中前景几乎是一闪而过的，即便是在固定镜头中，观众也很难忍受长时间被前景遮挡住主体的画面存在。因此，导演通常会用陪体来揭示主题，表现"画外音"，而前景在视频画面中的作用更多体现在内容提示、丰富构图、美化画面等方面。

（1）美化与装饰效果

前景可以起到装饰的作用，增强画面的艺术感以及对纵深的表现力。如图4-9所示，两排大红灯笼作为前景，与古色古香的南津古渡的大门相得益彰，画面中的厚重感和历史感扑面而来。

图4-9 《元气满满的哥哥》第十期
以红灯笼作为画面前景

（2）内容提示作用

前景能够交代剧情发生的背景、时间以及季节等信息。例如，用植物做前景时不但可以美饰画面，植物的特征还交代了故事发生时的季节气候。

（3）画框分隔

除了具有遮挡功能、平衡亮度等作用外，前景的使用可以在观众的心中构建一种"视觉心理"，将观众代入与角色的共鸣中去。例如，图4-10《元气满满的哥哥》第一期嘉宾捉迷藏游戏环节，前景的使用搭建了一种"偷窥视角"。

图4-10 《元气满满的哥哥》第一期 以俯拍房屋作为画面前景

4. 背景

背景是与前景相对应的概念，是指位于主体之后的环境或者人物。背景交代了主体所处的环境和位置，可以帮助主体烘托画面的主题。从结构形式上说，"前景 + 主体 + 背景"的组合，增强了画面的空间感，是画面构图中不可缺少的一部分。

在实际拍摄中，我们常常通过虚化背景的形式突出主体，但是有时候适当的背景呈现对节目的叙事和画面的写意也是十分重要的。在处理背景时，我们一般采用简洁原则。背景应当力求简洁明了，色彩不可过于丰富，要与主体的影调、色调形成反差和对比。过于丰富的色彩不但不利于表现主体，而且会造成画面的混乱。

另外，也要注意光线的运用。在实际拍摄过程中，为了使背景与主体分离，同时又要从一定程度上揭示主体与环境的关系，我们通常会选择将背景照亮。在对背景进行布光的过程中要注意受光均匀，主体与背景亮暗分明。切忌多条光线的不合理使用，干扰观众视线。

第二节　新视频节目的画面造型

在了解画面构成元素的基础上，如何对画面进行造型，就涉及画面造型的基本元素。一般而言，画面造型包括影调、色调、线条三个基本元素。它既是对画面整体不同特征的表述，独立完成对画面构成的描述，同时又能够从被摄对象的线条、影调、色调等造型因素在画面中占有的位置、空间和多变的组合关系中构成视觉形象，并共同输出画面之外的含义。[①] 画面造型三元素之间既相互独立，又紧密联系。下面我们通过对视频节目画面造型的解析，探究画面造型的内涵方法。

一、新视频节目的画面造型三要素

在实际拍摄中，摄影师对画面内容的取舍离不开对拍摄距离、拍摄方向、拍摄高度的选择。不同的选择决定了画面最终的呈现效果，高一点或低一点、远一点或近一点，直接影响到主体与其他成分要素之间的关系。因此，拍摄距离、拍摄方向、拍摄高度就构成了画面造型的三要素。

1. 拍摄距离

拍摄距离是拍摄点与被摄对象之间的距离。区分拍摄距离远近的重要标志就是景别。

景别，是指被摄主体和画面形象在视频屏幕的框架结构中所呈现的大小和范围。通常而言，景别可以被划分为：远景、全景、中景、近景、特写。在远景、全景、特写基础上还可进一步划分为大远景、大全景和大特写。

---

① 顾明远.教育大辞典：增订合编本 [M].上海：上海教育出版社，1998.

　　多变的景别不但可以满足观众多变的观影需求，实际上也是创作者对观众视线和思维进行控制的一种手段。无论哪一种景别，背后都有创作者想要传达给观众的思想情感。掌握和理解景别的划分并不是要求摄像师在实际拍摄中严格遵守并分毫不差地去取景，而是要清楚自身拍摄意图和主题与各大景别之间的关系。

　　（1）远景

　　远景可以划分为大远景和远景两种。大远景是影视画面中最为开阔的一个镜头，主体通常占据画面的1/4高度，常用于表现某种氛围，烘托某种情绪，寄托某种寓意。大远景镜头应当突出画面的纵深感和立体感，由于主体在画面中空间占据较小，运动镜头的使用会使主体不够突出，应以固定镜头为主，以静衬动，适合营造一种苍凉和渺小感。如图4-11所示，大远景镜头下人在茫茫沙海中的渺小和脆弱。而在远景镜头中，主体占据画面1/2高度，适合表现人和环境的平衡关系，是很好的承上启下的镜头，拍摄时要注意环境对人的影响。在图4-12中，极限男人帮登顶之后享受与沙漠和谐相处的静谧时刻，就是用的远景画面营造气氛。

　　作为一种情绪性镜头，远景镜头中的人物占画面比重小，人的主体性被弱化，呈现出一种被物化的效果。从叙事角度来看，远景镜头一般承担交代故事发生背景以及时间地点等作用，通常出现在剧情的开篇和结尾。从表意角度来看，远景镜头擅长"写意"，镜头给人的感觉是整体的，它的作用往往体现在给节目定下某种感情基调，渲染气氛和情绪。远景以景物为主，渲染气氛时能表达一种"辽阔"的情感。由于主体的存在，远景也常被用来构造一种反差和对比下的隐藏态度。

　　关于大远景和远景有以下几点需要注意：一是大远景和远景都不是空镜头，画面中理应有主体的存在。与全景和大全景不同的是，导演希望传达给观众的拍摄意图需要景和物共同表现，只是在这里，"景"对于主题和情感表达的重要性是要大于主体的；二是构图一般不用前景，前景的存在不利于展现开阔视野；三是一般不使用顺光，而多采用逆光和侧光，以展现景物的轮廓和层次；四是远景不利于表现故事情节，因此不要过多使用。

图4-11　《极限挑战》第六季沙漠行中的
大远景镜头

图4-12　《极限挑战》第六季沙漠行登顶之后的
远景镜头

　　（2）全景

　　全景可以划分为大全景和全景两种。大全景是主体占据画面的3/4高度，此刻环境和人的关系向人物倾斜。如图4-13所示，《元气满满的哥哥》第八期王耀庆胜利后

图 4-13 《元气满满的哥哥》第八期王耀庆　　　图 4-14 《这就是街舞》第三季队员海选中的
胜利后的大全景　　　　　　　　　　　　　　　人物全景

的状态，在海浪的衬托下，一个全景更显人物的情绪和状态。一般性的全景，主要用于交代人物的形体动作和动作范围。人物是画面的绝对主体，环境只是一种造型的补充和背景。如图 4-14 所示，在《这就是街舞》第三季队员海选中，选手的表演是绝对的重点，大部分时间以全景镜头表现舞者的全身动作和整体风格。全景能够完整呈现主体的形态动作，表现特定环境和背景下的特定人物，起到"阐释和交代"的作用。可以说，它是一种具有定位性功能的镜头。

在全景画面中，人物的位置直接决定了其运动方向和趋势，因此必须遵守轴线规则，且要注意场景用光的统一协调。拍摄全景时还应该注意，全景人物切忌顶天立地，头脚都要有适当的留白处理。

（3）中景

中景可以划分为中景和中近景两种。中景指的是被摄人物膝盖以上，或被摄物体占大部分，或局部场景的画面。在中景画面中，环境空间降至次要位置，同时，画框将被摄人物膝盖以下部位切除，破坏了被摄主体的完整性，使被摄主体的外部轮廓局部出画，将观众的注意力集中在人物上半身的动作或与其他物体的交流上。

中景画面的空间更加紧凑，有利于表现人物的视线、动作线、人物与人物之间的关系线等，具有较强的画面结构和人物交流的特征。同时，人物更多身体形态和细节也被观众看到，是一个能较好地了解被摄主体具体特征的景别。

在使用上，例如在有情节的场景中，中景画面通常被作为叙事性的描写，主要表现紧凑空间内的人物活动和关系，人物之间的表演可以有较大的自由度。由于中景镜头能迫使观众将注意力集中于人物上半身的行为、动作和周围的部分景物上，因此，它能很好地表现人物的形体动作和互动时的情绪交流。值得注意的是，由于画框中的环境仍旧占据一定份额，因此，中景更侧重于表现人物的情绪、身份、相互关系以及动作目的。

在实际创作过程中，为了满足画面表现需要，在近景与中景间常划分出一个新的景别——中近景，取景为成年人腰部以上，俗称半身像、半身镜头。中景、中近景镜头都是常用的叙述性镜头，实际创作时可以灵活运用中景、中近景的切换，使画面富于变化，更具有活力。

以央视《开讲啦》为例，为了让观众直观感受主持人和嘉宾对话交流的气氛，就需要以中景画面使观众将两者交流对话过程尽收眼底（图4-15）。若用全景则显得过远，画面不够集中。实际上，在以情感交流为主要活动的节目中，中景适合营造一种比较温和的画面，不过于平淡，也无过分激烈。当嘉宾开始阐述时，镜头则切到中近景上（图4-16）。

图4-15 《开讲啦》主持人与嘉宾对话使用中景　　　图4-16 《开讲啦》嘉宾陈述使用中近景

取景构图时，中景不应取在膝盖正中，中近景不应取在腰部正中，否则显得过于拘谨，可以适当偏上或偏下一点。画面构图应避免单调的人物造型，从影调、色彩、动静等关系上强调突出人物，注意画面各物体间的对比与联系。另外，在拍摄中景画面时，必须注意抓取具有本质特征的表情和动作，使人物形象饱满，画面富有变化。特别是当所表现的人物上半身或人物之间的情绪交流、联系处于运动变化状态时，这种情节中心点的变化要求画面构图随之调整，并始终将情节的中心点放在画面结构的中心位置。

（4）近景

近景是将人物或被摄主体推向眼前的一种景别，它是人物胸部以上或具有主要功能和作用的物体的局部画面。近景善于表现人物的内心活动和面部表情，而不善于表现人物的上肢动作。

近景镜头是极具感染力的一种镜头，它将原本不明显的局部放大并强调，是一种聚焦性镜头。近景镜头既不失中景的动作表现，又具备如特写般的神情刻画，因此，当出现一些富含戏剧性的情节时，将镜头过渡到人物的近景，会更具画面张力。

例如，在《开讲啦》中，当嘉宾与主持人出现强互动（表示赞同、反驳、不理解等）时，镜头便会拉近捕捉人物的神情和动作，此刻画面和语言的呼应便会极具表现力。如图4-17所示，在《开讲啦》中，撒贝宁对嘉宾的观点表示认同，就使用近景镜头。在节目中，5·14川航航班备降成都事件中的英雄机长刘传健，这样一个沉默寡言、不善言表的大英雄，当被问起为何喜欢做饭时，他说了一半便似笑非笑般抿住了嘴，这时底下的观众齐喊"怕老婆"，紧接着镜头一拉近，机长一副"你们都懂得"的哈哈大笑，不免让坐在荧幕前的观众也跟着笑了起来（图4-18）。

在拍摄近景画面时，要力求简洁，人物和物体的神情形态是画面的主要表现对象，不要让杂乱无章的背景干扰观众视线。为了不给人物造成紧张心态，摄像机应安置在稍远处，通过改变焦距完成近景拍摄。

图 4-17 《开讲啦》主持人与嘉宾对话的近景

图 4-18 《开讲啦》嘉宾近景

（5）特写

特写有特写与大特写两种景别。特写是视频画面中最具有艺术表现力的一个镜头，它常取人物双肩以上的部分。

特写镜头旨在从细微处刻画主体外形特征和内心活动。如图 4-19 所示，救人者在面对被救者时流下的眼泪，这样一个细节体现出了机长刘传健对每一位乘客生命的敬畏和尊重。

大特写则可以看作是强化版的特写，在整个画面中仅突出表现人脸或人脸的某一局部（眼睛、张大的嘴巴）。大特写镜头的引申含义比特写镜头更为强烈，体现创作者的态度或意图。如图 4-20 所示，《极限挑战》第一季继承者战中，张艺兴用卖艺赚来的钱坐上了地铁，镜头给到了张艺兴眼眶湿润的特写。这个画面让观众完全体会到了张艺兴的天真善良，也正是这个特写成就了张艺兴"蠢萌小绵羊"的人物形象。他在以后的节目中常说的一句话"人与人之间能不能多一点信任？"如果没有这个特写镜头铺垫，观众很难体会到张艺兴在说这句话时的真情实意。

特写镜头是一种强烈的主观性镜头，在使用特写镜头时应当注意：一是特写镜头不能孤立使用，一定要和之前的情节有所联系，不然会使观众一脸茫然；二是善于利用特写的不确定性转场。因为特写镜头分割了主体与周围环境的空间联系，这样就使得特写镜头带给观众一种不确定的空间表现感。趁此机会，导演可以直接转场到下一情节，而观众也不会觉得突然和跳跃。

图 4-19 《开讲啦》机长刘传健的面部特写

图 4-20 《极限挑战》第一季继承者战中
张艺兴的脸部特写

在画面的视觉形式上，不同的景别会带给观众不同的视觉感受。依据人物主体在画面中占据的空间范围，我们可以将景别划分为两个阵营：一个是完整呈现主体的全景系列景别，包括大远景、远景、大全景、全景；另一个是呈现主体局部的近景系列景别，包括中景、近景、特写、大特写。

大量使用远景和全景与大量使用近景和特写的画面给人的感受是不一样的。大景别给人一种与画面主体的疏远感，小景别更易让观众走进剧情，而大小景别之间的快速切换会产生一种独特的视觉刺激。一般来说，全景系列景别善于交代主体与其他人物和环境之间的关系，善于表现"势"。拍的时候要注意用大景深，背景实像，层次安排应当足够丰富。近景系列景别注重"质"，是一种叙事的写实镜头。它关注画面的局部，表现人物的细致表情和细微动作，同时通过展示人物的心理世界，容易和观众形成情感交流。拍的时候要注意小景深，背景虚化。

2. 拍摄方向

拍摄角度是镜头拍摄时的"视点"，是镜头与被摄体在实际空间中构成的造型元素，它是画面形成的前提。在操作上，包括水平上的拍摄方向和垂直上的拍摄方向两个角度。拍摄角度代表了观察的视点，它是一种几何角度，而几何角度的变化实际上决定了观众在观看时的心理视角。

拍摄方向有正面、斜侧、侧面、反侧、背面五种角度（图 4-21）。

（1）正面角度

摄像机的方位正对着被摄对象即为正面角度，该角度对正面具有典型性的形象比较适合，能保持和观众的"交流关系"，营造庄重、威严的气氛。当然，任何一种拍摄方向都有其适合和不适合表现的画面。正面方向拍摄的画面形式呆板，缺乏立体感，不利于表现动感，它取消了人物和物体的立体感，却凸显了形式感。例如，在一些新闻节目中，主持人新闻播报全程以正面姿态与观众交流，面对着观众清楚地展现了手

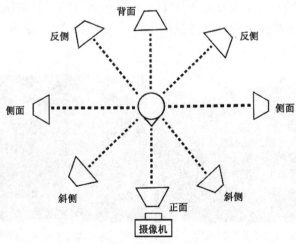

图 4-21 拍摄角度图示

势、眼神和表情，同时也营造了一种权威感。

（2）斜侧角度

斜侧角度是偏离正面角度，环绕被摄对象或左或右移动到侧面角度之间的角度。斜侧角度不但能够展示人物、物体、环境的正面部分，同时也能够很好地表现被摄对象的侧面部分，使得画面更加生动活力。对角线构图是其典型的形式，有利于表达空间透视感或物体立体感。充分利用画面对角线的容量，有扩展和伸展空间的作用。例如，记者采访时的拍摄常采用斜侧构图方式，一是有更大的画面空间将记者与被采访者充分融入画面；二是斜侧角度的透视感较好，能将后方背景纳入画面中，起到美化画面的作用（图4-22）。

（3）侧面角度

侧面角度是被摄对象侧面成垂直角度的拍摄位置。该角度有极强的方向感，易于表现动势和故事的轮廓。在多主体的构图中，侧面角度能较好地表现交流感。在拍摄实践中，侧面拍摄切忌"平分秋色"，可稍稍以斜侧60°代替侧面角度。

（4）反侧角度

反侧角度是环绕被摄对象向后背角度移动的拍摄角度。该角度有反常意识，能将被摄对象的一种特有精神表现出来，具有出其不意的效果。在综艺节目拍摄中，能够带给观众很强的参与感。

（5）背面角度

观众几乎看不到主体的正面，强调一种看不见才重要的态度。背面构图具有引导观众联想和思考的作用，有很强的参与感与神秘感。从背面角度观看画面，给人一种很强的不确定性，似乎接下来就会发生一些转变，可调动观众的想象，起到制造悬念的作用。同时，在强调人物情绪的时候，背面角度有借实写意的效果，含蓄表达人物的内心世界。在综艺节目的户外追捕游戏中常常采用背部拍摄的方式，为的是营造出更多的刺激感，以一种普通人追随明星的视角，增加观看者的现场感（图4-23）。

摄影镜头的感觉和人的视觉是不同的，在视频节目的摄影角度运用中，首先要以全片视觉造型风格的整体出发来选择被摄主体的拍摄角度，在拍摄中要注意角度变化，

图4-22　记者采访多使用斜侧角度

图4-23　《元气满满的哥哥》第一期
明星捉迷藏，藏方伪装成保安采用背面跟拍

及时调整观众的视觉注意力，形成视觉变化规律和节奏。在镜头表现力上，尝试从一个全新的角度重新审视司空见惯的现象，挖掘属于镜头独特的表现力。在拍摄人物的时候，常规叙事中角度拍摄变化范围不宜过大，控制在稍仰或稍俯为最佳。

3. 拍摄高度

拍摄高度分为平摄、仰摄和俯摄三种。

（1）平摄

拍摄点与拍摄对象处于画面的同一水平线。平摄以一种平等、客观、公正的方式表现主体，画面结构相对稳定，画面的透视感也比较正常，不会给观众带来过多遐想，因此它在实际拍摄中常被运用（图 4-24）。

（2）仰摄

拍摄点低于被摄对象。以仰视角度拍摄室外景物时，可以将杂乱的背景"掩埋"在地平线之下，同时主体和前景也会变得更突出、高大，起到净化背景的作用。在拍摄人物时，可以突出主体的威严气势，往往暗含着赞颂和敬仰的情感。

（3）俯摄

拍摄点高于被摄对象。俯摄利于表现平面景物的层次、数量、地理位置及盛大的场面（图 4-25）。在具体拍某一人物时，常常含有一种贬义的态度，故意给观众以俯摄的眼光看待被摄对象。如庭审现场，拍摄犯罪嫌疑人时常以俯摄镜头拍摄。

在节目拍摄现场，对视频节目的基本画面造型离不开景别、拍摄方向、拍摄高度三个基本要素，通常而言，摄像时按照"选景别—选方向—选高度"的顺序进行构图，从固定镜头拍摄入手，由静到动，逐渐熟练和掌握。

图 4-24　《新闻联播》正面平摄角度

图 4-25　央视网纪念抗美援朝 70 周年大会俯摄角度拍现场全景

二、新视频节目固定镜头的画面造型表现

固定镜头是指在拍摄中摄像机的机位、镜头光轴、焦距不动，被摄对象可以静止或运动。固定镜头的核心就是画面所依附的框架不能动，类似于静止的美术和摄影作品，但画面中的人物可以运动，画面内的色彩也会随着光源移动而变化。

1. 固定镜头的画面造型和表意功能

固定镜头的视点是稳定的，给观众仔细观看被摄对象的机会，注重的是详视的视觉体验。在一些访谈类节目中，多会采用固定镜头拍摄，便于观众观察主持人和嘉宾的语气神态，营造一种自然舒适的交流气氛。

在造型功能上，由于画面外部运动完全消失，它很类似于人们在日常生活中停留注视自己所感兴趣之物，因此对构图的艺术性和可观性更为强调。在光线的处理上，任何情况下都要强调良好的曝光和白平衡，在技术要求达到的基础上再决定节目的整体采访风格要求，之后再考虑刻画人物性格的布光，并尽量营造自然光照明效果。

固定镜头对空间和运动的表现往往是通过多个镜头的组接完成的，这就需要创作者在拍摄之前构思好各镜头之间的关系，给观众带来一定的观影节奏。在动作场景中，固定镜头要保证动作的连贯，在拍摄分解动作时，如果把景别变化不大，但是动作却发生变化的两个固定镜头进行组接，画面就会给人跳跃感，显得不够流畅，解决该问题的关键在于景别的选择。例如，全景镜头接近景镜头，近景镜头接特写镜头，就可以解决画面跳跃的问题。同景别相接虽是剪辑之大忌，但却可以用来追求某种特殊效果。如短视频节目中常用同机位、同景别或相似景别相接产生的跳跃感可刺激观众的视觉感观。

在表意功能上，固定镜头拍摄类似于人的静观，既是一种比较深入的观察，又带有比较强的客观色彩。它把观众的注意力引向静态的环境，在节目中担负着介绍环境、转场交待等作用。

2. 固定镜头拍摄应把握住的关键要点

在具体拍摄中，固定镜头的使用要把握"动感、纵深、审美、连贯"四个关键要点。在拍摄静态环境、空镜时，画面中的背景和环境在观众视线中要获得较长停留时间，得到较为充分的关注，镜头拍摄要注意纵深方向上的拍摄，以构建纵深感、立体感；在记录运动物体的变化时，要善于捕捉动感因素，强调运动物体与环境的关系；在拍摄人物时，要注意构图的艺术效果，把握好镜头内在的连贯性。

以电影《西北偏北》一组固定镜头为例，该片段先用了一个大远景的固定镜头描绘客车在荒无人烟的公路上行驶（图4-26）。广阔的荒地上只有一辆缓缓开来的大客车，镜头长时间的固定不变给人一种安静、荒凉的感觉。男主角的大全景固定镜头出现（图4-27），保证了画面空间的整体连贯性。接下来，男主角视线所望之处的主观性固定镜头，通过视线衔接，推动剧情发展。

这个段落全部采用固定镜头拍摄，没有一处运动镜头，这意味着要进行大量镜头的剪辑。导演依靠分段的固定镜头，完整地向观众交代清楚了男主角四周的景象，通过各大景别之间的内在联系，环环相扣地引导观众的思路，因此观众并不会感到剧情不明晰或者画面不连贯。

图 4-26　电影《西北偏北》客车在荒无人烟的
　　　　　公路上行驶的固定镜头

图 4-27　男主角大全景的固定镜头

三、新视频节目运动镜头的画面造型表现

运动镜头一般包括推、拉、摇、移、升、降、甩、跟八种运动，这八种运动也可以进行综合，我们将其称为综合运动镜头。

（1）推拉镜头

"推"是沿光轴靠近被摄对象，它包含焦距不变、机位靠近的移动推和机位不动、焦距变化的变焦推两种。推镜头能表现局部与整体的关系，展现在整体中的细节，起到镜头之间的纽带联系作用。

"拉"是沿光轴靠近被摄对象，同样包含焦距不变、机位拉远的移动拉和机位不动、焦距变化的变焦拉两种。移动时，视角不变，带来更广阔的环境；变焦时，视角变了，视点不变，可缩小背景环境。这样的运动方式多用在制造悬念、对比、陆续展开内容等方面。

推拉镜头是一组相对的镜头，它们的拍摄步骤都是起幅—运动—落幅。"起"是交代，"运动"是对时间变化的体现，带来时间的进程感和过程感。因此，推拉速度本身就能带来情绪。镜头最后"落"在哪里是特别重要的，这是整个镜头强调的重点。推拉镜头带来叙事的进入感和退出感，形成段落呼应，它们都注重起落幅的严谨性，尤其强调落幅。不同之处在于，"推"强调整体中的个体，"拉"强调个体与环境的关系。

（2）摇镜头

镜头的"摇"是从点到点的运动，是一种视觉联系的建构。如在电影《爱乐之城》中，跟随音乐的节奏，镜头频繁地快速摇换，男主弹→女主跳，建构男女主角之间的联系，营造了一段欢快热情的舞蹈场面（图 4-28、图 4-29）。

（3）移镜头

移动摄像是指摄像机沿着水平方向做无轴心运动进行拍摄的一种操作方式，用移动摄像的方法拍摄的视频画面称为移镜头，它是运动镜头中唯一能体现立体感的镜头。

移镜头分为主观移动和客观移动两种。在拍摄过程中，移镜头能表现完整、复杂的现实空间和景物的关系，通过开拓画面空间，表现宏大的场面。它能表现被摄主体

图4-28　电影《爱乐之城》摇镜头之男主弹钢琴　　图4-29　电影《爱乐之城》摇镜头之女主跳舞

的运动，引导观众的视线朝向。在拍摄时，移动镜头要改变背景，产生对镜头内容的环绕，因此要注重使用前景，使其产生穿透感。如纪录片《丝绸之路》在展现敦煌壁画时，使用移镜头可以很好地展现壁画的细节与长度。

（4）升降镜头

升降镜头也是一组相对的镜头，两者能带来画面空间的调整，实现垂直方向上的多构图效果。升镜头由点到面，降镜头则由面到点，带来画面视觉范围的扩展和收缩，能够表现高大物体或者环境中的整体与细节的关系，也常作为转场镜头。

在电影《杀死比尔》中，镜头缓缓升起，画面由具体变为宏大，将女主深陷敌人层层包围圈中的困境清晰地展现给了观众（图4-30）。升镜头在这里起到了一个对比烘托的作用，女主的眼神自始至终都坚定有力，随着升镜头过程中敌人的步步逼近，从侧面表现了女主的自信无畏。

图4-30　电影《杀死比尔》中一组升镜头

（5）甩镜头

甩镜头是对中间运动过程的省略，一起一落之间构建较大的时间和空间的变化。在很多场景中，甩镜头都被用作转场效果。

由于落幅画面是视觉建构的重心，在快速运动的过程中不容易停稳，摄像师可以单独拍摄落幅画面，在后期与甩摇的过程剪接在一起。或者也可以从一个镜头的起幅开始运动，另一个镜头从运动到落幅，在后期编辑时选取中间过程作为剪接点。

甩镜头的起动一定要快，不能拖泥带水，甩摇的过程部分一定要完全虚化，最好选择线条丰富、反差大、密集有层次的景物，以便在甩摇的过程画面中产生运动的明暗线条，突出甩摇的运动感。因此在拍摄时，应注意控制好方向、力度、速度以及落幅的构图。

（6）跟镜头

跟镜头是指摄像机随被摄主体一起运动，表现被摄主体运动状态的一种拍摄方式。它与推镜头、镜头前移不同，被摄主体在画框中呈现相对稳定的状态，摄像机的运动速度与其保持一致，主体在画面中保持不变，背景则处于不断的变化中。

跟镜头能体现被摄主体的运动，交代被摄主体的运动方向、速度、体态以及和环境之间的关系。它具有较强的纪实性，常用于纪实类电视片或视频节目的纪实段落中。由于画面中镜头和主体位置关系基本保持不变，而主体和环境的关系则处于不断变化中，故能形成变化的画面构图，引导观众视线，产生强烈的感情参与效果。

真人秀节目中经常用到跟镜头。在类似撕名牌、追捕等追逐类游戏的桥段中，主体随时运动，要求摄影师要始终能够跟随主体，保证运动的相对稳定性，呈现主体完整的运动状态和交流活动，让观众能够在镜头中捕捉到主体的情绪和特征。同时，由于跟摄能够最大可能地"应付"意想不到的情况出现，故始终跟随的拍摄也能为后期剪辑提供便利。

（7）综合运动镜头

在实际拍摄中，有时候单一的镜头运动并不能满足我们的拍摄需求，这时候就要用到镜头的综合运动。在一个镜头中，将推、拉、摇、移、升、降、跟等多种形式的运动摄像方式有机地结合起来，利用这种方式获得的视频画面叫作综合运动镜头。

在电影《爱乐之城》的开头（图4-31），首先一个降镜头加长横移镜头清楚地交代了事情发生的背景——大桥正在堵车，镜头从一排排的汽车移过，同时点题：这是一个"爱乐"的城市，每一个人都在车内跟着音乐摆动。

接着，镜头向前推动，给到正在车内唱歌的车主，随着黄衣女主角人物下车开始舞蹈，镜头逐步拉开，完整呈现人物的运动舞姿。跟镜头将周围车主受到现场氛围鼓舞一个接一个加入舞蹈队伍中的欢快气氛表现了出来。此后，一个甩镜头将更大范围的空间纳入叙述中，下车跳舞的人越来越多。随后是连续的跟镜头＋移镜头＋摇镜头，营造了一幅"爱乐之城"全民皆跳舞的欢快场面（图4-32）。

镜头的综合运动产生了复杂多变的画面构图效果，有利于表现复杂的场景空间和人物活动。综合运动镜头在记录一段复杂场景中相对完整的情节的同时，也能很好地表现丰富的画面内容、完整的画面时空。

在拍摄时，一般情况下要先考虑摄像机的运动姿态，力求镜头运动的平稳。在人物调度方面，主体形象始终处在画面的景深范围之内，要时刻注意拍摄角度对画面造

图4-31　电影《爱乐之城》运动镜头

图 4-32　电影《爱乐之城》运动镜头

型的影响。同时，镜头运动方式的转换要和人物动作及方向转换一致、与画面的情节重心和情绪发展的转换一致，形成画面外部变化与画面内部变化的完美结合。

第三节　新视频节目的现场拍摄

　　按照视频节目内容和拍摄方式的不同，一般可以分为纪实类摄像和艺术类摄像两种。纪实类摄像多指视频新闻、纪录片、纪实性专题片和纪实真人秀，这类节目在前期拍摄过程中，镜头常具有较多的即兴、抓取的特点，后期二度创作对完成节目至关重要；艺术类摄像多指电视文艺节目、广告、MTV 等，还包括一些演播室节目，这类节目需要预先对镜头进行设计，并按照设计完成镜头拍摄，考验编导前期分镜头脚本撰写的质量。

一、新视频节目的现场拍摄准备

　　在拍摄现场，常规的拍摄流程是准备工作、主镜头、同场景、特写、空镜头。在开拍前，先要做的是勘景和确立拍摄视角。

1. 勘景准备

　　在外景拍摄的准备工作中，导演组需要完成调查研究、勘查场地、拟写拍摄提纲等工作，以确保接下来拍摄活动顺利进行。如在湖南卫视真人秀《爸爸去哪儿》中，导演组精心选择拍摄地点，在拍摄结束后，很多取景地都成为了旅游胜地（图 4-33）。

《爸爸去哪儿第二季》拍摄地点：

1、第一站，重庆市武隆县仙女山镇白果村（武隆天坑）。

2、第二站，浙江省建德市大慈岩镇新叶村。

3、第三站，湖南省怀化市靖州苗族侗族自治县地笋苗寨。

4、第四站，四川省成都市都江堰市虹口乡。

5、第五站，内蒙古自治区呼伦贝尔市呼伦贝尔草原伊利牧场。

6、第六站，甘肃省白银市景泰县中泉乡黄河石林。

7、第七站，台湾省台北市花莲县光复乡富兴社区和花莲糖厂。

8、第八站（海外），新西兰。

图 4-33　《爸爸去哪儿》选景

2. 确立拍摄视角

在勘景定好拍摄场地后，以怎样的镜头视角构建整体节目呢？镜头视角的确立是编导要考虑的主要问题。

在节目中，观众所看到的画面内容是由导演摆放的摄像机位置决定的，包含着导演的创作意图和期望观众得到的视觉体验。因此，在勘景后，导演组需要思考镜头的视角问题，特别是要考虑是否需要采用"上帝"视角或隐蔽视角。

在真人秀节目中常见的交待场景的航拍镜头就是一种上帝视角，也就是说，节目中的场景或剧情进展对观众是一览无余的。如湖南卫视综艺节目《向往的生活》，在对节目拍摄场地进行介绍时，运用了多个大全景镜头。观众在观看节目时可以从任意角度观察嘉宾，了解他们的各类活动，是一种无所不知的"上帝"视角，同时，也给观众带来了超越日常视点的观看体验。镜头视角的设计不仅极力展示出游戏规则下的人性，让观众更为冷静客观地看待节目，同时也让观众在日常生活中可以以一种新的视角来审视生活与反省自我。

隐蔽式视角包括使用物体内部视角和隐蔽式摄像视角两种。物体内部视角是将镜头置于物体内，在叙事中呈现旁观者效果。如在腾讯制作的《拜托了，冰箱》中，每期都会在主持人打开嘉宾冰箱后接一个来自冰箱内部的视角镜头，把观众的视角瞬间带入冰箱，使观众有一种置身现场的感觉。

隐蔽式摄像视角，一般是固定安装的隐藏摄像头，在对被拍摄对象的状态和行动不造成干扰的情况下，现场导演可以进行拍摄角度、景别的调整。采取此种方法拍摄，导演从进入现场开始，就需要全面观察了解拍摄现场的环境、人物关系、光源等因素，布置固定摄像头，展开拍摄和记录（图 4-34）。

在很多真人秀综艺中，如湖南卫视的《花儿与少年》，将摄像机直接设置在床的正前方、侧方、头顶各个角度，将明星的真实活动呈现在观众面前。在《变形计》这一类纪实真人秀中，节目采取纪录片加真人秀模式摄像，由于被拍摄者不是专业演员，因此不适合大型拍摄用的各种器械（图 4-35）。为降低人物对拍摄的不适应，节目组

图 4-34 《变形计》导演室外掌握屋内的
隐蔽式拍摄[①]

图 4-35 《变形计》采访机位与
采访对象保持一定距离

通常采取安装隐蔽式固定摄像头拍摄和对主人公随时跟拍两种方式进行拍摄。在隐蔽式摄像时，多将隐蔽摄像头安装在主人公日常生活、学习的地方，如主人公家中的客厅、卧室以及学校的教室等。几乎每一季都有这样一个情节，农村娃进城，在城里的新家不适应，第一天晚上通常都会辗转反侧难以入眠。那么，安装在卧室里的镜头就可以将这一过程真实地记录下来。

二、演播室节目的拍摄要求

根据视频节目拍摄现场的不同，可以分为演播室摄像和外景类摄像。演播室摄像是指在具有专业化设备的电视演播室或者摄影棚内拍摄；外景摄像是指在生活实景中进行拍摄。相比于外景而言，演播室摄像可控性强，因此，在镜头的画面造型、布光、调度等方面都可以提前在脚本上进行设计和落实。

1. 对视频画面造型的形式要求

演播室拍摄场景是固定的，镜头提前预设，因此在对画面的艺术感造型方面有更多的要求。最终呈现于屏幕前的视觉形象取决于视频画面的形式元素构成，具体元素包括影调、色调、线条、角度等。

（1）影调

影调是在摄影画面中一系列不同等级的黑、白、灰的表现。影调分为高调、低调、中间调，也可以分为硬调和软调。高调又称亮调，是指画面的比例明多暗少、以明为主，给人以明快、纯洁的感觉；低调又称暗调，画面暗多明少，以暗为主，给人以肃穆、凝重的感觉；中间调的画面明暗均衡，最亮和最暗反差不明显，中间有很多逐渐变亮和变暗的过渡层次，犹如一个个台阶。

（2）色调

色调是指画面中形成的色彩的整体基调。色调的作用在于对主题表达进行潜移默化的影响，形成构图中的形式美感。

（3）线条

线条是画面组织形式构成的重要元素。线条构图的形式可以包括辐射形构图、一字形构图、直角构图、三角形构图、斜线构图、垂直构图、框式构图、对角线构图等。

（4）角度

拍摄角度不仅会影响画面的视觉形式，能够创造独特的构图方式，还会影响到观众的观看视角和观看心理的变化。比如，一些特殊角度的画面能够在观众心中产生一种心理暗示，帮助观众体会角色的情绪感受，传达画面之外的思想感情。

2. 恰当的场景调度

场景调度意为"摆在适当的位置"或"放在场景中"。起初这个词用在舞台剧方面，

---

① 刘科. 浅谈变形计的摄像表现手法 [J]. 中国电视（纪录），2012（7）：24–25.

指编导对拍摄对象在场景内的位置变化所作的处理，现在是指导演为了表现节目的思想内容、故事情节、人物性格、环境气氛以及叙事节奏等，通过自己的艺术构思，运用场景调度方法，传达给观众的一种独特的语言。在电影拍摄中，我们常常用到场景调度这个词，在室内视频节目的拍摄中，同样也需要注意调度。

视频节目的场景调度，不仅是指单个镜头内的拍摄主体与摄像机的调度，也包括数个镜头组接后构成的一个承上启下的完整场景的调度。调度的效果大多取决于角度和景别的变化。

场景调度一般包括演员调度和镜头调度。演员调度就是演员的综合走位。镜头调度则是导演运用摄像机的移动或角度、焦距的变化，如推、拉、摇、移、升、降等各种运动方式，以及俯、仰、平、斜等不同方位和角度与长短焦距的改变，以获得不同景别和造型的画面，从而展示人物运动、环境气氛，以及人与人之间的交流、人与环境之间的关系变化。当然，导演还可以将镜头调度与演员调度结合起来使用，构成全方位的场面调度。如在综艺《演员请就位》中的《阮玲玉》这场戏，在现场拍摄有局限的情况下，导演就通过机位设计、道具、演员调度进行整体的场面调度（图 4-36）。

图 4-36　《演员请就位》中的场面调度

在多人场景中，还需要注意轴线问题。一般采用的方法是把多个人看成两个人，找到矛盾的双方，或找出主要人物确定轴线，拉成一条线看，主要人物不是在最左就是在最右。两条轴线混交时，关键要找到公共轴线，通过越轴实现轴线的跨越。

轴线的跨越方法既可以通过人物调度、机器运动的方式，也可以通过特写、空镜头、骑在轴线上过轴等方式。一般而言，谈话类节目需要讲究轴线，纪录真人秀则可以不必过于在意。在拍摄"纪实性"动作时，为保证时空段落的完整，常使用长镜头调度方式。

3. 重视布光

演播室是新闻节目录制的主场所，新闻播音员、主持人的形象魅力是影响新闻传播效果的要素之一，主持人精气神的展现离不开良好光线的衬托。

如在 2019 年备受关注的中美双方主播辩论中，主持人刘欣的表现受到国人力赞。但若抛去对话的内容，就会发现双方演播室的布光是存在一定差别的。相比较而言，福克斯演播室布光更有层次感，顶光的布置使得人物脸型更为精致。刘欣的灯光布置相对而言较为平面，缺少顶光，下巴处无阴影，导致五官不够立体，整个人显得有些憔悴，背景层次的欠缺导致人物整体造型不够立体（图 4-37）。

图 4-37　刘欣对话福克斯商业频道主播翠西谈中美贸易

在演播室布光中，还要注意避免主持人面部产生双影，这时可以适当利用辅助光消除由主光照射形成的粗糙生硬的阴影；播音台应适当与背景拉开距离，留下足够的布光空间，一般不少于两米。

检验布光有一个便捷的方法，就是半闭眼观察。如果图像中照得亮的地方突出了，光线弱的地方显暗了，看起来画面是你想强调的，那这个布光就是合适的。

三、纪实跟拍的摄像技巧

当下很多综艺真人秀倾向于采取无剧本拍摄的形式，在这种拍摄模式中，除了机位的设置，跟拍是非常重要的一环。在综艺摄制中，有一个工种叫作跟拍摄像，英文称为 Visual Jockey，韩国真人秀制作中简称这一工种为 VJ。

在录制中，普通开场、结尾和一般游戏中 ENG 的机位架设和演播厅录制相似，而在实际游戏中，所有事件都是自然发生、发展的，没有剧本的安排使一些不确定因素增多，这些都对跟拍摄像师的拍摄意识提出了较高要求。

1. 跟拍摄像的镜头设计

跟拍摄像在节目中全程负责对某一特定人物的拍摄，捕捉该人物在节目中的行为举止与表情细节等内容。根据跟拍机位的不同，在综艺中又分为跟人 VJ、关系位 VJ、特殊设备补充 VJ。

其中，跟人 VJ（主跟人）负责在随时变化的复杂环境中以最快的速度做到传统单机拍摄时所交代的全部内容，包括时间、地点、人物、事件；关系位 VJ 负责拍摄内容，同时做好与跟人 VJ 的配合，以第三视角的方式拍摄。如在韩国综艺节目 *Running Man* 中，我们将"金钟国撕崔雪莉名牌"的段落进行机位镜头拆解，男女嘉宾有对应跟拍机位（图 4-38）。通过镜头分析可见，在实际操作中，跟人 VJ 和关系位 VJ 两个工种的拍摄并非固定不变，而是彼此要做好交叉和互补。

另外，还有特殊设备补充 VJ，负责补充拍摄跟拍摄像拍不到的特写镜头、慢镜头，使节目画面更丰富多样。如国内综艺《跑男》[1] 录制中比较常用的 ENG 特殊设备有长焦镜头、FS7（慢动作拍摄）、稳定器等。特写镜头本身就是为了加强情感、突出重点，在特写镜头拍摄上，多使用长焦镜头来拍摄其他机位无法拍到的特写。在节目录制中，往往很多关键的特写都是转瞬即逝的，所以要求负责长焦拍摄的摄像师始终处于精力高度集中的状态。在慢镜头的处理上，真人秀节目中的慢动作镜头多用于强调关键的

---

[1]　应志翔. 户外真人秀节目的摄像特点 [J]. 西部广播电视，2019（5）.

图4-38 *Running Man* VJ机位图

动作、表情等。比如，在拍摄游戏过程中抓住拍摄主体的表情、动作，使其能以更夸张的形式呈现出来，同时为节目的剪辑提供帮助。

跟拍镜头的设计对整体节目的呈现至关重要。对于这一类型节目的跟拍处理，首先，要熟悉被拍摄者运动的路线和曲线来预判动作，可以尝试通过依靠摇臂和全景、远景镜头来拍摄舞蹈与滑行动作，或者采用无人机，或者运动摄影，以获取更富有冲击力和动感的画面。同时，剪去生硬的转换动作，用近景和特写凸显人物百折不挠的性格。其次，在剪辑的过程中，对于优美的动作要增加一些特写和近景的柔美镜头。慢动作拍摄适合表现特殊的美感和强烈的情感，因此，可以在必要时采用慢动作处理以放大某一状态细节的优美，或者回放时以近景和特写以及精彩动作的快切为主，避免单调重复。

2. 对跟拍摄像的要求

综艺节目的跟拍摄像首先要注意听，听本期节目内容和任务是什么，听被摄主体在讲什么，听对讲机里导演和其他摄像在讲什么。比如，你所跟拍的艺人在谈论身上某个部位或者手里拿的道具时，就必须马上给到该物件细节，而不是简单地给一个近景。如在《跑男》撕名牌等定点做游戏的时候，往往跟拍摄像的站位和被拍摄的艺人的相对位置不是最佳的拍摄位置，此时你需要用对讲机呼叫场地另一侧的跟拍摄像，进行交换艺人拍摄，以获得最佳的拍摄角度。

跟拍摄像的"听"是对现场的反应，而"看"则是对拍摄内容作出预判。跟拍摄像内容要看被摄主体在干什么、准备什么，从而迅速决断，进行镜头的预判。除了看被摄主体，还要看与被摄主体相关的人物，观察他们的关系，从而用影像建立人物关系、人物与周围事物的互动关系。此外，注意拍摄位置彼此不能穿帮，同时还要注意自身的安全。

由于非剧情类节目的内容往往具有很大的随意性和偶然性，跟拍要竭尽可能地从各个方位和各种景别中拍摄画面，以便后期有足够的素材进行剪辑。一是捕捉相关人物的即刻反应，给足特写；二是依靠后期添加字幕，构思故事性，进行合理剪辑。当发生或者出现一些出人意料的内容时，尤其考验跟拍摄像师的临场反应力。

与综艺的跟拍稍有不同的是，以《变形计》为代表的这一类纪录真人秀跟拍主要关注拍摄主体本身，在一些突发事件的拍摄中，摄像人员跟拍时摇摇晃晃的镜头，相比平稳镜头有条不紊地叙述故事更具有真实感。

四、情绪和细节镜头的处理方法

从节目制作的角度来说，无论采取什么形式，脱离了人性化的表达，人格没有突出，就可以说是失败的节目。对于镜头拍摄而言，其要求无外乎两点：第一，要拍完整核心内容，就是我们说的镜头的到位感；第二，要善于捕捉细节、表达情绪，这样的镜头才能产生共情。

无论是演播室节目中提前的机位和镜头设计，还是纪实节目中的预判和现场捕捉，这些是完成基本叙事中的镜头到位感，而接下来要做的，就是完成主要镜头之外的情绪和细节镜头的捕捉与表达。需要补充一点的是，除非特殊原因，一般所有镜头都应该用三脚架拍摄。

1. 适当的距离，客观地记录

一般来说，情绪的捕捉尽量做到相对客观地记录和表达，而摄像要做的是用镜头捕捉和记录，而不是人为干预。

在某真人秀的拍摄中，就出现过摄像失误。当时嘉宾开车驶出高速路突然发现没有现金缴费，又无法用手机支付。于是，聪明的嘉宾直接开口向同车的跟拍摄像借钱，而摄像则老老实实掏钱，帮助嘉宾解决问题。但是就是这样一个举动，导致节目内容和戏剧张力极大地受损。

因此，在真人秀拍摄过程中，尽可能不去打扰和影响被拍摄对象是一个基本要求。被拍摄对象能忽略身边的摄像和摄像机，才能保证其最为自然的情绪流露和释放。

2. 特写镜头，放大细节

细节包括情感细节和动作细节，往往是通过特写镜头表现的。特写镜头强调的是神情和动作的刻画，是对细微之处的突显与聚焦，两者是相通的。

当镜头的主体是人时，通常意味着对他们脸部的特写镜头。这样的镜头可以放大被摄对象的面部表情，将观众的注意力集中在一个人的感受或反应上，进而向观众传达更深刻的情感信息。在拍摄情感互动点的时候，一定要拍摄一些有反应的镜头。

在拍动作的时候，要善于捕捉动作细节。动作的特写能吸引观众的注意力，让他们注意到你想强调的细节，通过看到更多细节来引领观众参与被拍摄对象的情感或节目叙事。在具体拍摄执行时，往往要在一连串动作拍摄结束后，再进行单一动作的拍摄。通过拍摄情感、物件、动作细节，达到强调细节、烘托气氛、刻画人物等目的。

3. 合适的空镜头，加深情绪表达

拟定拍摄提纲时，一般要列出我们需要哪一类的空镜头，大概要多少个，尽量找与事件接近的空镜头。比如，人物走路、开车，周边的风景、街景、群众等都是常用的空镜头。我们到每一个现场拍片时，至少拍一个外景的全景，而在采访结束后，也要记得拍一些被采访对象的日常生活镜头。

在完成基本空镜头的拍摄之后，摄像要进一步思考用哪些合适的空镜头表达被拍摄者情绪或者升华主题。比如《我家那小子》第一集中，嘉宾朱雨辰在朋友聚会结束后，感到极度的寂寞和失落并失声痛哭。拍摄时，北京正下着初春的雪，摄像师拍下了这个场景。萧瑟的院落、昏暗的路灯、寂寥的雪花、一扇独亮的窗口，前三个空镜头很好地展现了主人公悲伤的情绪，而最后一个写意的窗口则是给人内心的温暖，很好地升华了画面的主题。

附1　南京铁检形象片拍摄制作脚本

镜号	场景画面	镜头运用	配音、同期声、字幕	参考分镜	备注
1	南京航拍+字幕/文件空镜头+字幕	固定、特	【字幕】创新是引领发展的第一动力，保护知识产权就是保护创新		
2	南京人文，科技发展等镜头；各行各业的人物群像		【配音】×××（专利数字），始于你的开场		
2	方案1：俯拍分屏（左边程序员夜晚敲代码、右边检察官夜晚翻阅案卷）方案2：棚拍光影+检察官口述		【配音】熬过万分孤独，那是你的开场		
3	在四季里转身（四季意向快剪）抚摸稻穗，检察官背影；农民背影，检察官背影		【配音】在四季里转身，那是你的开场		

续表

镜号	场景画面	镜头运用	配音、同期声、字幕	参考分镜	备注
4	南京颐和路航拍 VJ 素材		【配音】春和景明，那是你的开场		
5	混剪（科技创新、发芽）		【配音】任你开场，创意绽放，播种希望，无限想象，我都在场		
6	检察官多人形象镜头 1. 大楼正面一群人走下楼梯 2. 航拍、俯拍、带检徽 3. 脚步		只因在场，始终守护那些勇敢的开场		
	办案团队在会议室研讨/座谈会（突出同期声，提前设计）案卷特写，踩点寻找展现四大检察的元素（比如门牌）	这儿部分分总体风格：前一句话、手持、特写，同期声、氛围；后一句话、镜头，轨道，镜头上字幕。	一体办案，四大检察同发力；以我们的团队，在场		
	一组手持镜头开场（开柜门取案卷资料）				

续表

镜号	场景画面	镜头运用	配音、同期声、字幕	参考分镜	备注
7	夜晚办案团队在办公室小型研讨				
	知识产权保护中心大楼航拍，检察官走进大楼		服务大局，打造司法保护新高地，以我们的履职，在场		
	1位检察官和1位大学教授在校园里边走边讨论				
	在企业开展普法宣传				
	知识产权创新型企业走访调查				
	办案人员在办公室熟悉公检法对接图，合上电脑起身		构建联盟，服务南京创新名城发展；以我们的协同，在场		

续表

镜号	场景画面	镜头运用	配音、同期声、字幕	参考分镜	备注
	走进公安侦查办案中心，和警察讨论（突出公安元素，展现的是在公安局和警察联动）				
	两位检察官和警察一起外出调查取证				
	法庭开庭				
	1. 内部培训 2. 小型辩论赛 3. 检察官在档案室查看案卷		聚焦"求极致"，检察保护全覆盖；以我们的专业，在场		
			捍卫你我的权益，就是捍卫时代的尊严，若你回头望，我们都在场		

续表

镜号	场景画面	镜头运用	配音、同期声、字幕	参考分镜	备注
			【落版字幕】你开场，我在场。（备选：你勇敢开场，我永远在场；世界，等你开场，有我在场）南京铁路运输检察院		
	姿势参考				

附2 腾讯室外游戏真人秀《王者出击》第二期 古北水镇拍摄脚本

拍摄日期：2017.10.30–31

拍摄场所：开场长城剧院——主战场（望京街，汤河沿街，洗尘桥所处街道）

时 间	场 所	内 容	备 注
		10月30日	
14：00	公路上	– 两队艺人分别乘车接收到本期信息 – 车上自由交谈 – 车外空镜拍摄 – 车内加速、换挡等特写镜头拍摄	
15：00–18：00	长城剧院	/ 开场： 10位艺人下车开始VJ跟拍 通过折扇选择英雄 若选择重复艺人通过小游戏PK	
18：00	移动	– 播出不呈现	
18：00–24：00	古北之光晴晖厅	/ 绿幕变装、穿越通道拍摄	
		10月31日	
7：30–8：00	龙凤池、上关桥（三岔路口）	/ 进入战场 – 两队英雄分别在己方水晶前发现地图 – 艺人自由交谈，讨论战术	
8：00–10：30	主战场（望京街、汤河沿街、洗尘桥所处街道）	/ 红蓝小兵开场内游走 – 在场地内弹对方，英雄小兵得京豆卡 / 打野 – 通过4个户外游戏获得京豆和增益（体现综艺点） / 双方英雄互相攻击 / 复活点，等待复活和自由交谈 / 布置己方防御塔 / 京东便利店开启，购买装备 / 全场广播：防御塔还有5分钟进入可攻击状态	此安排时间为预想情况，具体内容根据现场实际状况为准
10：30	中场休息	艺人离场，进行调整和吃午饭	
17：00–18：00	主战场（望京街、汤河沿街、洗尘桥所处街道）	接上半场： / 全场广播：防御塔还有5分钟进入可攻击状态 – 艺人进入地图场地 – 对己方防御塔进行最后调整 – 京东便利店购买道具	此安排时间为预想情况，具体内容根据现场实际状况为准
18：00		/ 全场广播：防御塔还有1分钟进入可攻击状态	
18：00–20：00	主战场（望京街、汤河沿街、洗尘桥所处街道）	/ 开始对防御塔的攻守 三路防御塔： 奇炫古镜阵，通过铜镜反射火光到塔的命门或躲过攻击长按五秒命门 排山倒海阵，与勇士对抗，将其推出圈外 空空如也阵，设置乱石等遮挡物 / 全场广播：红蓝Buff已出现 – 英雄前往红蓝Buff区域进行挑战	此安排时间为预想情况，具体内容以现场实际状况为准

续表

时间	场　所	内　容	备　注
20：00－22：00	主战场（望京街、汤河沿街、洗尘桥所处街道）、碉楼	/ 复活点：艺人等待复活和自由交谈 / 寻找破塔道具（登高楼） / 京东便利店购买增益道具 / 双方防御塔都被攻破 / 水晶处于可被攻击状态	此安排时间为预想情况，具体内容根据现场实际状况为准
22：00		/ 全场广播：大龙已觉醒	
22：00－23：30		/ 英雄尝试寻找线索道具破水晶 线索：旋钮冰块 信纸信封 / 两队艺人在大龙处进行游戏 多米诺骨牌游戏	此安排时间为预想情况，具体内容根据现场实际状况为准
23：30－24：00		/ 攻打水晶失败 / 复活点，艺人等待复活和自由交谈 / 一方水晶被击破，结束	
24：00		/ 结束 － 胜方队伍在碉楼上拿到锦盒天书	
24：00	路上	/ 复盘 － 艺人在回去的路上对游戏进行复盘讨论	

扫码观看
本章视频

CHAPTER 5
第五章

新视频节目编辑

新视频节目编辑活动是根据视频节目的要求展开对镜头的选择，寻找最佳剪接点进行镜头之间的组合、排列的过程。它是视频节目创作的重要环节，是一项具有高度创造性的创作活动。从制作流程上，节目编辑属于拍摄完成之后的后期创作工作。

作为一名编辑人员，主要的编辑工作看似停留在节目拍摄完成之后，实际上，编辑思维是贯穿节目创作始终的。在节目制作中的编辑思维囊括节目创作的前后，包括前期策划中的编辑意识、现场拍摄中的影像化过程，以及拍摄完成后的后期编辑再创作等。

第一节　蒙太奇与视频节目编辑

苏联电影导演和电影艺术理论家爱森斯坦曾说："两个蒙太奇镜头的对列，不是二数之和，而是二数之积。"剪辑不仅是技巧的展现，更是艺术的另外一种表达形式。随着时代的变化，无论是在技巧展现还是艺术呈现上，观众对于剪辑的需求一直都在发生改变。因此，剪辑被重新定义，剪辑的方法不断被创新，可以说剪辑改革的步伐从未停止过。

一、影像表现中的蒙太奇思维

蒙太奇（Montage）原是法国建筑学上的名词，本意为"安装、组合、构成"，即根据一个总的设计蓝图，将个别建筑材料加以处理，安装在一起从而构成一个整体，使它们发挥比原来个别存在时更大的作用。而电影界借用这个建筑学名词，最初就是指镜头组合和构成的含义。

蒙太奇的含义不仅局限于镜头之间的排列、组接效果，它也是整个视频节目场面、段落的结构方法。视频创作的蒙太奇思维始终存在于编导的创作观念之中，贯穿于从构思、选材、拍摄到编辑合成的全过程。

随着影视艺术的发展，蒙太奇已经发展成为一个完整的概念，它的内涵包括以下三个层次。

（1）作为影像反映现实的艺术手法，即独特的形象思维方法。这种思维方法指导着编导的创作理念，涵盖创作全程。

（2）作为影像的基本结构手段和叙述方法，包括分镜头和镜头、场面、段落的安排与组合的全部艺术技巧。

（3）作为电影剪辑和电视编辑的具体技巧和章法，进行镜头间的基本组接，这是蒙太奇的基础意义，即狭义理解。

二、蒙太奇的类型

"编辑意味着选择那些能够最有效地澄清和强化事件的部分，然后运用它们来建立屏幕事件。"[①] 根据视频节目内容的叙述方式和表现形式，蒙太奇可分为两大类：叙事蒙太奇和表现蒙太奇。二者又可以细分为各种类别的蒙太奇形式。这些形式各具特点，结构方法和表现效果也迥然相异。

1. 叙事蒙太奇

叙事蒙太奇是最简单、最直接的表现形式。它以交代情节、展示事件为主要目的，按照事件发展的时间流程、逻辑顺序、因果关系来分切和组合镜头、场面及段落，表现连贯的剧情，重在动作、形态和造型的连贯性。叙事蒙太奇包括以下几种具体形式。

（1）连续式蒙太奇

现实中的事件主要是以先后顺序和因果关系来发展，按此方式叙述是最基本和普遍的思维方式，也是绝大多数视频节目的基本结构方式。

（2）平行式蒙太奇

当两个或两个以上的事件，或者事件的两个或两个以上的不同方面平行发展时，需要分开进行叙述，这时常用平行蒙太奇的方式。平行式蒙太奇注重情节的单一、主题的统一，重视事件的内在联系和平行发展。

（3）交叉式蒙太奇

它是平行式蒙太奇的发展，由著名导演格里菲斯首创。交叉式蒙太奇是把同一时间、不同空间发生的两种动作或情节交叉剪好，构成紧张的气氛和强烈的节奏，造成惊险的戏剧效果。

（4）颠倒式蒙太奇

这是一种打乱时间顺序的结构方式，先展现故事或事件的现在状态，然后再回去介绍故事的始末，表现为时间概念上过去与现在的重新组合。

---

① ［美］泽特尔.图像·声音·运动：实用媒体美学[M].赵淼淼，译.北京：中国传媒大学出版社，2003.

2. 表现蒙太奇

（1）对比式蒙太奇

把性质、内容或形式上相反的镜头并列组接，"对立"会使某一特殊的性质分离出来，使之得到突出、加强。

（2）积累式蒙太奇

把若干内容相关或有内在相似性联系的镜头并列组接，造成某种效果的积累，可以达到渲染气氛、强调情绪、表达情感、突出含义的目的。

（3）比喻式蒙太奇

通过镜头画面的对列，用某种形象或动作比喻一个抽象的概念，或借助另一现象所固有的特征来解释某种现象或象征某一意义，从而含蓄、形象地表达某种寓意或感情色彩。

（4）重复式蒙太奇

把代表一定寓意的镜头、场面或类似的内容在关键的时候反复出现，构成强调，形成对比，表达事物内在和本质的发展。

三、视频节目编辑中的蒙太奇

1. 独立视频画面的表意特性

独立视频画面是一种单义性的再现。由于摄像机的镜头本身只有客观记录的功能，使得视频画面只能是一种自然的现实主义的再现。它摄录的是现实在时间与空间中各种具体的、单独的、外在的面貌。作为一种直观的形象，视频画面只有一个明确的、有限的含义，不像语言文字那样有广义性。

摄像机记录的客观物像，在一种特定的社会群体意识的作用下，会延伸出比其自身意义更丰富的引申义。也正是由于有了这种画面意义的自然引申，在视频中可以用具体的物像进行一种特殊的形象思维，即蒙太奇思维，它为影像语言的联想、象征等意义的形成作了铺垫。

由于镜头忠实再现的事件只是一种物质性的展现，本身并不能向观众指明其深刻的意义，这就使得任何一个具体画面，在其含义方面有了多种解释的可能性。因此，通过影像语言的思维，把它与相关的画面组接在一起形成一个影像特有的语境时，这个具体画面的真正意义和内涵才会产生。

2. 视频节目画面中的蒙太奇表意特性

镜头是画面语言的基本元素，本身并没有完整的意义，只有通过对它们进行处理、组合才能使其浮现出意义。单个镜头类似于文字语言中的一个词，不能独立表达意义，难以完整地记录、叙述动作和事件，只有通过若干镜头组接而成的镜头段落才能生产意义。

学者赫伯特·泽特尔把蒙太奇与复杂性编辑联系起来，认为"复杂性编辑用于强化事件，揭示其复杂性并生成感受"[①]。对系列镜头而言，一组镜头间不同顺序的镜头组接会产生不同的意义。同样，镜头段落前后安排的顺序不同所产生意义也可以完全不同。前者是局部性的改变，后者带来的改变则可以是整体思想意义上的。也就是说，镜头组接排列的顺序对镜头语言的意义表达会产生重要影响。

在蒙太奇的语言中，把单个镜头组接在一起不再是两个镜头的简单相加，而是构成了一个有意义的整体，也就是所谓的"1+1 > 2"。因为在这里，镜头与镜头之间已形成了某种关系，产生了新的含义。

而在镜头语言的表意方面，蒙太奇可以自由地处理时空，创造出影视语言独特的时空结构。通过镜头的组接，不仅能够分解和重新组合空间，延长或压缩时间进程，而且能为了某种特殊的表意需要自由地结构时空。因此，视频节目编辑要依据创作者的意图，把拍摄下来的一个个镜头按照一定的逻辑关系组合排列，充分运用这些特性来组织结构镜头，从而使其成为一个完整的、有意义的艺术整体，以完成最终的节目叙事和表意目的。

第二节　画面编辑——一项贯穿节目创作始终的活动

新视频节目编辑意识是贯穿整个节目创作始终的，经历前期策划、现场拍摄，在后期编辑环节，我们一般会经过以下几个步骤：素材挑选—镜头分解—镜头组合—影像造句—完成叙事。

剪辑过程是一个几乎完全重新再创作的过程，最好的剪辑状态是在所有素材成竹在胸的基础上，基本不需要再去看剧本和预先设计。

一、素材的挑选

专题类节目立意先行，一般先听同期声。综艺海量素材，到底该如何挑选、合理取用呢？综艺真人秀类节目一般是不可预定的，也就是具体叙事未定，要先通过素材选择构建叙事线。

1. 明确表达意愿，精准提炼素材

素材的取用服务于节目想要表达的精神内核，并非素材发生什么就剪什么。观众想要看到的是经过提炼的内容，所以剪辑师必须明白想要表达的东西，才能从海量素材中找到线索。

比如在《亲爱的客栈》中，剪辑师在剪辑过程中发现阚清子莫名地生气了，而在备采素材中她有说明生气的原因。因此，剪辑师相应地去找了第一现场的素材。在查看大量素材后，她发现阚清子生气确实是有理由、有时间堆积的，而不是很突兀的。

---

① ［美］泽特尔. 图像·声音·运动：实用媒体美学 [M]. 赵淼淼，译. 北京：中国传媒大学出版社，2003.

在这种情况下，如果只呈现吵架的场面而不讲述矛盾积压的过程，就容易造成"恶意剪辑"。为此，在开篇的时候，节目就介绍了阚清子与纪凌尘两人之前的矛盾是怎样形成的，以及一些隐性的、情绪上堆积的内容。

剪辑师必须明白哪些内容是跟节目气质相匹配的，特别是真人秀节目，录制量比较大，嘉宾的行动大多是随机的，在海量素材中找镜头，更要清楚节目立意中的重点。比如《爸爸去哪儿》的重点在于孩子的反应和互动，所以需要把大人的戏尽量弱化掉。

2. 详细挑选素材，避免信息点重复

无论是哪种综艺节目类型，在选择素材时一定要注意信息点不能重复。以经典电视剧《情深深雨濛濛》为例。剧中何书桓每次呼唤依萍之前，都会先放一段内心独白"我要深情呼唤她的名字"，然后才是一句深情的"依萍"，其实这就是信息点的重复。同样的问题也出现在综艺节目中，现场素材与备选素材经常说明了同一件事或表达了同一种想法与情绪，这时就需要剪辑师斟酌取舍。

3. 注重真实性，避免"孤儿剪辑"

现场素材和备选素材两者间又该怎样取舍呢？相较而言，第一现场的素材给人感觉更真实、更能突出当事人的情绪，而第二现场的素材会在一定程度上给人比较刻意的感觉。如果现场素材中和备采素材中嘉宾都说过同样的话，通常剪辑时要尽量用现场的素材。除非嘉宾动了真情，有很好的肢体语言、情感流露或夸张的表情才会采用备采素材。

除了要注意真实性，避免"孤儿剪辑"也十分重要。"孤儿剪辑"是指剪辑师通过对素材的挑选，以制造悬念、吸引观众、打造爆点、壮大声势为目的，对片段进行拼凑组合，改变真实发生的情节，集中表现为"失真"的过度剪辑，极大地破坏了节目内容的真实性和节目效果。

如在 Hip-hop 音乐选秀节目《中国有嘻哈》中，由于参赛选手太多，节目剪辑的节奏就是备受关注的人气选手有很多镜头，没有话题度的选手则是压缩合集，导致中间几期突兀地冒出许多晋级选手，令观众茫然。节目几乎每期都毫无新意地拿实力派人气选手欧阳靖来做结尾悬念，此类故意制造悬念的剪辑手法打断了观众注意力，破坏了观赏流畅性，引发观众的不满和吐槽。

很多综艺节目的看点都来自于人物之间的关系，但是多数剪辑都是直接给结果，这样就会让观众看得不明所以。要避免此种情况出现，剪辑至少有三个步骤：铺垫、结果和反应。如果没有事前铺垫，直接给结果，就容易出现失真问题。在《演员的诞生》节目中，演员袁莉被剪辑成随意打断导师发言、言语冲动的形象，没有言语和行为的铺垫，这样的恶意剪辑使得袁莉的形象被夸大变形，槽点满满。

二、叙事的打磨

无论节目有无剧本，对其叙事的打磨都要经历从粗到精的剪辑过程。任何大型节

目的基本剪辑过程都是相通的，观看素材，进行粗剪、二剪、三剪等，直至最后的精剪合成。粗剪阶段通常是把各种机位拍摄的素材，按拍摄时间的顺序整理出来，二剪、三剪重新梳理故事的叙事结构，利用特效包装、强化戏剧性效果。在最后的总合成时，再次审视全片的故事结构，调整合适的背景音乐和花字，让背景音乐和特效为节目内容服务。

1. 粗剪：完成基本镜头的衔接

粗剪是把大多数能用的素材保留，供导演选择，只需要完成基本的剧本或者叙事概况，常用于节目叙事中的逻辑叙事段落。这一步剪辑通常采取线性结构，由剪辑师和场记完成，对镜头的要求是镜头间的组接须符合生活逻辑。

粗剪的一个任务是去掉废镜头，修剪单个镜头和局部段落。在镜头的处理上，保留拍得好的镜头，去掉不好的镜头。需要注意的是，一些看似出彩，但与整个节目风格相悖或与叙事主线冲突的镜头同样需要剪掉。

粗剪阶段主要是根据故事线还原录制现场情况，然后所有主创成员根据粗剪出来的成果和逻辑调整故事结构，制订出一套合理的精剪方案。

2. 初期精剪：从确立剪辑线索到理顺故事线

剪辑线索确立的关键是找到"5W+H"，即 Who、When、Where、What、Why+How（谁、什么时间、在哪里、做了什么、为什么、怎么去做）。最需要注意的是，一定要清楚他为什么要做这个事情，讲清楚了"为什么"，怎么去做这件事自然就会清楚了。

许多节目特别是真人秀节目素材多、线索也多，后期就需要重新梳理故事和情节线。只有故事线清晰，观众才能明白编导在讲一个什么故事。很多节目已经是多条线同时拍摄，拍摄越来越复杂，流程越来越多，对节目剪辑来说，选择的视角很重要。视角决定我们会放弃什么、保留什么，要学会舍得放弃。

节目里要讲的故事线，就是节目里的人物要去完成某件事。解决情节是 Why，细节则是 How。情节强调逻辑性，由节目导演总体把控，而细节更强调过程、状态等。细节更能反映人物的性格，这部分就需要剪辑师细之又细。

顺着故事线，这个阶段的剪辑能够完善全片逻辑，确保事件因果清晰明了，并利用剪辑技巧强化悬念和冲突，营造戏剧化的效果。同时，能强化或制造故事高潮，时刻为高潮的来临制造伏笔。

3. 终期精修：从细节景别到整体结构的打磨

此阶段要做的是在初期精剪的基础上，按照故事线对样片进行取舍，确保主题突出和结构完整，强化整期节目和单个环节的叙事性，让情节过渡和节奏发展自然流畅。

终期精修阶段要保证时长的精准，那么，在节目时长超过规定时长的情况下，是否应该直接剪掉一部分故事内容呢？一般情况下，不建议直接剪掉一部分故事内容，最好是一遍一遍去除废镜头，剪掉对故事推进没有帮助的镜头，有时甚至只能二三秒积少成多地进行。比如在《奔跑吧兄弟》第一季第一期撕名牌的环节里,节目编导表示,素材中原本有很多 Angelababy(杨颖)的镜头,但是她基本上都是一个人,没有和他人的互动。节目本身要树立的是人物群像而非杨颖个体,群像的确立则需要呈现兄弟团成员之间的相处过程。因此,杨颖的出现推动不了故事的发展,故精剪后留下的镜头比较少。

在满足长度的情况下再精修,最后呈现的镜头语言一定是流畅且简洁的,这就是剪辑工艺。节目的内容逻辑和剪辑工艺都满足了,才能称得上是一个好节目。

精剪时还需要对营造的戏剧性场景进行评估,把太弱的加强,把太强的适当减弱,避免过度煽情,确保在整个叙事进行中情绪起承转合衔接舒适、进度合理。

最后还要适当调整镜头的景别,用景别的强化来展现所讲故事的细节,让观众浸入式体会。很多节目在大逻辑上都是合理的,但是节目出来还是效果不好,主要就是细节处理问题,可能调整一下景别就解决了。同时,还要调整样片的色调、字幕、动画等其他叙事元素。如《极限挑战》第三季第十期《长大成人》回到 20 世纪 80 年代,全片校色偏黄,让片子质感有复古的氛围,同时,利用特效擦除围观的人群,让观众不会产生出戏的感觉。总体来说,导演决定的是内容逻辑,剪辑师解决的是细节逻辑。

不同的节目类型,剪辑大致都要经过从粗到细的阶段,但是侧重点也有所不同。如户外真人秀《极限挑战》《奔跑吧兄弟》的剪辑是没有具体的脚本和分镜而言的,有的只是大体的节目流程和大致发生的内容。因此,这些真人秀节目提倡后期前置。就是说,后期编辑在拍摄时就加入节目中,实时记录,以利于之后的剪辑。后期导演对故事叙事、内容选取、整体节奏也要做好把控,每集之间相互关联,人物形象也会慢慢树立起来。

在真人秀活动中也常常会有一些突发状况,使得实际录制结果与最初设计脚本出现明显出入。这就要求先行的故事线必须具备一定的开放性发展,在素材整理完毕后,后期编剧要和责任导演一起将先行脚本与实际录制结果结合,重新对实际故事线进行梳理,在符合逻辑的前提下确保故事和游戏的创作意图达成,进而让剪辑师根据最终故事线对素材进行剪辑。

对《天天向上》《快乐大本营》等棚内录制的节目而言,一般都配有切换台,由导播现场切换。在这种情况下录制出来的节目已经是预剪辑一遍的了,后期基本上只需要按照节目时长要求进一步精编。对于有经验的综艺节目剪辑师来说,这类片子的素材基本上一目了然,不用把大量时间放在看素材上,后期的重点就放在镜头细节以及字幕、音效等包装上。

三、视频节目剪辑的两个层面

剪辑是用镜头语言"写文章",表情达意是基础要求,写出"言外之意",让人产生一些联想与想象就是佳作。因此,剪辑就是情绪的剪辑,出人意料的剪辑就是好剪辑。具体操作包括两个方面:一方面,是对局部细节的调整;另一方面,则是对宏观叙事进行整体结构的重组。

1. 细部蒙太奇剪辑

细部蒙太奇剪辑,属于联想剪辑。其特点是从小处着眼,用小景别的局部代替整体,给观众更大的想象空间,从而达到"以小见大""以虚见实"的目的。细部蒙太奇剪辑通过局部镜头的组合,激发观众对节目叙事整体的想象。如湖南卫视的纪实真人秀《变形计》最常使用的就是放大冲突细节,设置悬念议程进行细部蒙太奇剪辑的手法。在《变形计》杨馥宇一期中,镜头就直接呈现杨馥宇在交违禁品时与导演组的冲突。

在英国儿童厨艺比赛节目《小小厨神》[①]中,剪辑注意抓取儿童脸部特写,全景、近镜和特写塑造内心戏,主持人在与孩子平等交谈中多采用中近和平视的全景,突出了动态镜头和表情的抓取。在《亲爱的客栈》程潇出场一期里,人物的细节动作、王鹤棣激动到摔倒,很好地营造了人物出场的悬念。这些都是从具体细部进行蒙太奇创作的范例。

在细节的剪辑上,表情特写、升格、快切是常用的手法。比如在行为发生后给予惊讶、认真、哭泣、大笑等反应表情的镜头,就是用表情特写表达情绪或营造悬念。有时候也可以通过与动画、花字等结合放大表情特写的效果;在一些具体动作的处理中,往往在动作趋势最大时作一个慢速升格处理,扩大动作的张力,配合前后的镜头表现悬念;在快切使用上,快切是通过短小的片段组接成一种形式上的剪切方式。节目往往在结果公布之前,通过短小镜头组接的形式来增强表现力,配合音乐的使用,既带来紧张感也带来悬念感。

2. 重构故事线

节目的叙事靠前期策划和现场拍摄,剪辑同样可以重组故事线,尤其是在真人秀和纪实节目当中,重组故事线后可以将人物语言和画面更为讨巧地连在一起,同时,突出重点人物,展现嘉宾和选手的性格特点。

以《热血街舞团》中肖杰晋级的片段为例。在原始素材中,两队召集人先后来到肖杰所在的舞团,不过先到的王嘉尔等人由于"贪心"想看看更多的舞团所以没有选择肖杰,反而是晚来的陈伟霆和宋茜果敢地选择了肖杰。节目制作人员王萃在采访中讲道:"在剪辑中并没有将两组召集人生硬地放在一起,而是在当中插入了一段蒙太奇,体现出两队存在竞争、抢人的关系,为后面节目的发展做了铺陈。"[②]节目中,当王嘉尔等人看完其他组的表演后还是觉得肖杰更好,通过两位召集人的谈话再次将肖杰引入观众视线。然后画面又切到肖杰在为陈伟霆和宋茜这组召集人表演同一段舞蹈,岔开了先前的蒙太奇。舞蹈过后肖杰成功晋级,镜头切换到肖杰的备采画面,在采访中肖杰提到王嘉尔没有选择他是他们的遗憾,这句话成功引出了后面王嘉尔的现状(图5-1)。

---

① 《小小厨神》,Master Chef Junior(2013—2019),一档英国儿童厨艺争霸节目,美版《小小厨神》于2013年由美国福克斯电视频道推出。

② 李丹. 除了闪回、重复、慢放三件套,综艺剪辑还能有什么新玩法? [EB/OL].[2018.10.12]. https://www.sohu.com/a/259088353_657278.

图 5-1　《热血街舞团》中宋茜队与王嘉尔队选人 肖杰晋级片段

　　虽然这个段落剪辑有意识地使用交叉剪辑，但剪辑过于注重人物设定，缺少叙事的悬念设置。观众看的时候可能会感觉到这一片段几个主人公的性格、两队之间相差甚远的选人方式和选手的部分特点，但是对于接下来可能发生的剧情，观众心里能猜到编导的套路。缺乏人物前期性格的铺垫，导致陈伟霆和宋茜队的果断与王嘉尔队的迟疑不决形成的对比力度不够。这个段落剪辑的重点放在了前后两队选人的反差与王嘉尔队错失机会的落差反应上，只能给观众看到明星也有像普通人一样判断出错的时刻，弱化了选手被选择的这条线的剧情，限制了悬念的扩大化。

　　如果对故事线进行调整的话，段落剪辑的核心人物应该是肖杰。在这一片段的故事结构中，通过蒙太奇的剪辑方式加入陈伟霆和宋茜对肖杰的选择，更加突出塑造了肖杰这一人物的性格，同时，让观众产生同理心，对王嘉尔等人错失这一员猛将产生遗憾的共情感，从而使节目更具有话题度和讨论度。剪辑时，在故事线的重构上，应该更加突出肖杰与王嘉尔等人的"矛盾"，可以调整为将肖杰有情绪的镜头放在开头，激起观众的好奇心，再将王嘉尔等人返回来找肖杰时发现他被选走之后的遗憾情绪进行对比，这样突出悬念和矛盾，对观众更有冲击感，节目更有可看性。也可以在两队还没作决定的前面强化肖杰的选择，同时在王嘉尔队赶回来选择肖杰与陈伟霆和宋茜队将要选择肖杰的关键时间节点，作一个平行蒙太奇处理，加强时间上的紧迫感，让观众对肖杰的最后归属产生一个好奇心，更加想知道王嘉尔队有没有错过以及肖杰最后花落谁家。

第三节　新视频节目剪辑原则与技巧

　　新视频节目编导必须明白，视频不等于真实，一个节目是由若干生活时间片段完成的一个屏幕时间段，观众正是在这些时间段里获得了一个完整的时间感，之后才获得了所谓的真实时间，而这种真实仅仅只是观众的感觉。视频节目所呈现的是通过若干个局部空间来完成整个屏幕空间塑造的一个完整节目，每个镜头都是现实生活中的一个局部空间，所以编导必须具备分解镜头的能力。

视频画面是由若干个镜头构成的，每个镜头包含两方面的含义：一个是镜头本身的含义，一个是镜头的延伸含义。镜头本身由时间和空间构成，镜头分解则是指对时间和空间的切分。在具体镜头的取舍与搭配上，视频的表现不仅仅是语言或者画面某个单方面，而是包括了字幕、音乐等元素的综合考量。单项优秀未必整体优秀，视频创作者所追求的应该是在单项完美的基础上注重整体的完美。

一、新视频节目剪辑的五大原则

剪辑贯穿于整个视频节目制作的前后期。在节目拍摄完成后，剪辑人员开始对已经拿到的素材进行具体的剪辑。有时候，剪辑是按照前期策划或者台本设计的情景展开，来寻找最适合的镜头表达；有时候，要调整甚至重构故事线，从素材当中遴选排列，在编辑台上构建一个更吸引人的故事。

《剪辑的语法》[①]一书的作者将剪辑总结为六要素，分别是：信息、动机、镜头构图、摄影机角度、连贯、声音。国际知名剪辑师沃尔特·默奇[②]的六条剪辑原则分别是情感、故事、节奏、视线、二维特性、三维连贯性。衡量各种可能性，大胆处理、技术层面创新，给观众营造观看代入感和情绪共鸣。[③]在技术技巧上，新视频节目的剪辑手法与传统电影电视的剪辑手法有异曲同工之处，都是用影像讲述一个生动的好故事。根据新视频节目的创作特点，节目的剪辑原则可以归纳为情感、故事、节奏、视线、镜头语言五大原则。

1. 情感

剪辑师必须记住的一点就是观众看完节目最终记住的不是剪辑，不是摄影，也不是真人表演，甚至不是故事，而是情感，这是观众观看节目后最直接的感受。一个好的视频节目必须是用巧妙的叙事结构讲述一个扣人心弦的故事，再配合情节线索张弛有度地铺排好片子的节奏，用恰当的景别、运动方式和组接顺序处理好镜头语言。但最重要的是情感，情感起伏是打动观众的第一要素。

剪辑师对情感的把握包括要善于抓住节目嘉宾的情绪和善于迎合观众的收视情绪两方面的内容。比如在综艺节目中，如果说多机位拍摄是对现场状况的记录，捕捉节目嘉宾的行为和表情细节是为了更好地抓住其情绪的话，那么后期剪辑经常通过画面颜色处理、花字处理、往期剧情回放等技巧和技术处理来放大和突出表现当时节目嘉宾的内心活动，就是为了迎合观众的收视期待。比如，在《奔跑吧兄弟》中，

① ［美］罗伊·汤普森，［美］克里斯托弗·J. 鲍恩. 剪辑的语法（插图修订第 2 版）[M]. 梁丽华，罗振宁，译. 北京：北京联合出版公司，2017.

② ［美］沃尔特·默奇（Walter Murch），1943 年生人，美国著名剪辑师、导演，经沃尔特·默奇之手而呈现银幕的著名电影包括《教父》（The Godfather，1971、1974、1990）三部曲、《现代启示录》（Apocalypse Now，1979）、《五百年后》（THX 1138，1971）、《朱丽亚》（Julia，1977）、《人鬼情未了》（Ghost，1990）、《布拉格之恋》（The Unberable Lightness of Being，1988）、《天才的雷普里》（The Talented Ripley，1999）、《冷山》（Cold Mountain，2005）、《锅盖头》（Jarhead，2006）等。

③ ［加］迈克尔·翁达杰. 剪辑之道——对话沃尔特·默奇 [M]. 夏彤，译. 北京：北京联合出版社，2015.

AngelaBaby（杨颖）每当被男明星抓到撕名牌的时候，就躺在地上要赖，观众对这一情景很熟悉，这时把前期片段适当回放，换得观众会心一笑。还有，慢综艺节目的嘉宾基本都以明星或比较熟悉的各界名人为主，这些名人、明星自身拥有一定的知名度，观众对他们有一定基础的了解，如《向往的生活》第二季中就邀请了宋丹丹、黄渤、徐铮、时任中国乒乓球队总教练的刘国梁、中国短道速滑运动员武大靖、小提琴演奏家吕思清等人。"明星效应"让观众对综艺节目更有观看兴趣，但真正能切入到观众生活的往往都与真情实感密切相关。

另一个更为重要的方面，是要善于抓住节目中人物的情绪，挖掘人物内心活动，制造情节矛盾。如在《亲爱的客栈》未进入后期制作的时候，编导戴鑫从导演提供的访谈视频中了解到刘涛和王珂来参加节目的意愿及当前的生活状态。不少观众只了解刘涛如何扶持王珂走出困境，多数人并未看到他们现在真实的生活状态是什么样的。视频中交代了二人聚少离多的生活现状，因此参加《亲爱的客栈》正好可以为他们提供一个两人的相处时间，成为他们参加节目真实的"情感动机"。为了让观众也能在节目一开始就了解到嘉宾真实的情感需求，编导在开篇加入了很多真实素材内容，并通过一段前情介绍将观众引入到他们"现在时"的生活状态，同时结合当前生活中遇到的问题，提出两个话题——如何平衡生活和工作？情感如何保鲜？这两个话题与观众生活息息相关，更容易引发观众共鸣。

在编辑节目的时候，剪辑师如果发现此处是一个情感点，就应通过后期剪辑呈现或者放大这种心理感受，用镜头去表现被摄对象的心理活动。在具体操作时，首先，把握情绪来源是自然情绪还是编辑的情绪。其次，对被摄对象的客观情绪和主观情绪出现的时机或情绪点进行分析，抓住心理活动节点。最后，寻找镜头与情绪之间的关联，从关联中找到恰当表达情绪的镜头，尤其注意写意镜头。比如，在《青春有你》第二季总片头中，许多选手采访的混剪之后，出现了一组云彩的镜头（图5-2），契合文案中的"目标像天空的云彩不断在流动"的含义，形象地表达了选手对目标的渴望情绪，进而很好地为后面引出青春的舞台作铺垫。

目标像天空的云彩不断在流动

奔跑者一直向前

图5-2 《青春有你》第二季总片头

2. 故事

（1）以剧情发展为导向

剧情式真人秀非常明确每一集讲的故事主题，而剪辑师将选择叙事方式和驱动故事的发展线路。在剧情式真人秀节目里，人物往往采用多人出镜。在海量的原始素材中，有许多戏剧情节可以选择，或者是单人的，或者是两三人的，甚至是合体的，等等。但是剧情式综艺节目一般被控制在 90 分钟时长的内容中，如果事件太多，会让故事显得单薄和支离破碎。故事发展得太快，其结果是人物缺乏广度和深度，叙事过程缺乏足够的冲突。因此，在剪辑中只有能推动故事按逻辑结构向前发展并阐释人物性格的部分才会被留下来，以避免过多故事线索导致逻辑紊乱。

比如《极限挑战》之《合伙人》这期（第三季第十二期），当时剪辑师初剪完以后编导并不满意。其中有一段是众嘉宾爬佘山找钥匙，初剪版本是每个人去找钥匙的过程，但是在这段剪辑中，钥匙其实不重要，重要的是剧情。于是编导要求将其改成三条线，罗志祥和张艺兴一条线，黄磊跟黄渤一条线，孙红雷跟王迅一条线，每个人都在感慨三年的时光。罗志祥和张艺兴很快就找到钥匙了，他们是来雪耻的；另一边几个人爬山爬不动了，正想找个棍儿，王迅就说："原来我们是怎么爬的，现在就想找个地方歇一歇。"调整剪辑后，这一整段剧情讲的是三年的岁月过去了，大家都有一个不同的心态了，而不是单纯地找钥匙。

（2）以戏剧冲突为核心

真人秀节目离不开紧张、剧烈的戏剧冲突，因为它要在有限的时间里表现丰富的社会生活，故需要抓住事件中的主要矛盾，加以典型化处理，这样才能紧紧吸引观众。[①]与电影不同的是，节目是多机位拍摄，所以在实际制作过程中，往往同一时间会发生多场戏，这时候剪辑师必须滤掉无关的情节和细节，坚持一个主要故事的发展方向，将故事分别叙述。

节目叙事的每一个段落都需要冲突，没有冲突的故事，一定要舍得剪掉。如果素材中没有冲突，剪辑师就需要通过艺术特效等加工手段制造冲突。以《极限挑战》第五季第五集为例，剪辑师以人物关系为主线，删掉其他平淡无聊的故事，分别将人物关系集中在罗志祥与贾乃亮的人物冲突上，形成人物的不断反转，特别是罗志祥与贾乃亮多次逆袭、逆袭再逆袭，反转、反转再反转，不到最后不知道谁是赢家，极大丰富了节目看点。

（3）以主线线索为脉络

剪辑师是在宏观和微观两个层面展开工作。微观决定镜头的选择和长度，宏观则涉及重构场景及顺序，在多线索多角度的故事中剪辑取舍要得当。观众喜欢看一条简洁、清晰和紧凑的故事线索，但是多人真人秀是多视角多条线叙事，素材往往都是多线索交织。因此，剪辑师需要根据大故事线索，确定哪一条作故事的主线，哪一条作故事的副线。同样以《极限挑战》为例，在第五季第四期节目素材中，只有贾乃亮和黄磊的上下级追逐有强烈的冲突关系，所以在剪辑时，以他们二人为主线贯穿节目，其他人物事件作副线穿插其中。

---

① 陈虹.论真人秀节目的内核——冲突[J].新闻界，2007（8）.

（4）以镜头为主要叙事手段

节目就是用镜头讲述故事，剪辑画面显示故事并推动故事的发展。视频节目应该用画面表现而不宜过多地用对话。假若过多地用对话推动故事的发展，其结果就是故事发展太慢，导致节目冗长沉闷。

《向往的生活》有一组镜头，据编导称，初剪的时候顺序是这样的：先是一帮人在推石磨，紧接着是何炅在屋里擦桌子，再后面接的是黄磊和大华在说话。后来两个镜头换了一下位置：石磨推完了，黄磊等人在休息，而此时何老师在屋里忙着收拾。同样的镜头，顺序一调，何炅的性格就出来了——闲不下来的何老师。而之前的线性剪法，无法形成一个故事的叙述，所以每一组镜头接在一起时，一定要有一个可叙述的故事。

3. 节奏

节奏包括内在节奏和外在节奏两种，也可以称为心理节奏和视觉节奏。内在节奏是内容上的节奏把握，主要是设计叙事方法、技巧和叙事节奏，从而抓住心理节奏。外在节奏一般是指形式上的节奏感，主要体现在镜头的长度、景别的大小、镜头动静的差异、音乐音效的节奏等。

（1）心理节奏

心理节奏是一种叙事节奏，是指艺术作品的情节发展与情绪演进中所显示出来的轻重、缓急、快慢的规律性变化。好的剪辑节奏是有段落感、有节奏感的。娱乐性节目剪辑点一般都放在互动，这种互动可以体现在语言、音乐等方面；而教育类节目的剪辑点多放在所要表达的内容上。

把握好心理节奏很重要的一点是要凸显节目中每个段落的重点，围绕重点故事来进行编排。以《爸爸去哪儿》第五季第一期为例，这一期很明显用三个段落来呈现：第一个段落是空镜头带入，给观众一个过渡和喘息的时间，因为这是一个新篇章的开始，需要有一个代入感的画面，让观众来了解一下故事发生的环境；第二个段落是在游戏比拼后用邓伦和山竹的对话引出大家对选房的期待感；第三个段落是陈小春的儿子小小春出现，用的是音乐急停，以此突出他走得慢的特点，然后用纪实的手法来让观众看清楚陈小春有一些着急，最后以围观群众的摔倒做一个收尾。虽然从小小春段落开始画面节奏已经慢了下来，但是观众心理上依然觉得不断有新的信息量出现，所以画面的节奏慢不代表心理节奏也是慢的。这就是为什么慢综艺能持续吸引人的原因之一。

（2）视觉节奏

视觉节奏就是大家概念里的画面节奏，也就是镜头的长短快慢等手法。画面节奏通常要跟音乐音效结合，用画面剪辑的快慢和镜头运动的快慢形成节奏。

在一些竞技比赛节目中，经常用到通过音乐的节奏来带动画面，通过画面节奏的快慢构建视觉的节奏。每一段快节奏的画面剪辑之后都会有一段慢的镜头或者音乐与之配合，做到音乐节奏和画面节奏的一个结合，而且也能感受到整个段落中心理节奏的变化，使片子更具张力。比如在《乐队的夏天》节目中，乐队演出本身动感比较强，这部分剪辑时却在特别突出的地方采用了慢镜头（图5-3），似乎是把这一时刻凝固住，让非现

图 5-3 《乐队的夏天》新裤子演出时的慢镜头

场观众能够更清晰地感受到乐队成员的活力与激情，也让整体的演出变得更有节奏感。

在舞蹈、说唱类节目中，往往有很多动作，那么剪辑就要在动作中寻找编辑点。一般来说，动作的起始点或结束点、改变方向、动静转换、关系位置的变化都是动作可以产生停顿和转换的地方，当然，特写、遮挡、出画、入画这类效果也是可以使用的。

4. 视线

视线即视觉跟踪，指的是画面的重心感和兴趣点。观众要明白画中人物和视线主体之间的空间位置关系，简而言之，谁说话就要看到谁的脸，不要让观众产生视觉歧义。在纪实真人秀或者人数较多的选秀综艺中，常常会有因机位设计或者抓取不到位，导致在细节镜头上主体不清晰的问题。这时候镜头裁剪、调色对比、花字、分屏等后期处理成为较为常见的手段。

视线原则还有一个匹配的问题，即镜头内人物运动、镜头与镜头之间的运动都要注意方向和视线上的匹配。画面中的人物在运动，剪辑结果应该是一直往一个方向在运动，以匹配主体的运动方向。同样，人物视线关系与镜头之间也要匹配。比如，人物 A 在看向人物 B，那么 A 的视线镜头后面应该接到 B，这样镜头组接才会流畅。如在《青春旅社》中有一个段落，使用的是对李小璐的固定镜头摄像，中间却穿插了王源的声音，导致观众分不清楚是谁在说话，也就搞不清画面的重心在哪。

早期的电视或者电影创作，往往会强调轴线的问题，但在当下移动传播时代，观众对影像的接受程度已经十分普遍，轴线，甚至有时候一些局部的越轴不再成为观众理解的障碍。因此，如何强化视觉重点，让观众明确看到视觉主体且不产生理解偏差，是我们处理视线问题的重点。

5. 镜头语言

镜头语言，主要是关于镜头的成组、景别的应用与调整，避免镜头使用不当带来的歧义感。

在最基本的景别问题上，首先是景别匹配，即景别之间的衔接要符合基本的剪辑规则。一般来说应该是先全景，再中景、近景，大全景基本不直接与特写相接，这些属基本的景别切换规则。其次是景别的运用。有些真人秀，明明发生的事情是真实的，但是剪出来就显得假，这就说明作品的剪辑是有问题的。比如同样一句话，真人秀中用近景就显得假，换成全景就会显得真实，这就是景别使用的差异。因为近景从景别特性上会给人一种强调感，具有聚焦作用，全景则客观感更强，能将人定位于真实环境中。比如，在真人秀或者谈话节目的对话中，当嘉宾说"哎，给你出个主意啊"，这些内容景别要取得稍微远一点，一旦近了，观众就会觉得这个人是在作假了。如果这些景别细节不注意，就会导致整个片子不流畅。

剪辑就是合理运用镜头语言讲故事，除了景别的匹配和应用，还要考虑镜头的使用和衔接的流畅。以北京电视台真人秀《跨界冰雪王》为例，该节目的剪辑属于典型的"流水作业"工作模式，其剪辑套路与《我是歌手》极为相似，宣布成绩环节便属于其中的代表，具体剪辑和镜头时长的控制几乎完全模仿《我是歌手》，这种相似的剪辑处理容易使观众产生视觉疲劳。在具体人物的塑造上，以张静初表演部分为例，编导想要以此塑造张静初努力的人物形象。但是在具体处理上，一方面，张静初的努力被一笔带过，只在小纪录片的结尾剪入了张静初边哭边说自己做不了的镜头，也就是说镜头本身的捕捉和选择有问题；另一方面，在关键性的表演呈现上，编导使用较多大景别，将张静初动作僵硬和表现不够完美的动作动态剪辑进去，一段不专业的表演剪辑使得节目的人物塑造失去了说服力，甚至节目的专业度也遭到质疑（图5-4）。

国内类似的节目还有湖南卫视舞蹈竞技真人秀《舞蹈风暴》。不同于明星跨界竞技，《舞蹈风暴》是有一定准入门槛的舞蹈类节目，嘉宾都是顶级的青年舞者。这类节目最关键的呈现内容是舞蹈本身，人物是舞蹈艺术表达的载体。如何让观众理解选手演绎的舞蹈，如何通过舞蹈呈现让观众关注选手的命运是该节目剪辑的核心思路。在剪辑处理上，剪辑师在演员表演之前，一般会先铺垫相关专业知识，带动观众了解舞种的核心难度与关键技巧，再呈现舞者在舞台表演背后的艰辛，用舞者精神引发观众的共情。在最关键的舞台呈现上，化繁为简，减少景别变化的频率，多全景以保持舞蹈的流畅度和连贯度，128台摄像机环绕的运动镜头与360度全景摄像凝结最精彩的"风暴时刻"瞬间，镜头创新带给观众视觉冲击。以第一季第十期敖定雯与王占峰表演的《守候》（图5-5）为例，该段落以观众熟悉的热播剧《延禧宫略》为创作样本，用芭

图5-4 《跨界冰雪王》张静初表演

图5-5 《舞蹈风暴》第一季
敖定雯与王占峰表演芭蕾舞《守候》

蕾舞演绎魏璎珞与傅恒的唯美爱情故事，沉浸式剧情的感动、舞蹈演绎的流畅、阿拉贝斯推举等动作的专业，让观众深入体会到了舞蹈与舞者的双重魅力。

每个观众都有为一件事努力的经历，只有当人物是丰满的时候，观众才会关注他的行为，并与之产生共情。当人物是干瘪的，剧情是状态的，行为是流水的，观众看不下去，自然无法带入情感。比如在引入嘉宾话题的部分大多为同一景别，情绪表现不够强烈，嘉宾反应单调，前一秒严肃的嘉宾下一秒就被剪辑成开心得蹦跳起来，没有人物性格的强化，这都是镜头语言使用不当的后果。这种情况下，编辑可以通过剪辑强化嘉宾性格，遴选一些有个性的嘉宾发言和反应。在主人公塑造上，舞台表现的整体行为是无法改变的，但是可以适度美化，比如，通过合理的镜头强调人物的努力和可见的进步。

对于视频节目来讲，摄影节奏是否合理直接关系到剪辑节奏。在大型综艺节目中，每个人物都配有数台摄像机实时跟踪拍摄，因此摄影素材是相当充分的。在《奔跑吧兄弟》中，每当人物出场时，都会充分地制造悬念，吊足观众的胃口，期待每期节目神秘嘉宾的出现。如《奔跑吧兄弟之大漠公主》一期，神秘嘉宾熊黛林出场时，首先是运用背影、开门、长腿等画面提供片段信息，现场的明星和观众一样都处于未知的状态，中间插入男嘉宾的猜测，两个场景的画面相组接，不断地制造悬念。随着答案即将揭晓，剪辑节奏也越来越快，直至熊黛林闪亮展现在观众面前。只有前期摄像拍摄的素材到位，后期编辑运用多机位素材进行共时性剪辑时，将现实中顺时发生的线性画面利用多画幅、画面字幕、音效等技巧将内容合理安排，保持节目内容和整体节奏基本吻合，才能利用剪辑节奏吸引并满足观众的收视期待。

视频节目一般包括新闻、社教、综艺娱乐、生活服务四大类，其中，综艺节目的类型主要有综艺晚会、游戏娱乐、竞猜博彩、普众选秀四种类型。[①]随着台网融合进程的深入，传统节目不断寻求创新，演变出多种子类型，偶像选秀、脱口秀节目开始焕发第二春，文化类综艺和慢综艺在不同的时期出现井喷。针对不同类型的节目，剪辑上是有一些区别的。我们重点从新闻专题类、综艺娱乐中的唱跳类、游戏娱乐类等几种类型来分析节目中涉及的剪辑技巧。

二、新闻专题节目的剪辑技巧

对于非剧情节目来讲，创作思维的出发点首先应该确定关注点，然后再提炼主题，应尽力避免主题先行。具体到故事内容中，情节和细节是构成剪辑点的要素。创作者在关注点的基础上，要有基本的判断和预测能力，判断正在发生的事的价值所在，预测正在发生的事的重要走向，从而厘清叙事事件的主线和脉络。我们以新闻专题类节目《新闻调查》为例，进行剪辑技巧的分析。

① 萧盈盈. 中国综艺节目的类型演变及其文化语境 [J]. 现代传播（中国传媒大学学报），2007（4）：84–87.

1. 选择合适的剪辑结构

常见的电视新闻深度报道的剪辑结构通常有这样几种。

（1）顺序式。按素材的时间顺序平铺直叙，比如带有纪录色彩的《大官村里选村官》《第二次生命》等。

（2）倒叙式。开门见山亮出新闻事件的结果及影响，然后再追根溯源，留下悬念引起观众兴趣，比如《派出所里的坠楼事件》《山阴的枪声》等。

（3）逻辑式。这种方式往往先从事件的某一个点入手，将素材的时间顺序打乱，理出其中的逻辑，然后层层深入，用事实揭示问题及原因。这种结构方式应当是《新闻调查》栏目最青睐的，如早期节目《透视运城渗灌工程》就是典型代表。

2. 展开具体节目结构的设计

以《新闻调查》中《命运的琴弦》一期节目为例，节目通过问题→调查→结果层层深入找出事实真相。大致节目结构如下，本章末可扫码观看节目。

（1）问题

开头塑造人物（著名人士举报）→现象→不是个案（对话）

开头的提问：你如此知名，现在却告诉我们这些，你为什么这么做？关于标准的探讨、是否动摇过等问题，都在明确宋飞披露考试内幕的动机。再让她指出3名学生落榜这一结果的不可能，接下来于洋演奏。

（2）调查

现场——考试现场资料，讲述宋飞录像的动因，呈现于洋拉琴现场

测试→专家评审→肯定人为因素

采访中央音乐学院教授——音准在考试中的位置？这种失误严重吗？这个视奏你能给他及格吗？这两个学生差别大吗？有没有可能这个分数更高？没有这种可能吗？如果出现这种情况正常吗？

采访上海音乐学院教授——签字的镜头细节

采访中央音乐学院教授——艺术的标准差别会这么大吗？不会，肯定有人为因素在里面（插入片花）

悬念：人为的因素是什么？

（3）结果

背后：升华的部分，情绪

突发的制度变化＋四个人可以左右成绩＋去年情况已经是惯例（宋飞的话，要拍到中央音乐学院教授的反应作为支撑），探讨有问题的游戏规则。

采访宋飞个人的经历——想去治"洪水"

采访学生——经历这些事你有变化吗？

3. 多样的剪辑手法：强调细节和空镜头

（1）蒙太奇的应用

在新闻节目中，蒙太奇的镜头组接也可以理解为对新闻现场的一种再现，以增强节目的故事性。如在《新闻调查》之《女子监区调查》中，节目大量运用了影像代替描述的手法。当警察向记者描述他所见的犯罪现场时，画面是对犯罪现象的模拟再现；当画外音解说时，画面往往是解说内容或背景的再现；当被采访者叙述时，画面也常常以含有隐喻的镜头来展现，有时还会配以声效。

在《新闻调查》之《命运的琴弦》一期中，于洋父亲认为如果孩子不拜在主动找他的那个老师门下，就不会被录取。在表达这一观点时，镜头接到一扇门缓缓关上（图 5-6），象征着学校大门的关闭，某种程度上也是考生音乐之门的一种关闭。在这里，通过镜头的组接，观众可以直观感受到这种不公平给考生带来的无情后果。运用镜头编辑手段，可通过镜头组接的方式在一个段落里形成隐喻。

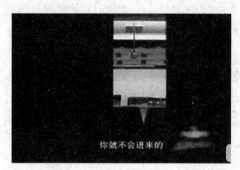

图 5-6 《新闻调查》之《命运的琴弦》缓缓关上的门

（2）注重细节张力

新闻专题节目尤其要注重对细节的运用，挖掘细节的张力。在《张润栓的年关》这个节目中，结尾部分的画面是：柴静用现学的哑语采访了张润栓的聋哑儿子。用该片编导范铭的话说，"两个只能用手势交流的聋哑人谈及生活的艰难和对债主的恐惧，看了让人心酸……"。柴静在片中运用手语的样子很不熟练，但她努力想与对方交流的渴望从眼神中表现得淋漓尽致，编导对这一细节的剪辑所展现出的对人性的关怀使得观众被编导和记者的真诚所打动。

（3）恰当运用空镜头

安排得当的空镜头可以赋予画面复杂的情感内涵，使主体形象得到升华，给观众带来更多的遐想和回味。这一点在《新闻调查》很多期节目中都有体现。如在《与神话较量的人》一期中有一个镜头：黑夜，一幢漆黑的大楼中一个亮着灯的窗户。编导用这样的空镜头表现主人公的心境，让人体味其中无须言语的深意。

（4）适度的特技运用

对于严肃的新闻节目而言，特技的运用要适度，既不能多也不能花哨，关键是要让观众领略到艺术的修饰又觉察不到人为的痕迹。《新闻调查》中常见的特技有这样几种。

一是划像。在新闻节目中，划像可以创造一种分割的屏幕效果，即在同一屏幕上出现多个画面，用来表现同时发生的几件事和动作，也可以用来从不同视角、不同距离表现同一事件和动作。但要注意屏幕不能分割得太碎，以免观众分心。

二是定格（静帧）。这一技巧在《新闻调查》中经常被用到，其形式多是镜头由动变静成为定格，一般多用于人物介绍或场景介绍时。

三是快慢镜头。这种特技若处理恰当，能给观众一种意识上的紧迫感或松弛感。比如在《守护武汉》这一期中，在全国医疗力量驰援武汉这部分，用了一组快镜头，说明形势的急迫性；而在后面表现医务者工作的艰辛时，用了一组慢放的照片，让人们细致地、清晰地看到他们的不易。

4.剪辑中强化交流意识

（1）加重记者出镜镜头的比例，注意景别的应用

在剪辑时考虑景别变化的依据主要是叙述清晰、视觉流畅与情绪气氛吻合。如由全景到特写的递进式景别组接，符合人们由远及近的视觉习惯，给观众平稳流畅的视觉感受。当然，在特殊情况下，为了营造特定的情绪气氛和某种表现目的，也可采用非常规的景别组接。如相同景别的镜头反复组接、远景组接近景甚至特写等，这样造成强烈的对比和视觉上的冲击效果可营造非凡的视觉氛围，引起观众的心灵震撼。同样在《守护武汉》这期，外卖员老计和居民小青第一次见面时，剪辑使用了慢镜头，反复切到两人的反应，将已经互相有联系的两人在特殊时期的第一次见面这一事件表现得非常真切，也兼顾了两个人之间的交流感（图5-7）。

图5-7　《守护武汉》老计与小青的见面

（2）及时反映画面主体的言行

画面主体的语言动作和它所引起的反应是画面内容交流的重要形式。在新闻节目中，经常会在一个动作镜头后接这个动作的反应镜头，这样的剪辑符合正常的思维逻辑，可以加强动作感、现场感。此类镜头剪辑在《新闻调查》的很多期节目中都能看到。比如在《广龙村的忧伤》这期节目中，当出镜记者在泰富金矿三位矿长面前拿出一份劳动协议书，问他们有没有见过这样的协议时，镜头接下来便是三个矿长的反应：副矿长抬着眼镜伸长脖子想看个究竟；矿长则惶顾左右，看似心有不平地看看记者；而另一副矿长干脆不耐烦地点起香烟。这三个独立又紧紧相连的特写反应镜头很好地

刻画了画面主体的形象。

三、竞技类真人秀节目的剪辑技巧

知名剪辑师曹伟杰曾把剪辑节奏比作呼吸，"一个人的呼吸是有节奏的，当呼吸不顺畅的时候，节奏一定是乱的。当镜头的呼吸与台词及演员的表演在同一个节奏上时，影片一定是顺畅的"。真人秀节目一般包括竞技类、语言类、行动类三种。相比较而言，语言类节目的剪辑相对简单，一般侧重人物的特写、反打、情绪的渲染；而竞技类和行动类真人秀节目有一些地方则需要特别注意，比如，竞技选手才艺的连贯性和游戏环节的故事性。

1. 唱跳才艺剪辑——注重才艺的连贯性

才艺类的节目，无论是《我是歌手》这类歌手竞技，还是《创造101》《偶像练习生》《青春有你》这类艺人选秀节目，才艺展示都是节目叙事重要的一个环节。如何体现出才艺的剪辑节奏，需要把控好"剪辑点"，处理好每个画面之间的衔接工作，以保证整个才艺的逻辑性与连贯性。

一般来说，唱跳才艺类节目剪辑点的选择有三种：节奏、句子、动作。相比于单人表演，多人唱跳的团队才艺结合了唱歌、舞蹈、单人及舞美大屏的变化，剪辑方法需要在此基础上进行扩展。

粗剪要保证镜头无跳点，整首歌曲切点大致准确，镜头堆砌逻辑合理，无同景别、左右互切等情况出现。此时，剪辑只要考虑纯舞台的表演，暂时不需要任何人的任何反应镜头，乐器镜头也尽量保证在4~5个以内。在精剪时，原则上，唱歌节目与谈话节目的剪辑一样，在每句话结束时再切入下一个镜头，歌曲开头、结尾需要有一个大景别镜头来告诉观众该段落结束（除非歌曲有特殊设计）。同时，需要考虑舞台灯光、大屏效果。以《天籁之战》[①]中华晨宇的一段演出为例（图5-8），该部分剪辑流畅，

图5-8　《天籁之战》华晨宇演唱剪辑

---

① 颜冰倩. 歌唱真人秀节目的多机位剪辑 [J]. 影视制作 .2019，25（10）

除了必要的其他嘉宾的反应镜头，基本都是现场的演出镜头，华晨宇的远景、中景、近景镜头都有兼顾，在间奏时加入了钢琴、小提琴等伴奏的镜头，还充分结合了舞美效果，高处的俯拍镜头很好地结合了歌曲的意境，最后定格在远景，结束整个演唱。

2. 游戏环节剪辑——剪游戏也要讲故事

在大多数真人秀节目当中，游戏环节都是一大亮点。对游戏的剪辑，不是按照游戏的操作流程进行简单的"游戏→结果→反应"的线性操作，而是要剪辑一个玩游戏的故事，在游戏中放大游戏里的人物特点。以《快乐大本营》为代表的室内游戏综艺，往往通过现场镜头抓取、细节强化等方式增加叙事效果（图5-9）。

图 5-9　《快乐大本营》不倒翁游戏

韩综 Running Man 这一类型的真人秀，在剪辑的层次感处理上相对会更明显。以水上游戏小片段为例，短短几分钟的游戏环节层次感十分鲜明（图 5-10）。通过镜头的拆解可以清晰地感受到，游戏环节除了单纯游戏进程的展开，始终有铺垫、有结果、有反应，这就是从具体步骤上理解所谓的"把游戏当故事剪"（图 5-11 至图 5-13）。其实也就是利用电影的手法，用"起承转合"的叙述方法来剪辑游戏。反观之，很多节目在剪辑游戏类节目时，明明玩的人很开心，观众却看不进去，感受不到现场热闹的氛围和玩游戏时的快乐。究其原因，主要是因为剪辑师没有把游戏当作一个故事在剪，只是呈现一个玩游戏的瞬间状态。

图 5-10　韩综 Running Man 水上游戏

图 5-11　游戏开始

图 5-12　游戏发展　　　　　　　　　　图 5-13　游戏结果

　　国内《奔跑吧兄弟》在剪辑方面有意识地进行电影化的叙事处理。比如在第一季第一期节目中，实际上名牌第一个被撕的是窦骁，紧接着是郑恺，当时郑恺的衣服都被撕破了。后来剪辑的时候，把郑恺放在了第一个。这样处理的目的就是交代规则，让所有人看懂这个节目的结构和流程。这一期 Angelababy 拍摄时特别出彩，因为每一个箱子都是她发现的，而且金钟国抓住她两次又放了她。但是在成片里大家没有看到这些东西，因为被导演删掉了。为什么呢？导演认为，节目的第一期应该立的人物是队长邓超，最后是邓超和李晨去撕金钟国，这是个很好的结果。虽然他们撕的同时，Angelababy 也知道了密码，但如果剪的是她，那么邓超和李晨的戏就被削弱了，邓超的队长形象也就立不起来。

　　又如王祖蓝躺在地上，发现了名牌背后数字的秘密，这是跑男队破局的转折，也是整个游戏的故事性所在，使其有困境、有转折、有破局、有反攻。所以整个游戏的剪辑思路是：先知道规则，然后开始找箱子，接着发生各种状况，每个人都碰到困难，接着王祖蓝发现了名牌背后的秘密，最后邓超开始反攻，收尾快速结束。这就是用讲故事的方法剪辑游戏环节。

　　在快综艺节目剪辑中，闪回、重复、慢放被称为后期剪辑三件宝。但是慢放这一点在表现纪实感时不要滥用，以免产生失真之感。另外，在大部分情况下，不管观众的身份如何，人的笑点是一致的。如果没有真实的笑声，节目整体会显得比较死板。如韩综 Running man 是在节目后期制作完毕找人录制笑声，而不是使用"罐头"笑声，这样的笑声更加真实，更能感染观众。

四、观察类真人秀节目的剪辑技巧

1. 观察类综艺——强弱得当，张弛有度

　　观察类综艺在国内引进之前，在日、韩节目制作中已经有多个维度的观察题材尝试。国产观察综艺有主打生活观察的《我家那闺女》、恋爱观察的《心动的信号》《女儿们的恋爱》、婚姻生活观察的《妻子的浪漫旅行》等。在制作模式上，跟以往的纯真人秀相比，节目增加了棚内谈话部分，节目剪辑将真人秀和棚内交流两条线进行交

叉，营造一种双线时空同步的质感。

在两条线的交叉剪辑中，如何分配强弱，在日常真人秀纪实拍摄中，如何张弛有度，这是观察类真人秀剪辑操作中特别需要注意的地方。

以韩综《妻子的味道》第一季第一期韩素媛、陈华夫妇为例，故事线简洁明了，重点摆放得当，就是丈夫陈华要为妻子韩素媛做一顿饭（图5-14）。节目通过做食物突出人物，在购买完食材后，没有花过多的时间在搞笑与前戏，进入美食制作的过程也给食物足够的特写与停顿，强弱得当给观众带来较为舒适的观看体验。在节奏感的部分处理上也是张弛有度。陈华买食材的环节，由于语言、交通等问题，导致做饭的过程中出现一些小麻烦，这些小麻烦的剪辑更凸显丈夫对妻子的情感。剪辑师在丈夫购买食材的路上就用了一定时间的画面来交代，小麻烦在观众的视角上更加增添了悬念，观众会对接下来发生的事情感到好奇，会期待接下来的走向。而在料理制作方面，节奏感特别强烈，渲染丈夫的做饭能力和实力比较强，快节奏的剪辑使观众迅速身临其境地参与节目。此外，节目中的音乐贯穿整个片段，通过不停地变换节奏和调子以配合叙事节奏并吸引观众的注意力，同时，音乐还放大了一些片段当中人物互动、人物性格的细节。

在《妻子的味道》中，现场棚内录制部分与事前录制部分的自如切换，使节目内容和故事走向清晰且轻松，条理结构以及铺垫都很充分。在节目中，国籍和文化差异引发讨论，嘉宾分析头头是道，观者则愉快地了解不同国家风俗习惯。同时，每一个环节产生的事件细节与主持人的反馈都恰到好处地融入进去，引发的讨论与画面的结合使节目生动有趣且自然。

图5-14　《妻子的味道》第一季第一期韩素媛、陈华做饭片段镜头拆解

棚内部分的剪辑在言语和动作的细节捕捉上也干净利落,风趣幽默的小动作在主持人的视线关注和观察下显得搞笑可爱。主持人的刹车和爆笑以及激动等方面很有戏剧感,带来了很强的喜剧效应,嘉宾的反应则通过放大景别以及加入音效进行情绪的强化。

整体上,该节目发挥了韩综的传统强项,将平淡的日常生活和细节互动放大,借嘉宾的吐槽与反应、音乐的渲染和包装,让真人秀充满了表现张力。与此同时,工业化流水操作的韩综行业把关不严,恶意剪辑制造人设等状况频出,多部爆款接连翻车,值得警惕。

2. 慢综艺的调性剪辑——真实再现的思考

近年来,火热的慢综艺往往采取多机位固定拍摄,素材量非常大。慢综艺之所以具有治愈性,在剪辑当中如何将节目基调融进具体的内容编排和镜头组接是关键。

在《向往的生活》中,除了音乐、音效、动画、花字,剪辑经常会使用电影式剪辑手法,精准地挑选镜头为塑造人物服务。在具有家庭感的蘑菇屋,来来往往的嘉宾和蘑菇屋的主人们从不熟悉到通过日常的劳作、吃饭、聊天等相处变得慢慢熟悉,真实展现了人与人之间的情感变化过程,这种真实感就是节目想要给观众看到的慢综艺特性。比如,在毛不易插秧这一期的镜头选择上,剪辑师选择毛不易插秧的一个长镜头,并以字幕形式强调所用时间,以真实的长镜头展现毛不易插秧的真实状态,塑造了毛不易慢吞吞的人物性格(图5-15)。

图5-15　《向往的生活》中毛不易插秧长镜头

从还原真实、接近真实、创造真实三种理念来说,剪辑更多时候是在创造真实。剪辑有时候可以通过一些技术手段或者创作技巧,比如用虚焦距前景体现镜头的设计感,从而实现真实再现中的间离效果。如《向往的生活》有一组描写张子枫早晨听雨的镜头(图5-16):张子枫早上醒来,外面下起了小雨,剪辑通过遴选写意画面,用镜头的虚实设计,结合慢镜头的处理,通过精心剪辑,将雨后的清新与美好放大在观众眼前,将平凡的生活营造出一种"陌生化"的观感,从而产生独特的美感。

图 5-16 《向往的生活》张子枫早晨听雨

　　一档好看的节目是前期脚本写出来的，还是现场嘉宾演出来的，或者是后期剪辑出来的呢？从节目制作的角度上看，剪辑是关键。一个人是否能够晋级，能否赢得比赛，或者他吃的这顿饭、唱的这首歌，有何特殊影响，这都是靠剪辑抓住观众的心理，通过自始至终存在的悬念感延续在节目中的。在节目剪辑时，剪辑师一定要带着感性思维，站在观众的视角去剪片子。大部分节目看完之后，观众能记住的只有节目中的人和看这个节目时的感受，所以节目中的人物性格一定要通过剪辑凸显出来，使情感的把握恰到好处。

　　作为一种无定势的艺术创造，不同节目的剪辑有不同的方式，同一个节目也有多种剪辑思路。技巧剪辑可以使节目充满趣味，但过度娱乐则会突破节目价值引领的边界。在当下的节目创作中，不少节目为了保住收视率、吸引流量，在剪辑时常娱乐化过度，或掐头掐尾制造矛盾，或生硬编排强化冲突，或利用明星绯闻制造噱头，综艺节目恶性剪辑的话题多年来一直层出不穷，资本被凌驾于节目品质之上，创作技巧反而消磨了文艺作品的价值内涵。

　　"爆款"综艺节目可以获得一时的点击量，但要获得持久的关注，唯有依靠节目深层次的文化力量。以 2021 年热播的革命历史题材剧《觉醒年代》中毛泽东出场片段为例，大雨瓢泼，毛泽东冒雨穿街而过，他看到叫卖的小商贩、卖孩子的人贩子、流浪汉的乞丐、冲击百姓的军阀和吃着汉堡的富家公子……该片段没有常规性地放大毛泽东的表情特写，而是将特写落在他抱紧在怀中的《新青年》杂志上，剪辑师以隐忍克制的镜头组接和细部的镜头情感，与观众形成真实的价值共振。对新视频节目编辑而言，剪辑的匠心是以精致的艺术创造与深层的价值内涵实现文艺作品的价值引领。在大历史观、大时代观下，只有用无形的剪辑艺术呈现视频节目的文化之美、精神之美，才能获得高阶剪辑之道。

扫码观看
本章视频

CHAPTER 6
第六章

新视频节目叙事

传播科技在飞速发展，人们的需求也在不断变化，这些变化促使新视频节目推陈出新。对节目制作而言，讲故事的手法在很大程度上契合了观众的阅读心理，因而以叙事创新形成情感共鸣更能够吸引观众。在新时代，视频节目创新的出发点仍旧是故事，即用多元的节目形式讲述好看的视听故事。

第一节　用视频节目讲述视听故事

"故事"一词在戏剧和电影中深入人心，观众对这些影像作品中的故事是极为认同的。那么，新视频节目的故事是什么呢？讲故事对做节目有多重要呢？

一、新视频节目对故事的界定

两届普利策非虚构类作品奖得主琼·富兰克林关于故事的界定对新视频节目的实践操作具有借鉴意义。在他看来，故事是"令人同情的人物面临困境和挑战，为应对和解决问题而呈现出的一系列行为"[1]。有异曲同工之妙的是，《英国达人秀》制片人保罗·扬·布鲁斯认为，"好的游戏节目的人物故事是：人物在特定情境中接受挑战，作出抉择，这是标准的叙事模式"。这一视频节目理念正好契合了富兰克林关于故事的界定。《英国达人秀》自选手上场就开始故事的叙述，这是在节目的制作中始终贯穿的理念。

好莱坞"编剧教父"罗伯特·麦基认为，人类对故事有着永恒的需求。用麦基的话说，"人类从黎明开始不断讲述的其实就是这样的求索故事，这是亘古不变的故事要义"。视频节目创新最重要的出发点是故事，一切都为讲好以及更好地讲故事服务。因此，如何透彻理解"故事原理"，再以影像方式呈现故事是视频节目成功的关键。

---

[1] Franklin J. Writing for Story[M]. Plume Books，1994.

对于不同的节目形态、不同的题材、不同的创新形式，内在蕴含着的都是创作者对故事的深刻理解与把握。从《中国好声音》（现《中国新歌声》）到《我是歌手》，从《爸爸去哪儿》到《奔跑吧兄弟》，爆款节目的娱乐外壳下是清晰的故事叙述线、戏剧冲突和鲜明的人物性格塑造。在选秀和真人秀类视频节目花样倍出、创新不断的今天，作为节目叙事内核的故事，更加彰显其存在的意义。一些以讲述他人或演说自己的故事见长的品牌电视栏目如《档案》《开讲啦》等，同样讲述着一个个或是传奇或是励志的故事，甚至在健康类电视栏目《养生堂》、公益寻人电视栏目《等着我》中，故事的叙事模式都起着吸引观众的作用。

在视频节目的创作中，我们讲故事其实要做的是处理在某个情景中的人的行为，即"人"永远是叙事的核心。英国真人秀泰斗罗伯特·瑟克尔①认为：所有真人秀讲故事的方式都可以按照童话故事的"模式"进行讲述：故事的起因是公主身陷危险，王子要去救她（节目叙事原动力）；在此过程中王子会经历种种磨难（节目对挑战的设计）；如果他失败了，就需要尝试其他的方法（节目主人公的塑造与改变）；最后王子突破关卡，救出公主（真人秀的结局要落在变化后的结果上）。②

视频节目中以人为核心的叙事理念、矛盾与问题呈现的冲突与戏剧性、人物主动性的连贯行为，这三个关键点能很好地把人、事件与情节等要素涵盖其中。在节目类型或者形式上，受传播科技和大小屏影响，新视频节目形式更为多元。在信息爆炸、移动传播改变阅读习惯的今天，更强调依托传播形式，把重要的、复杂的事情以最简练且恰当的方式呈现出来，讲述一个悬念感十足的故事，营造充分的观看代入感和情绪共鸣感。

二、新视频节目叙事模式的组成

所谓叙事是指要选择不同类型的角色、场所和事件的组合，在组合的基础上对组织背后的选择推动力进行描述，同时，交代事件之间的逻辑联系，从而形成一致的整体。从本质上看，叙事可以被看成为一种符号，该符号的构成元素包含因果关系、时间与空间关系。而叙事模式则是指解释事件真相、展示事件发展过程的基本方法，主要由悬念、细节、铺垫、重复、高潮等一系列表现手法所构成。

前美联社写作指导布鲁斯·德斯尔瓦认为，每个真实的故事，有着同样的潜在结构：人物总有问题，他因这个问题而挣扎，故事的大部分都是关于这种挣扎的。在故事的最后，你会读到人物要么战胜困难，要么被困难打倒。具体到视频节目创作中，编导要找到节目影像叙事的关键，将故事的要素拆分为复杂的难题、解决的方法、人物及其行为的构成。这其中，笔者认为对人的关注、事件的过程、情节或细节以及叙

---

① [英]罗伯特·瑟克尔（Robert Thirkell），英国知名节目制作人，早年在 BBC 任职，制作《麻烦终结者》《重返基层》《地毯上的血迹》等多档荣获英国电影和电视艺术学院奖（BAFTA Awards）的节目，引领英国商业类纪实节目的潮流。2003 年离开 BBC 后，指导创作《杰米的校园餐食》《当大厨遇到小厨》等众多获奖节目。

② 法制节目网.英国真人秀泰斗的节目制作要诀[EB/OL].[2015.1.9].http：//www.law-tv.cn/a/guangrongbang/20150109/3351.html.

事起伏等是构成视频节目讲述故事的核心要点。接下来，我们将视频节目叙事模式的组成部分重点从人物、时空、情节三个方面进行剖析。

1. 人物

"所有的都是关于人，而不是关于歌或竞技。"

——英国名制片人 Paul Jackson《英国达人秀》[①]

　　一般来说，每个叙事都是由两个部分组成的，一个是故事内容，比如人物、情境等；另一个是话语，也就是如何加以表达。人物是每个节目的核心所在，从某种程度上来说，节目邀请什么样的嘉宾，或者选择什么样的角色，本质上不是在找选手，而是在找故事。

　　对真人秀节目叙事而言，它是人物被设定在特定的情境中，面对挑战，进而作出抉择和行为，最后解决问题，这也是真人秀故事讲述的经典模式。真人秀节目的参与者不管是普通人还是明星，都是故事主体，也是观众观看的客体。嘉宾要成为观众好奇的戏剧性对象，让观众觉得这些人跟我有关，我要去关心他，要把普通人构建成一个观众关注的对象，这种代表观众的选择就是构建选手与观众之间的一种关系。同时，参与者自身和参与者之间也要有戏剧性。比如，在许多真人秀节目中表现出来的普通人如何变成百万富翁，名人如何过普通人生活，还有嘉宾之间的对比、冲突都是强化人物的戏剧性。

　　以《英国达人秀》节目为例，普通的老百姓上节目如何引起观众的关注呢？在对人物刻画的镜头景别使用上，《英国达人秀》采取以中景、近景为主，特写为辅的手法。中景、近景能表现选手面部和动作形态，特写则以人物肩部以上的头像或某些局部的画面为主，带来情绪细节的强化（图 6-1）。三种景别的配合使用既能从外部全面展现选手的造型、动作、行为，又能展现选手的细节动作和细微表情等心理活动。对人物的凸显除了镜头的景别设计和摄像的精准捕捉外，音乐、音效的巧妙使用也起了很好的作用：当选手晋级，欢乐的音乐配合热情的掌声；当选手落选，舒缓的音乐放大选手的情绪。

图 6-1　《英国达人秀》（2007）选手 Paul Potts 的景别使用

[①]《英国达人秀》（*Britain's Got Talent*）系英国独立电视台（ITV）制作的一档全民选秀节目，于 2007 年播出第一季。

整体节目采用纪录片式的跟踪拍摄和细节展现，从选手报名开始就记录他所有的表情、动作、心情，一个人有 7 台摄像机跟拍。在参赛选手上场前和下场后，主持人都会引导观众走向台前幕后，了解选手们的基本状况和心理状态，这种纪实性的拍摄手法和细节呈现不仅增加了节目内容的真实性，而且增强了观众的体验感。在节目中穿插外景的方式，更是将触角延伸到了户外，打破了视频节目原有的空间限制，同时还有助于缓解观众的疲劳，更好地吸引观众的注意力。纪实跟拍和外景穿插的交叉运用使得节目内容充实而丰富。

随着《英国达人秀》节目风靡全球，东方卫视于 2010 年购买英国版权方的版权，按照原版《英国达人秀》的标准化作业流程制作《中国达人秀》。节目从选手报名就开始拍摄，在选手走进等候区之前、等候区、上侧幕前、侧幕、表演结束后的密室等设置 7 个机位拍摄选手，舞台表演有 13 台摄像机，节目拍摄总计 20 个机位。据称，每周播出的 1 个小时节目会录上 150 盘素材带。

按照英国版权方的经验传授和制作宝典，在节目开始之前，就需要设定好非常详细的故事类型，比如，要有哪些类型的选手，哪些类型的选手是一定要有、要去刻意寻找的。"英方建议过，一定要有侏儒、有胖子、有厨师、有艳舞女郎等，于是中方一大组人马通宵达旦地观看近十年来的各地综艺节目，一旦发现亮点就马上动员选手来参赛。"① 同时，版权方还要求，对于参赛的选手不允许有任何媒体的事先曝光，包括选手的故事和才艺，连主持人和三个评委也不知道，观众更不知道，只有导演组知道。节目组必须保证这个选手第一次登台时评委和观众是第一次看到他，只有这样，观众才会被人物和人物背后的故事所吸引，节目才能取得更好的效果。

《中国达人秀》区别于传统寻找偶像选手的概念，认为每一个平凡的人都是有故事的人。播出的三期节目先后在上海取得 8.0、13.1、12.9 的高收视率，位列本土市场收视第一，在全国也分别取得 1.37、2.1、2.16 的高收视率，远超国内各大卫视的真人秀节目，成为同类型节目中的收视冠军。②

对人物的塑造，是对人物故事的选择。与《中国达人秀》这类有鲜明人物故事的真人秀不同，《吐槽大会》等脱口秀类、谈话类节目似乎并没有明确的人物故事。在处理这类节目时，人物的语言和细节动作就是形成故事的关键。在剪辑《吐槽大会》时，可结合实情适当地将有趣的部分凸显出来，将可观赏的部分压缩在有限的节目时间予以放送。在吐槽的过程中，遇到比较敏感的话题，此时就是主咖画面，观众就会起哄，烘托出节目气氛，这在整体上为节目加了不少分。梳理节目剧情、突出人物特点直接影响着节目的整体效果。

在镜头的设计外，音乐、音响能补充画面信息，增加画面感染力，在推进故事、刻画人物上也能起到画龙点睛的巧妙作用。很多现象级综艺节目常常会运用一些符合当期主题的音效，渲染环境、制造悬念，或突出节目兴奋点。如《向往的生活》中有

---

① 钱卓君 . 选手有故事，《中国达人秀》火了 [EB/OL].[2010.10.11]. https://ent.qq.com/a/20101011/000111.htm.
② 网易娱乐 . 关注平凡梦想《中国达人秀》获得收视口碑双赢 [EB/OL].[2010.8.15]. https://3g.163.com/ent/article/6E4E8QG600034 IH2.html.

一个段落是刘宪华和王珞丹在乡间小路玩滑板，后期配乐是周杰伦的《阳光宅男》，渲染出风吹麦浪午后嬉戏的轻松气氛，人物自然也因为声音与画面的配合附着上一道光芒。在蘑菇屋集体送别沙溢这一段落，背景配乐是沙溢的代表作《武林外传》的片尾曲《侠客行》。应景的音乐勾起观众的回忆，也十分契合沙溢"自带笑果"的人物性格设定。

除了音乐音响，音效的设计同样可以作为辅助视觉画面表现力的工具。李诞参加《向往的生活》录制时，在吹竹子时突然间唱起了歌，此时后期做了一个玻璃破裂的画面和音效，小小的音效细节却形象、巧妙地展示出李诞一惊一乍的人物个性。

无论是哪种节目类型，人物的行为构成了事件，事件又生动地刻画出人物的个性和关系，人物的个性又成为情节构成不可或缺的支撑点之一。需要明白的是，鲜活的人物不是导演组强给的，而应该是观众体会的。节目的构建方式根据不同节目的类型会产生不同的方式，但是人物永远是节目最有吸引力的地方，只有人物有了吸引力，游戏也好竞技也罢，都将在观众的期待之中进行。所以说，节目的吸引力不在于项目本身，而在于是"谁"参加。

2. 情境/时空

情境是戏剧艺术的基础，它是促使剧中人物采取行动、激化矛盾冲突的基本要素。[1] 对视频节目而言，节目的情境由规定的空间和时间构成，它是一种线性的闭合性叙事形态，故事与故事发生的空间也能给观众带来不同的视觉刺激和观看欲望。尤其是在真人秀节目中，叙事必须有一个规定的空间和时间，行动者必须在这一限制当中去完成任务。

在竞技类节目中，竞技的过程能激起人们内心的渴望和追逐，剧情的连贯性和竞技结果的刺激性使得观众会连续不断地观看下去。这种竞技安排不管是哪一种类型，都要通过情境设置来强化视觉冲击或是心理体验。以游戏节目为例，首先要讲清竞赛规则，然后是选手在一个最终目标的驱动下角逐，进而开始全阶段演绎，最后是主持人宣布结果、颁发奖品，短短数分钟就演绎了一个过程。因为有过程，观众被带入叙事中，关注选手在故事中的命运，自然会关心最后鹿死谁手的问题。真人秀节目每个环节的展开都包含着人们的某种期待，同时又是冲突的集中体现。尽管冲突的演绎在真人秀中并无剧本规定，存在着种种不可预知性，但是观众还是希望可以对冲突的发生有个心理预期，此时情景即可满足观众的心理预判，并激发收视欲望。

如《变形计》的情境设置在于两个悬殊家庭的交换。被置换的两个家庭巨大的经济物质条件上的落差、陌生的环境、刻意的挑战，都是主人公故事发生的情境。情境本身就对主人公产生强烈的刺激，从而使其作出对应的反应。同时，还要注意的是故事前后的情境反差。在短暂的人生互换后，城乡主人公要再次回归各自本来的生活，在这种既定结果的示范之下，情境下的人物故事更吸引人关注。

---

① 胡智锋. 电视艺术新论 [M]. 北京：中国社会科学出版社，2016.

在芒果 TV 自制的国内首档超时空生存实验剧《重返地球》中，节目以末世科幻为背景，融合了密室逃脱、悬疑推理等多元素。节目从头到尾是一个完整的故事背景，玩家有各自不同的身份，进入游戏情境之后不断探寻新信息，剧情也不断反转，如同一部悬疑剧。

北京电视台《档案》则通过对事件铺陈的过程感，充分发挥视频节目按照时间顺序的线性叙事特点，把连贯的事件充分展现出来。正是有了连贯性和过程感，所有的故事情节和细节才会获得发挥的空间和叙述的张力。比如，在《张国荣死亡之谜》（20100811）一期中，节目通过有序的演播室组织和调度，把支离破碎的历史材料组织成充满过程感的影像叙述语言，使故事的展开有了腾挪转换的空间，进而探寻这个谜团背后的故事。

3. 情节 / 细节

情节和细节构成故事的基本单位。当节目中的人物遇到困难、面临挑战时，叙事的进程是他要发现办法、解决问题，那么在叙事进程中，就需要强化情节和细节两个关键环节。

英国戏剧教育家阿·尼柯尔教授在《戏剧理论》一书中曾提出："所有的戏剧基本上都产生于冲突。"法国戏剧理论家布伦退尔也认为，戏剧艺术的本质特征就是冲突。由此可见冲突在艺术作品中的重要地位。古希腊哲学家亚里士多德的悲剧理论认为，发现和突转是情节的主要成分，它们支撑起故事的起、承、转、合等环节，推动故事从一个阶段向另一个新的阶段发展。因此，可以如此归纳：发现和突转形成冲突，一个个冲突推动情节向前发展，若干情节形成故事，而细节则可以让行动更生动，让故事更精彩。

为了能使观众快速进入叙事情景，展现叙事人物间的复杂关系，突出不同人物的不同性格，许多视频节目的制作者常常会不遗余力地设置独特且富有戏剧性的情节。故事中最主要的两个点：一是人物遇到困难、面临挑战；二是发现办法、解决问题。清华大学尹鸿教授认为，真人秀所强调的目标是一种动力、悬念，那么竞争就是过程、情节，竞争是否激烈、是否具有强度，竞争结果是否难以预料都会影响真人秀节目的"魅力"。[①] 所以，选手们的目标和行动就是整个真人秀的核心。在节目行进过程中，为了吸引人，也通常会在每一个小的叙事环节中设置一些小的竞争目标，这种吸引对于普通参与者也好，对于观众也罢，都是一种潜在刺激，尤其是其中的淘汰和晋级，观众就像是观看电视连续剧一定要得知最后结局一样。真人秀通过人物素材的选择和组接，形成人物关系的网络，在网络中的人物互动形成日常的人际冲突，各种冲突、偶然、必然的因素，各种动机、目的和结构，构成了完整的人物命运故事图谱。在 3 分钟篇幅的央视形象片《再一次，为平凡人喝彩》中，

---

① 尹鸿，陆虹，冉儒学. 电视真人秀的节目元素分析 [J]. 现代传播，2005（5）：53-58.

创作者只选取了众多普通人生活中的两个节点——面临困难时的抉择，以及坚持下去终获成功的喜悦。片子抓取这两个节点的情节与细节充分刻画、放大，省略了其他的环节，通过普通人的挫折与困惑、坚守与喜悦来诠释平凡的梦想。

情节要向前发展，就需要不断有冲突产生。节目中的冲突无外乎以下三种：人与自然、人与人、人与自己。第一种人与自然界的较量，如《荒野求生》《跟着贝尔去冒险》等主要依靠人与环境（主要是自然环境）的冲突构成基本戏剧结构，一般是参与者接受任务，在艰苦的条件下克服种种困难，达到规定的目标。

在第二种人与人的冲突制造中，有些竞技节目通过规则的限定，人为地把人分成敌我对立的两支队伍，有的则将其安置在固定场景之下，如《恋梦空间》《心动的信号》，让人物之间产生爱恨情仇，通过日常的人际冲突构建人物故事。

第三种是人与自己内心的冲突。以英国 ITV2 电视台的高科技游戏竞技类真人秀 The Cube 为例，自从 2009 年首播以来，节目一直以"颠覆传统视频节目视觉效果"为招牌，以最尖端的拍摄和制作技术、最酷炫的视觉效果为卖点，在 2011 年英国电视剧最高奖 BAFTA TV Awards[①] 中获最佳综艺节目奖。除了视觉冲击和奖金刺激吸引收视，节目成功的核心还是在于讲好故事。节目中"引桥"的设计营造出立方体内的幽闭场景，使人置于恐惧情绪中。再通过镜头对人物情绪、动作细节进行捕捉和切换，伴随着游戏的发展产生期待、悬念、失望、喜悦等情绪的变化。简单的游戏设计不变的是在讲述人物故事，通过聚焦人物的内在情感，讲述人物内心的思考、选择、焦虑与悲喜。

2010 年浙江卫视模仿该节目制作《魔幻立方体》，因镜头切换少、到位感不足，造成整体节目缺乏悬念。2012 年，东方卫视引进原版版权制作了《梦立方》，定位为全国首档全媒体视频节目。节目制作水平很高，在当时是具有相当的科技含量的，但是在故事的推进过程中刻意将"梦想"等大的话题融进游戏环节，叙事缺乏冲突和细节，缺少人物内心的戏剧性抗衡，成为节目叙事乏味的原因之一。

在当下节目制作中，通过恶性剪辑、刻意制造冲突的案例不少见。比如《中国有嘻哈》中 PG One 与 GAI 的 diss 之战，王俊凯工作室直接发出声明要求《高能少年团》节目组给予回应与道歉。对于强对抗属性的节目来讲，选手之间有摩擦实属平常，对冲突的把握不是为了单纯搏眼球、炒作明星、制作话题，而是通过立人物推动情节合理、健康地向前发展。

第二节　悬念——讲好故事的关键技巧

讲故事和讲好故事是有本质差别的。悬念，是叙事的动力，它在讲好故事中有不可代替的作用。《华尔街日报如何讲故事》和《故事：材质、结构、风格和银幕剧作

---

① 英国电影和电视艺术学院奖（BAFTA Awards），全名 British Academy of Film and Television Arts Awards.

的原理》两本书对叙事中的悬念都有一定的论述。我们通过剖析悬念对讲好节目故事的作用及悬念在节目中的具体运用，结合不同类型节目的具体叙事技巧，对如何讲好节目故事进行思考。

一、新视频节目悬念制造的重要意义

悬念就是，你清楚桌子下面有个炸弹，但是不清楚爆炸何时发生。

——著名电影艺术大师 希区柯克

悬念给观众更多的是带来一种情绪，如紧张、好奇、猜测。美国剧作家威·路特在《论悬念》中说："戏剧性故事的讲述者运用更有诱惑力的技巧……来吊你的胃口……从广义讲，他埋下一颗炸弹，这颗炸弹可能是物质的，也可能是感情的，然后把它留到最后爆炸。就这样，他把戏剧中的能量释放出来，这种能量就是悬念。"[①]在新视频节目中，悬念制造的重要意义就是推动观众的收看兴趣，增强节目对受众的粘性。

1. 理解悬念，营造悬念

简单地说，悬念是一种积累和释放的过程，它既包含形式上人为设置的悬念，也包含事件本身或者行动本身的悬念。悬念的叙事功能是使受众对情节的未来发展如骤变、突转等可能性产生极大关心，从而引导受众积极、紧张、激动地参与到故事中来。[②]

在《福尔摩斯探案集》中，罪犯说，一个盒子里装了两个药丸，红色的有毒，蓝色是解药，由你来选择。你是选择相信他，还是选择另一个瓶子？但如果他已经料到了你不会相信他，故意骗你怎么办？如果他已经料到你已经预料他可能骗你，又故意说真话怎么办……层层推演，原本简单的选择题，变得悬念重生，精彩又激烈。到底选哪个才对？这本身已经是悬念，却还能硬生生再加一层——最诡变的还是人心。

希区柯克的经典电影《火车怪客》中的旋转木马片段很好地阐释了如何构建悬念。精巧的悬念与迷人的镜头语言，让这部电影成为悬念叙事的佳作（图 6-2）。

从电影角度来看，大多创作者制造悬念点的方式一般有两种：第一种是逻辑一环套一环，最终揭晓悬念；第二种是创造高频悬念性突发事件或者事故性悬念，形成作品的悬念。在视频节目的创作中，节目可以通过多机位镜头剪辑合理创造叙事节奏以制造悬念，画面的景别变化、剪辑、组接都是组成视频节目节奏的因素。在保证节目流畅的前提下，突出和放大精彩的内容，缩短和删除信息量小的内容，控制好节目节奏都有助于营造悬念，增强节目对观众的吸引力。

---

① 周健，王培铎. 论悬念的焦点 [J]. 大连教育学院学报，2000（2）：28-30.
② 胡智锋. 电视艺术新论 [M]. 北京：中国社会科学出版社，2016.

图 6-2 《火车怪客》旋转木马之上的两人生死争夺，旋转木马之下工人去拉闸制止

2. 悬念设计的出发点：积累与释放

曾经在某论坛上看到一网友说，悬念就像你回去跟女朋友待几天，你有事，但你偏偏不说。悬念不是设置疑问然后回答，而是在设疑之前需要积累，在设疑之后需要以一定的手法和方式把悬念这一叙事技巧所承载的主题表达出来，让受众得以领悟，这就是悬念的表现。悬念的形成、保持和加强，需要依靠"抑制"和"拖延"等叙事套路，有一些剧作理论将其称之为"延宕"或"缓解"。

传统电视节目的观看情景导致节目叙事稍纵即逝，新视频节目在移动端口的传播使得受众注意力更容易发生转移。因此，一方面，在这种传播场景下的悬念设置更显重要；另一方面，悬念设置宜简明、单一，忌深奥、曲折。在具体表现手法上，可根据节目叙事的节奏、风格的差异，采用冲突型表现方式或抑制型表现方式表达悬念，用节目包装加强悬念，以此引起受众的观看兴趣和探究心理。

二、新视频节目的形式设计性悬念

与其他影像形式相同，视频节目也是要通过营造紧张刺激的情绪来形成悬念，同样需要积累与释放。但是，由于播出屏幕、形式的差异，在具体创作中又有区别。

新视频节目的悬念设置，我们从节目形态学角度将其大致分成形式设计悬念和内容结构悬念两种。这一部分，我们讨论的形式悬念是指通过节目编排、形式设计、游戏规则、道具设计等形式，人为地在节目模式设计上制造悬念。

1. 编排悬念

形式悬念是以兼具合理性与设计感的赛制规则设计，或在主线上增加环节设置模式来创造悬念感，常见于竞技类节目中。如《中国新歌声》通过 50 位评审团最终举牌选择胜出者是谁，这就是在内容形式上给观众的一种期待，创造最后悬念式的结果。

《中国有嘻哈》最后冠军对决时，也是通过现场观众来投票，这些都是从节目内容编排上自创出的悬念感。

除了节目中设置的编排悬念，主持人的表演、片花、小片等的穿插也是当下悬念制造的一种方式。以湖南卫视的《歌手》节目为例，在最后公布结果的时候，导演洪涛都要喝口水，故意不给观众结果，就是让观众产生好奇和期待。这种编排加入主持人自创悬念的方式，抑制了结果的产生，也就是我们说的悬念释放中的跌宕形式。主持人抓住观众急于获知内情的迫切心理，故意放慢叙述节奏，延缓事件进程，这种处理方式在以《鲁豫有约》为代表的访谈节目中也常常被使用。作为一档节奏舒缓、注重抒情性的人物访谈节目，《鲁豫有约》总是在进行的关键点通过片花或者主持人对白来延宕，从而营造节目的悬念。

节目编排中的形式悬念是一种抑制型的形式悬念，表现方式含蓄、委婉，适用范围广泛。有的是在解说词或主持人叙述至某一事件"兴奋点"时，旋即转向对另一事件慢条斯理的追溯；有的是在中心情节发展过程中嵌入其他次要情节线索，造成"戏中有戏"的效果；有的是在矛盾冲突难分难解的高潮阶段，穿插进一段人物的抒情性独白；有的是出人意料地出现滑稽怪诞的行为动作，以冲淡、消解节目中某种令人压抑得近乎窒息的紧张氛围……因此，形式悬念通过对观众迫切期待的情绪强化，进而成为巧妙构筑悬念的一种技巧、手法。再如1994年开播的台湾综艺娱乐节目《超级星期天》中的《超级任务》就运用了抑制型表现方式。特搜小组寻人过程中的每一细节、每一困难都被充分地展示并适当夸大以营造悬念，似乎唾手可得的结果却突然因各种原因而中断，这种欲擒故纵的手法使过程得以延宕，受众也在期待中观看完整期节目。

2. 装置悬念

看似是节目道具的创新，往往是制造故事悬念的重要装置，为讲述故事提供巨大的动力和张力。如《这就是街舞》中，导师需要通过给选手"毛巾"来让他们加入自己的战队，《中国好声音》则是导师在盲听歌曲演唱后选择"转"或"不转"座椅以表达自己的态度，这些道具的使用都很好地设置了悬念，让观众心情的起伏紧随故事的发展。

装置的设置能从形式上塑造悬念感，但是如何利用装置积累和释放讲述人物故事十分关键。以女团选秀节目韩国版 *Produce*101 第一季与中国版《创造101》对比，两档节目都采用形式悬念设置装置——金字塔形座位。该座位是呈三角形的，选手逐队入场，自行挑选想坐的位置（图6-3）。当然，坐到第一，大家更关心，镜头也就更多，选手也就能更快地进入观众的视线，但是压力也会更大，如果没有一定实力，可能会很快被观众抛弃。两个节目的悬念设置方式都是通过描写选手的心理活动来完成，此处的看点都是选手内心的排名设定。节目均通过拍摄大量的素材，对选手表情与肢体动作进行遴选、放大等后期处理。在节目中，观众视角和已落座的选手视角保持一致，

图 6-3 《创造 101》第一期 选手座位图

大家共同的期待是想看每一个新出场的选手会怎样选择位置落座。因此，在剪辑的时候要特别注重已落座的选手的表情、动作、语言，让观众的视角与心理活动也被代入节目之中，提升观看体验。

不同之处在于，*Produce*101 主持人画外音完成开场后，一开始便用多景别镜头展示上场选手，同时，通过其他练习生的反应镜头提高观众对练习生出场的期待。明显放缓的节奏，配合悬疑风格的 BGM，共同完成选手出场前的悬念积累。在对装置设计的强化上，普遍通过细节镜头展现选手对"第一"位置的追求感，具体到每个选手的面部表情、落座选手对对手的反应等。而在对出场选手的处理上，选手情绪表现为或淡定或紧张，无论是哪种情绪，节目一致强化对"选座位"这一行为的悬念渲染，不同的反应也为每一个选手的人物设定埋下伏笔，为后续人物的立体化塑造做好铺垫。比如，在对不同选手的出场设计上，或欲抑先扬，或欲扬先抑。万众翘首的选手被导师批评，才艺表现与现场期待形成反差，成为营造话题的利器；面对越强劲或越往后的选手，现场选手的交流猜测、丰富的情绪镜头、采访回答铺垫悬念、人物的表情细节、心理活动的捕捉，让观众与选手一起紧张、猜测、好奇这位对手会选择哪个座位。这种铺垫成分给得越多，选手的实力感、期待感越更为强烈，观众对该选手的印象自然也就越深刻。

相比较而言，中国版的剪辑弱化了装置悬念的作用，叙事节奏相对要快一些，且表现形式更多。除去对选手表情、动作、语言的侧写，还会描写现场选手的互动冲突，这样的剪辑方式增强了趣味性和节奏感。由于对装置悬念使用的弱化，从座位位置的心理铺垫上，选手们的反应更多是期待而非竞争感。

三、新视频节目的内容结构性悬念

我们把节目叙事主线以外的悬念形式划分到形式悬念上，那么围绕具体的节目呈现和故事讲述的悬念设置，就是接下来要讨论的内容结构性悬念。

内容结构性悬念一般包括目标悬念、冲突性悬念和兴奋点悬念等。

1. 目标悬念

观看节目的观众需要悬念推动收看兴趣，而节目中的人物同样需要动作和行为产生的动力推动叙事的情节向前发展。无论是项目的参与者还是围观者，都需要动力性目标驱使节目中的参与者去主动展开行动。这种行动的主动性越强、对目标的渴望越强，故事的吸引力也就越强，观众的观看欲望也会越强。

故事的目标作为一种悬念，推动参与者和观众与节目的进程捆绑在一起。[①] 在竞技类的比赛中，往往要为比赛者努力拼搏提供一个充分的理由。比如《爸爸去哪儿》，比赛赢了可以获得优先选择房子的权利；《快乐大本营》的游戏环节，嘉宾赢了以后可以为乡村小学赢得公益基金。

又如《梦想改造家》是由东方卫视打造的一档家装改造节目，每期节目聚焦一户有住房难题的家庭，委托设计师在有限的时间里使用有限的资金为其房屋进行改造。"爱心改造"是公益目的悬念设计。节目突破性地改变传统装修类节目以美化外观为主旨的节目样式，聚焦与住房难题息息相关的家庭故事和人物命运，通过颠覆性空间布局重置、细致入微的人性化设计，把人文情怀贯穿其中。住所改装完成后，节目真实记录入选家庭返回家园的全过程，记录他们幸福的泪水和感动的笑容。同时，在演播室中，主持人和明星再次评点改装中的匠心和亮点，强调突出一些高科技高品质的功能设计和装修材料背后的人文关怀、爱心和科技含量。在节目的 VCR 部分，先从施工队工人的视角展示装修与以往不同的地方和困难，再到设计师在施工现场介绍对焦点问题的解决方案，最后到演播室还原家庭实景的视角，为家庭提出装修产品和服务的建议。整体节目的推进离不开节目的出发点，就是"爱心改造"，这也是改造对象和改造者共同的目标，更是观众持续收看的心理动因。

2. 冲突性悬念

在影像叙事过程中，视频节目的叙述主体把故事的全部、局部或某种迹象与征兆向观众作预先提示，或是通过对游戏规则的操作来加剧人物冲突、增强故事的曲折性，使观众随拍摄对象的命运和遭遇而悲喜、紧张、焦虑，这种悬念表现方式就是冲突性悬念。

冲突性悬念通常运用于矛盾冲突剧烈、情节复杂的视频节目中，在真人秀中，往往通过人物关系设置与情境设置两种方式驱动冲突性悬念的产生与发展。在新闻类节目中，如新闻评论节目《焦点访谈》、法制专题节目《今日说法》等，主持人用简洁明快的语言开篇，迅速抛出结构性悬念。由于谜底藏在故事情节中，观众只能"束手就擒"，等待谜底揭开。在文艺节目中，《中国诗词大会》采用知识竞赛的形式选拔播主，"百人团"的设定增加了节目的悬念感，迎合现代流行的游戏式思维；《朗

---

① 尹鸿，陆虹，冉儒学.电视真人秀的节目元素分析 [J]. 现代传播，2005（5）：53–58.

读者》《见字如面》《国家宝藏》都属于板块并列式结构，每个板块请出不同嘉宾并设置悬念。

不同种类节目有不同的冲突制造手法，以相亲类节目《我们约会吧》为例，看似简单的规则里蕴含着很多的冲突点，如当男嘉宾面临着选"喜欢自己的"还是选"自己喜欢的"这一两难选择时，就会出现很大的心理冲突。这类真人秀的最大看点在于不同选手的对抗与最终牵手结果带来的悬念，再叠加节目中不期而至的突发性事件等。同样的处理手法体现在《非诚勿扰》等节目中，通过多人对话，结合当下的社会现实矛盾和思潮，构建节目的戏剧冲突。

在语言类节目中，冲突方式略有不同。如《奇葩说》重视过程叙事性，节目参与者贯穿整个叙事主线，参与节目的前期准备、规则介绍、辩论、淘汰等具体环节，其表现有力地推动着节目现场的进展，台下观众的鼓掌和欢呼也在营造着节目气氛。这些表现方式与真人秀节目一样，注重纪录手法，使节目变得真实可信又悬念迭出，还能充分展现人物性格。同样，《十三邀》也是用对话的形式作冲突，主要是靠许知远的"偏见"与嘉宾的观点发生冲突，引发观众的思考。

就是说，节目每个环节的展开都要置入集中而丰富的冲突，依托每一个冲突推动情节向前发展，在观众的期待中经历故事的起承转合，最终完成整个叙事过程。

3. 兴奋点悬念

所谓兴奋点悬念，是节目根据内容设置一些意想不到、充满不确定性的悬念，准确踩在观众的兴奋点上。

在节目的开场，编导要设置视觉的兴奋点。一个影像作品，开场第一段画面一定要有吸引力，它的作用可以是奠定基调、切中情绪、构建视听冲击，还有营造悬念。众所周知娃娃鱼有一张大嘴巴，凶猛好斗是它的天性。《致富经》一期节目《他靠娃娃鱼和山里的秘密赚钱》（20160525）的开场，主人公抱着娃娃鱼做出的危险动作，就是通过镜头展现兴奋点悬念，进而讲述主人公与娃娃鱼的致富故事。

在节目的推进过程中，编导要不断设置小的兴奋点悬念，形成具有持续吸引力的推进式节奏。以韩综《闲着干嘛呢》为例，它继承了前辈《无限挑战》的优势——不确定性。《无限挑战》的不确定性主要靠的是嘉宾，观众观看时完全无法预测下次节目是什么形式，所以每期都是惊喜。《闲着干嘛呢》将这种不确定带来的兴奋点悬念调整为主要靠节目组，观众观看时猜不到下一个拿相机的人是谁，他会拍些什么，兴奋点悬念使得观众产生好奇心，吸引观众持续追剧。

除以上悬念类型外，在某些节目中，编导还可以通过限制信息流动形成限制性悬念，比如，在《今日说法》等法治节目中，编导往往将节目未知的状态还原，限制观众视角，从而引发观众看节目的好奇心。

第三节　从典型案例看不同类型节目的叙事特色

不同类型的视频节目有不同的叙事方式，无脚本的新闻节目和有脚本的综艺节目叙事是存在一定差异的。

对新闻节目而言，好选题是讲好故事的根基，影像的表达构成讲好故事的技巧。CBS当家新闻节目《60分钟》就是一个很会讲故事的新闻节目，该节目不论是做何种题材，关注点永远不是简单的事件，而是以事件为依托，关注人物的故事。而在故事的表现上，冲突和矛盾是推进故事发展的根本。国内的新闻节目如早期《新闻调查》一定程度上与《60分钟》的叙事方式相似，同时，记者的追踪和采访在故事讲述中起到穿针引线的作用。

对综艺节目而言，脚本的出现使得影像叙事的作用更为明显。如何结构全片、如何展现冲突、如何制造悬念，从前期策划、现场拍摄贯穿到后期制作的整个过程。以近年推理类综艺节目中的佼佼者——芒果TV出品的《明星大侦探》为例。该节目创意源于韩国JTBC台的《犯罪现场》，明星在"案件现场"寻找证据，并推理出真正的凶手。在这个节目中，每一位嘉宾都具有鲜明的人物特征，这就是我们一直强调的关注"人"。在镜头语言上，节目用影视剧的手法做综艺，大量使用运动镜头，如在嘉宾搜证时，灵活运用跟镜头与甩镜头，镜头时长的掌控为观众掌握推理过程、感受探案气氛提供有力的支持。同时，节目增加游戏化环节，在探案中增加校园暴力、单亲等社会问题的讨论，使得整体风格更为年轻，同时，增进了网络综艺的价值引领。

不论哪一种题材类型，如何讲好故事，如何塑造好人物都是节目成败的关键。以下选择近年来较为热门的几档优质节目，剖析其独特的叙事特色，以求管中窥豹。

一、亲子真人秀《爸爸去哪儿》：弱化游戏难度，放大情感因素

从明星到普通人的操作手法，在真人秀节目中屡见不鲜。《中国达人秀》《中国好声音》是选秀产生的"草根"明星演绎"麻雀变凤凰"的故事模式，《爸爸去哪儿》《爸爸回来了》等节目则是从明星回归到普通人的叙事处理。其中，《爸爸去哪儿》借鉴韩国MBC电视台《爸爸，我们去哪儿》，进行本土化改良创新。节目叙事中对亲情、成长等价值的强调，以视听故事实现其价值内核的本土化传达，把亲子类节目推向一个高潮。

1. 弱化复杂游戏的规定情境

相对于韩国版，湖南卫视版本选择了多处具有明显地域特色的外景环境，充分考虑并利用了我国地大物博的自然环境特征。湖南卫视版本并没有严酷的游戏规则，一开始在公布任务时会提到惩罚措施，最后也只是形式上的惩罚。但是，故事需要有挑战和推进机制。节目游戏挑战的弱化并不等于节目没有一种往前推进的机制，虽然在叙事上不注重输赢结果带来的冲突，但是在慢慢记录亲子间的情感互动中，形成一种

父子情感以及人物性格的发展，渲染出中国式温情与父爱的家庭观念。

节目采用纪录片的记录方式跟拍，主要是为了抓到更多情感上的细节。弱竞争机制的任务设置下，最重要的不是结果，而是亲子间情感的互动，这些情绪的渲染直接引发了观众的情感共鸣。另外，每期节目都会有一个亲子睡前对话的环节。这一环节也许并不是节目组有意设置，但却起到了总结性的温情作用。

2. 放大亲子的情感互动细节

据悉，该节目前期素材到后期剪辑成片素材比将近 160∶1。每期节目拍摄 3 天时间，每天拍摄素材累计 40 多个小时，一期节目下来就要有 120 多个小时的素材。整个后期剪辑团队是由原《变形计》后期团队 20 人，加上 6 名《快乐男声》的剪辑外援组成。其中，20 人主要负责初剪，平均每期需要一周的时间进行整合；6 人负责精剪，将初剪素材完成剪辑需要 5 天左右时间，配字幕 3 天左右，而整个精剪的过程又是可以合作同步完成的。[①] 游戏设置的难度弱化，亲子情感互动如何体现呢？细节的抓取成为该节目最重要的叙事方式。

如 2013 年 11 月 15 日播出的节目，这一期隐含成长的主题。在 Kimi 第一次真正离开爸爸做任务的片段中，一开始林志颖一直跟在 Kimi 背后，在看到 Kimi 和小伙伴相处融洽后，他选择离开。这时候镜头采取平行蒙太奇的剪辑方法，一条线是离开儿子的林志颖继续完成自己的任务，与此同时是儿子发现爸爸不在而转身寻找。镜头抓取儿子寻找爸爸的特写，体现孩子的情感落差，配上缓慢的镜头和安静的音乐，字幕"成长大概就是这种滋味吧，Kimi 是否能明白爸爸的良苦用心呢？"的点题，瞬间将父子间的温暖情绪渲染到了最高点。

既然是亲子真人秀，聚焦的并不是简单某位父/母亲或者孩子的个体故事，而是通过亲子之间的互动和关系的变化，展现情感的升级，从而达到引发观众对亲子关系思考的目的。

二、文博探索节目《国家宝藏》：用多元形式让文物活起来

文化类节目要讲好故事是有难度的，央视《国家宝藏》集棚内综艺、纪录片、小剧场、访谈、真人秀多种节目形式为一体，叙事结构复杂多元，是央视在文化综艺上一次有力的探索。

1. 拟人化的国宝载体，丰富的节目形态

《国家宝藏》每期由一家国家级博物馆从万千馆藏中甄选三件国宝，每一件国宝的守护人为大家带来两个故事：一个是国宝的"前世传奇"，通过舞台戏剧的方式完成微型历史剧表演，告诉观众是谁赋予了它们生命，而它又改变了谁的命运，背后蕴藏着多少豪情与悲情；一个是国宝的"今生故事"，文物不是尘封的古董，它们承载

---

① 刘凌. 电视真人秀节目叙事特征及叙事模式分析 [J]. 科技传播，2010（21）：8-9.

了民族的过往，也必将通过血脉传承影响当下与未来。

节目每集由"一家博物馆＋三个文物＋三组守护人"形式呈三段并列式板块，大主题下有小主题，由主持人和嘉宾、博物馆馆长进行叙述和承上启下的串联。这种叙事结构用未知的国宝、"守护人"、国宝故事制造悬念，在讲述历史的同时，服务于节目价值观的传递。国宝前世"守护人"以短剧方式介绍国宝的渊源，让国宝的历史价值、文化价值、审美价值、思想价值更加生动立体地展示在观众眼前，做到了"让文物活起来"。在多元形式的背后，是一个个具有鲜活载体的国宝让节目故事的发生得以实现。清华大学尹鸿教授在其微博上点评："文物讲述故事，故事浸透文物，明星与戏剧形态结合，实现了文化类节目从抽象感受到具象表达的转化，国宝为载体，回望历史，诠释文化，可以说是真正中国式的节目创新。"

2. 严肃内容的叙事表达创新

《国家宝藏》在知识盲点的普及和民族自豪感的升华上，是有巨大成效的。但是不可掩饰地说，文化类综艺往往教化氛围明显，节目在叙事上仍旧存在较大进展的空间。跟国家、民族相关的一些严肃内容可以娱乐化叙事吗？娱乐的尺度如何把握？这是创作文化综艺类节目时常常需要思考的问题。

纵观近年来的文化综艺节目，多以棚内录制为主，后期剪辑常常整段保留现场叙事，缺乏对时间段落的果断处理。如《中国诗词大会》嘉宾对诗词的讲解之后，主持人把话题拉回比赛的转场过渡也被完整保留，节奏显得有些拖沓。这样的过渡实际上可以在后期剪辑时做一些处理，以保证整体的叙事节奏。像《国家宝藏》这样板块并列的三段式结构，每个板块环节的重复性和节目内容体量大的特点使节目时间相对冗长，易出现观众中途放弃的情况。如何在单位时间里不断制造新鲜点、刺激点，持续吸引观众眼球，是文化综艺类节目需要思考和努力的地方。

当然，这不是要让文化综艺节目放弃严肃性，相反，严肃性与娱乐性的兼具正是这类节目一个突出的特点。如《国家宝藏》的舞美和特效大气磅礴，但结构和画面过于严谨和规整，镜头基本为固定镜头，在须着力渲染情绪的部分缺乏运动镜头的美感；主持人和嘉宾大多在按照台本讲话，尤其是一些嘉宾在介绍国宝信息时会显示出照本宣科的僵硬感；在传达主流价值观念时，多使用配合主题升华的音乐，情绪的煽动取代了自然浸入，反倒容易带来负面效果。

在类似《国家宝藏》这种多环节节目中，如何保持持续吸引力是十分重要的。娱乐化的手段并不是一定要低级趣味，而是从受众视角入手，深耕中国传统文化，用年轻人喜欢的方式讲述中华源远流长的文化故事，将充满时代魅力的中华文化推向大众、推向世界。

三、体育竞技真人秀《忍者勇士》：竞技故事外壳与体育精神内核

《美国忍者勇士》（*American Ninja Warrior*）是美国的一档闯关真人秀节目，节目

模式源于日本节目 *Sasuke*，第一季于 2009 年开播，截至 2022 年已经播出了 14 季。节目故事非常简单，就是挑战者如何闯过重重关卡，获得最后的胜利，夺得巨额美元大奖。作为闯关类节目，它很能抓人眼球，让观众目不转睛地时刻关注赛况。

1. 塑造每一个勇敢且独一无二的挑战者

挑战者本身不是完完全全、毫无准入门槛的"素人"，而是具有一定体能基础、有可能完成挑战的普通人。每一位挑战者都有自己的特质，可以在闯关过程中展现独特的灵敏度、力量感。在景别、打光、运镜方面也基于对高速剧烈运动动态的捕捉，音乐音效等也渲染了紧张刺激的节目氛围，令人有代入感。

节目镜头不仅是面向挑战者，它通过展现挑战者挑战各种不同关卡的场景以及观众为其加油助威的场景，用两个场景切换的方式进行叙事，同时又配以主持人激情澎湃的解说。因此，挑战者、主持人、观众三者的反应以及动作共同组成了一个挑战者闯关的故事。在对人的关注方面，除了对挑战者本身的训练和比赛过程的详细拍摄，一些前期采访和背景铺垫也一定程度上起到了连贯比赛流程和丰满人物形象的作用。还有一些对其家人的展现，体现一种亲情的鼓励。

素人也同样要有人物清晰的设定，只有立体化的人物形象才能让观众更加了解这个挑战者，把观众吸引到他参与的比赛过程当中去。节目给了普通百姓一个展示自我的机会，展现了有故事的普通人的勇敢、坚持、无畏，以及面对困难永不放弃的精神，让观众感受到永不言败的力量，整体节目叙事体现了对英雄主义的精神崇拜。

2. 先抑后扬，悬念和气氛的把握

如果只是简单地看素人挑战过关，是难以引起观众兴趣的。在过程和情节的展开方面，通过一个个关卡的逐步推进制造循序渐进的紧张感，然后通过对挑战者赛前准备失败的表现，衬托最后成功的来之不易，更有一种惊喜和兴奋感。

闯关故事有单人闯关和双人闯关，镜头涉及的人物有挑战者、观众、主持人、支持者。对挑战者的关注不止于现场行为，还有采访、赛前训练等资料镜头和跟拍纪实镜头的掺入，既丰富了节目内容，也丰满了人物形象。节目中曾有一名挑战者是一位看似瘦弱的 19 岁少年，一开场，镜头有意捕捉他的面部表情以及扶眼镜的小动作，从侧面塑造人物文静且略显柔弱。接下来，节目通过对少年挑战动作和表情的多机位剪辑、现场观众加油助威的镜头切换以及主持人抑扬顿挫的讲解，展现了少年惊险闯关的过程。当少年闯过一系列关卡，显现出与外貌不一样的实力反差时，镜头呈现主持人兴奋的呐喊，并放大观众的欢呼声。在最后一个关卡，当少年一步一步往上爬时，镜头捕捉到他打滑的脚步，用特写镜头放大细节，交叉剪辑放慢节奏，从而营造"神奇少年"决战胜负的紧张氛围。

不同于很多闯关节目对竞技结果的关注，《忍者勇士》关注每个挑战者的动作表情以及他背后家庭的支持，强调塑造挑战者的人物形象；在挑战部分，通过互动性、

现场的整体性，把人物的命运感做足。在挑战者挑战顺利时，镜头剪辑较少，当挑战者遭遇难关时，比如快要松手、坚持不住的时刻，镜头多给选手全景、正面、肢体动作的多机位镜头，叠加主持人的激励、观众紧张和期待的神情，在每一个关卡放慢剪辑节奏，从而放大挑战的过程感。相反，某些闯关节目更趋向呈现片段的搞笑效果，如置入大量搞笑音效、过多的出丑慢镜头，缺乏深刻的人物形象，故事就显得单薄无趣。

3. 体育精神传播的节目内核

竞技不是拿生命冒险，不是简单地博眼球，如何通过竞技节目的外在形式展现体育精神的内核至关重要，《美国忍者勇士》作了一次很好的示范。

与其他竞技类节目不同的是，《美国忍者勇士》的设置需要挑战者有更加准确的定位和更加强劲的体力，在一定程度上保证了挑战者的安全性，这是最基本的要求。除此之外，环境和灯光的设置、对挑战者体能和意志的要求是这档近乎人间炼狱的节目的突出特点。它在捕捉人的运动节奏和动作表现上有独特的表现方法，让每一个关卡都有承上启下的拍摄方式，对每个挑战者在拍摄过程中有极高的关注度，并同步场外的热情来推动观者的情绪起伏，从而在视觉、听觉和神经感受上给人很刺激的感官体验。

比如在单人挑战的部分，节目通过一个挑战者在每一个关卡的动作和行进过程来增加前进感。每过一个关卡，都会给他的支持者镜头，体现出他们或是担心或是激动的面部表情和肢体动作，衬托挑战者以及节目现场的浓烈氛围。值得注意的是，挑战者本人就是一个体育竞技能力很强并且对自己的身体有很好的把控能力的人，在这个节目中的表现都是出色而合理的。节目通过不停切换不同景别的画面来表现比赛进程的快节奏，突出挑战者的能力和表现。跟拍镜头的追随画面部分描绘了挑战者的运动进程，多角度、多景别的镜头呈现了挑战者的动作、表情、神态，进而透视了挑战者的心理、心态。后面的慢放动作也在叙述成功结局的同时展现了挑战者的技巧，使节目的挑战感和竞技内核饱满而突出。

国内体育综艺借助 2008 年北京奥运会带来一轮繁荣，节目持续创新的同时，也暴露出流程管控上对安全保障不足的问题。比如，2019 年浙江卫视推出都市夜景追跑竞技节目《追我吧》，用单纯的追逐行动，突破选手体能极限来体现荷尔蒙的较量，后因男星高以翔在节目录制时意外猝死，节目永久停播。

2021 年东京奥运会、2022 年北京冬奥会等体坛盛事再次推动体育题材节目大爆发，各大平台纷纷将主题瞄准"奥运年"，内容覆盖田径、滑雪、拳击、篮球、足球等多种体育运动。如优酷《这！就是街舞》《这！就是灌篮》的"这！就是"系列、腾讯明星跨界综艺《超新星运动会》、东方卫视青少年足球竞技真人秀《超球少年》、江苏卫视篮球竞技真人秀《灌球少年》等。其中，表现较为亮眼的有北京卫视推出的冬奥场馆音乐真人秀《冬梦之约》（第一季）。该节目抓住北京冬奥会各竞赛场馆陆续竣工和倒计时一周年这一重要节点，邀请由艺人、运动员、工作人员三方组成的探秘团以"体验＋竞技＋音乐会"三种形式在冬奥场馆展开实地探访，在展现冬奥场馆之美的同时，通过体验冬奥运动项目普及奥运知识，传递冬奥运动的独特魅力。在迈向体育强国和建设健康中国的宏伟目标下，新视频节目深入融合全民健身和全民健康的理念，对体育题材节目进行叙事创意与形式创新，该节目作出了一定程度的创新与探索。

　　新视频节目的叙事讲述的是人的故事，其中的"人"既是指真实人物、类人化的物体，还包括围绕可能产生的人的兴奋点这一设计原则。可以说，人是节目叙事成败的核心。作家韩少功[①]在一次与学者张西[②]的对话中，从康洪雷导演的《士兵突击》谈及人物真实塑造的问题："其实每个人都是很复杂的，有白也有黑，有时候是佛魔一念间。但表现英雄的片子容易把人性中黑的一面过滤掉，或者过滤得太多，其结果就是满台君子，英雄颇有人缘，到处得到帮助，成长较为顺利，而这是与观众们的现实有差距的。观众一旦从剧情回到现实环境中，就会说，哦，那都是编出来的，根本不会有那种事。包括美国、欧洲、日本、韩国的一些片子，只要是面向大众的，也都免不了这种不同程度的现实净化和人性高调……如果我们要表现更具有普遍意义的英雄，更经得起破坏和打击的英雄，比方，表现一个既没遇到好班长、也没遇到好连长的英雄，就不能不注意这些经验。"[③] 因此，新视频节目要讲好中国故事，不只是依托策略让节目更好看，也不仅是要与时俱进地增添新的语言、手段和风格，最重要的是要通过对人物的塑造与刻画、对人性的表现与提炼，呈现艺术的创造性和思想的建设性，这也是新视频节目编导的责任与担当。

扫码观看
本章视频

---

①　韩少功，作家，曾获中国内地、台湾地区、法国等多种文学奖项，主要作品有短篇小说《西望茅草地》、中篇小说《爸爸爸》、散文《完美的假定》、长篇小说《马桥词典》等。

②　张西，北京社科院社会学所学者。本文原载于 2008 年 2 月 5 日的《南方周末》。

③　张西，韩少功. 导演康洪雷有骨头，有头脑，有心肝 [EB/OL][2008.2.14] https：//yule.sohu.com/20080214/n255163168.shtml.

CHAPTER 7
第七章

新视频节目后期文案写作

后期文案写作是在节目构建基本完成后进行的文字创作，可以补充说明画面及引申画面内容，升华节目主题。在本书第三章我们论述了新视频节目前期文案创作。本章节要探讨的后期文案是指进入节目剪辑、后期制作时需要的文本创作，重点包含解说词（或串词）写作和宣传文案创作。

第一节　新视频节目解说词的写作

不管在中餐还是在汉字里，神奇的"味"字，似乎永远都充满了无限的可能性。除了舌之所尝、鼻之所闻，在中国文化里，对于"味道"的感知和定义，既起自于饮食，又超越了饮食。也就是说，能够真真切切地感觉到"味"的不仅是我们的舌头和鼻子，还包括中国人的心。

和全世界一样，汉字也用"甜"来表达喜悦和幸福的感觉。这是因为人类的舌尖能够最先感受到的味道就是甜，而这种味道则往往来源于同一种物质——糖。

——《舌尖上的中国·五味的调和》

这是《舌尖上的中国》里的一段解说词，该纪录片的解说词以雅致玄妙著称，被人们称为"舌尖体"。舌尖体解说词构建模式多是"环境＋人物＋动作＋目的＋情绪＋意义"，其对于匠心精神、人文关怀的表达几近极致。节目讲的不只是中国美食，更是中华文化的传承，解说词也是十足体现了文化的韵味，从看似平淡无奇的中国人的饭碗中挖掘提炼出中国式的人生和中华民族美食背后的东方哲学，成为备受推崇的文案标杆。《舌尖上的中国》的解说词是传统电视解说词为适应当下受众新的需求，在风格和表述上的创新实践。伴随着新视频节目形态、形式和传播渠道的不断变化，视频节目解说词的呈现形式和表现样态正发生着新的改变。

一、新视频节目解说词内涵的扩展

据说，解说词的原始雏形是皮影戏艺人或"拉洋片"艺人配合影像的伴随唱词。对早期的电视媒介来说，电视解说词是电视语言的主要构成要素之一，是电视节目制作中一种重要的创作手段和表现因素，也是帮助观众理解电视节目内容的主要方式之一。也就是说，在传统电视节目的概念中，解说词是服务于电视节目的。伴随着新视频节目的发展，解说词的形式和内涵都有了进一步的拓展空间。视频节目解说词作为一种独特的影像语言，具体可以归纳为如下三个方面。

1. 内容拓展：包含有声和无声的视频节目文字语言

基于对电视节目创作的早期认知，《广播电视辞典》中对于解说词的解释局限于"电视纪录片和电视专题片的文字稿"。但是发展至今，这种认识显现出了明显的片面性。首先，"文字稿"的说法过于含混，很容易让人误认为是创作前的脚本或者是策划方案。其次，仅仅把解说词限定在纪录片和专题片之内，难以涵盖解说词的使用范围。

在当下的节目创作中，解说词的方式早已经拥有更多元的形式，从《舌尖上的中国》中令人垂涎三尺的解说表达创新，到类似《乘风破浪的姐姐》中黄晓明以第一人称配音的稿件，这些都属于视频节目解说词的范畴。而从其囊括的内容上看，字幕、串词、解说词、标题、画外音、现场解说等都属于节目解说词的范畴。

在实际写作中，狭义的视频节目解说词只指视频节目中的旁白，但是广义上的解说词，也就是更被新视频节目认可的解说词内涵，囊括了有声和无声的文字语言，包括标题、画外音、现场解说、字幕等多种形式。

2. 非独立性：一种不同于文学创作的文字形式

解说词是在影像屏幕上运用有声或无声语言反映社会生活，表明创作意图，阐明创作思想，并最终作用于观众听觉与视觉的一种重要语言形态。需要注意的是，解说词与文学创作是明显不同的。解说词是在画面的基础上进行的创作，虽然它的构思在创作初期就已经开始了，但是最终的成形还是依托于画面。它必须和画面相辅相成，既得益于画面，又超越画面。正如学者周敏所说："解说词是一种'镶嵌'的艺术。所谓'镶嵌'，就是要有隐有显，有起有落，这样才能'嵌'入画面。"①

解说词之所以有发挥的空间，是因为画面存在种种局限。首先，画面表现的内容永远是具体的、直观的，无法准确表述事物的内在矛盾和抽象理念；其次，画面无法准确表达人物的感情和内心活动；再次，画面难以再现过去的时空，需要解说词加以补充、弥合；最后，画面无法很好地展望未来，虽然画面可以通过一些后期特效来简单呈现，但是注定只能是一些片段，最终也需要解说词概括总结，指引未来的无限可能。

解说词最终要与视频画面相结合，它和画面相互补充、相互加强，共同形成特定

---

① 周敏. 试论电视解说的非独立性 [J]. 中国电视，2012（2）：44-47.

的屏幕语言与观众见面。在视频节目中，解说词和画面的关系是既离不开画面，又不能简单重复画面，同时还要与画面有机地联系（表7-1），从画面说起，告诉观众画外的信息。因此，解说词的写作有着不同于其他文学创作的自身特点。

表 7-1 新视频节目的声画关系

图 像	解 说
传达直接信息	传达间接信息
展示现场气氛	陈述事实概要
表现具体行为	表达抽象概念
表现客观事实	表达主观情感
含蓄的移情效果	明确的唤情效果

3. 影像语言：对视频节目叙事至关重要

解说词是影像语言的重要组成。在写作中，可以把编导对节目的认知、日常生活中涌现出来的语言词汇和表达方式进行选择、提炼、规范、确定和传播，在画面的视觉冲击下，配合解说提高观众的逻辑推理和抽象思维能力。解说词虽依附于节目所传达的画面，但它更立足于视频所要表达的整体思想，能很好地完善叙事表达和升华主题情感，是节目创作中不可缺少的一个组成部分。

在具体的节目制作过程中，解说词的创作必须要考虑到节目的不同类型和风格，以及其在节目制作过程中的位置等，从而创作出符合观众需求的优秀作品。

视频节目解说词的应用范围或应用重点包括纪录片、专题节目、新闻节目、大型系列节目的解说词部分、现场节目的现场解说部分以及节目的字幕、宣传文案等。

二、新视频节目解说词的构成

1. 解说词的构成来源

一档视频节目的构成元素，可以简单分成人（记者/主持人等）、声（同期声）、词（解说词）、画（画面）、字（字幕、图表等）、音（音乐音响）六个部分。从这些构成的作用上看，人和声让节目更有现场感，音主要是强化效果和艺术渲染的作用，画和字是视频节目的主要内容和表现手法。在具体的应用上，字幕的强化属性更明显。在当下节目发展中，字幕和动画效果的叠加带来全新的叙事效果。

对解说词而言，其表象的背后，更多的是编导思想性内容的倾注，它的构成来源主要有三个部分。

（1）为拍摄节目所搜集到的相关资料。

（2）拍摄到的，但在节目中未使用的部分内容。

（3）"画外信息"，即在拍摄现场本来能拍摄到但由于某些原因没有拍摄到，或感受得到却无法拍摄的内容。

2. 节目解说词的使用特点

解说的文字中包含有一定量的潜台词。所谓潜台词，是指在文字中没有直接表现，但可以让观众感觉到其中包含有"请看画面"的言外之意，从而把观众的注意力引导到画面上的隐藏性话语。

（1）特殊的文字表达方式

在具体写作方法上，解说词多用指示性代词。指示性代词是指能指示、区别人或事物名称的代词，有近指和远指之分。近指——这；远指——那。这、那可以单用，也可以组成复音——这些、这样、这种；那些、那样、那种。

解说词中的指示性代词可以吸引观众看屏幕，避免或减少画面的重复。在传统电视解说词中，常用近指代词做主语和定语，代替时间、地点、人物、事件、思想、状态等。

在数字的形象化处理上，往往不需要告诉观众最为精确的数字，而是强调"最"等概念，强化数字的效果，或者给数字寻找一个可比量或参照之物，让数据变得具象、可感，从而传达出数字背后的意义。

另外，解说词是通过"听觉"把"意义"传递给观众的，要谨慎使用简称、谐音词，避免歧义的产生。在文学性和韵味上，某些类型节目的解说词如能押韵，就能给观众留下更深刻的印象。

（2）配合画面使用

解说词具有非独立性，它在配合画面使用时，需要注意以下三点。

第一，解说词在表达抽象的概念、理性的思想、道德、观念时，要从画面上的具体事物、看得见的事实出发，由具体逐步写到抽象，由画面上的内容逐步写到画面外的内容。

第二，解说词要为观众对画面的思考和关注留下时间和空间，有效地吸引观众观看画面。

第三，运用解说词介绍背景资料或讲述过去与未来时，应寻找一个与画面相宜的契合点，使解说内容和画面内容形成有机联系。

（3）与同期声分工

有学者认为，人物解说词和同期声的分工应遵循以下两个原则：一是表达的确切性原则，如被采访人词不达意或语不成句的时候，不如用解说词转述；二是时空氛围一致性原则。[①] 解说词在使用时，要注意与同期声的区分，合理调整两者的比例关系，衔接流畅，互不干扰，保证观众观看的情绪连贯性。

3. 节目解说词的合理位置

解说词的使用，最常见的是在视频节目画面的表现受到局限时，需要对画面进行

---

① 史建国. 解说词在电视节目中的作用和功能 [J]. 科技传播，2012, 4（24）: 9-10.

合理的解说。节目画面表达局限常见的有以下几种情况，我们以《天下足球》和《变形计》为例进行分析。

（1）历史事件难以完整展现、画面无法预期和展望未来时

如在央视体育频道《天下足球》节目之《因扎吉：永不消逝的皮波》一片中，因扎吉巧射破门，随后挥舞双臂，肆意狂呼。"在众神俯瞰的雅典奥林匹克球场，成就了属于自己的神话，神之属地为之颤抖。"这段解说词对应的是因扎吉在2007年欧冠决赛的出色表现，这场比赛的地点是希腊雅典，而雅典是西方希腊神话的发源地，解说词借此与神话结合，有效地提升了画面的意境与表现力。

（2）难以直接揭示人物复杂内心世界时

如湖南卫视的经典节目《变形计》，大量纪实跟踪拍摄就会有很多画面是无声的，而这些画面又不可能达到如电视剧画面那般精彩，观众容易觉得单调乏味，解说则能很好地解决这一问题。同时，解说还能帮助观众更好地了解变形过程中两位主角即时、细微的心理变化，增强观赏效果。在《草样年华》一期中，城市主人公陈子韵与另外两位城市主人公杨桐、林宗德的相处出现了很多问题，经常一言不合就拳脚相向。然而，经过朝夕相处增进了彼此的了解，三人慢慢都卸下各自的盔甲，一同来到河边玩耍，在水中畅游。"阳光和煦，温暖了少年；河水清澈，融化了心田。孩子们的小烦恼，就这样在大山深处渐渐消散。"伴随着解说，我们似乎看到了少年们柔软的内心。

（3）不具备形象性的问题难以表达时

屏幕文字具有比画面更加明晰的表意作用。如在《变形计》之《他乡有爱》一期中，城市主人公张寓涵的父亲焦急地在网吧里找寻儿子，随即视频画面上出现了一行文字，"这一夜，他们依然没有找到他们的儿子张寓涵"。这行文字一下道出张父的无奈和辛酸，同时也增强了节目的情感深度。此外，视频节目中也有一些字幕轻松明快，颇具玩味之意，为节目增添了些许娱乐效果。如在《网瘾少年》一期中，城市主人公在作自我介绍时，说自己爱好打球，屏幕上随即出现"喜欢打网络游戏《街头篮球》吧，哼哼，幽他一默"。

（4）画面有多释性特点时

在《天下足球》之《罗纳尔多·传奇》中介绍看台上的一位美女时，有这样一段解说："回想四年前，大红大紫的罗纳尔多备受瞩目，就连他那美丽的女友苏珊娜也成了场外的焦点。罗纳尔多率领巴西队一路闯关，却最终倒在了谜题一般的决赛面前。"对于不了解罗纳尔多的观众来说，在一位球员的专题片中突然出现一位美女是会感到突兀的，这时画面有很多种解释的可能性。然而有了解说词的介绍和补充，就让观众明白了其中原委，并且使片中罗纳尔多的形象更加完整和丰满。

三、新视频节目解说词的写作技巧

视频节目的创意与构思是对视频节目从内容（选题、对象、主题）到形式（题材、类型、风格）的全面考虑，与其他创作形式不同，节目解说词的策划和创意必须考虑实际操作中的各种问题。

视频节目解说词作为节目制作的重要手段和视频内容的表达元素，其创作主要是在画面编辑完成之后，但是其构思贯穿整个创作过程。当下，节目制作的发展走向是更为真实化、戏剧化、大众化，恰当地将解说词创作手段运用到节目制作中来，与其他影像语言手段进行配合，可以进一步推动视频节目向更新、更广阔的方向发展。在具体操作上，新视频节目解说词的构思，首先要思考何时说、说什么、怎么说的问题。

1. 整体构思：风格与比重的确立

解说词构思须参与到节目的整体构思中，要符合作品的总体基调和风格要求。在节目制作前期，解说词在什么位置运用、起到什么作用，以及解说一共占到全片多少比重等，都是需要考虑在内的；在节目录制阶段，解说词撰写者需要找出关键词，确定线索、贯穿全片，并且要参与观察，善于捕捉节目中人物之间的一些细节，从而让解说词更加丰富、更有感染力。

在开展具体写作之前，编导要根据节目风格寻找解说词的切入角度，确立解说词的整体风格，再根据材料的充分程度和节目画面的局限性问题对节目解说词的比重作一个宏观的估计，给整个解说词定量又定调。

2. 内部构思：对文字语言的具体安排和处理

在具体解说词的写作上，首先要学会处理好时空层次。一档视频节目有时会涉及多个时空的内容，因此，解说词需要根据时空的变化而变化，不能让观众有"时空跳跃"的感觉。在构思的方法上，我们可以从完成后的解说词的作用来反向思考如何对解说词进行具体构思。

（1）连接画面、助力叙事

视频节目中的画面受时空的限制，不可能将事件的全过程再现给观众，只能选取若干画面进行蒙太奇组接，从而构成新的叙事结构。为了帮助观众更好地理解事件，就需要借助解说词理顺其中的逻辑关系，实现不同画面的顺利连接。

在解说词的叙事功能上，新闻类节目的解说词主要是提供必要背景，增加信息量，交代事情原委始末。如《新闻联播》在内的大部分新闻节目主要靠"解说词＋画面"的模式进行叙事。在叙事视角的选择上，叙事中的解说词常常是全知视角，在叙事上可以超越时空，具有诸多优势。如《今日说法》20200803 期《巧破案中案》，节目一开始解说就是"这天凌晨两点多钟，海南省公安厅海岸警察总队的侦查员正在海口市蓝天路上的一家酒吧进行蹲守，他们的目标是一个名叫阿雷的人"，配合空镜，对案件进行了全面的叙事交代。央视旅游节目《远方的家》解说词主要交代背景，主持人与向导的对话是叙事的关键。通过画外音、主持人、向导三条相互交叉的叙事线索，完成开放化、故事化叙事的转变。

（2）情感表达、意义升华

解说词可以强调画面事件，放大核心内容，克服视频节目画面的局限，对主体进行深层揭示。它通过揭示一些精神的、抽象的、情感的内容，直接表达某些深层次的、内在的意义。比如纪录片《英与白》中的解说："14 年来，白 24 小时守候着英，几乎从来不和外界接触。半年中只见她出去过一次。白常说，世界上没有人理解她，就像没有人会真正理解英一样。与英相伴，白很安宁。"

尽管视频画面可以通过强调细节、展现过程、营造氛围的方式来表达情感，但这种表达是间接的，而节目解说则能直接表达感情。如《足球天下》之《亨利：谁与争锋》一片中的解说，"当时光的列车缓缓驶过酋长球场，32 岁的亨利就坐在那里，深情的目光望过去，都是自己 22 岁的影子。还是那辆列车，随着时光送走了匆匆过客，静静开往另一片大陆。33 岁的亨利就坐在那里，深情的目光望过去，依稀浮现着自己 25 岁的模样。远方的期许固然美好，而列车短暂的停留更好像岁月的美丽回眸……"

除了抒发感情，解说词也能很好地揭示哲理。如湖南卫视《舞蹈风暴》第一期中，在一组选手被淘汰后，何炅以第一人称解说道："人生是遗憾的艺术，但正是因为一次次遗憾，我们对艺术才有更坚定的向往。"这不仅是对选手被淘汰表示遗憾，也是对当下遗憾与继续前行之间哲理的揭示，充分体现了节目解说词的张力。

在对意境的营造上，画面可以通过蒙太奇传递出某种意蕴，但是观众并不总是能很好地"解码"。如若加上解说词，可以凸显这些特别的意味，帮助整个意境的营造，这对解说词提出了更高的要求。随着新视频节目模式的发展，现在这一功能更多地被字幕所取代。

（3）自然过渡、实现转场

对于视频节目，特别是棚内录制与棚外录制相结合的节目来说，场景间的转换是必不可少的，可以利用解说词实现转场。再以《今日说法》20200803 期《巧破案中案》为例，在对警察进行简单的采访后，解说转到"没过多久，阿雷出现在警方的视线之中"，类似这样通过解说词进行过渡已经成为一种常见的转场方式。

在使用解说词进行过渡的过程中，有几点需要注意。首先，不要解释画面，也不能太多甚至于占满整个画面时长；其次，新闻语不能使用形容词。在与同期声的衔接上，对同期声的剪辑方式可以选择先入、拖后，或者逐渐压低的方式。

如今，视频节目的类型非常丰富，不同类型的视频节目对影像语言要素运用的侧重和倾向是不同的。就解说词来说，"政论片、文献片等纪实性节目注重写实，重在事件的介绍与陈述；电视散文、电视诗歌等抒情性节目则注重抒情写意，表达情感；电视新闻节目注重真实，强调时效性与现场感；电视综艺、娱乐节目则注重活跃气氛、传播快乐情绪等"[①]。所谓"文无定法"，节目解说词写作更多的时候是在节目创作中对文字语言的一种"安排和处理"，其创作不会一成不变，它会随着新视频语言环境的变化而改变，会在满足观众的需求中不断进行调整，会随着整个新视频节目创作思路的改变而改变。

① 周敏 . 试论电视解说的非独立性 [J]. 中国电视，2012（2）：44–47.

第二节　新视频节目字幕的使用创新

计算机数字技术的成熟带动视频节目制作技术的发展，促进了视频节目制作方式的改变与表现手段的多样。尤其是数字特技等新制作技术的产生，使得视听体系发生翻天覆地的变化，影像创作的艺术表现手法更为丰富，同时，产生的全新的数字媒体艺术将技术制作的功能因素与艺术审美因素紧密结合。

新技术的应用给观众带来展新的视觉和听觉感受，进一步改变了观众的审美理念与视频节目的创作思维。新视频节目字幕的创新使用，就是其中最具有代表性的部分之一。

一、视频节目字幕的发展历程与表现形式

字幕是说明视频节目内容、增强画面信息的手段，也是节目风格样式的组成部分，具有叙事作用。字幕的重要性主要是解释背景资料、诠释翻译画面、增加视觉信息、强化画面要点以及美化构图等。

1. 视频节目字幕的发展历程

20 世纪中期，字幕开始出现，20 世纪 90 年代电视节目包装在中国流行，而后伴随着日、韩综艺盛行和后期特效技术进步出现了现代花字。在过去的几十年里，字幕的形式和功能都发生了巨大的变化。

（1）早期字幕：作为辅助听力存在的文字形态

对于视频节目来说，字幕的出现始于 1952 年，美国哥伦比亚广播公司的制片人唐·休伊特为他的电视新闻节目配上了字幕。这一举动形成了今后视频节目制作中画面、声音、字幕三足鼎立的稳定组合状态。然而，这种字幕的添加只是考虑到视觉画面转瞬即逝的缺陷，以及快速的新闻播报语速可能导致观众无法准确清晰地获取信息而产生的辅助性手段。当时的电视字幕，只是以每个字词单纯的语义内容而存在。后来，在新闻节目当中，字幕的使用开始增加，但是这与早期辅助听力存在的字幕形式差别不大，电视字幕与文字一样，其作用仅仅是对简单信息的交代。

（2）电视字幕：作为视觉图像存在的文字造型

在较长一段时间里，日、韩的综艺节目一直引领着亚洲电视制作的走向。1994 年，韩国电视导演金英熙被派往日本富士电视台学习后期制作，成功地将字幕文化引入韩国视频节目的大门。同一时期，受日本电视文化的影响，1996 年我国台湾地区的综艺节目《我猜 我猜 我猜猜猜》开播，中国的电视观众也在屏幕上看到了让人耳目一新的花式字幕（图 7-1）。

在国内电视节目制作的字幕实践中，对字幕形态和作用演变贡献最大的当属湖南卫视。虽然直至 2012 年的《快乐大本营》才开始对字幕进行尝试性的改造，但隔年的《爸爸去哪儿》已然让花式字幕在全国范围内开枝散叶（图 7-2）。5 年后，在经营类美食真人秀节目《中餐厅》中，除了基础的一些花字补充、解释、补刀外，字幕的创

图 7–1　《我猜 我猜 我猜猜猜》花式字幕

作方式又有了新的进步。如第一季最后一期在提到"拌肉馅为什么要往一个方向搅动"时，就有字幕及时补充"知识点"。总体节目效果大大超越了同类型的韩国版本节目，给观众带来了更高层次的视觉和心理享受（图 7–3）。

图 7–2　《爸爸去哪儿》第一季花式字幕　　　　　图 7–3　《中餐厅》花式字幕

（3）新视频字幕：作为叙事手段存在的文字内容

自《爸爸去哪儿》起，经过几年的发展与进步，真人秀节目在字幕的形式和内容等方面都有了很大的不同。经历了新技术和新审美的发展后，字幕已然成为真人秀视频节目画面上最令人期待的内容之一。

从真人秀节目中字幕使用的频率和数量上来看，以《妈妈是超人》2018 年 3 月 29 日的节目内容为例。在节目开场的 50 秒内，花式字幕在屏幕上共出现了 10 次，而与此同时，嘉宾仅仅说了两句台词。在这 50 秒中，字幕语言出现的数量和频率远远超过了拍摄录制的原始素材和后期剪辑后的人物语言，也就是故事情节一定程度上是通过字幕来推动的。此时的视频字幕，不是存在感颇低的辅助性文字，也不仅仅是增添趣味性的造型元素，而是演变成为对故事情节塑造和故事进程推进起绝对性作用的一种重要的叙事手段。

字幕一方面可以保证视听叙事的流畅性，将其恰到好处地融入画面当中，并通过赋予空间某种优于时间的形式，承载介绍、衔接空间信息的作用；另一方面，特效字幕可以丰富节目的呈现方式，揭示节目蕴含的内在信息，起到解释说明的作用。在实际操作上，真人秀节目依靠剪辑技术完成叙事最重要的两个元素，一个是声音音响，另一个就是配套字幕。

2. 视频节目字幕的表现形式

字幕的形式要与节目类型和内容匹配，且在同一作品中字幕形式的变化不能太大，要保持风格的稳定性。比如儿童栏目（图 7-4）的字幕就相对活泼，类似艺术字的风格，而《新闻联播》（图 7-5）以蓝白为主，字体方正，相对风格较为规整与严肃。

图 7-4　总台央视少儿频道《大风车》字幕　　　图 7-5　总台央视《新闻联播》字幕

字体的颜色一般根据节目的主色调来确定，在具体的使用上又要根据不同的语境选择颜色，充分利用不同颜色表意不同的特征，以达到深化人物的情绪等作用。一些慢节奏综艺节目的字幕形式就比较温馨，如在《妻子的浪漫旅行》中，买超在得知需要陪妻子去刺激的游乐场玩时，面露难色，这时的花字是冷色调的灰蓝色（图 7-6），表现人物的恐惧；在张嘉倪一家人团聚时，则是粉红色花字（图 7-7），表现家庭团聚的温馨。

图 7-6　《妻子的浪漫旅行》灰蓝色花字　　　图 7-7　《妻子的浪漫旅行》粉红色花字

在字幕的排列上，一般底部的字幕主要是用于解释人物对白，对台词进行标注；画面中下部的字幕多是对一些细节的补充（图 7-8）；画面中上部的字幕往往是对环境的描写或者对某种情感的强调（图 7-9）。

图 7-8　《中餐厅》中花字对赵薇的心理状态的补充　　图 7-9　《中餐厅》中花字对周冬雨心情的强调

不同位置的字幕承载了不同的作用，除了位置，字幕还有配合声画和单独使用两种情况，不同使用方法会产生不一样的效果。

（1）配合声画使用的字幕

字幕可以借助与声画的搭配，产生独特的艺术效果。纪录类和新闻纪实类节目中的字幕配合使用打字机的声音，可以增强片子的真实感。电影《荆轲刺秦王》开头先是汉字中的几笔竖划，尤其是第一笔，更像是一把锋利的剑，点明了电影主要的动作行为即"刺杀"；接下来呈现的是笔画中的"点"，象征着当时曾有无数刺客企图刺杀嬴政；最后是竖笔缓缓落下，加上红色的字幕，暗含了流血的结局。经过设计者精心的安排，整个故事似乎都融于字幕，与之同时的配乐也随着笔画起伏，营造出了古朴感、韵律感和意境感（图 7-10）。

图 7-10　电影《荆轲刺秦王》片头字幕

（2）单独使用的字幕

除了配合声画使用，字幕有时候也可以单独使用，且这种方式可以产生独特的形式美感。在纪录片《英与白》中，不仅片头、片尾用了字幕，还用字幕替代解说，把一种视听元素用到极致，产生了一种纯粹的形式美感。

"英，雄性，15 岁，壮年 110 公斤；白，驯养师，父亲意大利罗马人，母亲山东人，因此白有一个意大利名字——德莱莎。"

"英每天大便 7 次，无甚异味。"

"资料表明熊猫至少可以发出 11 种不同的声音，但它们很少叫。"

"作为自然保护动物，熊猫的繁殖一直是一个很大的问题。"

片尾字幕："谨对本片涉及英的隐私，向英们表示深深的歉意。"

相较于人声解说，直接的文字字幕更加冷静、克制，更能引发观众的思考。《英与白》

的字幕贯穿全片，且总能在关键的时刻引发观众的思考。导演张以庆的其他片子也有这样的特点，"字幕代替解说"已经成为他作品的重要特点之一，如《舟舟的世界》（图 7-11）、《幼儿园》（图 7-12）等。

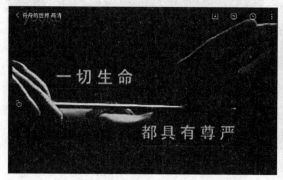

图 7-11　《舟舟的世界》片头字幕

图 7-12　《幼儿园》片尾字幕

二、从字幕到花字——新视频节目字幕形式与功能的变迁

从字幕到花字，是视频包装造型中字幕设计的变化，这种变化与信息技术、传播科技的发展以及传播思维的变化紧密相连。所谓视频包装造型中的字幕设计，就是根据视频播放的节目需要，以颜色、声音、动态设计等作为辅助，将文字在适当的时机搬放至屏幕上的恰当位置。大型卫视或机构的后期工作分为前期素材管理、剪辑、调色、动画、字幕、源音这几个环节，随着花字的流行，字幕特效成为不可或缺的流程，许多后期团队都成立了专门的花字组，从事花字的版式和动画等设计。

花字，或称花字幕、花式字幕，是一个集合文字、绘画、动画的综合表现形式。其主要有以下几种功能。

1. 补充画面：解释说明与强调细节

（1）解释说明

在真人秀节目中有既定规则和随机变数之分。对于既定规则而言，巧妙借助花字进行节目播出效果的调整，能够增加节目播出的灵活性，实现综艺节目播出效果的最大化展示。如我们经常看到综艺节目运用花字来讲解游戏规则（图 7-13），这比传统的主持人阅读规则时单镜头的播放效果要好很多。再加上节目中卡通人物形象的运用、动态性画面的协调性配合，都可以增加节目画面的灵动感（图 7-14），从而增加综艺节目内容的充实性与趣味性。

对于随机变数而言，户外摄制与棚内录制有较大区别，在户外整个摄制过程中充满悬念和不确定性，仅仅用画面语言可能表达难以到位。若增加解说、旁白会干扰观众观影体验的流畅性，这时添加花字是很好的表现形式。精心筛选合适的花字及其组合方式，用语言的准确性，诱导观众对眼前的意象自行加工和转化，可以形成新的视听感受。

图 7-13　《奔跑吧》讲解比赛规则的花字

图 7-14　《中餐厅》中张亮的卡通形象与花字

（2）强调细节

人类获取的信息 83% 来自视觉，经由花字等信息视觉化的处理方式，可以增加受众实际获取的信息量。综艺节目参与者在节目中表现出来的细节变化特征，通过花字的方式展示出来，既能够突出参与者的表现，又能够降低观看难度，观众在观看节目的过程中可以自主寻找节目播出的视觉亮点，自然也就达到了综艺节目娱乐性的呈现效果。从这一层面而言，通过运用花字强调细节，可达到系统内容有效性整合的目的。

如在《乘风破浪的姐姐》第一期中，黄晓明表示在座的姐姐有很多是他演艺事业上的前辈，这时伊能静更正说自己已经出道 36 年了而不是 35 年。在黄晓明的口语字幕上，就加了一个"步履维艰"的花字，显示他在节目中的"地位"，也呼应了之前字幕中的"晓明历险记"（图 7-15、图 7-16）。

图 7-15　《乘风破浪的姐姐》中的黄晓明

图 7-16　第一期节目中对黄晓明的单人采访

2. 放大情感：增强娱乐与渲染情绪

（1）增强娱乐

娱乐，是花字信息传输的主要渠道，也是其艺术传播效果得以展示的具体表现。在运用花字时，也正是借助这一优势打造良好的视频节目效果。如利用涂鸦式字幕的形式，刺激观众的感官；利用包含花字的多种表情包，传递特定的情感。以爱奇艺《奇葩说》这类气氛紧张、信息密度大的语言类节目为例，花字可以帮助观众跟进和理解节目内容（图 7-17），花字和音效配合能让节目氛围变得更加轻松有趣。在优酷

图7-17 《奇葩说》中花字帮助观众理解嘉宾观点

推理脱口秀《火星情报局》中，经常可以看到字幕上会出现"小编"或是"字幕君"的字样。这就是字幕组，即幕后编辑组的简称，完全是以第一人称的口吻在和观众虚拟交流，增强了节目的互动性和趣味性（图7-18）。

（2）渲染情绪

当画面中人物语言较少或缺乏笑点时，观众的情绪在观看时就无法带入，看到的信息与节目想要传达的内容也容易产生偏差。这时就需要花字"解释、补充、补刀"，将潜在的情绪表达出来，增强节目的可看性。比如《奇葩说》第一季第一期中肖骁认为"节目是文化圈的事"，要保持"知识分子队伍的纯洁性"。本身"奇葩"的发言就已经有很强的节目效果，加上花字的补刀，把观众内心的潜在想法外显出来，让人捧腹的同时产生共鸣（图7-19）。

图7-18 《火星情报局》中无处不在的"字幕君"

图7-19 《奇葩说》海选中肖骁的花字补刀

3. 字幕叙事：填充故事与转换视角

字幕叙事的效果是在新视频节目发展过程中产生的，且其叙事的作用愈发凸显。湖南卫视真人秀《爸爸去哪儿》中的字幕多次以孩子们的视角进行叙述，通过这样的叙事模式可以看出，整个节目是以孩子的行动和内心感受为中心，也就是采用更主观的内聚焦叙事方式。内聚焦是指以故事中人物的主观视角叙事，能够更直接地表达人物的主观感受，字幕相当于是孩子们的内心戏，起到与前面所说的解说词类似的作用。由于内聚焦视角缺乏客观性，所以在故事的矛盾冲突处，视角的选择就成为节目烘托戏剧性时潜移默化的导向。

如在 2013 年 11 月 1 日播出的《爸爸去哪儿》节目第 25 分钟处，王诗龄与田雨橙发生了矛盾。起因是王诗龄误推田雨橙致其差点摔倒，田雨橙生气导致二人互不理睬。接着，随着二人继续一起做任务，经历了一系列的和解，最后和好如初。在这一段节目中可以看到，画面同期声是田雨橙抱怨 "Angela 把我推下去了"，可是字幕却是以王诗龄为视角，依次出现了："性急，误推了 Cindy 姐姐" "怎么办，我不是故意的" "怎么办"。摄制组劝说两个小朋友抱一抱和好，画面上可以看到王诗龄没有理会田雨橙和劝说的摄制组，直接走开了，而字幕则以王诗龄的视角叙述着："该怎么开口？" "还是没有勇气说'对不起'"。紧接着以田雨橙为视角的字幕 "妹妹不抱抱吗？"，切换王诗龄离开画面配字幕 "姐姐'对不起'让我好好想想"。从这一段节目中，可以看到字幕在以两个孩子不同的视角进行着内聚焦叙事，直接通过字幕来表达孩子们的内心世界，强化了场景的戏剧冲突与活动勾连。孩子们说不出来的话语冲突，可以通过他们的行动看出来，通过变换主角的内聚焦叙事方式，后期字幕将孩子们不能直接表达出来的话语与细节呈现到观众眼前。

通过案例可见，字幕的叙事作用主要有两个方面。

（1）填充故事。由于节目剪辑制作时间紧张，有时故事线很不清晰，或因人物过多而显得很杂乱，需要通过花字进行包装。及时出现的花字对具体情节能起到画外补充的作用，弥补画面不足。

（2）转换视角。真人秀节目常常利用字幕视角的灵活性，因时制宜，对人物关系之间的细节进行充分的挖掘，强化节目中的戏剧冲突。

字幕叙事的方法与尺度因节目而异，在某些观察人物真实状态的节目中，有时候就会出现花字过度使用的情况。对于纪实类节目的制作，节目组第一要尽可能帮助主人公放松，找回自然真实的状态；第二要尽量减少观众 "只是在看一个节目" 的感觉。过分的花字修饰是由于对节目看点信心不足造成的，花字和音效的堆叠并不等于增加节目看点，运用不好反而会让观众感到嘈杂和厌倦。

三、新视频节目花字的使用技巧

花字类型主要有说明性花字、强调性花字和解释性花字三种，配合不同的场景，不同类型的花字对节目起着不同的作用。

1. 风格上，匹配节目调性，提升节目丰富性

针对不同的节目类型和风格，要采取对应风格的花字。在花字的使用上，切不可千篇一律，或者一个模板照抄。

为了最大程度上贴近观众的日常生活，同时提升画面美观性，给观众带来更好的视觉体验并带动剧情线索发展，后期花字图文设计团队需要从两方面对花字进行创新。

（1）字幕内容时尚化。目前，真人秀节目的主要观众群体是年轻群体，这就使得在花字创作上可以向一些热门的网络语言和流行符号靠拢。比如，《奔跑吧》就大量使用了如 "一言不合就 ××" "水土不服就服你" 等网络语言。

（2）字体风格多样化。字体风格在与场景环境搭配的同时，还要富有多样化的新意，从而增强观众对花字表达内容的关注度。比如，可以将节目中人物的想象表现出来。在《奔跑吧》中很多尴尬场景就使用了人物头上缓慢浮现省略号，并配上乌鸦叫声的方式，向观众表达节目中人物的心情。

2. 形式上，巧妙搭配动画特效，融入动漫风格

目前，真人秀节目所使用的动画特效主要分为片头 CG 动画和片中动画特效两种。国内真人秀片头 CG 动画一般分为两种类型，一种是简单视觉特效，突出节目名称和风格，另一种是把剧中人物做成平面或立体的动画小人组合成一个动画片头。相比简单的视觉特效，采用动画人物风格的标识度较高，且基调更为活泼，容易让人接受（图 7-20）。

真人秀节目中动画特效一般分两种，一种是说明性动画特效，一般是用动画模拟的形式向观众说明游戏规则，同时通过特效对角色在游戏中使用的道具、能力等进行装饰或说明。例如，在《奔跑吧》第四季最后一期节目最终环节中，每队都被设定了能拥有不同的道具和能力，如郑恺、王子文组合在发动能力"好声音"后，立马就有音符光束从他们身上发出，从空中传到"被施法者"邓超身上，随即画面中邓超化成一个收音机（图 7-21）。

图 7-20 《奔跑吧》节目片头 CG 动画　　　　图 7-21 《奔跑吧》超能力"好声音"动画

另一种是强调性动画特效，即强化情绪与戏剧效果。如《奔跑吧》第五季第一期中，邓超大意答错题后，全身颜色变成灰色，头上下"雪"（图 7-22），一旁的刘嘉玲怒目，身上冒出"火焰"（图 7-23）。

剪辑上的动漫风格是指使用超常规镜头语言的一些定格、快慢镜头以及多画面分割等手法强化戏剧效果，比如，定格多用于人物露出夸张的表情时，用以强化观众对人物表情的注意。在《奔跑吧》第五季第一期中，陈赫喝了柠檬汁后表情的变化被定格重复播放四次，同一场景构图重复一次，放大特写重复一次，左右镜像各重复一次，其目的就是通过重复来强化陈赫表情的喜剧效果。

再如 2015 年《极限挑战》在青岛录制的节目中，后期在海上滑翔伞上制作了一

图 7-22　《奔跑吧》邓超动画特效　　　　　　图 7-23　《奔跑吧》刘嘉玲动画特效

个植入式广告。由于广告画面不显眼，容易让观众忽略或者误认为广告是印在滑翔伞上的。于是，在滑翔伞动起来后，字幕组配上"5 毛特效"的字幕（如图 7-24），既宣传了广告，又为节目带来一定的搞笑色彩。

图 7-24　《极限挑战》"5 毛特效"

此外，字幕也可以成为节目显著的识别元素。比如，《极限挑战》的"字加外框"式字幕、《爸爸去哪儿》的"字加拼音"式字幕、《奔跑吧兄弟》的导演喊话式字幕等，这些字幕设计在节目中的成功应用使得观众一看到这样的字幕就想到对应的节目，成为节目成功的视觉标识。

3. 叙事上，注重情节节奏，追求深度表达

（1）量身定做，配合剪辑

花字和特效能迅速抓住观众的眼球，除了要根据节目特点针对性设计个性文字与图形，运用时还要注意讲究节奏，讲究花字与剪辑的配合。如《爸爸去哪儿》每一期"神字幕"有 1000 字之多，根据人物在节目中的个性表现，每位爸爸和萌娃都因字幕组创新有了自己的标签，比如"风一样的女子森碟""小暖男天天""小公主王诗龄"等。

《爸爸去哪儿》的字幕相较于此前的综艺节目有着较大的创新与改观。在屏幕画面方面，活泼可爱、色彩鲜艳的动态字幕在感官上具有动感，兼备可读性与可视性，字幕的形态美能够起到美化屏幕的作用；在内容方面，或是描述人物的心理活动，进

行情感宣泄，或是应用网络流行语，娱乐效果十足，大大拓宽了观众接受信息的渠道；在声音方面，重复突出人物个性声音，如王岳伦"呵呵呵"的笑声，渲染了节目气氛；在动作方面，设计各种花字入画出画动作，使画面极具触感，既有身临其境之感，又增添了活泼趣味。

（2）踩在情节或情绪的点上

高级的特效从来都是出现在需要提高效果的关键节点，讲究出现的时机正好踩在情节或情绪的点上，让人会心一笑。比如，在《乘风破浪的姐姐》第一季中李斯丹妮得知王霏霏得了第一名时，虽然认为实至名归，但还是有些调皮地表示"是我'不够可爱吗'"（图7-25），花字紧接着来了一句"谁知道呢"（图7-26），也契合了观众的情绪，这种面对强者时的无奈让观众忍不住跟花字一起感慨。

图7-25 《乘风破浪的姐姐》李斯丹妮单人采访　图7-26 《乘风破浪的姐姐》李斯丹妮单人采访花字

除了单纯的花字使用外，字幕与动画的配合也能创造新的影像效果。在《亲爱的客栈》中，动画脱离并超越了常规综艺动画插图式的简单描绘制作，拿出动画片制作的诚意来赋予动画重要的叙事性功用，动辄几十秒的逐帧动画也开辟了综艺动画的先河。少而精的动画运用，承载起节目更多的情绪和意义。在第二期长达45秒的动画"易烊千玺画羊"中（图7-27），用梦幻的画面、俏皮的音乐勾勒了这位翩翩少年性格上的认真和内向，此动画一出便迅速抢占热搜，引爆了话题场。此后，第三期"陈翔落水"（图7-28）、第七期"王珂独白"、第十期"王珂刘涛婚纱照"等动画更成为了当期节目的情绪最高点。好的动画运用不是画蛇添足，也不是锦上添花，而是一种更意蕴丰富的表达。字幕通过和动画一起承担叙事，能够打造新的综艺风格。

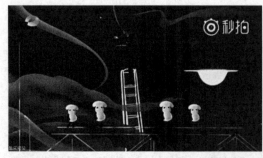 

图7-27 《亲爱的客栈》易烊千玺画羊动画　　图7-28 《亲爱的客栈》陈翔落水动画

对于视频节目特别是真人秀节目来说，后期特效包装已经成为后期制作中非常重要的一环。目前包装手段主要有混音特效、花字修饰、动画动漫特效等，其目的是强化节目的戏剧性表达，使主创者所要表达的情节冲突能够被观众一眼发现。目前，国内有几个主要与各大卫视合作的后期公司，能够承接视频节目后期制作工作（表7-2）。

表7-2 国内一些知名后期制作公司

公司	创始人	合作单位	代表作品	擅长
BKW Studio（红森林）	徐冰	湖南卫视	《爸爸去哪儿》《花儿与少年》《全员加速中》等	户外真人秀
幻维数码	SMG	东方卫视	《中国达人秀》《中国梦之声》《极限挑战》第一季等	大型选秀
深井文化	田磊	湖南卫视、江苏卫视	《一年级》《奇妙的朋友》《花样年华》等	情感类真人秀
爆谷传媒	莫文浩	江苏卫视	《戏剧新生活》《我们相爱吧》《花样实习生》等	观察类真人秀
星驰传媒	朱化凯	浙江卫视	《奔跑吧兄弟》二、三季、《爸爸回来了》《青春有你》等	童技类真人秀

一般情况下，后期制作人员会在拍摄前先与导演组沟通，先行制作比较复杂的动画内容，然后在最终精剪版完成后，根据样片确定需要动画填补的地方并进行制作，同时进行花字的创作。当然也有后期制作比录制先行的情况。例如，在《奔跑吧》第五季第二期中，为了使现场大屏包装与播出一致，包装组在录制前已经制作了整套题目选择的答案，以应付现场录制中所有的可能性。当花字与动画合成到样片中后，节目组再进行音乐音效和混音制作。

花字虽然可以承担比较重要的叙事功能，但并不是所有的场景都需要花字的点缀补充。有些场景，花字不出现反而会给观众更好的沉浸观看体验。当节目氛围足够、叙事连贯时，任何花字都会显得有些多余，观众已经自动代入场景并且放大其中的细节。因此，花字使用切记过犹不及，切勿喧宾夺主。在叙事已经充分的条件下，就不必再硬加花字赘述了。

第三节 宣传文案——新视频节目的点睛之笔

新视频节目宣传文案是视频节目较为独特的内容题材，它是在视频节目动态影像之下，以更为文学性的表示方式，带着画面剪辑思维进行的文本创作。

一、新视频节目宣传文案的特性

新视频节目的宣传文案是以结合影像的文字形式，在节目主线之外建构起的一个熟悉化的、近距离的场景，观众在这个"熟悉"的世界中接受内容。在移动传播时代，移动终端的出现创造了新视频节目不同于固定电视大屏的新场景，如何适应并为场景服务，如何通过文案创新增强用户的社交属性和场景体验，成为当下宣传文案创作的发展方向。

1. 相对客观的视角

新视频节目宣传文案写作的独特性，在于它强调保持一个相对客观的视角，编导需要做到"入乎其内，出乎其外"。其中，"入乎其内"是指编导沉浸在整个节目录制的氛围中，感受演员或者嘉宾所处氛围和心理活动；"出乎其外"是指跳脱主观情绪，客观观察他们展现出来的一些性格特征，尤其是细节。通过编导的细致把控，创作出更符合节目调性的宣传文案。

2. 对画面的想象空间

新视频的宣传文案不是解说词，它跟节目内容并非一一对应的关系。编导在理解每一个人的内心活动的基础上，站在更高的角度，寻找更好的视野，抽离出当下，超越时间和空间去捕捉这些情绪的普遍性与特殊性。通过尽情地进行一些想象，赋予画面之外更多的内涵。

3. 自我风格的表达

在面对画面内容时，宣传文案要有足够的想象空间，充分探索画面更多样的可能性。宣传文案是节目的一种气息、一种修辞。优秀的宣传文案会起到画龙点睛的作用，有的偏文学性一些，有的犀利，有的俏皮，或多或少会有一些编导的"自我"在里面[①]，是一种具有编导自我风格的方案表达。

二、新视频节目宣传文案的写作思路

新视频节目宣传文案的特性决定了它的写作思路。从宣传文案的元素上来讲，一个好的文案是要先寻找一个独到的角度，用独特的视角穿透画面，用充沛的情感丰富画面，从而将节目的故事亮点和精神内核提炼精粹，深刻表达。

1. 从叙事出发的文案写作

新视频节目宣传文案的写作与其节目本身的情节和调性密不可分。因此，如何与节目主体匹配是宣传文案写作的首要任务。首先，文案的出发点必须满足节目对故事的讲述、情感、节奏，营造观看的场景化效果。其次，节目对文案写作也会有所限制，篇幅长短、与画面的配合度、与背景音乐的契合度等都跟最后呈现的影像风格、叙事节奏，以及观众能忍受的时长等有很大的关系。

以真人秀节目为例，真人秀节目录制时间一般较长，但是最终呈现出的节目时长

---

① 转引自：吴梦知.《花儿与少年》的文案为什么这么写？，原文载于公众号广告方案（2015-7-6），原作者二毛。

只有几十分钟，为弥补删减画面中涉及的时间、地点、人物、事件原因或结果等必要逻辑因素，宣传文案需要进行简短说明，便于观众串联故事情节。比如，《中餐厅》在录制过程中遭遇科尔马暴雨，现场情形非常复杂，就需要进行"存在坍塌及触电危机而中断录制"的逻辑补充。[①]

2. 独特视角下的鲜明情感

写作视角其实是编导的观察视角。编导要透过画面看到别人没看到的，如饱满的情感、奇妙的视角、美妙的世界，形成有趣的主题、有美感的文字、能想象的画面。也正是因为其独特视角，宣传文案也就有了编导情感的赋予。比如《花儿与少年》中的"6 万公里，27 天，爱如少年。"简单地用数字把空间、时间和人物都介绍清楚，有种莫名的诗意。

有温暖，也要有点辛辣、偏见等情绪带动宣传。在一些走情感路线的视频节目中，煽情的文案更能激发观众的情绪。比如《妻子的浪漫旅行》第三季，妻子团成员给乡村年迈的夫妇补办婚礼，并且鼓励他们大声表白。在一阵表白声后，有这样一段文案，"第一次大声说爱，第一次共披华服，我情之所钟，余生许你芳华；岁月给予深情，点亮彼此灿烂的光。相守一生，终与你披星戴月。任时光爬上白头，说爱永远不算晚。执子之手易，与子偕老难，庞眉白发不改赤诚热烈，是与你共白头不变的诺言"。这里的文案就很好地触动到观众心底最柔软的地方，进而实现煽情的效果。

3. 遵循剪辑思维的写作方式

视频节目的宣传文案写作不是文字写作，每一句话都是在动态影像之下带着剪辑思维的撰写。宣传文案不是简单的集节目看点和精彩画面的视觉、音效压缩版，而是在流动状态下的文字，是视觉的文本呈现。在剪辑思维之下，文案写作既不能浮于镜头内容的表象，亦不能止于单纯的编导个人化情感，而是通过影像化的文字对人物立体化处理、对节奏深入把握、对情感透彻提炼，通过声画的结合制造旋律、创造情节、引导思想，形成区别于节目叙事，但又与节目主题融为一体的"看不见的剪辑"。在与文案文字的匹配中，常见的镜头处理，如镜头加快以增强节奏、镜头放慢以放大生活、交叉剪辑以强化主题等，再加以后期音乐音效等，使宣传文案能最大限度地感染观众、增强情感、传达创作思想。

在写作文案时，有的编导倾向积极参与节目前期拍摄与后期制作，在掌握完整节目故事框架的基础上再抽离开来，进行文案创作；也有的编导在对节目进行一定程度的了解后，刻意与节目或嘉宾保持距离，以更多地保留想象空间。

可以说，一个好的综艺 IP，并不局限于某一种类型，只在于如何讲好一个故事。由语音、文字的内容和节奏构建的文案体系，都是为更好地讲故事服务的。

---

① 蔡可君. 综艺花字文案的"加法叙事"——以《中餐厅 2018》为例 [J]. 今传媒，2019，27（2）：97-99.

三、经典视频节目宣传文案评析

视频节目宣传文案的写作方式是多种多样的，宣传文案的写作与解说词写作不太一致的地方在于，它是创作者与作品保持一定距离的观察，且这种观察是富有个人情感特色的、是从画面出发但高于画面呈现的一种形式。宣传文案的创作是伴随时代而变化的，在不同的媒介环境和社会背景之下，观众的语言习惯和信息需求都会产生变化，这种变化直接反映在文案当中。

经典的视频节目宣传文案往往能刺激到人类极致的某种情感，纵然写作的方法和方式多变，但是与叙事紧密结合的出发点是不会变的。以下通过梳理近年来一些热门的视频节目宣传文案，以微知著地探讨好文案的写作方法。

1. 设问式

朗读需要什么？
朗读需要好天气？
或者不要。
朗读需要安静？
或者不要。
朗读需要一本名著？
或者不要。
朗读需要阅历？
或者不要。
朗读需要掌声？
或者不要。
朗读需要陪伴？
或者不要。
朗读需要光？
或者不要。
朗读需要理由？
或者不要。

——《朗读者 2》宣传文案

评析：设问即回答，回答即态度。

《朗读者 2》的宣传文案采用一种设问的方式，先是给观众抛出一个问题，"朗读需要什么"，在快节奏、压力大的今天，大部分人很少有机会想到去朗读，也会觉得朗读是一件需要仪式感的事情。但是文案接下来表明了节目的态度，"安静""阅历""掌声""陪伴"这些看似是朗读必不可少的要素，其实并不是最主要的。朗读可以不要任何理由，重要的是一颗想要朗读的心。这个文案更多的是对朗读的一种"祛魅"，朗读本身不需要我们加给它太多的形式，本质上就是当我们想要开始朗读的时候，朗读就开始了。

2. 对话式

蔡正轩：爸爸，我能快一点长大吗？

田亮：长大了，你要做什么呢？

考拉：要飞上天，在月亮里给你打电话。

沙俊良：要坐船去离家很远的地方，带宝藏回来。

崔雅涵：要做很多很多事情，等我长大就都能做啦！

张伦硕：想让你快点长大，又怕你长得太快。

撑起你的小手，举起你的小脚。

沙溢：孩子，去你想去的地方吧！

去冒险，去发现。

田亮：去鼓足勇气，拼尽全力。如果梦想很大，别一个人承担。

董力：记住，爸爸永远是你最坚强的力量。

——《爸爸去哪儿》第四季宣传片文案

评析：对话的是人物，也是关系。

《爸爸去哪儿》是定位孩子与父亲关系的真人秀，父子关系是节目呈现的重点。宣传片文案也是以父亲和孩子两个角度来进行呈现的，表现出来的是父亲和孩子之间的关系，一个想去闯荡，一个在背后保护。宣传片具象化了孩子幻想中的世界，在这个世界里孩子有很大的梦想，而这些梦想又充满童真，比如镜头中的大黄鸭、充气洗澡池。该宣传文案用十分简洁的对话，配合画面的表达，通过构建父子之间的亲密关系凸显节目主题所要传达的温馨的亲子情感，寓意携手探索的美好旅程。

3. 情感代入式

三十岁以后，人生的见证者越来越少，但还可以自我见证

三十岁以后，所有的可能性不断褪却，但还可以越过时间、越过自己

三十而励，在时光的洗练、时代的铿锵中

我们不断更新对世界、对生命提问的能力

三十而立，我们从每一寓言里辨认自己，也认识他人的内心、他人的真理

三十而骊，骊色骏马，飞云踏海

我们关心成功，也关心失败，更关心每个人要面对的那座山

我们关心美好，关心热爱，更关心日新月异的未来

努力与翻越，不馁与坚信，肆意笑泪，青春归位

一切过往，皆为序章，直挂云帆，乘风破浪

——《乘风破浪的姐姐》第一季宣传文案

评析：节目宣传片文案作为呈现节目价值观、节目主体内容的"第一枪"，为节目发声造势是其意义所在。年龄一直都是女性害怕的敌人，害怕变老，害怕失去少女感，好像 30 岁就是一道门槛，进入 30 岁，青春就与自己无关，就必须面对现实中结婚生子的挑战。该节目用这套开场文案，将励志与女性气质融合，用富有代入感的年龄节点，邀请观众一起打破世俗对年纪的偏见。30 岁，不仅可以立家立业，也可以活得精彩。宣传文案在有限的时长内，用精准提炼的字眼击中受众的好奇心，"锱铢必较"的字眼使用，使得该文案的文字表达可以说是"字尽其用"。

4. 欲扬先抑式

有一种声音我们听过，却没有见过

这里有一群与众不同的人

他们是怪物、疯子，也是匠人，甚至是天才

他们拒绝这个世界的沉默和冰冷

你可以复制他们、厌恶他们、崇拜他们

但你唯独不能忽略他们

因为他们用自己的声音塑造了你所看到的世界

让这个世界有了情绪和温度

别人视他们为疯子，而我们视他们为天才

只有声音的天才，才配得上这个舞台

——湖南卫视《声临其境》宣传文案

评析：作为一档定位声音的真人秀，《声临其境》的宣传文案必须从声音入手。该文案用看似负面的、激烈的词语起到正面衬托的效果，生动形象地表现出配音演员这一不被人注意却必不可少的幕后角色。文字前后强烈的对比给观众留下深刻的印象，体现配音演员工作时走心、专注的匠人状态，引导观众对这一群为角色注入灵魂的配音演员产生钦佩之情。

不少宣传文案在构思写作时都会采用类似的欲扬先抑的手法，将非常具有冲击力的一组反义词比如"憎恨与热爱""疯子与天才"等放在一起，这样不仅能极大调动观众的观看兴趣，也能增强文字之间的张力，让文字更加生动、更有感染力。

5. 温情诗意式

我能想到最好的道别就是明天见

其实我不用去很多地方

因为你在哪

哪里就是家

　　　　　　　　　　——湖南卫视《亲爱的客栈》第二季宣传文案

　　评析：这一类型文案往往从素描写意式的风景描绘出发，再引发哲理性思考。节目里，夫妻档、情侣档一起工作，有矛盾也有浪漫，经营着小小的客栈，体验慢生活的美好。文案把人与人相依相偎的感情在只言片语中让人回味无穷。文案中的两句话很好地诠释了节目的风格及定位，以家庭温暖、相互陪伴的模式开启在客栈的相处生活，在这之中享受亲情爱情的珍贵。"明天见"代表的是我们可以住在一个屋檐下，体现了《亲爱的客栈》的模式特点，"因为你在哪，哪里就是家"读来暖心，让人体会到重要的不是住在哪而是与你相伴的人。这句话既是在说嘉宾之间的关系，也是在说入住客栈的客人，节目希望他们可以感受到这种"家"的感觉。节目在温暖煽情的同时，也把这个节目的宗旨展现在了大家眼前，给人以淡淡的温暖。

6. 意象导入式

听说，悲伤的人喜欢看日落。
但，日出总会像刀一样升起。
世界上最奢侈的，是人和人的关系。
希望有一天，不用大笑，也一样快乐。
这是一个关于寻找的故事。
这是一个关于热爱的故事。
我们热爱的不是危险，而是……生命。
能走多远，就走多远。
6万公里，27天，爱如少年。

　　　　　　　　　　　　　　——《花儿与少年》第一季的宣传文案

　　评析：日出、日落都是具体的意象，通过拍摄风景与手写字体的展示，结合节目嘉宾的一些心境，将文案以很文艺的方式呈现出来。在旅行真人秀刚开始火爆的时候，这样的文案堪称一股清流。以意象导入，创造情境，不会太偏综艺的花哨，也不会太过于清淡，加上高审美的剪辑，给观众一种身临其境的感觉，这种"境"不仅是美好的风景环境，更是一种蕴含着种种哲思的"意境"。

7. 哲理思考式

每一次对话，都是一次意外的相遇。
彼此探测，不可避免的不安，以及自然到来的释然。
高速变化的时代与个人危机命运的并存，唯有更开放的对话、更多元的思考，才能追寻一种兼容之道，在宽阔的世界中，做一个不狭隘的人。

　　　　　　　　　　　　　　　　　　——《十三邀》宣传文案

　　评析：许知远的语言既有诗意又是现实的，我们能从文案里得知这个节目是具有现实意义的，它能为我们的生活带来一些反思以及新的启示，丰富我们的精神世界。因此，这类宣传文案可以把节目的形式进行诗意的表达，并且要具有现实意义，要考虑到时代背景，要关心人的精神世界。

附 1　《致富经》——《"范天坏"的致富逻辑》[①]**解说词文案（20131224）**

节目导视：

人们当面叫他范支书，背地里却叫他"范天坏"。

谢水弟：不是小坏蛋，是大坏蛋。

他不仅坏而且怪，他做的怪事没人懂。

谢水弟：有时候清早出去，晚上很晚才回来。

他从当地最寻常不过的罗汉果里发现商机，结果一招不慎，年过半百，却倾家荡产。

谢水弟：这得是倾家荡产了，这个是实实在在的，倾家荡产了。

范天环：当时都憋在自己心里，最后还是哭了。

他绝地反击，一举翻身，一招儿险棋，打开市场。

看广西永福的"范天坏"与罗汉果的悲喜故事。

主持人 1：

观众朋友，大家好，今天，我们的主人公是广西的一个村支书，他的名字叫范天环，可他还有另外一个被叫得很响的名字，范天坏，就是坏蛋的意思。之所以这样叫他，起因都是罗汉果。就是这种果子，让他的人生多了很多的悲喜。

字幕：2013 年 11 月 12 日　广西壮族自治区桂林市永福县龙江乡龙山村

【解说词】

这里是广西壮族自治区的永福县，罗汉果的原产地就在这里。当地有个靠罗汉果致富的能人叫范天环，记者要采访他，可在村子里一转，却发现，范天环的名声似乎并不太好。

村民　谢水弟：老百姓叫他范天坏，全乡的老百姓都知道的，叫范天坏。不是小坏蛋，是大坏蛋。

女儿：（他们）就起了这么一个外号，我爸叫范天环，然后就把上面的一横给去掉了。

黄国飞：见了面就叫，范天坏，他心里气愤了。

【解说词】

这个人就是范天环，作为村支书，他本想带着全村人通过罗汉果致富，结果却因为一件事，把全村人都给得罪了，很多人一提起他，都恨得咬牙切齿。2006 年，范天环因为生意失败，赔光了所有积蓄，还欠下了 50 多万元外债。很多人都觉得范天环肯定没法东山再起了。

---

① 本书作者吴圆圆提供。此文案系作者任职央视期间创作的节目。本期节目编导吴圆圆，摄像邓贻强。

谢水弟：这得是倾家荡产了，这个是实实在在的，倾家荡产了，亲戚朋友借了很多，他走在街上，只能勾起头来走路。

范天环：当时都憋在自己心里，最后还是哭了。还是我儿子他们回来以后说，老爸不要哭，我们现在不就是缺钱吗？还有我们呢。他们就是这样鼓励我，也不埋怨我，如果他们埋怨我的话，就是把我逼上绝路了。

【解说词】

然而，让人想不到的是，从 2008 年 9 月起，范天环似乎一下子开了窍，做起生意来妙招连连，5 年时间，就把年销售额从 150 多万元做到了 800 多万元。

那么，范天环怎么就成了"范天坏"？他又是通过什么样的独特做法，用罗汉果创造出巨额财富的呢？

【解说词】

这就是罗汉果，很多人还叫它神仙果。永福县种植罗汉果有 200 多年历史，很多村民世世代代都以种植罗汉果维持生计。

秦开德：罗汉果是东方神果，神在什么地方？我们很多人不知道，罗汉果第一清凉、清肺、降血压，还有护肝、消炎等一系列的作用。

【解说词】

罗汉果是好东西，可它却给范天环带来了坏名声。1992 年，范天环成立了公司，承诺以高于市场价 10% 的价格专门收购村民种植的罗汉果。尽管如此，可就因为他做的一件事，让老百姓骂了他很多年。

范天环：这是量罗汉果大小用的，这是特大果，这是大果，这是中果。

【解说词】

他挑罗汉果不仅要选大小，对果子质量，也格外挑剔。

谢水弟：收果子像选老婆一样，慢慢地选，左看右看。

【解说词】

因为要求严格，村民们辛辛苦苦种了一年的罗汉果，挑到范天环这里以后，很大一部分都会被他退回去。为了这事，村民对这个支书的意见非常大，背地里都开始叫他范天坏。

谢水弟：有人骂他。很多人骂，不是有人骂，全村人骂他。

范天环：骂我非常坏，当场就骂了，其他人在背后骂了。

【解说词】

村民都不理解范天环为什么要这么做，他的坏名声也越传越响。2006 年，一场突发的变故让范天环的名声变得更差了。

接下来请看：

罕见天灾，他却神秘消失。

谢水弟：有时候清早出去，晚上很晚才回来。

村民偷偷跟踪，发现了他在山上的秘密。

范天环到底在山上做什么？他又有什么不能说的秘密？

【解说词】

2005年，范天环突然发现自家地里出现了很多虫子，这些虫子吃坏了很多罗汉果。他去村民范与文家一看，情况更严重。

范与文：当时园子里解一个果子下来，那个表面上香味吸引那个虫子，那个筐面（音）全部是虫子。

村民 谢安富：影响肯定大，如果不控制的话，那损失将近一半。

【解说词】

虫灾爆发了，可就在这个关键的时候，范天环却做了一件事，让很多村民都非常气愤。村民认为，罗汉果长了虫子，就要尽快打农药灭虫，可范天环却天天守在村民的罗汉果地里，不让人打农药。

范天环：如果老是给果农这些杀虫的话，当时我们去检测那些罗汉果的话，很多都有农残的，那没办法了，因为有农残的话，出口也出不了，卖也卖不掉，自己吃也不敢吃。

【解说词】

原来，范天环收购的罗汉果主要是用来出口，如果使用农药，就会有残留，一旦被检测出来，不但这些罗汉果会被退回，范天环也将永久失去供货资格。可如果不及时医治，村民们辛辛苦苦种的罗汉果，很快就要被虫子全部吃掉了。范天环心里也很着急。

范天环：当时我们又去找了一些昆虫方面的专家，他们都建议我们用防虫板、用杀虫灯，还有一些叫捕捉，捕捉是不可能，我们罗汉果都在山上怎么捕捉，白天捕捉，晚上怎么捕捉，没办法。

【解说词】

罗汉果都长在山上，如果按照专家的建议，用杀虫灯去灭虫，就要在山上接电，成本太高了，村民们根本承受不起。灾情一天天变得严重，大家都等着范天环这个村支书想办法。可这时，村民们却发现，以前经常守在罗汉果地里的范天环，却突然消失了。

谢水弟：有时候清早出去，晚上很晚才回来，我们以为他已经有神经病。

【解说词】

范天环到底去哪了呢？大半年以后，一个村民无意间发现了范天环的行踪。

谢安富：在路上遇到，你去山上干什么？我去山上玩一下，走一下看看。

【解说词】

村民好奇，偷偷跟着范天环进了山，来到他在深山里的这块罗汉果地。村民居然看到范天环在捯饬一些矿泉水瓶子，更让他们想不明白的是，他居然还把这些瓶子吊在他的罗汉果棚里。

谢安富：当时把瓶子吊在上面，这时候别人的感觉是你拿瓶子干什么用？

【解说词】

这里是范天环在深山里的罗汉果地，那段时间，他一直躲在这里。不多久，他从山里出来，竟然把虫灾问题给解决了，用的就是几个矿泉水瓶子。那么，他在山上到底想出了什么方法呢？

原来，因为担心大伙儿笑话，范天环就躲起来偷偷做实验。一天，他像往常一样在这干活，那天他带了一瓶牛奶，喝完后，就随手将盒子丢在了旁边。等到第二天来到地里，范天环发现丢掉的牛奶盒子上竟然黏满了虫子。

范天环：虫子都飞过去喝那些牛奶。当时，就有一个启发，虫子肯定喜欢吃有腥味有甜味的东西。

【解说词】

这个现象让范天环一下子来了灵感，经过反复实验，他找到了一个杀虫的好方法。他用矿泉水瓶子剪出一个洞，再往里面加入掺了农药的蜂蜜，他把这样的矿泉水瓶挂在藤上，通过这种方法把虫子杀死。

范天环：花二三十块钱的蜂蜜，加十来块钱的农药就够了。成本很低的，又不需要人工杀虫、喷农药，又不担心自己会中毒，自己的产品出来的话质量又很安全。

【解说词】

凭着这个发现，范天环基本没花什么钱，就把一场虫灾给解决了，随后他又把自己的方法告诉了全村村民，虫病治好了，大伙儿开始觉得"范天坏"似乎并不那么坏。

接下来请看：

他要做一件挣大钱的事，一动手，却让家人啼笑皆非。

他年过半百，却落得倾家荡产。

看范天环如何绝地反击创造财富。

【解说词】

2006 年 11 月的一天，范天环在跟当地罗汉果研究所的一位专家闲聊时，听到一句话，这句话让他非常兴奋。他觉得自己发现了一个挣大钱的好机会。

专家：烘烤技术对罗汉果影响非常大，如果用低于 65 度的温度烘烤，对罗汉果营养流失或破坏不大，如果超过 65 度，罗汉果有效物质基本上全部破坏了。

【解说词】

当时，市面上出售的罗汉果，大多是八九十度高温下烘烤出来的。范天环意识到，自己如果能批量生产出低于 65 度烘干的罗汉果，一定能占据更大的市场。为此，他做了一件事，可这件事，让他的家里人都哭笑不得。

范天环：找了一个专家，给了我一个风字，"风"怎么用好，只能用电吹风做实验了。

【解说词】

连续吹了十天，电吹风吹坏了七八个，可就是这个看似荒唐的举动，还真的让范天环烤出了想要的果子。范天环觉得这样的办法可行，他投入了全部积蓄20多万，根据电吹风的原理，开始建风干烤房。可是村民都觉得这事儿还是不靠谱。

李春宏：因为我们从来没有这样搞过，因为都是小土炕，从来没有像他这么大地搞。

范天全：这个搞不成功，都说他肯定搞不成功的。

【解说词】

大家的担心成了现实，范天环新建出来的烤房，还是控制不好温度，烤不出好果子。他只能不断地拆了建，建了又拆。很快，范天环不仅花光了积蓄，还背上了50多万元的债务。那时的他，甚至穷得连肉都买不起。

谢水弟：他过年就是买了两斤猪肉，连鸡都没有，一般我们要杀鸡、杀鸭，吃腊肉，他就是买了两斤猪肉，大年初一我到他家里玩，看到他真的很穷，很寒酸的。

【解说词】

压力太大，范天环只能躲到没有人的地方偷偷唱歌，这是他唯一发泄的方式。

唱歌：有多少苦，无论未来多少愁。

【解说词】

那段时间，是范天环最难熬的日子，他本以为自己发现了一个巨大的商机，结果花了几十万元建特色烤房，却总也建不成功，可是停手，又不甘心。

范天环：就像我们到山里面挖矿一样，采矿一样，知道里面肯定有矿，但是你要打这个道要打多长时间，你不打，会前功尽弃了，如果打下去希望肯定会有，但是这个希望不在眼前，是在未来，距离还有多远，都不知道，但是必须得打。

【解说词】

范天环只能想办法凑钱，继续建烤房，他卖掉了山上还没成林的沙树，把卖树的四十几万，又砸进了烤房。这一次，他干脆住进了烤房里。请不起工人，他就自己上山砍柴烧火。

妹妹：看一样东西，有时候一看十几分钟，甚至一待半个钟头。

【解说词】

住在烤房的那段时间，范天环常常一动不动地盯着墙上的温度表，一看就是几个小时。他总结了温度变化的规律，2008年9月，范天环终于成功烤出了第一批好品质的干果。

范天环：我就是心想，我基本上算成功，九九八十一难我基本上走完了。

【现场】

【解说词】

范天环用自制烤房烤出来的罗汉果，不仅外观漂亮，口感也非常好，随后，他把自己的罗汉果价格提高了3倍，尽管如此，还是供不应求，2008年年底，范天环公司的年销售额。就达到了 150 多万元。

看着范天环这么快就挣了大钱，很多村民也跟风建起了烤房，自己收购罗汉果，然后烘干销售。一年时间，当地就出现了二十几家烤房。

2009 年年底，随着市场供应量不断扩大，罗汉果的价格跌到了历史最低点，一个小果两毛钱都卖不出，大家都把罗汉果叫作"落难果"。

村民：因为市场曾经有一年小果两毛钱一个都没人要，确实倒掉的都有。

蒋世素：大家都说，这街上都说是"落难果"，不是罗汉果。

【解说词】

行情很差，很多人的罗汉果都砸在了手里。可这时，范天环却说他的机会来了，他不但不降价，反而要涨价。

阳春燕：有人这样说是不是他疯了，别人价格这么低，他还这么涨价。

卢俊：现在市场这么淡，你还把价钱提上来，我估计难卖。

【解说词】

可半个月后，就当很多销售商还在为自己降价都卖不出去的罗汉果发愁时，范天环的高价罗汉果却越卖越好。

姚燕姗：客人又来买了，你跟我说什么原因我也说不太清楚的。认可这果（它的）功效好喝起来（口感好）。

【解说词】

所有人都降价的时候，范天环之所以涨价，是因为他明白，通过这种方式，一定能吸引很多人关注。村民虽然跟风建了烤房，但用的，还是 65℃以上烘烤的老式技术，果子的品质跟自己的完全没法比。他认为，只要让消费者注意到自己的果子，就一定能卖出去。

范天环：因为人家价格非常低的时候，我们就把价格拉起来，让大家刮目相看，为什么他们的价格卖得这么好。消费者有一个心理，一分钱一分货，如果你的价格太低，产品再好，别人看不起，认为跟劣质的产品是一模一样的。

吕崇发：肯定很震惊。异常人胆大，比正常的思维要好一点。

【解说词】

从那时起，范天环的罗汉果销售量连续 4 年不断扩大，2012 年，他的企业年销售额突破 800 万。村里人也渐渐理解他的那些做法，现在，再也没人叫他范天坏了。

县长：罗汉果这几年发展非常快，在我们龙江乡龙江村范书记的带领下，经过他的传帮带，以及公司加农户的模式带动了我们龙江乡 80% 的人种植罗汉果。

附2　浦东电视台《东方艺术长廊》之艺术真相板块解说词文案
"三乐"人生——戴小京 [①]

【主持人】追求艺术真相，讲述文创故事，欢迎收看《东方艺术长廊》。

作为书法家，他是上海书法界不得不提的代表人物之一；作为拍卖师，他参与了新中国的第一次书画拍卖，至今仍被称为"中国最优秀的书画拍卖师"。当外界思考他如何在艺术和市场之间平衡时，戴小京却已经在一撇一捺之间，寻出人生之味，悟出书法之道。

【片花】特效标版：相关文字

（镜头：写字、泼墨，配乐，古琴）

【解说】走进戴小京的家，几幅名家之作正挂堂中，境界开阔、雅韵有佳。

【采访】梅兰竹菊，正好凑齐四君子。

戴先生告诉记者，这些名家之作，每一件都伴其几十载，每一件背后都有不同的故事，那么他是如何与这些作品结缘的呢？

1952年，戴小京出生在一个革命家庭。从小，他对中国传统文化似乎特别感兴趣。

【采访】我几岁的时候看四大名著的连环画，慢慢地喜欢上连环画上的人物，也喜欢那些形象，包括那时候用铅笔画过、描过连环画上的人，我对书法这种兴趣，对形象、对视觉东西的爱好都是连带过来的。

【解说】小学四年级时，父亲把他送到书法家徐伯清家中学习书法。然而，生活并非波澜不惊。1967年，家庭连遭变故，父母相继入狱。两年后，16岁的戴小京被下放到黑龙江生产建设兵团，前方等待他的会是什么呢？

（借用列车远去镜头）

【同期】都是住帐篷，生活非常艰苦，而且体力劳动非常强，就是我今天自己经常在街上看到现在那些修路的工人或者看到外边的人干活的样子，我当年200斤一麻袋的小麦或者大豆，我这么扛着上屯子，我一天能扛一两百包。

【解说】这个16岁的少年一度以为，他的一生都将在这茫茫无边的北大荒度过。起早贪黑的日子里，他总是要挤出时间练字，只有书法能给艰辛的岁月带来一丝丝慰藉。

（革命视频＋湖水波浪镜头）

1977年，恢复高考，戴小京的命运发生戏剧性的转折，他成为第一批走进考场的学子，顺利考上中山大学中文系，此后的经历，他说只能用幸运来解释命运。

（镜头：祝酒歌、跟镜头＋解说字）

在大学，戴小京遇到了第一个影响他人生的人——我国著名古文字学家、收藏家、书法家容庚先生。

【同期】容先生会告诉你，你这笔要怎么走，到这里要怎么样，到那里要怎么样，

[①] 本书作者吴圆圆提供。此文案系作者担任浦东电视台特聘节目顾问时创作。

有一个叫启承转接，有一个提按起伏，哪里起哪里按，他不是平面地放上去这一笔，这里面这一笔是有动感的，从起笔到收笔，从这一笔连接到下一笔，这个中间都有启承转接的动作，加上我们的毛笔要随着这个动作作出调整的，这要有线路的一种表达，这个线条才能在纸上有质感。

【同期】书到用时方恨少……告诉我戒骄戒躁，他就是在这个情况下给我写的。

【解说】容庚先生30多年前的教诲，戴小京至今仍铭记于心。他不仅拜识了容庚、商承祚先生，后来又获识多位书法大家。

【同期】这一件是陈佩秋和谢稚柳先生送给我的，大学那年送的。

【解说】大学毕业后，他回到上海书画出版社从事专业编辑出版工作，在这里，幸运之神再次降临，他遇到了妻子——篆刻家吴鸥。

（花草、树木、中山大学照片镜头）

生活上，吴先生无微不至，戴先生至今都没下过厨房。而每当戴先生有新的作品，妻子永远是他的第一个读者，几十年如一日。

【同期】她看，隔壁那张字她看了说哪里不好，我后来又写一遍，在出去之前她就告诉我什么地方有一些什么问题，她的视角不一定完全正确，但是我会考虑，包括文字她提了很多意见，我也会考虑。这样的我觉得是很好的自我一种反省，一个人如果听不到这种话是很可怕的。

【解说】戴小京心无旁骛地潜心研究书法理论和实践，从1983年开始，他出版发表专著论文共计50多万字，他曾任主编的《书法研究》《写字》杂志，成为书法界不可不读的经典，他出版的《吴湖帆传》《康有为与清代碑学理论》等专著，对艺术理论与艺术人物的历史意义进行了探究，2003年，他的论文《当代书风形态变异的思考》获得中国文联文艺评论三等奖，他也获得了中宣部、中国文联"全国百名德艺双馨中青年艺术家"称号等诸多殊荣，引起了书法学界不小的震撼。

【同期】我自己也不断地提高认识，从原来讲，从形体上、形态上认识到技法上，技法上又由浅表性的基本功基本技法深入到深层面的技法，技法上我们又慢慢回到整个书法的形态上，从形态上慢慢认识到书法背后精神层面、思想层面，人的品质、人的文化修养、人的综合性的一个东西和作品之间的对应关系，这些东西我们后来逐步逐步，社会上有很多这方面的认识，我个人根据我自己的心得体会也写了一些这方面的论文。

【解说】在当今的书法领域，戴小京成为当之无愧的海派代表书法家、理论家。

印象中的文人大都一心只读圣贤书，然而，戴小京却带给我们意外。一次特殊的经历，让他成为中国艺术品拍卖界颇有知名度的"江南第一槌"。他到底经历了什么？戴先生又是如何在书法与人生的对照中，感悟三乐的呢？

【片花】特效标版：相关文字

（冯巩相声）

【解说】这是1993年春晚上的相声《拍卖》，然而真实的情况是，当时中国还没有一个拍卖协会和拍卖师的培训机构，艺术品拍卖业是一张白纸。但是，半年后，借助邓小平"南方谈话"的机遇，上海举行了开埠 150 多年来的中国首届书画拍卖会，戴小京就是这次拍卖会的拍卖师。

【解说】上海书画出版社社长祝君波先生回忆 20 多年前的一幕时，这样说道。

（镜头：一封信，叠字）

【同期】既然是在上海拍卖，就要用朵云轩的拍卖师。事后，我在全社 200 多名员工中，选了时任总编辑助理的戴小京先生。以我对他的观察，戴小京是书法家，一表人才，口若悬河又口齿清晰，有胆有识。我让曹晓堤先生陪他去香港实地观摩了佳士得、苏富比的拍卖，回来以后又操练了几次，居然上场也一举成功。

【同期】整个希尔顿走廊里都坐满了人。因为光是嘉宾就一两百，领导、媒体，整个过程，一个下午 130 多件，一共拍了 600 多万，但这是非常非常惊心动魄的一个下午，也是我平生经历的第一次。

【解说】这次拍卖会，戴小京敲响了中国大陆艺术品拍卖第一槌，他改变了大陆艺术品交易模式，也开启了中国艺术品市场迅猛发展的历程。这位新中国成立后的第一位拍卖师，也一炮走红。

【同期】我们国内有一些物质拍卖，他会 100 万第一次，有没有，中间叫很长时间，艺术品拍卖没有那么复杂，10 万就是一次，你举牌 10 万，10 万在这前排女士 10 万，有加价的吗？ 10 万有没有加价？这是第二次，10 万元最后一次，就是三声报价。

【解说】戴小京在书画拍卖界声名鹊起，当外界思考他如何平衡一手艺术一手市场时，戴小京始终以一个拍卖界票友的心态，坚定地走在书法研究的道路上。20 多年的见证与磨合，戴小京对这一方拍卖台又有何种情愫呢？

【同期】后来我慢慢觉得拍卖其实是一个学习的场所，我更多在展厅里面，三天展示中我可以大量地学习，所以我更关注书法作品，如果我要在大学期间看到龙先生、商先生他们家的藏品，我当时会觉得他们这些人为什么写得这么好，我现在看到更多眼花缭乱、各种风格、不同流派，在这些东西中我就发觉过去我们自己，不管是在学习上还是认识中有很多很多不全面，甚至偏激的东西。

（记者跟镜头进书房）

【解说】古今不少雅士喜欢给自己的书斋命名，或表明志向、寄托情怀，或自警自勉。这里是戴先生的书房，他取名三乐堂，意为知足常乐、自得其乐、助人为乐。戴先生说，"三乐"是他从书法中悟出的奥义，也是一直指导他人生的信条。

【同期】这个世界这么大，世界上拥有的东西太多，你一个人永远也不可能有，你拥有了书法，我就说拥有了世界。如果说我拥有了书法我就拥有了一切，任何名利地位物质都不是非常的，会让你纠结在心，搁置不下的。

【解说】戴小京是被人羡慕的，他遇到了言传身教的恩师、才华横溢的妻子，在他人生至关重要的阶段给予他帮助，他在书法领域的造诣与见解，是多少后辈不断追求的标尺，他见证海派拍卖市场的变迁，为健康有序的书画市场的培育贡献一己之力。但是，很多人还羡慕他脸上闲适平和的表情、乐在其中的人生态度，认为那才是艺术家令人钦佩的境界。

（镜头：写字）

【同期】如果是真正的、深入骨髓的、深入到这里面去的人，你不是为了功利，不是拿它作为一个工具的，而是你就是我这辈子就想这个，就是为了这件事。好与不好，得与不得都无所谓，我的字最后有没有让后人记住，后来怎么样，都无所谓。人家如何评价也不重要，这就是道。

（镜头，落在楽上。音乐，泼墨）

【主持人】中国汉字是其特有的一种传统艺术，被誉为无言的诗、无行的舞、无图的画、无声的乐，戴小京作为上海书法界的代表人物，对书法理论研究作出了巨大贡献，而他不重技术与形式，寻求天人合一、返璞书法本质的的悟道，也令人钦佩。戴小京说，他是幸运的，书法改变他的人生足迹，也改变了他的心性。我们也是幸运的，因为艺术长廊上，有这样一群人让我们敬仰，陪我们前行。

扫码观看
本章视频

CHAPTER **8**
第八章

新视频综艺节目编剧

近年来，随着真人秀节目市场不断成熟，编剧逐渐开始作为节目中一个独立、正式的工种步入大众视野，并引发业内的广泛关注。

在过去，视频节目没有专门的编剧人员，各种节目爆点完全"靠天吃饭"。如今，视频节目的成功与否、能否占领市场，编剧的功力已成为制胜法宝之一。在视频节目同质化严重的媒体融合时代，编剧团队的重要性越来越突出，成为提高视频节目质量、传播力及影响力的重要武器。

第一节　我国综艺节目编剧的发展历程

由于各种编剧所从事的职业领域不同，编剧一般分为综艺编剧、电影编剧、电视编剧、话剧编剧等。实际上，综艺编剧这一工种引入我国的时间并不长。尤其在国内真人秀视频节目中，编剧地位举足轻重，甚至影响着一档节目质量和口碑的好坏。目前，我国对综艺编剧的理论研究相对缺乏，成熟、专业的综艺节目编剧尚属稀缺资源。

一、我国综艺节目编剧工种的产生

编剧一词，可拆分为编和剧，编即编写、编辑；剧即剧本、剧作。编剧就是编写戏剧、影视剧的作者，又称剧作家。他们以文字表述的形式完成节目的整体设计，创作出故事、台词、主戏以及过场戏，突出故事中心，塑造人物性格。编剧作为一个相对成熟的工种，在电影、电视剧、话剧中的作用是为人熟知的。但是在相当长一段时间内，编剧的概念并没有出现在电视及其他视频节目制作中。

1. 国外综艺编剧行业及人才培养的发展

在国外，尤其是对我国综艺影响深远的韩国综艺界，编剧作为一个成熟工种，已经有了相对较长时间的发展过程。韩国综艺节目采用"编剧中心制"，由数人组成的编剧团队负责设计整个真人秀节目的台本，从节目流程、框架设计到游戏规则和情景设计，都经过反复推敲。

在编剧人才培养方面，韩国大学的戏剧专业有专门的作家创作系，电视台有专门的编剧培训机构，都为综艺节目培养编剧人才。

编剧是综艺节目专业化生产、职业化分工后的产物，不同于传统综艺节目生产中身兼编剧和导演两职的编导。真人秀节目里的编剧居于核心地位，所承担的"剧情化设计"不仅包括设计游戏规则、流程和情境，选择合宜的嘉宾，还包括对叙事线索进行规划、建构和梳理等。

2. 国内综艺编剧的发轫

国内电视节目创作主要是由导演或者编导完成的，编导也是整个团队制作的核心人物。在编剧作为一个正式职业引进之前，编导一人承担了多项工作，具体包括从选取有价值的题材开始，到进行策划采访、撰写台本、组织拍摄、编辑制作，最后对作品进行把关检查等内容。

2013年前后，伴随着多个韩国真人秀节目模式的引进，综艺编剧作为一项正式职业开始进入我国。从严格意义上讲，《奔跑吧兄弟》是国内综艺领域首个设置"编剧"职位和实行总编剧中心制的节目。此后，包括《爸爸去哪儿》《极限挑战》《二十四小时》《明星大侦探》以及《见字如面》《国家宝藏》《经典咏流传》《信·中国》等文化类综艺节目，也都建立了专门的编剧团队。《全员加速中》《七十二层奇楼》甚至还专门邀请知名编剧于正、网络作家南派三叔等出任节目编剧。可以说，作为一个独立、正式而专业的角色，编剧已成为目前各大综艺节目主创团队的"标准配置"与"重要推手"。

在节目创作中，编剧要做的不只是沟通嘉宾、临场反应、撰写桥段，一档节目从方案策划、具体文案、流程设计到服化道、舞美摄影等诸多方面都需要编剧团队去确认。因此，编剧是一个团队的工作。在整个韩国综艺节目生产体系中，编剧占据非常重要的地位，合格的资深综艺编剧需要十年以上的相关工作经验。在我国，综艺编剧是个新兴的"朝阳行业"，现在的综艺节目制作团队很多编剧人员大多是从以前的编导转化而来的，同时大量的"80后""90后"承担了这项工作，如《奔跑吧兄弟》的总编剧王璐是标准的"80后"，编剧队伍呈现年轻化的面貌。

二、综艺节目编剧与导演的分工

在一档分工明确的视频节目制作团队中，一般包括制片组、导演组、编剧组、艺人组、道具组、摄制组、宣传组、后期组等，节目在这些小团队的分工合作中完成生产全过程。

在分工中，制片组是节目的指挥，负责节目的整体监督和协调工作；导演组负责把控节目主题、设计节目流程以及外景拍摄的执行工作；编剧组根据节目台本细化节目创意，塑造人物形象，突出故事情节；艺人组依据拍摄安排，制订并执行节目参与嘉宾的日程计划和生活安排；道具组根据节目环节的需要对每个拍摄场景进行布置并准备相应的道具；摄制组的工作任务是拍摄节目素材；宣传组是节目的包装者，承担节目的对外宣传工作，使节目获得更大范围的关注与讨论；后期组负责节目剪辑，工作包括粗剪、精剪、花字、动画、色彩调制等。

新兴综艺节目中的"编剧"出现后，编剧和导演有了更为明确的分工。编剧负责将内容以剧本的形式表现出来，利用视听元素来叙述故事；而导演则需要做好和编剧的对接工作，将编剧的想法进行影视化处理，以提升综艺节目的专业化和观赏性。相比较而言，导演主要从宏观层面设计节目流程，确定一档节目的主题和价值导向，对录制现场进行整体把控。而编剧主要从相对微观的层面突出节目效果。

对不同类型和规模的节目，团队的人员和配置都会有一些具体的变动。一般而言，每个制作团队都要配备一定数量的编剧，编剧的需求量因节目类型、嘉宾参与数量等因素而异。编剧组原则上会按照 1∶1 的比例，即一位编剧负责一位嘉宾的原则进行配置。在实际操作上，国内很多综艺节目编剧和导演还没有完全分离，职责划分也不够清晰。有的设置了编剧组，但是在团队配合和制作上有待进一步磨合。

三、综艺节目编剧的职责与工作流程

编剧其实就是台本的创作人员通过文字呈现其创意，针对节目展开设计工作。新兴综艺节目编剧创作的内容主要包括节目流程、框架的设计以及氛围的营造。在一档视频节目中，从前期准备到现场拍摄，再到后期制作等都离不开编剧的作用，编剧思维不仅要融入节目的前期策划、题材选择中，还需要在节目录制中体现节目选手或嘉宾的性格。

编剧与导演分工合作，承担了节目录制的主要责任。一个优秀的编剧要充分考虑节目的多个环节，他的工作不仅是设立节目情境、任务和规则，更要对节目中的人物设置、规则建立、叙事构建、情感传播作出充分设计。编剧工作贯穿于视频节目制作的始终，从视频节目开拍之前到视频节目剪辑播出，都可以看到编剧的工作痕迹。

1. 节目开拍前：搜集资料，设定人物

编剧会对搜集到的所有嘉宾资料进行分析判断，作出假设，明确人物定位。编剧只有全方位地了解自己所负责的嘉宾，才能在沟通中取得嘉宾的信任，进而走进他们的内心，这是编剧和嘉宾合作的基础。

编剧的每一分用心都将拉近与嘉宾的距离，这样在参与不同环节的录制时，嘉宾才会真正放下"戒备"和"包袱"，自然而然地表现出真实的自我，分享自己的感受和经历。这其实是综艺节目的"命脉"，即真情实感得以呈现的根基，也是编剧在节目中发挥作用的关键。

在竞技节目中，编剧选择选手，除了专业技能，还要考虑选手有没有独特的背景，有没有引起观众关注的故事。因此，赛前面试其实是选故事。以 2013 年《快乐男声》为例，空房间设计就是让选手敞开心扉、倾诉自我，从而找到有故事的人。

在《乘风破浪的姐姐》中，编剧参与嘉宾的人物设定，无疑为节目增加了许多热度。湖南卫视节目主持人吴昕的主持水平及个人能力一直被大家讨论。在节目中，编

剧分配她承担起隐形主持人的任务，推动节目的流程，调节现场的气氛。而在比赛中，吴昕的表现一次比一次亮眼，肉眼可见的进步获得观众认可（图 8-1）。蓝盈莹的"学霸"人设使得节目话题感十足，做任何事情都拼尽全力，事事争第一，对自己及他人都严格要求的态度激起了观众对学霸与学渣的讨论。尽管赞扬与批评的声音同时存在，但这也同时证明了蓝盈莹的个人形象相当鲜明（图 8-2）。

图 8-1　《乘风破浪的姐姐》吴昕"一字马"　　图 8-2　《乘风破浪的姐姐》第一期，
蓝盈莹初舞台评分排名第一

2. 节目拍摄中：全程跟踪，适当提醒

节目拍摄前，编剧有一个很重要的工作职责，即带着嘉宾的同理心参加节目预录、测试环节，确保各流程的可行性，并与嘉宾进行拍摄前的沟通。正式拍摄时，编剧需要全程跟踪记录，并适时推动情节发展以增加节目的趣味性。

在《我们来了》中，谢娜是十位嘉宾中的综艺担当，幽默搞怪是节目组对她的设定。因此，她在节目中承担了制造笑点、活跃气氛的作用，而她的编剧也总能在恰当的时候给予她提示，让她的人设发挥得更加淋漓尽致（图 8-3）。

据悉，在腾冲站的拍摄中，神秘嘉宾、谐星宋小宝的加入使节目氛围非常活跃，其中，在模仿环节宋小宝反串演绎了白蛇传的经典片段后，谢娜的编剧在一旁暗示她可以和宋小宝现场合作，带来更多的模仿表演（图 8-4）。而临场发挥能力一直都很强的谢娜在没有任何准备的前提下，现场和宋小宝带来了非常有看点的模仿秀。节目播出后谢娜也因为这段模仿秀上热搜，引来网友的大量好评。

图 8-3　《我们来了》谢娜模仿宋小宝　　图 8-4　《我们来了》第七期
谢娜、宋小宝、袁弘演绎《新白娘子外传》

3. 节目剪辑时：寻找亮点，突出细节

进入后期环节，编剧会参与到剪辑过程，与后期剪辑人员沟通如何把一期节目的故事和情节真实自然且有趣地呈现出来，并为嘉宾的后续宣传提供建议和想法。

如《爸爸去哪儿》第三季中，对诺一"话痨"形象的抓取与深化很好地体现了编剧在后期剪辑中人物塑造方面的功力。诺一从节目一开始，就经常碎碎念，显露出了"话痨"气质（图8-5），但是前期给观众留下的印象还不够深刻。在第四期节目"野象谷寻象"片段中，诺一在途中有很长一段时间都在自言自语，说的基本是一些与节目内容无关的话。刘烨的编剧认为这是一段非常适合塑造诺一"话痨"形象的素材，于是与剪辑师沟通后运用重复声音、配合"大话西游"经典音乐，并添加字幕和小动物反应等多重剪辑技巧，将诺一"小话痨"的形象展现得淋漓尽致，给大家留下了深刻的印象。

同时，编剧也要善于发现有代表性的细节，采用配乐、音效、画面特效、花字等手段加以强调和突出，从而加固嘉宾的形象特征。在《偶像来了》第一季中，杨钰莹嘴甜夸人的特征从最开始出场就非常明显，其实这与她的外形和歌声是相符的，很适合她的人物定位。但是这样的设定也是危险的，若没有把握好度，就容易适得其反，遭来观众的反感。杨钰莹的编剧十分机智地在后期剪辑中用一段古筝配乐为她的夸人特征搭建喜剧化的场景，成功突出其人设的同时，为杨钰莹收获了很多观众的认可和喜爱（图8-6）。

图8-5 《爸爸去哪儿》第三季第一期　　　　　图8-6 《偶像来了》第一季
密室测验环节 诺一显露"话痨"特质　　　　　杨钰莹出场的夸人特征

第二节　综艺节目的编剧技巧

关于传统编剧，学界有不少经典的著作，其中罗伯特·麦基的《故事：材质、结构、风格和银幕剧作的原理》从编剧的视角出发，以"故事的原理"为核心展开叙述，结合大量生动的电影案例，分析了如何通过"结构、设计、危机、人物"等要素和方法创造出满足、并且超越观众期待的故事。上海戏剧学院陆军的《编剧理论与技法》以文本写作的方向切入，从选材、视角、情节、人物、道具、场景、语言等 20 个角度具体阐述编剧技巧。综艺编剧虽然在理论上与传统编剧有一脉相承之处，但是在具体节目呈现和融合传播的语境下，还是有一定差异的。目前，对综艺节目编剧的学理性研究还较少，尤其缺乏系统的基础理论与技巧总结。

从编剧在一档节目中具体的工作来看，其工作职责主要包括三部分，即人物设定、叙事构建和情感传播。我们通过透析编剧的具体工作，对综艺节目编剧的技巧进行分析。

一、综艺节目编剧的人物设定

人物设定，常常被观众简称为"人设"，是如今节目增强内容可看性、激发观众兴趣、增强观众记忆点的重要方式之一。编剧为参加节目的嘉宾进行鲜明的人物个性和行为设定，以吸引观众。观众所看到的台前的人物形象，是在编剧设置后经过节目内容编排、剪辑、制作后构建的人设。

前期节目组确定好节目的整体定位、挑选好参与嘉宾后，编剧会对嘉宾进行深入了解，综合各方面资料对嘉宾作出人设。编剧要实现人设的成功，与前期嘉宾资料的搜集和分析、节目录制过程中形象的塑造以及后期剪辑中细节的突出密切相关。认定人设后，如何让嘉宾在节目中释放出真实的性格和自我、强化自己的个人形象，是对编剧工作的一个重要考验。在具体的人设方法上，一般有以下几项原则。

1. 核心人物间要有恰当的关系

编剧经过严密的市场调查，选取观众感兴趣的题材后对视频节目进行整体定位，确定节目风格，据此挑选节目的参与嘉宾。而嘉宾作为视频节目的主要参与者与节目效果的主要呈现者，其个人形象、行为风格及社会关系等综合因素又会反过来影响节目的传播度与美誉度。嘉宾的人物关系既影响着视频节目的风格，又是节目吸引观众的重要手段。每个人物的不同性格搭配、面对困难时的不同选择、可能爆发的不同冲突，都是节目的重要看点。从节目营销的角度来看，人物关系搭配、配对的塑造，不再只是粉丝自娱自乐的游戏，而是节目吸引观众的营销策略。因此，编剧与导演在确定参与嘉宾时，须充分考虑嘉宾相处时会发生的各种状况，以确保核心人物之间有适合的关系。

如《向往的生活》中，何炅与黄磊在生活与事业中均有交集，彼此相互了解，默契十足。彭昱畅与张子枫相互熟悉，两人合作的电影《快把我哥带走》为观众所熟知，兄妹感十足。四个人在节目中俨然过着一家四口的生活，不时有朋友前来做客。家人与朋友之间美好的生活，给节目增加了相当多的烟火气息（图 8-7）。

图 8-7　《向往的生活》四位常驻嘉宾

2. 人物行动要有驱动力和合理性

故事的主角是人，人的所有活动都始于自己的内心，人的内心驱动着人物的行为。在不断变化的环境中，观众才能看见人物内心世界的变化。基于这样的变化，人物内在才能不断成长，这也是一个好故事的核心驱动力。

如《演员的诞生》，通过比赛竞技的形式，对演员的演技进行比拼打磨。演员们对经典影视作品的片段进行还原，既满足了演员们挑战经典的心理需求，同时又有一线影帝、影后和导演进行点评。比赛晋级的形式是该节目的外在驱动力，而演员的自我追求则是内在驱动力，共同促使演员不断呈现精彩的表演。

在具体的行动中，嘉宾可以做的事情很多，他们的行为方式也有多种选择，因此，行动的合理性也是编剧要考虑的问题之一。编剧需要嘉宾做某件事情之前，要思考嘉宾做某件事的原因以及可能带来的影响，确保人物的行动能够反映出人物的性格，加深观众的印象。

观察类真人秀节目《我家那闺女》主要讲述独居女艺人的日常生活，通过爸爸观看女儿独居生活的视频，了解平时自己不知道的女儿的独居生活状态。因为嘉宾们在现实生活中遇到的各种问题也是普通大众所遇到的，所以节目第二现场的父亲对女儿的评价和吐槽同样也是现实中不少孩子与父母之间的矛盾缩影。这样的人物特征很容易激起观众的同理心，节目中反映出来的情绪点也就有了合理的存在性。

3. 人物行动过程中要呈现阻碍和细节

节目叙述中体现人物特征的主要手段是展示人物的行为，让观众在观看中自动获得人物的人格特征。观众接受故事的过程，实际上也就是人物在观众心中生成的过程。

编剧需要不断思考嘉宾参加节目的原因及目的，了解哪些因素是驱动力，哪些因素是消极因素。根据这些因素，编剧在节目环节中设置合理的阻碍，人物通过与阻碍的对抗凸显性格，易被观众记住。同时，人物是故事表达的主体，是推动故事情节发展的重要因素。人物形象的塑造需要格外注重细节，通过有代表性的细节来表现人物特有的个性，可以有效避免所塑造的人物形象千篇一律的问题，使人物形象更加丰满，也让观众对人物产生关心和期待。

经营体验真人秀节目《中餐厅》第四季中，黄晓明店长暂时离开，财务总监赵丽颖暂代店长一职，扛起了经营餐厅的重任。节目接下来呈现了赵丽颖一系列行动细节，她积极和店长黄晓明学习经验，第一时间召集大家协调分工，制订营业计划，确认菜单以及食材数量，细心指出餐厅即将面临的问题并和大家一起商讨解决办法。赵丽颖认真负责的工作态度获得了合伙人的大力支持，也赢得了观众的喜爱。

在对人物行为细节的塑造上，首先要对人物形象进行整体设计。节目参与者的外貌、造型、穿着、配饰等细节会形成观众的第一印象，观众从这一印象中捕捉符合其外在形象的关键词。《我是歌手》第三季参赛歌手李健被称为"高冷清华才子""优雅艺术家"，而他每次在舞台上展示给观众的外在观感与大众对他的人物期待的匹配度也是极高的，如服装的色彩与搭配、面部表情的呈现、举手投足之间显现的个人气质。尚雯婕作为《我是歌手》第一季的参赛嘉宾，"另类潮流的电子女王"是她的人物设定，因此她的每一次登场都是一次印象强化。当她从后台出场、追光灯聚集于一身时，观众一眼望去所捕捉到的就是一个气场强大、高冷酷艳的形象。编剧在人物设定、形象塑造和观众信息的接收之间起到了一个纽带作用。

另外，对行为过程的设置，除了阻碍，还需要适当设置选择、逆转环节，让嘉宾产生改变命运的机会，从而形成节目更为剧烈的戏剧性效果。

人的一生要面对多次选择，有的时候属于主动选择，有的时候只能是被动选择。但是不管怎样，都需要去面对这一时刻。每一次选择是对个人价值观、人生观、性格、心理及生理承受力的全面考验和检验。在节目中去呈现人物命运的选择时刻，既能够较全面地展现人物性格，又能够推动情节的发展，引导观众持续收看。比如，在相亲类节目《非诚勿扰》中，编剧就设置了专门的选择时刻。在节目爱之终选环节，男嘉宾面对"心动女生""爆灯女生""有意牵手女生"的时候，他会经历内心的纠结、博弈，最终在舞台上呈现出自己的选择。整个过程，既能真实地反映男女嘉宾的价值取向，又能准确地记录当下年轻人的婚恋择偶观。

二、综艺节目编剧的叙事构建

美国剧作家理查德·沃尔特在《剧本——影视写作的艺术、技巧与商业运作》一书中谈到电影编剧的基本信条，"编剧工作中最不重要、最被过分珍视的元素就是点子（即创意）。真正重要的不是为故事想到的点子，而是故事本身，即持续的、完整的故事和人物、对白，以及其他所有元素的综合所构成的整个电影"。

在视频节目中，叙事即按照节目台本的设计进行结构化录制，并通过一系列后期剪辑向观众讲述具有特定主题的故事。视频节目的叙事具有两个明显的特点：一是叙事发展的必然性，二是叙事过程的偶然性。所谓必然性是指节目叙事线会按照节目策划有条不紊地展开，节目环节和流程是确定的，叙事的主体即节目参与嘉宾也是确定的，并且整体的叙事风格、叙事主题和叙事情节是有章可循的。然而嘉宾现场发挥和反应的不确定性导致了叙事过程的偶然性。因为在每一个设定好的叙事环节中，嘉宾个人如何发挥、嘉宾与嘉宾之间将产生怎么样的"化学反应"是无法提前知晓的，这种偶然性也给节目叙事增加了趣味性和挑战性。

1. 合理的整体叙事线

罗伯特·麦基曾说："结构是对人物生活故事中一系列事件的选择，这种选择将事件组合成一个具有战略意义的序列，以激发特定而具体的情感，并表达一种特定而具体的人生观。"

编剧在视频节目中的叙事构建作用是指搭建合理的叙事结构并运用恰当的叙事修辞来打造叙事线，具体包括清晰的环节设计、严谨的预录调整、戏剧化的悬念制造、蒙太奇的剪辑手法，以及现场追述的插入等。

（1）清晰的环节设计

叙事结构主要体现的是整个节目的发展链条，也就是人物与人物之间、事件与事件之间相关联的一种方式和内在逻辑。构建叙事结构的基础是进行环节策划，即拥有一个清晰的台本设计。编剧在前期会参与整个节目定位与嘉宾挑选的讨论，虽然在这一环节中，相较于节目制片和导演组他们没有发挥最核心的作用，但是他们的经验和建议将深刻地影响节目组的抉择。因为在节目制片人眼中，来自节目编导、后期剪辑以及台本撰写等不同岗位的编剧阅历不同，看待问题的角度迥异，综合起来可以形成相对成熟的建议和观点，使节目更具包容性。每一期节目主题确定后，编剧都会进行节目策划，大到节目整体流程的安排，小到节目具体环节的内容设定、游戏的挑选、叙事逻辑线的考量、节奏的急缓等，这些细节编剧都会进行反复的考虑和调整。这是编剧在综艺节目中发挥叙事构建作用的第一步，也是最关键的一步。

（2）严谨的预录调整

在节目环节策划完成之后、正式开拍之前，节目组一般会进行录前预演，即预录。这一阶段是指编剧代替嘉宾参与各环节的测试，把控节目各环节的合理性、趣味性以及时长、场景等内容。编剧在预录过程中会根据自身的代入感，对节目场景的构成包括节目道具的摆放与上场、群众演员的设计等提出相关的优化建议，使之更符合节目叙事的整体需求。

预录结束后，编剧组会根据预录的情况与导演组进行商榷沟通，对趣味性不够、可行性较低的节目环节进行调整和替换，同时，根据嘉宾的个性进行故事情节的预测，猜想这一环节嘉宾在拍摄过程中可能出现的结果，针对每一种结果对应不同的后续设置。为了能让所有的环节提前掌握，确保拍摄的顺利，编剧还需要提前想出对策，并形成故事脚本。在嘉宾到达拍摄地后，编剧会与嘉宾进行拍摄前的沟通，针对自己在预录中的真实体验对嘉宾进行具有行为引导性质的预告。

（3）戏剧化的悬念制造

所谓悬念，是需要编剧在节目中传递给观众不完整、不对称的信息，设置悬而未决的矛盾现象，并通过多种手段营造氛围以引起观众的期待心理，促使观众持续关注节目进展。当悬念揭晓的瞬间，观众的预期得到了满足，这种满足感会给观众带来身心上的愉悦。

关于悬念的机制形成，英国当代文学批评家戴维·洛奇认为："小说就是讲故事，讲故事无论使用什么手段——言语、连环漫画、电影，总是通过提出问题、延缓提供答案来吸引住观众的兴趣。问题不外乎两类：一类涉及因果关系；另一类涉及时间。"

在悬念制造过程中，编剧要做两方面的基本工作以确保最终戏剧化的悬念效果的呈现。一方面，正式录制时，编剧会全程跟踪记录，即做场记、梳理故事线，并发现嘉宾的亮点，捕捉可以制造悬念的情节；另一方面，编剧在节目录制现场还会通过主动引导嘉宾来推动情节发展，为后期悬念效果的创作积累素材。正如《奔跑吧兄弟》总编剧王璐在接受记者专访时所概括的，传统剧本只写着"尖叫"二字，综艺编剧却会为观众设计过山车，叫不叫随你。

（4）蒙太奇的剪辑手法

现今综艺节目的录制都是采用多机位的拍摄，力求全方位记录每一位节目参与者的全程表现。而在后期制作的过程中，为了最大化呈现叙事效果，增加节目的可看性，编剧通常会采用平行、交叉、对比等蒙太奇剪辑手法来加大悬念冲突。

以韩综 *Running Man* 为例，根据节目设定，每个小组得到指令后，即在同一时间点开始执行同一个任务（图 8-8）。其实前期的镜头记录是独立分开的，每位摄影师拍摄不同嘉宾的细节，而如果后期以人物为叙事线直接零散地呈现，节目效果会大打折扣。这时候，交叉对比的蒙太奇使同一时间发生的情节在同一个画面中呈现。我们经常能看到节目里一个屏幕中会同时出现几组参赛队伍的执行任务情况，这样既让观众对参赛者的实力有所比较，满足了观众们的好奇心，又增加了节目的紧张感和戏剧性。

虽然蒙太奇的画面叙事主要操作者为后期剪辑师，但是编剧在这个过程中却发挥着重要的作用。素材的选择与取舍、叙事的顺序和逻辑都需要编剧来提供建议。因为他们是在节目拍摄过程中对嘉宾表现最了解的人，甚至常常能捕捉到镜头记录不到的信息，所以他们往往最清楚这一环节应该用什么样的素材讲述这段故事，从而为节目故事加分。

（5）现场追述的插入

现场追述是视频节目叙事的一种修辞手段，即利用节目的参与者在事后追述节目中曾经发生的事件，并穿插在事件进行当中，从而灵活地编辑结构故事。具体而言，在现场录制结束后，一般节目组会要求编剧对本期节目的嘉宾进行深入采访，针对节目录制时的亮点和故事点，了解嘉宾当时的所想所感，在后期制作时插入到相应的环节中。它主要有两大功能：一方面，可以为参与嘉宾提供表达内心世界的机会，发表对人物和事件的评价，从而树立人物形象；另一方面，可以从不同的角度进行叙事，补充现场画面的不足，并突出细节，深入挖掘其故事性。值得注意的是，哪些角度需要进行挖掘和放大，以突出嘉宾性格和节目效果，关键在于编剧。编剧会根据自身职业经验进行判断，作出行为反应。

在《我是歌手》第一季第七期节目中（图 8-9），节目组临时邀请辛晓琪替代齐秦参赛。辛晓琪在这场比赛中演绎了自己的经典作品《领悟》，编辑加入了一段赛后她对歌曲意义的阐述。她说道："《领悟》这首歌可以说是改变了我的一生，这首歌讲

图 8-8 *Running Man* 各组出发执行任务

图 8-9 《我是歌手》第一季第七期
辛晓琪现场谈歌曲感悟

的内容是代表我人生的某一个阶段，血淋淋的，把你心里的那些痛、那些纠结全部都写上去了。这首歌我平常是不唱的，因为我每次唱这首歌的时候，我自己会很沉重，很多东西又可能被挖出来。"这样一段简短的现场追述，赋予了整首歌不一样的力量，有利于观众更深入、更用心地去聆听她的作品，感受歌曲里面丰富的情感元素，同时也使辛晓琪的个人形象更加饱满立体。

2. 创新的剧情化设计

如果将节目内容划分成数轴的两端，一端是写实的纪录片，另一端就是虚构的电视剧或电影，近年来户外真人秀正从纪实这一端逐渐向虚构化一端发展。早期真人秀节目是从《爸爸去哪儿》的类纪实拍摄方式，到《奔跑吧兄弟》的游戏化操作的变化。随着综艺节目开始逐步加强剧情元素，从《极限挑战》的"轻剧情"特色，再到《明星大侦探》《重返地球》等节目引入强剧情模式，剧情化成为越来越被受众接受的节目创作方式。

当前颇为流行的"剧情式综艺"没有明确统一的定义，但其所具有的共同特征包括两个方面：其一，综合影视剧中的戏剧性元素、竞技游戏节目中的对抗性元素，以及纪录片中的纪实性元素。其二，运用故事化思维展开故事化叙事，使其具有较强的情节性和完整的故事性。剧情类综艺的编剧以故事创作和人物设置为重点，它所具有的戏剧张力能带来更为持久的观众黏性。

剧情化、故事化设计使综艺节目不再是音乐、舞蹈、杂技、曲艺等艺术形式的"拼盘"或竞赛、游戏的简单组合，而是具有了很强的戏剧性、故事性，大大提升了节目的可看性、趣味性和吸引力。这些综艺节目播出后，大受欢迎，剧情化、故事化处理已成为当前编剧业界进行综艺节目编创的核心策略。

对于剧情类综艺来说，故事是最大看点。视频节目的故事化编创思维，是指以真实的人物、素材和事件为基础，借鉴编剧的多种艺术手段进行适度、巧妙的加工处理，从而使节目的故事性更强，节奏更紧凑，情节更生动，人物形象更鲜明。如为了讲好故事、塑造剧情，《明星大侦探》《重返地球》《密室逃脱·暗夜古宅》均采用了影视剧的叙事方式。芒果TV《明星大侦探》每期参与录制的明星需要在"案件现场"寻找证据，推理出真正的凶手；其姊妹篇电视版《我是大侦探》每期集结六位玩家，解锁层层悬念，找出关键人物K。节目内容包含智能推理、跌宕情节以及综艺搞笑等元素，被称为综艺版《唐人街探案》。[①]

在对节目进行剧情化设计的过程中，编剧要注意"只搭建框架不设计具体内容，只规定情境不设计具体人物行动"的基本原则，让嘉宾在场景下真实反应或者即兴表演，而不是按照流程和剧本单纯演戏，以免失去节目最为重要的"真实性"底色。在拍摄时，多机位拍摄能让镜头捕捉到大量人物的表情、动作等细节，再通过后期编辑加工，从而构建出完整流畅、跌宕起伏的剧情化故事。

---

① 电视综艺节目的故事化——让综艺"活起来"，http://www.sohu.com/a/335966752_222780，2019.8.23.

三、综艺节目编剧的情感传播

情感线是节目消费的核心，它能使节目中的人物和情节瞬间鲜活起来，也是一档节目由"扁平化"变得立体生动的关键。

编剧的情感传播作用主要是指编剧通过在节目中塑造人物形象，刻画故事情节，将情绪价值和情感主题传递给观众。在真人秀中，编剧发挥的情感传播作用能最大程度地与观众建立密切的联系，吸引观众的注意力，实现节目效果的最大化。

1. 共情原则

编剧进行情感传播的三大主题，即亲情、友情和爱情，这是人类情感中三大不变的主题，也是真人秀节目中的主要情感议题。抓住现代人疏于陪伴孩子成长的普遍现象，有了凸显亲子主题的《爸爸去哪儿》《爸爸回来了》《想想办法吧！爸爸》（图 8-10）等各类亲子明星真人秀节目。这类节目通过拍摄明星与孩子朝夕相处后越来越亲密的关系，激发观众在现实生活中多多陪伴孩子的想法。面对现今社会生活节奏不断加快、男性在家务劳动中的缺席是很多家庭的痛点问题诞生了《做家务的男人》，第一季由袁弘、张歆艺夫妇，汪苏泷、尤长靖，魏大勋及父母担任常驻嘉宾（图 8-11）。节目通过展现亲情、爱情及友情三条并行的主线为大众全面呈现家庭中的不同亲密关系，直观反映了当下社会家庭中的相处模式、家庭价值观及和谐相处之道。演播室里的观察员探讨三个家庭的日常关系和有关家务的种种话题，引发了观众对"男性做家务"这一话题的热议。同时，节目让观众学着放慢生活的脚步，给爱和陪伴留足时间。

图 8-10　《想想办法吧！爸爸》李承铉父女　　图 8-11　《做家务的男人》展现现代家庭关系

2. 挖掘笑点，制造泪点

在具体丰富情感线的手法上，编剧主要通过挖掘节目笑点和制造节目泪点来进行情感传播。通过刻意打造笑点，让节目充满活力，使观众在笑声中获得情感体验。泪点的制造则是编剧在前期的节目策划和中期的细节安排过程中设计的，为营造情感氛围提供生产环境，在后期的剪辑中使用慢镜头、煽情字幕、背景音乐等来强化和突出情感。

　　笑点的制造首先要有情感存在的客观基础，如他们是亲人、是恋人、是朋友，编剧在这个关系的基础上设计笑点，从而传递情感。以《爸爸去哪儿》第四季第六期的礼物环节为例，村长给小孩准备了两份礼物，一份是小孩自己最喜欢的东西，另一份是爸爸最需要的东西，每一位小孩轮流进房间与村长聊天，然后挑选其中的一样带走。编剧对这个环节的设置其实非常简单，简而言之，就是村长主导性的话题聊天，再加上小孩挑礼物。编剧准备的话题也很日常，主要就是："你爱爸爸吗？""爸爸爱你吗？""你最喜欢什么？""你知道爸爸喜欢什么、需要什么吗？"小孩子语言表达的趣味和童真无疑能让这个环节挖掘出很多笑点，但是这些笑点的突出其实都是经过编剧前期各环节的精心策划以及后期梳理的。正是在这些笑点中，我们看到了父子温情的一面，感受到了节目所传递出来的亲情。如当村长问小庆庆你挑的什么礼物时，他舍弃了自己最爱的跑车玩具，拿起可以让爸爸变年轻的染发膏（图8-12），他说"因为我感觉爸爸太老了""我不想让爸爸变老""因为爸爸都想让人家叫他蔡哥哥"，简单童真的语言让人觉得既好笑又感动。随后他还唱起了《当你老了》这首歌，村长问："当你爸爸老了你怎么办呢？""把他扔在家里，每天做饭给他。"相信很多观众在看到小庆庆作出的选择以及听到他暖心又俏皮的回答时都会开怀一笑。节目组以及编剧对这一环节的成功策划，既制造了节目的笑点，又在愉悦的氛围中进行了情感传播。

　　泪点制造方面，如在婚恋情感类真人秀节目《我们相爱吧》中，余文乐和周冬雨最后一期收官告别的画面特别戳人泪点，也感动了很多喜爱他们的观众（图8-13）。其实这样一个泪点是节目组精心打造出来的成果，编剧在这个过程中发挥了核心作用。告别的片段以他们两人的现场追述开始，"所有事情开始的时候你总觉得时间还长，就是想再跟他说几句话，再多相处一会"，为观众铺垫了告别的主题。接着聊天、送礼物等每一个环节的设置都在甜蜜的回忆和现实的告别中交叉展开，节目情绪慢慢酝酿。周冬雨送手表表示想让余文乐记住他们在一起的每分每秒，并制作了承载两人回忆的66个纸杯蛋糕，而余文乐把两人在一起的所有回忆做成照片墙，并送出了写有自己心声的答案之书。随后，节目情感在周冬雨演唱改编过的《不完美女孩》中再次升温。在演唱过程中，两位主角都红了眼眶，节目组用特写镜头放大了这一画面，并且综合使用昔日的回忆画面、两人拥抱的慢镜头、温情的花字、伤感的背景音乐等一起把节目情绪点推向了高潮。

图8-12　《爸爸去哪儿》第四季第六期
小庆庆选择让爸爸变年轻的染发膏

图8-13　《我们相爱吧》收官
周冬雨、余文乐回忆过往

3. 情感中融入核心价值观

视频节目需要有明确的节目定位与立意，这是节目讲述故事、表达情感、发表议论不可偏离的主线，正确的核心价值观是推动并指引节目中的人物角色或者情节事件发展的原则与标准。国家广播电视总局多次要求：视频节目要主动融入社会主义核心价值观，发挥好价值引领作用，防止把节目办成脱离现实、脱离群众的无聊游戏。在传递核心价值观时，节目还需要有能够引发观众共鸣的情感点。当核心价值观和情感共鸣点有机结合的时候，观众的情绪才会更好地释放，节目也更能彰显正确的价值导向。

旅行真人秀《小小的追球》由黄子韬、周冬雨、王彦霖、尹正担任固定嘉宾，4位嘉宾褪去艺人的光环，带着对地球的好奇和热忱，组成"小小追球团"，以他们的视角来诠释这个46亿岁蓝色星球的雄壮美丽与瞬息万变（图8-14、图8-15）。他们跨越山河，攀登险峰，探索歧路，前往颇具挑战性的各大"世界之极"，在近距离感受随时面临消失危机的绝美境地中展现年轻一代在环境保护方面的理念与先锋作用。印度尼西亚行程最后一站在苏门答腊岛的丹伯灵野生动物保护基地，嘉宾们作为野生动物保护区的见习学生，在专业保育人员指导下学习和了解苏门答腊虎的生活习性与生存状态，通过自身的真实体验和学习，以老虎朋友的视角呼吁全球朋友关注和保护苏门答腊虎的生存状态。观众在观看节目的同时，会不断进行自我审视，从而自觉践行环境保护行为。

掌握了这些具体的综艺节目编剧技巧是不够的，一个优秀的编剧还必须全方位地了解自己所负责的嘉宾，走进他们的内心，并把握人物表达情感的分寸，这样才能安排更合理的剧情和故事内容，使综艺节目的人物和情节更鲜活，进而凭借其专业与用心保障人设和情感的真实性，以"真"为引擎，将综艺节目的正向价值落到实处。

图8-14 《小小的追球》定位先锋青年试验旅行真人秀　　　　图8-15 4位嘉宾组成"小小追球团"探秘地球

第三节　综艺节目编剧台本的构架

除去节目资源和编剧的策划技巧外，编剧构架台本的能力也是当下考量综艺节目的命题之一。

一、综艺节目台本的内涵

1. 台本是编剧工作的主要内容和文字表达

台本，即台词脚本，原本专指各类舞台表演的剧本，即将表演过程中要说的话提前确定下来。作为视频节目重要组成部分的台本，其种类呈现出多样化的表现形式，包括台词本、镜头本、音效本、灯光本等，而具体到某种类型的台本，也呈现出各自的发展特点。在视频节目中，节目的台本构架是指制作团队对视频节目设置的基本规定，包括参与者的选定、节目指定的场所、游戏程序规则的设定、少量的台词、剧本走向及视频节目模式的规划等内容。

在视频节目里，拿在导演手中的"剧本"其实就是台本，上面有详细的节目流程，而这些流程会根据节目需求适时通过编剧或者导演透露给嘉宾。在节目中，嘉宾或尴尬，或无助，或化险为夷，这些反应都不是编剧事先能确定的。但是编剧在录制之前会预设多种情况的出现，并根据相应的情况写出相应的流程。根据台本，编剧可以将不可控的情况转化为可控的情况，对录制现场进行整体把控。

2. 综艺节目台本的功能

台本在综艺节目中有叙事和美学双重功能。作为最重要的叙事功能，台本重在内容的叙述，起到促进情节发展的作用。台本的美学功能则是指台本在审美层面的情感表达，带来观众心理的触动和共鸣。

（1）搭建内容框架

综艺节目通过视听技术表现时空，塑造场景，如果没有台本的支撑，综艺节目容易出现内容表现单薄、关键信息缺失、细节存在遗漏等问题。作为一种声画并茂的视听艺术，综艺节目的镜头表现仍旧是存在局限性的。有些信息无法通过镜头语言直接呈现，有些信息在节目内容的密集呈现过程中，观众可能无法全面且准确地接收编剧想要传达的核心要点。此时，台本通过构建整体节目的叙事和流程框架，对影像传播的信息盲点给予强化，进而有效引导并辅助观众瞬间抓住关键信息，同时还起到串联节目板块和环节的作用，保证了综艺节目视听内容的完整性和信息传达的连贯性。

（2）延展视听叙事

综艺节目的叙事系统主要包括非语言符号和语言符号两大类。非语言符号是指音乐、画面等视听符号，通过构建时空还原场景，进而推动叙事。优点在于简单直观，但在叙事深度以及叙事逻辑层面缺少有效表达。而以语言符号为主的台本，通过对细节的刻画、情绪的渲染等方面的引导，往往能够拓展视听内容，实现更深层次的意义表达。

综艺节目台本设计是对音频、视频素材的拼接和重组，通过画面的呈现推动情节发展。台本的价值在于站在节目创作的高度把握叙事节奏，有效衔接视听素材以保障节目的连贯性。

在综艺节目的环境氛围上，一个是大的年代背景，另一个是情节发展过程中的氛围。音乐、声效、画面可以给受众带来直观的视听体验，台本则根据叙事节奏，对环境氛围的渲染提供恰到好处的点睛之笔。

在人物心理的表现上，视频节目中的视听呈现可以表现人物的形象和气质，但无法直观展现人物的心理变化。台本通过诸多细节的描写与强调，生动形象地让受众感受到人物的真实存在，增加节目内容的表现力和吸引力。

（3）培养审美情趣

大众媒介具备社会文化传承的教育功能，而优秀的台本能够在潜移默化中提高受众的文学素养，对大众的审美情趣有培养和提升作用。

优秀的台本往往富有韵律感与艺术性，体现出较高的文学修养。当将它置于节目框架体系当中时，其行文措辞、情感表达、理性思考与价值导向能够赋予镜头之外更为饱满的视听体验，台本功能的叙事之美尽显无疑。当它作为脱离镜头的独立文学作品存在时，这一类台本往往看起来通俗易懂，读起来朗朗上口，品起来意韵十足。近年来一系列高口碑节目中的文字段落在网络广泛传播，如《我在故宫修文物》的"择一事，终一生"、《国家宝藏》中的"秦俑虽无名，但千人千面。他们以血肉之躯安天下，护万里河山，岂曰无名？河山即名"；《人生一串》中的"有炽热的灵魂就不惧怕挑战，生活的难和烧烤的烫一样"、《人生第一次》中的"关于万物之始，我们总是心存浪漫，然而对其中的艰难，有时候我们却无法预料"。这些文字以触及观众内心的情感表达展现出中华传统美学中的文字之美、文化之美，体现出台本功能中丰富的美学价值。

3. 综艺节目台本化与脱台本趋势

综艺节目台本化是指在综艺节目拍摄制作之前，编剧把所需要的预定情节甚至语言写出来，附上备注，如灯光效果的变化、背景音乐的起落等。台本化的节目流程给节目本身带来了足够大的故事发展空间，在保证节目完整性和连贯性的基础上，使戏剧性最大化。

脱台本即没有任何剧本及台词，意味着节目中所发生的故事内容都不会由人为的台本所左右。倾向脱台本的综艺节目包含三个共同要素，即脱台本地讲故事、参与嘉宾进行自我表演、与现实融合。围绕这三个要素，参与嘉宾自行对节目框架进行具体的内容填充，实现视频节目脱台本的纪录性，并给受众带来出乎意料的惊喜。由此可见，综艺节目中的脱台本满足了受众对现实生活多样化和趣味化的好奇心。

综艺节目的戏剧性和纪录性密不可分，使得台本化与脱台本紧密联合起来。过度台本化使得节目丧失"真实性"，而完全脱台本的综艺节目，大篇幅的真实内容恐有覆盖戏剧冲突的可能，使得受众失去观看欲望。因此，台本化与脱台本的综合使用是视频节目发展的重点。在台本化的题材结构上融入脱台本的真实内容，会大大提高节目的真实性与戏剧性的黏合度。

二、综艺节目编剧台本的应用实践

在实践应用中，不同类型的综艺节目台本的形成方法不一，台本构架手段各有侧重。

目前，不少国内的剧情类综艺与文化类综艺能够恰当运用故事化编创策略展开故事化叙事。较强的情节性和完整的故事性使节目在市场上赢得了一定数量的观众，也为视频节目进行剧情化、故事化设计提供了借鉴。

1. 剧情类综艺台本的戏剧化编创

剧情类综艺节目大多通过改编或原创手法进行故事创作，其中的任务或游戏均是建立在故事叙述的基础之上。各种神话、传说、影视剧以及社会热点话题、事件等为故事创作提供了丰富的资源。

在叙事结构方面，剧情类综艺通常会设置一个大的故事主题，在其统摄下，每期节目都有单独的故事和必须完成的目标，既独立成篇，又因相同的参与者而具有了形式上的连续性。

浙江卫视《二十四小时》以"郑和七下西洋"为大故事背景、由6~7位来自600年前的航海成员穿越时光重走海上丝绸之路为故事主线，开启了一场惊心动魄的冒险之旅（图8-16）。每期节目讲述一个在海上丝绸之路沿线国家或城市里发生的故事，"航海兄弟团"需要在24小时内挑战各种任务，尽力搜集更多的线索，帮助自己回忆起穿越前的身份。最终，历经了"郑和七下西洋"所有经过的国家和城市，找回记忆，回到过去。节目以故事为载体引导游戏、完成任务，情节紧凑、环环相扣。通过预设情境和连续剧情，使节目朝向平稳有序且冲突、悬念、反转不断的方向发展，期与期之间形成一个连续的、动态的、虚实结合的线性叙事结构。这种亦真亦假、半虚半实的戏剧结构，以及打破常规、曲折描述的故事性手法，使得整个节目呈现出未知性和悬念感。

《明星大侦探》属于目前国内推理类综艺节目中的佼佼者，节目创意受韩国JTBC台的《犯罪现场》启发，嘉宾在"案件现场"寻找证据，并推理出真正的凶手（图8-17）。节目从前期设计到现场执行，再到后期制作始终贯穿编剧思维。该节目的总导演何忱表示，节目以剧本为核心，对剧情设计、角色设定进行了戏剧化处理。与电视剧不同的是，电视剧中的角色拿到的是完整的故事剧本，而节目嘉宾仅获得一个故事背景和若干线索。节目组用各种影像化手段把故事拆解，在节目里埋下很多块拼图，嘉宾在推理解谜过程中将拼图拼凑完整，故事也就被还原了。《明星大侦探》剧本的设计，是台本化与脱台本相互融合的成功实践。

《明星大侦探》的核心编剧团队大致分成两部分：一部分是专业的推理写手，他们会提供案件的时间轨迹、杀人手法以及一些经典的推理桥段，并且会把线索融合运用到故事构成里；另一部分是由身兼角色导演的成员构成的，这部分的编剧会从选题拟定开始，一直跟到最终成片剪辑。

图 8-16 连续剧悬念式户外真人秀《二十四小时》　　图 8-17 芒果 TV 明星推理真人秀《明星大侦探》

编剧团队在确定选题之后，随即确定核心故事的"5W"，即凶手是谁？被害者是谁？凶手为了什么事情杀了人？在哪杀的？怎么杀的？编剧根据核心故事情节厘清主线后，再一个个添加嫌疑人并通过讨论甚至是"试玩"，在一次次尝试中丰富角色之间的故事交织和情感裂变。从前期的核心故事一直到每个角色特性细节的推敲，都是所有编剧共同讨论通过后确定的，这让角色人物之间的联系更紧密也更合理。在多人物出现并交错且线索不一的情况下，编剧会保证关键性证据是唯一的，是唯一指向真正凶手的线索，从而使观众信服。

2. 文化类综艺台本的故事化载体

长久以来，曲高和寡是困扰文化类节目发展的主要问题。此类节目大多以文字、成语、诗词等为主题，以背诵、记忆、竞赛、点评等为表现形式，重知识，轻情感，受众黏性不强。自 2017 年以来，《朗读者》《见字如面》《国家宝藏》《经典咏流传》《信·中国》等一批精品节目的出现，不仅汇成了一股"荧屏清流"，更在社会上掀起了传统文化热潮。这些节目植根于优秀传统文化资源，坚守文化品质和价值引领，以故事为载体，通过故事化表述实现大众化传播，开拓出一条主流文化与大众文化相结合且良性互动的道路。

对于文化类综艺节目来说，从源远流长、灿烂深厚的传统文化中淬炼出什么样的主题和故事，采用怎样的形式以及由什么人来讲述、演绎这些故事，是节目编剧需要重点考虑的问题。中央广播电视总台《朗读者》第一季共播出 12 期节目，包括遇见、陪伴、选择、礼物、第一次、眼泪、告别、勇气、家、味道、那一天、青春 12 个主题词（图 8-18）。节目围绕这些主题词来组织经典篇章和选择最合适的朗读者。每一个主题都由若干篇章和故事组合而成，巧妙地将人物故事与经典文学朗读结合起来。先通过访谈讲述朗读者们难以忘怀的人生故事，继而再以饱含深情的朗读传达文化的感染力，实现以故事的力量感动人心，用朗读的意义昭示情感。黑龙江卫视《见字如面》系定位于"以书信打开历史，借文字阅历世事"的阅读推广季播节目，通过打开一封封"信"，带领观众走进那些依稀鲜活的时代场景、人生故事，去触碰那些始终可感的人物情状和社会风物（图 8-19）。

图 8-18　中央广播电视总台《朗读者》　　　　图 8-19　黑龙江卫视《见字如面》

文化类综艺节目对优秀传统文化进行视听化呈现、故事化表达，在既有的仪式感之外，还增添了故事性和趣味性。其台本构架在叙事层面上通过强化"人物"与"故事"，使得优秀传统文化与现实生活、普通个人之间建立起密切的联系，其中所蕴含的意义、价值得到了自然丰沛的传达，从而也更具有感召力和凝聚力。

3. 选秀类综艺台本的个性化设计

在选秀类真人秀节目中，台本构架几乎是所有西方选秀节目的基本构架，编剧会基于每位选手的背景和表现进行不同侧重点的调整，以凸显具有不同个性的嘉宾人设。

2012 年，浙江卫视引进荷兰 *The Voice of Holland* 版权，制作播出《中国好声音》。2020 年，《中国好声音》第七季播出[①]。残酷、生命、梦想、坚持、经典、执着等都是《中国好声音》中的常用词，目的就是要突出当下舞台上发生的事情是个人生命中最棒、最艰难的一场对决，通过台本传递给观众为了梦想无怨无悔的节目主题。

在台本构建上，《中国好声音》编创团队精心设计导师和选手的台本，通过层层叠叠的铺垫，最终揭晓"谁能胜出"的答案，将节目主题诉求传递给观众（图 8-20）。

《主持人大赛》系中央广播电视总台精心打造的全国性主持人竞赛综艺节目。节目通过搭建优秀视频节目主持人才的国家级竞争平台，力求选拔出一批具有文化素质好、专业能力强、实践经验丰富、人物个性鲜明的优秀主持人，为中国电视事业发展提供人才力量（图 8-21）。2019 年由撒贝宁担任主持人，康辉、董卿担任点评嘉宾，将主持人分为新闻类与文艺类两种类型。比赛有自我介绍与即兴发挥两种形式组成。每一个比赛环节都会有一个小故事，每个故事又通过比赛流程连接起来，共同形成比赛语境下选手富有个性色彩的人物形象设计。无论选手、评委还是点评嘉宾，都代表了当今中国主持界的最高水准。整个节目内容丰富，节奏紧凑，形象生动、个性十足的宝藏选手云集，被观众誉为"神仙打架"。

---

① 2016 年，浙江卫视把《中国好声音》暂更名为《中国新歌声》，2018 年更名回《中国好声音》。

图 8-20　《中国好声音》导师台本的精心设计　　　图 8-21　2019 年《主持人大赛》总决赛现场

4. 谈话类综艺台本的话题呈现——以《世界青年说》台本分析为例

台本既是节目流程的设计，也是节目可视化的文本呈现形式。虽然台本为节目提供框架，串联流程，更利于编剧掌握节目中故事发展的进程，但它并不是一个固定的脚本。节目的具体呈现还依赖于现场录制时主持人的控场能力、嘉宾的临场表现、互动的激情碰撞，甚至还有录制过程中的小意外带来的惊喜。下面通过对江苏卫视《世界青年说》真实台本的（附 1）分析，探讨该类型节目台本的应用特点与实践启示。

（1）台本是节目结构和流程的体现

谈话类节目以人际传播中最常见的谈话为主要方式，类型细分除了传统的访谈式、讲述式、聊天式，还有时兴的辩论式、脱口秀式等。对于谈话类节目而言，谈论的话题是节目的核心，而话题的呈现是节目架构的关键。围绕话题呈现，完整的节目框架、立体清晰的表现形式、多层次的嘉宾风格、多元化的话题构成、丰富的主题和谈话设计都是靠台本来作支撑的。

谈话类节目《世界青年说》第一季邀请 11 个来自不同国家的青年，每期节目围绕一个议题展开，议题呈现出多元化、生活化、差异化、趣味化等特征，如"坚持父子之间要说谢谢的我，是正常还是不正常？""坚持要谈三年以上恋爱才能结婚的我，是正常还是不正常？""作为一个女生，为了外在形象而苛刻对待自己，是赞成还是反对？"等。节目通过核心议题展开，来自不同国家的参与嘉宾从自身认知和国情出发，陈述各自观点，为谈话类视频节目弘扬社会主义核心价值观提供了一种全新的思路和范式（图 8-22）。

图 8-22　江苏卫视《世界青年说》节目

从《世界青年说》节目台本可以看出，节目能够在有限的时间内表达相对完整的主题和思想，使议题层层深入，最终对议题进行升华，传递出议题背后所蕴含的价值观念，台本对节目环节的把握及节目流程的推动，发挥了重要作用。

（2）节目互动与延展的台本设计

台本是框架，是流程，如果台本过于详细，会对嘉宾造成限制。《世界青年说》台本本身规定的内容和节目的具体展现不大相同，更多在于节目的嘉宾和主持人的互动延伸与拓展，这就是台本的设计。如在第一期自我介绍环节中，关于嘉宾的出场方式，台本规定了大卫用中国古代汉语介绍自己，体现个性；詹姆斯用自己曾经的名字"白闪闪"来做"梗"；安龙是流水账似的个人成长简历。在现场录制中，嘉宾大篇幅删减了对自己的描述，增加了自己的国家文化特色，同时又保留了自己的标签化形象。嘉宾的临场发挥，使得节目综艺感有所提升。

台本是谨慎的文字表达内容，而录制现场情绪的升华与氛围的烘托会对节目的情感有所补充，制造出更多的笑点与泪点。如韩冰跳舞是台本上没有的，他的即兴发挥确实让观众感受到了快乐。台本无法预估到现场每一个人情感上的变化，也无法判断讨论的问题会使嘉宾有怎样的感触。在现场嘉宾各自发言的过程中，总会产生一些小插曲，一些小惊喜，为节目增色不少。如韩冰回忆爸爸抛弃母亲和自己时，潸然泪下的场景。

台本要适度设计一些"包袱"，这些包袱与嘉宾即兴发挥共同形成节目的戏剧性效果。如嘉宾讨论"孔子是韩国的还是中国的"，韩国的韩东秀丝毫没有犹豫，直接回答："孔子是中国的，而且99.99999%的韩国人都认为孔子是中国的。"韩东秀斩钉截铁的回答，获得了在场所有嘉宾的认可，既让其他国家的嘉宾知道孔儒思想起源于中国，也表达了绝大多数韩国民众的态度，正确的价值观、人生观和世界观为这个节目圈了粉。

节目的精彩有趣要从嘉宾素养、沟通能力、表达方式、控场能力和个性风格来补充和完善，而嘉宾来自不同的国家，国情不同，思维方式也有所不同，脱台本的语言表达为节目增加了许多意料之外的惊喜。如第三十四期的议题："我认为个人行为来做环保根本没有用，你们赞同吗？"围绕这一议题，嘉宾们首先表明自己的态度与立场：个人一定要坚持环保。随后每个人讲解自己在日常生活中践行环保的实际情况。主持人适度引导与把握节目流程，讨论的内容从居家环保、垃圾分类、大气环境到生态问题，涉及不同国家的不同现状，话题不断深化。节目并没有在大而空的环保理念贯彻中结束，而是在结尾通过街头采访的形式，将节目希望传达的信息与观念借由普通百姓表达出来。整期节目由浅入深，删繁就简，既准确传达了环境保护理念又避免了说教式的建议。

（3）台本与播出节目的差异问题

在《世界青年说》节目中，台本与播出节目呈现出一定的差异。比如，在阶段性的子话题中普雅、孟天、穆雷等人没有将预定设计的内容说完，主持人和林志颖在节目中戏份却增加等。从节目效果反观台本设计，主要有以下问题。

首先，在嘉宾人设问题上。鲜活的人物是观众收视的重点，但是节目人设确立时间过长，将近 30 分钟才提出议案，前半段近似的出场方式已经出现了 11 次，有一定的视觉疲劳。同时，设计出场人物过多，人设鲜明者较少，部分话题没有被充分讨论，导致最后煽情部分不够到位。如穆雷之前没有交代自己错过父亲去世的部分，在结尾处却讲出，显得有些突兀；普雅没有讲出爸爸在地震中保护自己的细节故事；大卫和吴雨翔发言次数过少，没有给观众留下印象点等。

其次，对话的对抗性不足，在环节设计中缺乏竞技性。在提出议案后，争论双方在人数上呈一边倒，对抗性不强。表决环节部分过于简单，将主题升华到父子之间的相处方式以及微妙的关系使主题变成了"父与子"，而与原主题"说不说谢谢"联系度不够紧密。

最后，讨论的延展设计还可以进一步加强，营造更紧张的辩论空间，形成更激烈的文化碰撞。这就需要节目编剧详细的前期资料准备，在每个环节形成对闭合问题激烈讨论的有机整体，进而通过层次感的叠加，形成整期话题的辩论和思考。

三、当前视频节目编剧存在的问题

随着互联网的不断发展、受众媒介素养的提高，编剧在视频节目中发挥的作用会对受众的认知、态度和行为产生影响，而这些影响既有正面效应，也有负面效应。

优秀的编剧凭借自身的职业素养和经验积累，能够有效提高视频节目的收视率，为视频节目制造热点和话题，从而提升观众对节目的认可度。但是，由于各种原因，编剧也会存在一些问题，直接影响了视频节目的质量，甚至在社会上产生了不良的影响。

1. 过度追求戏剧效果

视频节目中适当的冲突与悬念能够吸引观众的注意，推动故事的发生和发展，增加节目的观赏力和吸引力。但在某些真人秀节目中，编剧往往会为了节目的收视率过度追求戏剧效果，忽视了节目的真实性。为了节目内容的跌宕起伏和重重悬念人为地制造各种事件，通过各种夸张、变形和戏谑的手法迎合受众，使节目丧失了最基本的真实原则。

《中国好声音》节目中就存在一些编剧刻意设置的戏剧化情节，如为了使参赛选手个性更加突出，呈现复杂、立体、有话题性的嘉宾形象，编剧会对参赛选手的个人资料进行加工和包装，增加其音乐之路的故事性和曲折性，制造节目反差。在节目的导师盲选、选手分班、导师考核、进阶之秀、巅峰之夜等多轮竞赛中，都存在刻意编剧的情节。

《演员的诞生》开播以来，话题不断。郑爽笑场、袁立爆料节目组黑幕、章子怡与刘烨吵架、宋丹丹向辛芷蕾道歉等，节目不断登上微博热搜，关注度不断上升，营销套路极具吸引力，流量与口碑两极分化。

另外，还有网友爆料称某交换类真人秀公开在网上招募城市的孩子，并摆出了报名条件,如"有一定的经济能力、为辍学少年、听从导演组安排",甚至还有剧情大纲"城市主人公要对父母态度恶劣,有暴力倾向,要会抽烟、喝酒、泡吧""需要在镜头前爆发一次大冲突,城市主人公可对摄像动手"等。若情况属实,这样的设置过度追求戏剧化的效果和叙事语言的冲突性,无疑严重违背了节目创作的初衷,更有悖于一个好节目的孵化规律。

2. 刻意放大人性的阴暗面

在一些知名节目中,编剧团队聚焦人性的正面,展现人性善的闪光点,弘扬主流价值观。但也有一些节目为了给予观众心理上的刺激,激发观众的猎奇心理,会刻意设置一些暴露人性阴暗面,甚至是超越道德底线的负面行为。

如《完美假期》以"揭开人性伪装"为节目宗旨,实则放大人性阴暗面。节目展现 12 位青年素人在精心打造的完美别墅中度过 90 天的密闭式生活,每周通过网友投票、钻石房客指认、游戏等环节淘汰一名房客,90 天后,最终留下的房客将会拿到百万大奖。房客为了自保而拉帮结派,为了各自的利益在不同的时期会出现不同的利益小组。节目中常常出现的画面是几位房客坐着一起商讨如何自保以及如何让对方阵营的房客出局,为了各自的利益尔虞我诈,有时候甚至不惜进行人身攻击,大打出手。在这些节目中所呈现的人性阴暗面并非生活中人物的常态,很大程度上要归咎于节目幕后团队,特别是编剧团队的策划和安排。

3. 暴露嘉宾的隐私

隐私话题早已成为视频节目博眼球的常态。为了取悦观众,在节目中刻意为人们提供窥视的机会。如今许多视频节目,特别是真人秀节目都会在参与嘉宾的房间安装监控。虽然节目是以平民化的视角、生活化的方式展现嘉宾的生活,但其直接介入私人空间,全程记录嘉宾的言行举止的设置是对隐私权的一种侵犯。同时,由于电子传播设备的特殊性,很可能会造成一些难以挽回的后果。

因此,编剧在进行节目策划与台本架构的过程中,应当保持底线思维,着重考虑节目的真实性、创新性以及社会价值性,不断反思自己的行为,尽量避免负面效应,使节目最大程度发挥正面效应。

编剧的优劣是新视频节目成功与否的重要因素。在未来视频节目发展中,编剧将作为节目重要的组成部分承担起更为重要的工作。一个能把握受众需求、具有专业创作能力的好编剧,将成为行业重要的工种需求。

附1　江苏卫视《世界青年说》第一季第一期台本

11 位外国嘉宾：孟天（美国）、詹姆斯（加拿大）、罗密欧（意大利）、吴雨翔（德国）、布莱尔（英国）、普雅（伊朗）、韩冰（泰国）、大卫（俄罗斯）、韩东秀（韩国）、安龙（澳大利亚）、穆雷（哥斯达黎加）

中国提案嘉宾：林志颖

提案题目：坚持父子之间一定要说谢谢的我，正常不正常？

【开场】

PART 1：主持人开场

李好：（敲锤三下）《世界青年说》，无国界青年会谈，我是议事长李好

晓敏：我是晓敏

彭宇：我是彭宇

李好：（正襟危坐）人类已在地球繁衍生息几百万年，地球既孕育了生命也孕育了现代文明，那些来自世界上不同国家、善于思考、爱好和平的人们，都主张用讨论的方式协商解决各种问题。

晓敏：（气质严肃）而大家即将看到的这场讨论，是为了维护世界青年们的和平与安全，交流千百年来世界的发展和文化，由各国青年作为代表商讨议案并热烈讨论的节目。

彭宇：（笑场）这么严肃地介绍节目主旨还是第一次，所以说这个节目真正的中心并不是我们？

晓敏：不是我们？不是只有我们三个？

李好：据说是一个强大的国际青年团，叫 TK11（The Key Eleven）——关键 11 人，最关键的 11 位青年代表。

彭宇：会有哪些国家的青年出现在我们的席位上，有请第一位世界青年进场！

（主持人起立，欢迎区站定，期待第一位世界青年）

PART 2：嘉宾入场

内容：主持人介绍各国青年入场，代表依次与李好、晓敏、彭宇打招呼，介绍个人经历，入座。

①【詹姆斯】【加拿大】【侧颜美男，出场飞桃花电眼】

詹姆斯：大家好，我是来自加拿大的詹姆斯·奥夫斯，是一名影视剧演员。

彭宇：那我们应该叫你詹姆斯，还是奥夫斯呢？

詹姆斯：我的曾用名叫白闪闪，当时我刚来中国要给自己取一个中文名字，我想到了闪电，因为在我们那里闪电给人感觉很凶悍，我觉得闪闪很有男人味。后来我才发现这个在中国代表 bling bling 的东西，我觉得非常女性，于是就改成了我自己的本名：詹姆斯·奥夫斯。

晓敏：我觉得叫什么都可以，这个不重要，因为我从侧面看，他的侧面实在太帅了，而且他看人的眼神里都是戏，不信你看他。（晓敏羞羞回避眼神）

李好：（迎面而上，和他对视）

彭宇：要证明男神帅不帅，光看正脸是没用的，还要看侧脸，必须 360 度无死角，詹姆斯就是；我承认他侧脸确实比我帅。来，对镜头放个电！

詹姆斯：（找正确机位，对镜头 GIF）

②【大卫】【俄罗斯】【证件照男神，先出声，后出场】

李好：有请下一位青年代表

大卫：（先发声）少年负壮气，卓荦观群书；银鞍照白马，冰心在玉壶；吾名曰大卫，生在俄罗斯；求学于中国，今日听我说，这厢有礼了！

晓敏：天哪！这完全就是新闻联播嘛，完全听不出外国人的口音呢！

李好：古诗词都出来了，而且都是经典名句，他自己拼凑成了诗！

彭宇：迫不及待请出他了！有请！

大卫：三位主持人好，我是大卫，来自俄罗斯，初来乍到，请多包涵。

晓敏：脸也很帅哎！而且我看过他，有一张证件照在网上很红的，最帅学生会主席。

李好：又帅又有才华还是学生会主席。你的声音怎么这么字正腔圆？很有播音腔！

大卫：我是跟着光盘学的中文，都是"你好！你叫什么名字？"

③【罗密欧】【意大利】【热情的老鲜肉】

【问候方式】依次贴面 kiss，意大利语问候

主持人：（被热情和胡子袭击得浑身颤抖）胡子好扎啊！

彭宇：（很享受）这样的 style 才是国际礼仪嘛。

罗密欧：大家好，我是罗密欧，我来自米兰时尚之都。最近学了一个中国的新词，可以形容我和我的国家——老鲜肉。我应该是今天所有青年中年纪最大的。

意大利其实是一个年纪特别大的国家，估计有上万岁了，但是现代的意大利人并不是古董，像米兰，就是世界上最时尚的城市之一。所以，如果说"美国"是小鲜肉的话，那么意大利作为"老鲜肉"就非常适合，非常期待和美国的对话。

晓敏：听说意大利手势特别多，可以教我们一个吗？

罗密欧："什么意思""喝咖啡"的手势。

④【普雅】【伊朗】【学霸宝宝】

【问候方式】依次亲脸，波斯语问候

普雅：大家好，我叫普雅，来自伊朗。

主持人：刚才看你见面贴面是三下，和意大利不一样。

普雅：是的，我们一般 3 次，而且要从左边开始，我不能亲女生的脸，只可以握手。如果好哥和彭宇哥生活在伊朗，千万不要随便亲女孩子的脸，后果不堪设想……

主持人：其实我知道普雅年纪很小，是 11 个人里的老幺，对吗？

普雅：我现在是 17 岁，1997 年生。因为小时候腿长跳级跳的多，来中国后，和爸

爸妈妈同一个班一起读了大学本科，然后自己还读了硕士，马上准备硕士毕业读博士。

晓敏：和爸妈做同班同学还方便吗？

普雅：很尴尬，还不能谈恋爱。

主持人：（纷纷回忆自己 17 岁在做什么）

⑤【韩冰】【泰国】【搞笑博士，《甄嬛传》铁粉】

【问候方式】拜，泰语问候

韩冰：大家好，我是韩冰，韩庚的韩，范冰冰的冰，现在是南京大学国际关系博士。我母亲认为 mu 很热，名字里加冰一下，才会更凉快。

主持人：（学动作）萨瓦底卡，博士你好。

主持人：韩冰长得和彭宇有点像。

韩冰：我应该是高兴还是生气？其实大家别看我是个博士，我特别喜欢看中国电视剧，最喜欢的一部是《甄嬛传》，（直接开始说 20 秒的内容简介）。

主持人：其实我没有听懂，但弱弱地觉得很厉害。

⑥【穆雷】【哥斯达黎加】【白色胎记，足球教练】

李好：有请下一位世界青年

彭宇：哇，这么热情的音乐，像是热情的桑巴！（桑巴舞步）是巴西吗？

穆雷：纯洁生活（Pura Vida）！（打招呼）

李好：穆雷来自哪里？

穆雷：哥斯达黎加。我们国家的人都非常喜欢足球，我曾经也做过足球教练，现在在中国做足球教练。（2014 年世界杯意大利输给哥斯达黎加）

彭宇：穆雷，你头上为什么会有一块白色的疤？是因为太淘气吗？

穆雷：NONO，这个是从出生就在这里了，你不觉得很特别吗？它其实是白色的头发。

晓敏：是头发吗？我还以为是疤痕呢！那你没想过去把他染成跟其他头发一样的颜色吗？

穆雷：我从来没想过要去染它，为什么要染？我妈妈说，这是生命一开始就让我跟别的人不一样，希望能够记住我，所以特别给我留下的记号。

李好：听上去真的挺特别的！欢迎穆雷。请入座

⑦【安龙】【澳大利亚】【会双节棍的运动达人】

【问候方式】李好握手，晓敏贴面

李好：你好，请先给我一个合理的解释为什么到晓敏就是贴脸了？

安龙：（解释男女打招呼的不同）

安龙：澳大利亚人特别喜欢运动，比如，我曾经是运动员：16 岁，体操，学校冠军；17 岁，自由摔跤，昆士兰州冠军；18 岁，举重，全国青年组冠军，后来代表国家队参加英联邦比赛。不过，到 19 岁拿到律师执照之后就没有继续专业性运动，而是自己挑战不同的运动，比如空手道、双节棍、冲浪等，大概有 ×× 种，现在正在练习赛车。

【互动】双节棍简短展示

⑧【布莱尔】【英国】【有大连口音的伦敦人】

【问候方式】依次握手，英语问候

布莱尔：（东北口音）我叫布莱尔，来自英国，现在在一家大型公司做市场分析师。

主持人：调侃布莱尔的口音。

布莱尔：自己刚来中国时，在大连学习了3年，所以讲话都带上了海蛎子味儿。什么"你虎啊"等大连话都会说。

主持人：你很壮，西服里像塞了一件棉袄，像Popeye（大力水手）。

布莱尔：我是一个健身狂，最多的时候一礼拜要去健身房5~6天。

主持人：那太好了，安龙曾是多个体育项目运动员，就说举重吧，你能举多少？

布莱尔：深蹲的重量一般是100公斤，卧推一般是80公斤。

（主持人询问安龙，安龙表示130公斤，主持人提出比一比谁是力气最大的人）

布莱尔：我要热个身，先和韩冰和彭宇各比一场。

（布莱尔脱西装展示肌肉，晓敏捏布莱尔的肌肉，再开始比掰手腕。

（双方各放狠话，一局定胜负）

⑨【吴雨翔】【德国】【典型处女座】

【问候方式】德语问候，依次握手；吴雨翔与晓敏握手且贴面亲吻（李好表现出吃醋状）

彭宇：（与吴雨翔握手不放）你刚刚亲吻的是我朋友的老婆，士可忍叔叔不可忍。

吴雨翔：德国人见面的时候亲吻女性是德国的一种风俗。而且握手不用力就是不尊重对方的意思。不过两位哥不用担心，因为我这个人我比较了解，我和好多女孩刚认识时，女孩都会挺喜欢我的，但是接触久了肯定会和自己拜拜的。

主持人：为什么？

吴雨翔：自己来中国之后，认识了一个女孩，女孩挺想和我交往，就问我是哪个国家的，我说自己是德国的，女孩说德国挺好的啊。然后女孩又问是哪个星座的，我说我是处女座的，然后还加了句A型血，结果女孩听完就走了……她真的就是掉头就走了，连再见都没有。我觉得她一定是网上得太多了，现在网上都是黑处女座的，而且本来德国人给人的印象就是洁癖和刻板，女孩听完后，认定我一定是极品中的极品，所以再见。

主持人：网上有句话，作者不详：东北人都是活雷锋，德国人都是处女座。

吴雨翔：我特别想跟这些姑娘说，（对着镜头）放弃了我，你们会后悔的！（放电）

⑩【韩东秀】【韩国】【高音部长】

韩东秀：（音乐起）门后先发声，唱两句之后推门进（歌曲稍后定）

唱完之后依次与主持人鞠躬行礼，并用韩语问候。

【问候方式】韩语问候，鞠躬，35°~45°

韩东秀：这是我带给主持人的礼物，韩国特产——面膜。

主持人：面膜之国，这就是亚洲礼节，见面有礼物，下次看你们的啊！

主持人：韩东秀太像中国人了，你是不是中国人啊？

韩东秀：不是，我是来自韩国的欧巴，来中国已经12年了；同时呢，自己也来自北大，是北大的国际清唱团高音部的部长。

彭宇：我看你的音也不是很高，怎么当上部长的？

韩东秀：要不，我和哥比比？

彭宇：（摩拳擦掌，嘴上还自己练声，连环音搞怪）

韩东秀：我唱一个，哥跟我唱一个。（韩东秀秀音域，彭宇最后破嗓）

⑪【孟天】【美国】【春晚5秒好声音】

【问候方式】握手，双方热情碰撞

（李好动作僵硬，彭宇准备跟孟天也来一次这样的问候）

孟天：我们这种是年轻人打招呼的方式，我怕老年人会受不了。

彭宇：谁是老年人！

晓敏：你呀！

李好：美国的小伙子很热情啊，你是来自美国哪里的？

孟天：我来自肯德基的故乡，肯塔基州。

晓敏：难怪跟肯德基爷爷长得有点像。

晓敏：其实我们还知道孟天多才多艺，歌唱得很好。每年中国有一台晚会，这台晚会所有明星都想上，我们都没有上过，但是孟天他上了。

孟天：是2013年蛇年春晚，当时说是压轴的歌曲，还有个人SOLO。排练彩排了差不多1个月，每天5个小时，其实只有5秒钟！！

晓敏：唱一个，唱一个（充满期待，但后来发现只有5秒）

孟天（唱）："青山在，人未老，人未老。"就完了！

【议案提出】

PART 1：中国嘉宾提案

内容：中国嘉宾出场，自我介绍，提出议案，TK11简单发问

主持人：11位世界青年已经到齐，首先欢迎TK11！那么大家聚到一起是为了讨论青年话题而来的，希望能够从更多的角度来看待中国青年的疑问和困惑，听到世界青年的不同声音。

主持人：接下来，马上请出的是第一位来到这里提出议案的中国青年代表：哇，厉害了，我们第一位中国青年很具有世界影响力，他是首位获得"国际杰出青年奖"的华人青年，也是全球演艺界继汤姆·克鲁斯后第二位获此殊荣的艺人；他是一位职业赛车手，成功的企业家；最重要的他是万千粉丝心中的青春偶像，不老男神！

有请中国代表入场！【中国嘉宾入场】

主持人：（询问现场外国嘉宾）现场有多少人认识林志颖？之前就认识的请举手。

主持人：我们这个节目比较特殊，是来自各个国家的青年，还不能特别了解中国

嘉宾，所以先请自我介绍。

林志颖：（自我介绍）17 岁开始进入演艺圈，做过歌手、演员。因为自己的梦想，还同时做着其他行业的工作。现在又多了一个大家熟知的身份，Kimi 的爸爸。

韩东秀（韩）： 其实我是小志哥的粉丝，很喜欢听他的歌，我可以现场唱一段模仿一下吗？

（小段唱歌表演《十七岁的雨季》，模仿深情捂胸动作）

主持人：（询问中国嘉宾）对于这样一个节目现场第一印象是什么？对于和 11 位不同国家的青年对话有什么期待？

主持人： 今天带来什么议案？

中国代表议案内容：

自从做了小 Kimi 的爸爸，我非常注重对他的礼节教育，小孩子要从小有一颗感恩的心，对其他人的帮助多说谢谢，包括对爸爸妈妈，不能因为亲近就放松自己的行为，同时，我也会时刻提醒自己要对孩子说谢谢。有人说这样刻意表达很矫情，而且对父母不用这么生疏。那么我想问的是，坚持父子之间也一定要说谢谢的我，正常不正常？

TK11 向嘉宾提问：

布莱尔向嘉宾提问： 什么情况下会说谢谢？爸爸帮助穿衣服要说谢谢吗？

大卫向嘉宾提问： 会刻意跟 Kimi 讲道理，告诉他时刻记得感谢爸妈吗？

PART 2：表决投票

内容： 主持人带入第一轮投票表决，11 人表决，统计表决结果（见下表）

主持人： 父子之间是否要说谢谢，其实要讨论的是爸爸和儿子之间的相处之道，怎样一种亲疏的程度会让这种天然的男人关系发展得最好。今天现场的各位都有一个确定的身份——爸爸的儿子，有一天也都有机会成为儿子的爸爸，对于这个话题大家一定感同身受并有绝对的发言权。那么请对议案进行首次表决。本次议案是：坚持父子之间一定要说谢谢的我，正常还是正常？。认为父子之间一定要说谢谢，不正常的请亮灯！（敲锤 3 下）

嘉宾表决结果

不正常【点访原因】	正常【点访原因】
澳大利亚：安龙 　　重要的不是嘴上说谢谢，行动最重要。澳大利亚人的习惯就是不喜欢用语言来表达意思，更多是用工作、用行动来说明问题，不善于表白，少说多做事。甜言蜜语、花言巧语在澳大利亚一般行不通，特别是说太多、做太少的人。中国人也喜欢说"一切尽在不言中"。 　　回击"礼貌"观点：如果"谢谢"变成了一种惯性的反应，随时随地说谢谢，那"谢谢"就变得不重要了。	英国：布莱尔 　　礼节、礼貌。英国非常注重礼貌和礼节，而且，英国的男性以重视育儿事业而闻名，为了把孩子送入名牌大学，英国的父亲从孩子小时就开始重视教育。 泰国：韩冰 　　不说"我爱你"还可以，但是不说"谢谢"真是奇怪！我不说你是不是孝子，我只说你没有礼貌。

不正常【点访原因】	正常【点访原因】
回应"关系越亲密越客气"：经常把"谢谢"挂在嘴边会让人产生距离感，变得生分。亲密的人和陌生人是一样的。客气是对客人和客户的一种状态，要有所保留，但是对亲近的人不要保持这种安全的距离。	加拿大：詹姆斯 　　加拿大人非常喜欢说"谢谢"，人的关系越亲密越客气（与中国相反），父母是最需要说谢谢的人，特别是对父亲。不要以为对熟悉的人就能随意无礼，这是错误的。 德国：吴雨翔 　　支持"谢谢"是日常行为，德国人从不吝啬表达爱。
俄罗斯：大卫 　　孔子：听其言，观其行。父子之间说谢谢其实不能全归结于礼貌上面，对爸爸非常尊重，不一定要经常说谢谢，而是行动。刻意地说感谢爸爸生育培养等，会觉得尴尬有距离。	伊朗：普雅 　　重视"感谢"的宗教文化。伊朗人在吃每顿饭之前首先要感谢上帝，然后也要感谢父母。吃完饭之后还要感谢上帝和父母。我自己稍微算了一下，一天从早到晚我会对我爸爸说10多次谢谢。
韩国：韩东秀 　　爸爸对儿子说谢谢，在韩国很不常见。韩国辈分文化很关键，小辈对长辈，需要说谢谢的地方就必须说，要鞠躬、用敬语。但是让爸爸对儿子也一定要说谢谢，很难办到。在韩国，爷爷和爸爸那一辈的父子关系非常严肃，父子之间几乎不沟通。现在只有刚当爸爸的年轻人可能会注意对孩子说谢谢，因为现在比较流行跟着书籍用科学的方法教育孩子。	美国：孟天 　　父子平等，独立个体，这是美国的黄金规定。在美国人人都是平等的，人与人之间相互说谢谢很正常。孩子和爸爸是独立的个体，他只是把我生下来，我们是平等的；美国的爸爸会从小时候就教育孩子，你是你，我是我。 　　举个例子：如果孩子问爸爸"我家里有钱吗？"爸爸会怎么回答？ 　　（请现场几位嘉宾先回答） 　　中国的爸爸不管有钱没钱，都会说"咱家的钱以后都是你的。"但是美国的爸爸会说"我有钱，你没有。你可以通过你的劳动获得金钱。"
	意大利：罗密欧 　　感情要随时表达和反馈，否则会积压出执念。父子之间多说谢谢，会减少对各自的感情负担。
	哥斯达黎加：穆雷 　　道谢是一种沟通方式，可以避免误会。表示感恩是做人最基本的道理之一，不要以为父母对我们的照顾是理所当然所以不用感谢。

【结尾】

主持人：亲人的关系是天生存在的，越亲近越会对人包容，自己可以随意放松一些。听了大家的意见，在很多国家的观念里，没有任何一种关系是理所当然的，都需要考虑对方的感受，都需要好好经营。

（点出"对熟悉人随意，对陌生人客气"存在的问题）

内容：在大家争论激烈、七嘴八舌、不可开交的时候，自然地提出唱《相亲相爱》来和解，其他人配合玩起来。不强调是主题曲，只用于转换气氛。

主持人：非常感谢林志颖和 TK11 参与本期《世界青年说》，再见！

附2　江西卫视父亲节特别节目《出发吧，老爸》 朱翊、杰米父子·逗乐之旅（澳门站台本）

本期内容阐释：

儿子杰米，澳洲网红，专注坑爹100年，最擅长变着花样整蛊自己的导演老爸；父亲朱翊，中国著名导演，代表作《粉红女郎》，是中国"80后"一代人的集体回忆。在儿子杰米的整蛊视频中，朱翊一改过去威严的导演形象，可爱的反应萌翻了大众，超过400万人次都来朝圣朱爸爸的实力宠溺！完全不同于传统的中国家庭式父子相处模式，令人大开眼界，搞笑中透露着温情，整蛊中包含着互相理解、互相包容。中国老爸和混血儿子，这对中西碰撞的父子，这次将来到中西文化碰撞、融合而成的澳门，透彻地呈现出这个中西结合家庭的特质，开启一段搞怪而又暖心的旅程！不一般的儿子、不一样的父亲，将给你一场不可预料的惊喜。

外表西方的儿子实则更像中国式的乖小孩，看似严厉的典型中国式父亲实则有着西方家长的开明和包容，这对父子外表与性格上的反差也将成为节目的亮点、话题点，以及故事的矛盾点。

在整个旅程当中，杰米也会拍摄搞笑视频，视频将会在节目中穿插，凸显网红自媒体视频博主的身份，同时作为板块衔接。视频也会通过杰米的个人社交软件上传至网络，与网友实时互动。

DAY.1——搞怪父子初登场
【PART1.杰米在家中自拍介绍本次旅程】

杰米家中自拍画面（介绍行程）+ 登机画面（期待旅程）

地点：澳大利亚杰米家中

道具：记攻略用的本子

内容：

A.交代自己计划了一次带着父亲的旅行，目的地是澳门，旅行当中将去到哪些地方，拿出自己做的笔记和攻略。

B.讲一讲自己的爸爸，和爸爸之间目前的状态是怎样。

设计意图：通过自拍呈现出网红特质，阐述本次旅行地点以及目的。

【PART2.朱翊抵达澳门】

时间：2月5日晚19∶35

地点：澳门机场（停机坪或接机大厅）

配合人员：空姐

内容：

A.朱翊下机画面。

B.澳门航空空画面。

C.朱翊在飞机上接受空姐服务的画面。

【配音介绍节目性质和拍摄地】

【PART3.朱爸爸前采】

时间：航班上或是入住酒店之后

地点：航班上完成或入住酒店后房间内

通用参考问题：

1.在爸爸眼中杰米是什么样的？

2.多久没见了？

3.觉得这次旅程会怎么样？

4.最期待什么？

5.是否是杰米第一次带爸爸出门旅行？

6.之前来过澳门没有？对澳门的印象怎么样？

转场：空画面

【PART4.机场相见】

时间：2月6日中午12：35

地点：澳门机场接机大厅

内容：

A.朱翊在接站大厅等待儿子杰米。

B.杰米下机后同时开始自拍视频的拍摄，讲述自己已经抵达了澳门机场。

C.杰米以吓朱爸爸的恶作剧方式与爸爸见面。（设计重点）

D.跟拍父子正常的交流，以展现普通父子之间的状态。

设计意图：以此来体现父子两人搞怪逗乐的身份。

【PART5.父子间的旅行约定】

时间：2月6日接机之后

地点：车上

道具：眼罩

内容：

A.杰米在车上向爸爸介绍本次行程大致内容。

B.父子的旅行协议：

1.杰米提出在旅程中的特定地点，希望朱翊能够戴上眼罩，自己将会给他惊喜。

2.朱翊同时提出杰米在旅途过程中均需使用中文以此让杰米更多地了解中国文化，不会说的可以向朱爸爸请教，由朱爸爸教说。

C.两人达成协议之后，朱翊也教杰米说"眼罩"的中文。（可以简单戴上感受）

D.杰米和爸爸自拍告诉网友抵达澳门，开始4天的旅程。

设计意图：杰米为整蛊老爸，让朱翊戴上眼罩，增加悬念感，给爸爸带来惊吓和惊喜。而爸爸为了让杰米更多地了解中国文化，则让杰米在旅行当中全程说中文。这块内容设计主要为了增加旅途中父子的互动性，增强父子互动，让旅途更加有戏。

转场：景点空镜头＋三轮车空镜

【PART6. 澳门初印象】

时间：2月6日下午4：30

地点：大三巴牌坊以及议事厅前

道具：三轮车

配合人员：三轮车夫

内容：

A. 杰米带朱翊来到大三巴附近停三轮车处，表示自己要骑车带父亲逛澳门。

B. 两人抵达大三巴牌坊（正式名称为：圣保禄大教堂遗址）合影，逛街。

C. 杰米进行搞怪视频的拍摄。（视频由杰米和爸爸共同进行内容创意，朱爸爸拍摄）

D. 可以从大三巴走到议事厅前。

设计意图：用澳门传统的交通工具体验最澳门的景点，揭秘网红搞怪视频的拍摄过程，呈现网红父子真实的相处关系。

转场：天黑延时＋澳门航拍或空镜画面

【PART7. 敞篷巴士游璀璨澳门】

时间：2月6日晚19：00

地点：金光大道沿线以及多处标识景点

道具：敞篷巴士

内容：

A. 父子两人乘坐敞篷巴士在金光大道以及附近著名景点进行游览。

B. 父子两人商量是否下车在各大酒店前游览并合影。

C. 杰米进行网络自拍视频拍摄，介绍自己今天的旅程，并和爸爸一起跟大家说明天见。

设计意图：展现澳门国际都市魅力。

【PART8. 备采】

时间：晚上

地点：酒店随处

舞美：随机

道具：无靠背椅子×2

内容：

A. 跟拍编剧常规问题采访：

杰米：

1. 对澳门的第一印象。

2. 预想这次你设计的行程爸爸会是什么反应。

3. 用一个词来形容你和爸爸这次旅程。

朱翙：

1. 用一个词来形容和杰米的这次旅程。

2. 对接下来的行程的期待。

3. 对澳门的第一印象。

B. 跟拍编剧根据当天故事的发展集中挖掘嘉宾心里活动状态。

C. 澳门塔结束之后直接采访。

DAY2——搞怪到"顶"

转场：天亮延时 + 澳门航拍或空镜画面

【PART1. 杰米的起床号】

时间：2 月 7 日上午 08：00

地点：杰米和朱翙的房间

道具：小喇叭、眼罩

内容：

A. 拍摄杰米起床。

B. 杰米去爸爸房间用小喇叭将爸爸吵醒，并拿出眼罩，说今天将会有惊喜等着爸爸。

转场：

1. 车上两人交流空画面 + 澳门路上空画面。

2. 澳门塔空画面 + 解说（世界最高蹦极塔、全球十大观光塔之一、澳门地标建筑）。

【PART2. 玩转澳门塔】（重点拍摄内容）

时间：2 月 7 日上午 09：30

地点：澳门塔

道具：眼罩

配合人员：带项目 NPC 教练若干名

内容：

A. 杰米带着爸爸一路来到澳门塔，并且将爸爸直接带上高空观景平台，然后再拿下眼罩，并表示这就是给爸爸的惊喜。

B. 杰米给爸爸介绍澳门塔的游玩项目，先与爸爸一同体验云中漫步。

C. 游说爸爸一同进行百步登天的挑战，在挑战中，父子两人需要进行沟通。

D. 杰米极力游说父亲与他一同蹦极（视情况而定）。

E. 结束澳门塔项目挑战，杰米继续给爸爸戴上眼罩，给出下一趴惊喜。

情节设想：

在到达澳门塔拿下眼罩之后，朱爸爸可能会表现出害怕或是表示身体不能承受，杰米需要说服爸爸与自己共同体验高空漫步和百步登天，并且最后的蹦极也是希望两人能够共同完成。

整个行程到此处出现第一个高潮，情绪是两人体验过后非常兴奋、开心的状态，朱爸爸对后面的行程更有期待或是担心。

Part1、Part2 设计意图：体现杰米搞怪的身份属性、极致的旅行体验、极致地展现家庭特质。

转场：澳门塔画面

【PART3. 美味葡国菜】

时间：2 月 7 日下午 13：00 左右

地点：澳门塔 Tromba Rija（皇家葡萄肴）餐厅

道具：眼罩。

配合人员：服务员

内容：

A. 杰米将朱爸爸带到桌前坐下并摘下眼罩。——满满一桌的葡国美食。

B. 杰米在快吃完的时候给爸爸介绍下午的行程，引出下一趴内容。

转场：官也街空画面 + 配音

【PART4. 本土官也街】

时间：2 月 7 日下午 15：30 左右

地点：官也街

配合人员：钜记手信的师傅

内容：

A. 杰米可以在进入官也街的时候自拍视频告诉网友今天来到的是澳门最 local 的地方官也街。

B. 杰米和朱爸爸到达官也街，分别来到榴莲冰淇淋店、大利来记猪扒包店、安德鲁蛋挞店，以及钜记手信店进行互动和品尝。

C. 朱爸爸要求全程由杰米用中文来沟通购买食物。

D. 杰米在此处进行第二段的旅游搞笑视频拍摄（视频由杰米和爸爸共同进行内容创意，朱爸爸拍摄）。

设计意图：展示澳门当地的本土风情。

【PART5. 西游记】

时间：2月7日晚20：00

地点：金沙中心城剧场

内容：

A. 杰米和爸爸进入戏院以及观看中国秀《西游记》的演出画面。

B. 朱爸爸可以与杰米进行传统文化的讨论。

设计意图：感受中国传统文化。

【PART6. 杰米制作自拍视频】

时间：2月7日晚22：00

地点：酒店房间

内容：

A. 杰米制作上传视频，并介绍自己平时制作搞笑视频的流程信息。

B. 上传之后的网友反馈。

设计意图：了解网红背后的视频制作流程，体现杰米努力工作的一面。

【PART7. 备采】

时间：晚上

地点：酒店随处

舞美：随机

道具：无靠背椅子 ×2

内容：

A. 采访朱翊：

1. 对今天杰米的惊喜安排觉得怎么样？

2. 对于杰米搞笑视频拍摄的看法？

3. 旅程过半，父子之间的关系有什么变化？

4. 你觉得儿子做得好的和不好的方面有哪些？有没有出乎意料的方面？

B. 采访杰米：

1. 对于今天旅程的感受？

2. 搞笑视频拍摄自己的态度是怎样的？

3. 旅程过半，父子之间的关系有什么变化？

4. 你觉得爸爸做得好的和不好的方面有哪些？有没有出乎意料的方面？

5. 对于《西游记》和中国文化的感受？

6. 拿出舞狮子的视频看，表示明天想去体验这个中国传统文化的民俗？

C. 跟拍编剧根据当天故事的发展集中挖掘嘉宾心里活动状态。

D. 澳门塔结束之后直接采访。

DAY3——父子的默契

转场：天亮延时＋澳门空镜

【PART1.南屏雅叙】

时间：2月8日上午10：00

地点：南屏雅叙

配合人员：餐厅服务员

内容：

A.到达南屏雅叙，杰米和爸爸感受南粤的早茶文化，朱爸爸要求杰米与服务员用中文沟通。

B.服务员介绍澳门当地早茶习俗。

C.朱爸爸和杰米沟通关于说中文和中国传统文化的问题。

设计意图：澳门最传统的早茶冰室

【PART2.车上两人沟通舞狮内容】

时间：2月8日中午12：00

地点：车上

配合人员：杰米和朱翊

内容：

杰米提出想感受澳门当地的文化传统且已经做好功课希望爸爸配合，父子俩对学习舞狮的讨论和不同的看法。

【PART3.学习舞狮】（重点拍摄内容）

时间：2月8日下午13：00

地点：银河商业街场地；罗梁体育总会训练场

配合人员：罗师傅及舞狮表演相关工作人员

内容：

A.来到罗梁体育总会，找到罗师傅说明来意。

B.父子二人找到罗师傅沟通想学习舞狮。

C.父子二人在银河商业街最终表演舞狮。

情节设想：舞狮是非常需要两人配合的项目，在罗师傅的建议下，体格强壮、体育专业出身的杰米被安排在狮尾处，因为狮尾需要很强的力量和平衡，狮头跃起后所有的动作也依靠狮尾的强力支撑，两人在训练过程当中肯定会遇到很多的问题，父子之间如何共同解决问题完成挑战是本环节最大的看点。

设计意图：通过南粤民俗文化挑战，从搞怪特质上升到父子的协同配合，共渡难关，给他们创造不一样的相处体验，从而展现他们不同于以往的亲密一面，也从中体现中西文化结合家庭独特的父子相处模式。

转场：银河空画面

【PART4. 银河酒店集团商业街】

时间：2月8日中午 18：00

地点：银河酒店

内容：

A. 拍摄银河酒店集团商业街（只拍摄商业内街具体环境，不进入具体店面）

B. 银河酒店大堂钻石镭射秀。

C. 根据后续沟通情况，看是否还有其他互动内容可拍摄。

设计意图：商业植入体现璀璨澳门，后期将剪辑到第一天"璀璨澳门"内容一起。

【PART5. 本地特色美食：新益食店】

时间：2月8日下午 19：00

地点：新益食店

配合人员：老板

内容：

A. 父子二人来到新益食店，杰米表示这是粉丝推荐的一家很有特色的店。

B. 杰米让店老板推荐特色菜，两人均对菜名表示很有兴趣。如：每天爱您多一些、三七二十一、青出于蓝、升官发财

C. 父子两人品尝菜肴，老板介绍。

设计意图：杰米对当地特色网红店的探索，希望与父亲共同感受。

【PART6. 备采】

时间：晚上

地点：酒店随处

舞美：随机

道具：无靠背椅子 ×2

内容：

A. 朱翊采访：

1. 有关舞狮时候的心理活动；

2. 目前的感受如何；

3. 对最后一天有没有什么期待。

B. 杰米采访：

1. 有关舞狮时候的心理活动；

2. 目前的感受如何；

3. 对最后一天有没有什么期待。

C. 跟拍编剧根据当天故事的发展集中挖掘嘉宾心里活动状态。

D. 可以根据当天情况随采。

DAY 4——杰米的惊喜

转场：日出画面 + 澳门空画面

【PART1.路环岛 / 疯堂斜巷照相】

时间：2 月 9 日上午 10 点

地点：路环岛 / 疯堂斜巷

道具：手机

内容：

A.杰米和爸爸在车上说今天去的地方和前几天完全不一样，是非常与众不同的地方。

B.杰米和爸爸逛路环岛和疯堂斜巷，并且开始根据小时候和爸爸的合影摆出相同姿势拍照。

设计意图：

此处为隐藏任务：表面上是感受不同风格的澳门，实则拍摄小时候父子合影相同姿势的照片，为后续杰米最终惊喜地播放感人视频收集素材。

【PART2.父子问答】

时间：2 月 9 日中午 12 点

地点：路环岛

道具：《答案之书》

内容：

A.父子二人在海边找一处坐下聊天。

B.杰米拿出《答案之书》表示想进行问答。

问题备选：

Q1：（杰米）对这次旅行是否满意？

Q2：（杰米）问父亲自己是否让他感到自豪？

Q1：（朱爸爸）杰米是否对自己曾有过怨言？

Q2：（朱爸爸）和爸爸在一起开心吗？

设计意图：即将结束旅程，父子俩用比较轻松、趣味的问答形式来进行内心感受的交流。

【PART3.杰米的惊喜】

时间：2 月 9 日晚上 19：30 至 21：00

地点：百老汇美食街；Band on the Run（百老汇摇滚秀）

配合人员：乐队成员

道具：投影仪

内容：

A. 杰米和朱爸爸在百老汇美食街边吃边逛。

B. 父子二人来到摇滚秀附近坐下并开始聊天。

C. 演出开始后，杰米主动上台与乐队配合，开始演唱歌曲《父亲》。

D. 唱完一段之后，杰米向父亲说出一段内心独白并引出自己播放好的暖心视频（小时候父子照片与本次旅行同样姿势照片的对比）。

【PART4. 爸爸的信】

时间：2月9日晚上 22：00

地点：氹仔岛

道具：信

内容：

A. 朱爸爸说有话想对杰米说，并将信拿出，念给杰米听。

B. 两人促膝长谈。

C. 结束。

PART3、PART4 设计意图：经过四天的旅行，父子之间的感情有了升华和变化，从单纯搞怪的一面到杰米内心的沉淀，杰米想用温情的不同于以往的方式直面地表达对父亲的爱，向父亲说出他内心的话，而父亲朱翔也用自己的方式表达父亲对儿子深沉的爱，展现父子之间的变化和相互更深层次的理解。

【PART5. 备采】

时间：晚上

地点：酒店随处

舞美：随机

道具：无靠背椅子 ×2

内容：

A. 朱翔采访：

1. 对于整个行程的感受如何？

2. 是否感受到了杰米的变化？

B. 杰米采访：

1. 对于整个旅程自己是否满意？

2. 和爸爸的感情是否有变化？

C. 跟拍编剧根据当天故事的发展集中挖掘嘉宾心里活动状态。

扫码观看
本章视频

第九章

新视频节目传播策略

在传统"内容为王"的节目认知理念中，内容是决定传播力唯一的影响因素。在新视频传播语境之下，节目内容的界定和考量均发生了重大改变。所谓"内容"，既包括内容所搭载的形式与传播渠道能否顺利抵达目标受众，进而带来传播和讨论的热度，还包括内容中所蕴含的价值观能否让节目形成主流文化，从而引发普遍性的情感共鸣和社会思考。可以说，没有价值观的内容无法形成引领力，有价值观但没有传播力的内容也无法带来影响力。新视频节目的成功必须让多元要素形成合力，在内容、表达和价值的协调传播推动下形成节目的引领力、传播力和影响力。

第一节　新视频节目的内容生产变革

随着互联网技术的飞速发展，传统电视媒体原有的技术优势被互联网的技术均等原则削弱，在媒体融合的背景下，传统媒体与新媒体之间的界限越发模糊。伴随着大数据、云计算、人工智能、虚拟现实等技术的兴起与运用，视频节目较之传统电视节目原有的内容生产方式发生了重大变化，节目内容生产面临新受众、新渠道和新表达形式的革新。

一、新受众：从传统观众到社交媒体用户

中国互联网历经大约 30 年飞速发展，形成如今巨大的网络生态。传播科技的发展和移动智能终端的普及为受众赋能，传统媒体时代被动接受内容的"消极受众"拥有了内容选择、解读的主动权，成为积极使用和消费节目的用户。当互联网的重心转向社交媒体，用户的主动权一定程度上变成了主导权，使视频节目的收视行为和使用行为发生进一步变化，与此同时，社交媒体用户自身也发生了同频改变。

1.新视频节目传受关系的双重转向

从传统观众到用户，再到社交媒体用户，新视频节目的传受关系

演变成为一种更为平等的对话关系。新视频节目根据受众选择来优化节目传播效果，在传播关系中所占据的分量越来越重，发挥的作用也越来越大。

（1）从线性传播到流动闭环

在传统媒体时代，节目内容所承载的信息从以主流媒体为代表的传播者出发，在单一、线性的传播过程中流向处于传播末端的受众。在媒介融合时代，节目内容生产的传播者与受众的关系发生了根本性转变，传播者本位的强势灌输关系转变为对等的、甚至向用户倾斜的供需关系。

在人人拿起手机即可拍摄并传播视频的时代，传播介质的掌握赋予受众媒介使用的权利。依赖受众黏性的节目传播要提供给受众良好的内容体验，就需要建立用户中心意识，考虑用户的种种特性，针对性地生产传播内容、选择传播渠道、调整传播方式，以达到用户优先选择、积极参与的效果。[①]受众作为节目内容生产的主动寻求者和积极参与者，其参与互动行为进一步促进节目内容的生产转向，在节目传播的流动闭环中，受众逐步成为传播闭环的核心。

（2）从被动接受到创造共享

在海量信息时代，传播介质的多元化、信息的碎片化导致信息唾手可得。以往受众对视频信息被动、单一地接受，如今受众的接受使用行为转变为从各大平台提供的海量信息中自主寻找、筛选满足自我需求的内容，再通过评论、分享、转发、再创作等表达自己对影像的态度和观点。

用户的互动参与行为为视频内容生产创造了特定的传播语境，视频生产与社交媒体的融合进一步创新用户交流互动和共享体验的方式。如快手网红"奥利给大叔"，其视频中正能量的标志性语言"奥利给！"击中社交用户的传播意愿，在互联网青年极强的造梗能力之下，"奥利给"成为网络热词，迅速走红的"奥利给大叔"记录日常生活的视频也变成网友们乐观励志的"打气池"，这就是用户主动创造、共享传播的一个典型案例。

2. 新视频节目受众的群体认同特征

在传统媒体时代，电视受众的规模之大是其他媒介形态难以企及的。然而在互联网的影响下，传统的"大众传播"向"小众传播"不断转移深入，视频节目在生产时不断进行着自身受众的细分，受众变得越来越精细化和标签化，各受众群体的身份认同特征越发明显且差异显著，形成与以往媒介文化有所不同的新媒介文化。

（1）视频内容使用与消费的群体特征鲜明

群体身份认同是新视频节目受众的一大显著特征。个体受众以相同的情感和共通的爱好为纽带，自发性地联结在一起，在媒介使用行为中以群体性姿态对外展现，自身的独立性退居其次。

---

① 陈杏兰. 从受众到用户：三个维度的把握 [J]. 传媒论坛，2020，3（16）：127，129।

以新视频节目传播不可忽略的"Z世代"青年群体为例。"Z世代"，互联网时代的"原住民"，又叫网络世代或互联网世代，是指在互联网、即时通信、短讯、智能手机和平板电脑等科技产物影响下长大的一代人。[①]"Z世代"爱好尝试新鲜事物，乐于社交分享，对有趣的泛娱乐化内容消费有强烈需求。在"2019年中国网络版权保护与发展大会"上，B站CEO陈睿谈及"Z世代"用户的特点："我曾经总结过他们的三个特点——文化自信、道德自律和知识素养。文化自信是指现在'Z世代'对于国风、对于传统文化、对于中国自有的文化他们有更客观的理解，同时他们也更有自信和自豪感；道德自律源于他们从小受到更好的教育并拥有更好的物质生活；知识素养也来自更好的教育，他们生于互联网普及的时代，他们是网生的一代，他们无论是获取知识，还是寻找自己的兴趣爱好，都比作为20世纪'70后'的我们要方便很多。所以，他们在内容消费方面会呈现出一些新的特点。"[②]

针对以"Z世代"为代表的受众群体，新视频节目开始在精细化内容传播上布局，注重群体用户的自我表达，共塑群体自我认同，以提升高黏性用户群体的忠诚度。在具体了解用户的方法维度上，用户画像是描画目标用户、了解用户需求的有效工具。视频内容生产方通过在互联网信息海洋中将用户信息具象成标签，再利用这些标签将用户形象进一步具体化，在描绘用户具体的身份、属性、习惯、偏好等画像基础上，从满足目标受众群体的特殊需求出发，针对性地为其提供相应服务，这成为视频行业在众口难调的媒介环境下提升内容传播成效的常见手段。

（2）圈层差异与需求升级

受众群体庞杂，不同的受众群体有着不同的特色标识。勒庞在《乌合之众》里这样描述"群体"："自觉的个性消失和感情与思想朝某个既定的方向发展，这是群体正在形成的最初特征……有时，在某种强烈感情的影响下，比如说国家发生了大事，成千上万的人虽然分处多地，也能获得心理群体的特征。那时，任何一个偶然事件就足以把他们聚集起来，让他们的行为立即具有群体行为所固有的特征。"受限于其所处时代和立场，勒庞的观点有一定的局限性，但他对群体的深刻洞察富有启示。网络环境下的用户群体不是空间维度的聚集，而是心理层面的会聚。拥有共同的心理诉求的个体会聚成一个特定群体，也就是如今常说的圈层，原本独立的理性被想象的共同体覆盖。一方面，掌握了影响群体想象力的艺术，就掌握了引导群体的力量；另一方面，群体间共同化、不同群体间差异化的特点导致不同圈层用户的需求相差悬殊。

在对内容的需求上，以往视频节目的使用目的是消除对未知信息的不确定性。海量信息拥堵使得对媒介信息的需求已经超越了媒体简单的信息传播和宣传引导，呈现出深度定制化的功能转型和鲜明的圈层传播需求。

在关系需求的变化上，网络将终端、内容、人、服务联结起来，使之成为一张巨大的网，用户个体就是网中的一个个节点。新兴的社交化媒体用一种看似松散实则紧

①　百度百科.Z世代[EB/OL].[2022.1.3].https：//baike.baidu.com/item/Z世代/20808405?fr=Aladdin.

②　环球网.B站陈睿：现在年轻人尊重版权，愿为优质内容付费[EB/OL].[2019.4.26].https：//baijiahao.baidu.com/s?id=163187355428
0879763&wfr=spider&for=pc.

密的方式将每一个平台上的个体联结起来，使每一个个体都能直接或间接地联结到其他所有用户。[①]当作为网络节点的个体以一致的心理诉求聚集，社交媒体进一步增强个体彼此之间的联系，使他们在节目内容消费中建立社交联系的需求日益增强。此时的新视频节目并非单纯的视频节目产品，而是成为具有差异化和强社交属性的媒体互动内容工具。

二、新渠道：从单一平台到立体多样

技术进化、媒介与传播三者高度关联，媒介技术的进化对传播行为与媒介形态产生重要影响，可以说，它从根本上决定了一种媒介形态是否存在以及存在的影响力。

在新技术加持下，视频节目的信息传播从中心机构转向去中心节点，规模化机构传播被碎片化节点传播取代。传播渠道是影响人类与媒介接触的重要因素，随着媒体深度融合发展，备受挑战的原有传播渠道已经完成从传统电视平台到互联网移动端口的简单叠加，在优势互补的跨平台一体化发展过程中公私域流量的多样化渠道拓展成为新的亮点。

1. 深度融合的跨平台多媒体渠道

互联网的冲击导致传统广电业面临广告下滑、用户流失、人员跳槽新媒体等诸多危机。在主流地位岌岌可危的场景下，2014 年 8 月中央审议通过《关于推动传统媒体和新兴媒体融合发展的指导意见》。自媒体融合发展战略正式上升至国家层面，各级媒体大军布局新媒体，拓展网站、"两微一端"，积极构建跨平台、多媒体、立体化的传播渠道。

媒体融合发展带来多媒体传播渠道的丰富，各渠道平台彼此深度整合。电视大屏的互联网化和交互性塑造了新电视平台，移动互联网屏幕尤其是手机屏幕成为重要的内容互动场景和节目传播渠道。传播内容与渠道传播产生叠加，将不同渠道中的用户群体深度细分成各种各样的社群。这样的渠道变革也倒逼新视频节目传播方式的改变。利用大数据用户画像和智能推荐算法，原本大板块、长时段的视频节目被打造成不同形式的类型化文本，在不同的传播渠道上分发具有群体针对性和深度吸引力的内容，形成碎片化传播时代节目内容传播的主导样态。

2. 公域渠道与私域自有渠道的多样化拓展

新视频节目的生产主体摆脱了单一的专业媒体从业者，尤其是随着短视频和移动直播的兴起，企业化、个人化的内容创造无所不在。生产主体的变化使得节目内容生产的渠道价值从公私域渠道的多样化拓展延伸至私域流量自有渠道的挖掘。

对于私域等相关名词，在中国连锁经营协会与腾讯联合出版的《中国零售业私域运营手册及实施指引》一书中这样解释：私域，品牌或企业直接拥有的、可重复的低

---

① 彭兰. 网络传播概论 [M]. 第四版. 北京：中国人民大学出版社，2017.

成本甚至免费触达用户的场域。私域流量可被定义为沉淀在品牌或个人渠道的、可随时及反复触达的、能实现一对一精准运营的用户流量。[①] 在新视频节目渠道传播理念中，如果把主流媒体跨平台渠道运营当作公域渠道，那么企业化、个人化的视频生产即是与之对应的私域用户与私域渠道，此类型的商业媒体机构与各平台活跃的 UP 主案例不胜枚举。对私域视频生产者而言，内容生产的自主性更强、成本更低，受众触达的黏性较高；从渠道整合上看，主要整合社群、小程序、公众号和官网等多种渠道，其传播矩阵搭建往往通过自媒体运营在搜索端口打造品牌口碑，自主可控性优势明显。

美国《连线》杂志主编克里斯·安德森提出的"长尾理论"认为，商业和文化的未来不在热门产品，也不在传统需求曲线的主体部分，而在于过去被视为"失败者"的那些产品，也就是需求曲线中那条无穷长的尾巴，即非主流的、个性化的产品需求。该理论原本用来描述亚马逊和 Netflix 之类网站的商业和经济模式，但对新视频节目的渠道拓展也颇有启发。主流媒体公域渠道有先天建设优势和受众数量基础，私域渠道受众细分程度高、黏性强，公域渠道与私域自有渠道的多样化融合将有助于新视频节目全面掌握用户关系，构建更为精准的用户传播。

三、新表达：沉浸体验与网感互动

5G 技术开启信息化高层次深度发展时代，与 AI（人工智能）技术相得益彰，二者与 XR[②] 等技术进一步结合，共同推进新视频节目内容呈现与形态表达的发展。科技发展层层推进节目生产应用与视听表达创新，沉浸式的视听体验和现代审美的融合、年轻化的表达与深度互动参与，新视频节目的表达呈现出更沉浸、更互联的鲜明特点。

1. 沉浸式的观感呈现

随着科技的飞速发展，受限于传统网络带宽的应用取得了突破性进展，无论是 4K/8K，还是 VR（虚拟现实）/AR（增强现实）/MR（混合现实），抑或是 AI，都成为新视频节目创新表达的技术工具。其中，沉浸式的观感呈现成为技术赋能节目形态创新的一大亮点。

近几年来，河南卫视将科技与传统文化相结合，在以新奇特的沉浸式体验提升受众的审美情趣上作出了一系列的尝试。2021 年推出"河南春晚""元宵奇妙夜""清明奇妙游""端午奇妙游"等一系列以"中国节日"为主题的文化节目，2022 年在"中国节日"的基础上推出小而美的"中国节气"系列……通过将科技注入中华优秀传统文化的视觉表达，使视频节目具有现代感、时代感的艺术表现形式，以此强化受众新奇的视听体验，提升受众对传统文化的审美享受与精神需求。

---

① 中国连锁经营协会与腾讯智慧零售联合发布. 中国零售业公私域运营手册暨实施指引 [R/OL]. [2021.11.29].https://www.doc88.com/p-94059563143493.html：18.

② XR，即扩展现实（Extended Reality），该技术利用硬件设备结合多种技术手段将虚拟的内容和真实场景融合，包含了 AR（增强现实）、VR（虚拟现实）、MR（混合现实）。

　　以河南卫视 2022 年七夕晚会《七夕奇妙游》为例，开场节目《星河》借助 XR 技术呈现无限拓展的星空，运用精准的跟踪技术保障实拍画面和虚拟场景同步变化，通过虚拟科技结合舞美创意设计，对中国传统文化进行立体化影像呈现，进而使观众获得沉浸式体验，实现了借助新技术创新节目内容表达（图 9-1、图 9-2）。

图 9-1　《七夕奇妙游》借助技术诠释创意舞美　　　　图 9-2　《星河》节目拍摄使用 XR 影棚和
　　　　　　　　　　　　　　　　　　　　　　　　　　　　　　　虚拟拍摄技术结合

2. 年轻态的网感互动

　　在节目外在的沉浸式观看体验上，技术创新作为内驱力能够实现对节目内容的场景强化和艺术提升，通过与年轻人共情的表达方式植入文化与情感，以互动参与让年轻人融入节目生产传播体系中，这正是新视频节目表达创新的内核。

　　在当下移动互联网时代，我们所说的技术并非简单的计算机、互联网科技技术，而是如何利用日新月异的新技术实现音频、视频与内容的最优衔接，从而寻找到顺应市场变化、受众趣味变化的广电新定位。[①] 也就是说，节目表达的落点在于新型受众思维与优质外在形式的融合。在对新型受众思维的把握上，网络带来的机会平权和话语平权，使得受众在节目的观看体验过程中有强烈的表达诉求，愿意并渴望发出自己的声音。技术赋能用户，使之可以通过点赞、分享、弹幕等多样化互动行为实现即时表达、实时反馈，共同组成节目表达元素。在节目形态上，则通过新颖多元的样态创新、极具网感的环节设置、接地气的共情故事、有悬念感和趣味性的叙事设计，共同构建有网感的年轻化内容。近年火爆出圈的《国家宝藏》《典籍里的中国》等文化类节目以青年人的视角融入网感化思维、年轻态表达，以创新表达实现传统文化与时代价值的相得益彰，成为节目表达创新上与时俱进的案例。

第二节　新视频节目的传播逻辑重构

　　新视频的"新"是节目形式之维的突破之新，更是节目传播之维的创意之新。以往的节目传播从受众的信息满足和认知构建出发，着力于单一节目内容层面的深耕。在媒体深度融合语境下，不同渠道、平台、终端加速相融，台网互动模式不断升级，台网间渠道与内容之争逐步弱化，新视频节目的传播逻辑被彻底重构。

---

① 吴信训，吴圆圆 . 媒体融合：主流媒体应谋求弯道超车 [J]. 传媒 . 2017，6（12）：21.

从电视端到移动端再到云端，同频共振的新视频节目融合传播更强调内容裹挟中的价值含量。要做有价值的爆款节目，其传播思维指向突破受众群体的圈层壁垒、制造有热度的讨论话题与持续打造节目口碑三大路径。

一、破圈：新视频节目的圈层突破

圈层理论可以说是传播学中"分众理论"的延伸，不同的圈层有着不同的圈层文化，圈层文化是紧密连接圈层成员的核心。在新视频节目的受众圈层中，各圈层成员有着区别于其他圈层的表达方式、行为习惯和思维模式。因此，节目要展开全网传播，首先要在垂直细分的受众圈层中打造爆款节目，再跳脱单一圈层的局限，触达更多核心用户并拓宽更多类型的其他圈层用户，最终实现对圈层文化的突破性引领。下面以哔哩哔哩（简称 B 站）为例，对圈层传播展开具体论述。

1. 聚集、细分圈层用户

节目的破圈传播首先要在目标圈层形成爆款效果，在创意定位之初，节目往往会定位更为精细化和小众化的目标受众群，在找到目标圈层的基础上，聚集、细分圈层用户成为破圈传播的第一步。

哔哩哔哩，最初是定位 ACG 文化的内容分享与创作的视频网站，到现在开辟了动画、番剧、国创等 20 多个视频分区，几乎囊括了年轻一代所有的流行内容需求。B 站的目标受众是以"Z 世代"为代表的年轻群体，正如它的广告语，"你所感兴趣的，都在 B 站"，这个"你"就是节目的目标受众。

Quest Mobile 发布的《2022 Z 世代洞察报告》数据显示，作为互联网"原住民"，"Z 世代"经历了 2G、3G、4G、5G。截至 2022 年 6 月，线上活跃用户规模已经达到 3.42 亿人（图 9-3），正逐步成为社会发展的中坚力量，视频、社交及游戏娱乐是"Z 世代"群体日常主要的线上活动。[①]"Z 世代"青年富有个性，向往自由、爱好独处却不喜孤独，对认同感和归属感的追求强烈（图 9-4）。B 站通过对标圈层用户需求、优化布局、强化圈层成员的归属感，以对症下药式的服务聚集用户，使最后的内容抵达成为可能。

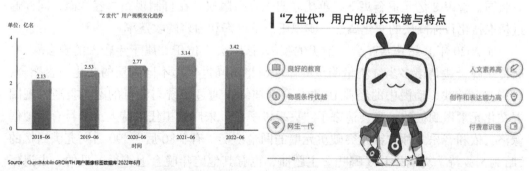

图 9-3　Quset Mobile《2022 Z 世代洞察报告》
显示"Z 世代"用户规模变化趋势　　　　图 9-4　B 站显示"Z 世代"受众特点

① Quest Mobile. 2022 Z 世代洞察报告 [R/OL].[2022.8.16]. https://baijiahao.baidu.com/s?id=1741282868903647886&wfr=spider&for=pc.

在聚集年轻用户的方法维度上，平台的答题制度和独特的弹幕文化成效显著。

在答题制度上，2013 年 B 站开始将邀请码制度改为注册答题制。晋级考试限定时间 60 分钟，总共 100 题，60 分及格。题目包含弹幕礼仪篇以及动画、漫画、游戏的基础知识，每道题都有相对应的分区。更为细分的小众圈层在游戏化的答题互动中得到强化，每个人都可以从中找到自己感兴趣的点，每个人都可以在 B 站找到自己认可的文化与群体。答题的过程既是对平台用户筛选的过程，也是对细分圈层聚集的过程。答题通过后，成为 B 站正式会员的受众可以在视频观看过程中发表评论、补充弹幕，独特的弹幕文化成为圈层聚合的另一大特色。

所谓弹幕，是指用户在观看视频或直播时，将自己的想法和情绪以文字的方式打在屏幕上，形成同步视频内容的文字表达。对于"爱好独处却不喜孤独"的"Z 世代"而言，公屏上的人际互动增强了受众对视频观看的代入感，随时可发表的弹幕使得情绪即时表达，匿名弹幕也在无形之中给用户提供了安全感。虽然弹幕发布存在着时间差，但是它们会在视频内容达到高潮或者某一个特定节点时出现，由此带来的刷屏效果产生多人同时在线观看的错觉，受众情绪进一步被感染，参与讨论的热情进一步被点燃。群体讨论的热情越高，在讨论的过程中形成二次加工创作及扩散性传播行为的概率就越大，内容的扩散性传播与富有创造力的网络表达就会越来越多，圈层活力增强，各类细分圈层的聚集规模自然也就越来越大。

2. 强化圈层文化属性

相比圈层规模的增长，持续稳定且忠诚度高的圈层用户维护更为关键。圈层的聚集和规模的增长能够带来更多的用户，这些用户有可能会成为未来的 UP 主或者现有 UP 主的粉丝，激励 UP 主创作更好的内容。因此，加强垂直圈层的特色属性，构建具象化、特征化的独特圈层文化，成为圈层传播的下一步策略。

"大学生浓度高""高知""男性多于女性"都是 B 站用户的画像特征，不断强调圈层的文化属性使 B 站对于主要用户的定位非常清晰。在业务方面，契合"Z 世代"青年的使用需求，B 站加大对创作者的激励，投资 MCN 公司和影视公司，为拓展游戏版图，曾以 8 亿元重金买下《英雄联盟》直播版权。在自制视频内容方面，同样通过精准强化目标圈层的文化属性，实现用户留存率和内容的收益率。

如 2020 年 B 站跨年晚会《最美的夜》，该晚会定位于"属于年轻人的晚会"，打破传统晚会邀请诸多当红流量明星的做法，将不同世代、不同圈层的文化内容融合，对影视、游戏、动漫中的经典 IP 进行全新演绎，通过传统与流行的融会贯通，把圈层文化元素做到极致。晚会请来了"央视段子手"朱广权担任主持人，节目有虚拟偶像洛天依和音乐大师方锦龙突破次元壁的同台演奏，有"80 后""90 后"充满回忆的《哈利·波特》交响乐和《哪吒》主题曲，更有其他跨年晚会上难得一见的、由退伍军人合唱团演绎的《亮剑》主题曲《中国军魂》等激扬节目。这场"画风清奇"的晚会直播引来 8000 万名观众在线观看，被《人民日报》评价为"最懂年轻人的晚会"，得到了主流媒体的报道和认可。

3. 突破圈层扩张发展

从发展的视角看，圈层传播不是构建对立，而是建立良好的对话体系，营造多元和谐的圈层氛围，形成圈层之间的共融发展，最终在圈层文化的引导与社会文化的推动过程中实现自身破圈融合的长远发展。

2020 年"五四"青年节之际，B 站推出广告片《后浪》，极具感染力的文案设计、演讲式的视觉呈现与表演艺术家何冰情感充沛的表演，使它成为 B 站破圈刷屏级传播案例。"70 后""80 后""90 后"在朋友圈分享，《人民日报》《澎湃新闻》等主流媒体纷纷报道。虽然在传播的时间节点、替青年发声的叙说角度上引发了一系列的争议，但该片引起的关于"前浪"对话"后浪"主题的讨论，让它迅速成为全网各年龄层群体的共同话题。超燃的文案背后，隐藏着 B 站破圈传播的野心。

> "那些口口声声一代不如一代的人，应该看着你们
> 就像我一样，我看着你们，满怀羡慕
> 人类积攒了几千年的财富
> 所有的知识、见识、智慧和艺术，像是专门为你们准备的礼物
> 科技繁荣、文化繁茂、城市繁华
> 现代文明的成果被层层打开，可以尽情享用
> ……
> 那些抱怨一代不如一代的人，应该看看你们
> 我看着你们，满怀感激
> 因为你们，这个世界会更喜欢中国
> 因为一个国家最好看的风景，是这个国家的年轻人"
>
> ——《后浪》部分文案

从 B 站的破圈传播可见，突破圈层壁垒的关键在于寻找到联结受众情感的突破点。通过在情感维度上进一步深挖，以创新性的内容呈现和年轻态的话语表达传递并凝聚不同圈层之间的情感共鸣，最终形成辐射性扩散传播，切实落实跨圈层共享传播思维。

二、热度：新视频节目的话题营销

巴拉兹[①]曾说过："影像的发展标志着视觉文化的到来，印刷文化所代表的那种理性话语文化，被以形象为中心的视觉文化所代替。"相较于文字，视觉文化所传递出来的信息量成几何倍数地增长，更利于打造合体热度。随着信息传播途径越来越多元化，内容传播越来越碎片化，受众圈层越来越垂直，话题营销已成为视频节目在市场上竞争的有力法宝。

---

① 　[匈] 贝拉·巴拉兹：匈牙利电影理论家、编剧。

在话题的打造方法上，广告大师李奥贝纳的创意方法，即"寻找产品与生俱来的戏剧性"颇有启示。一方面，话题营销要抓住新视频节目与生俱有的特点，如节目类型、播出平台等；另一方面，要从节目诸多特点当中寻找最具有戏剧性的特点、最能刺激受众兴趣的特点，筛选之后成为可能形成热度的话题雏形。

1. 切中用户需求的话题形态

热点话题是民众关注的主要内容，也是引发社会舆论和提升节目收视成效的重点内容，对时下的热点话题进行分析和讨论是视频节目编排时的常见手段。然而，并非每一个话题都能产生热度效应，从外在话题形态来看，有传播度的话题往往要求平台或渠道在深挖自身属性特色的基础上，准确切中对应圈层的用户兴趣。

以被称为"广受年轻人心疼的时政网站"的观察者网[①]为例，一个主打严肃时政内容的观察者网在 B 站拥有 763 多万名的核心用户，深刻影响着年轻一代对待国际问题的态度与视野（图 9-5）。看似背道而驰的两种生态之所以能产生良好的化学反应，与观察者网切中目标圈层用户需求、打造话题的手段密切相关。

在时政热点话题上，除了保持新闻敏感、及时跟进报道之外，观察者网准确切中年轻人对国外时政的兴趣点，始终以国际视角和全球视野表现中国关怀，借助热点事件实现与青年群体普遍存在的爱国主义情感的缝合。

一方面，观察者网依托平台的力量打造富有个人魅力的观察员解读热点事件，通过及时跟踪轰动性较强的国际时政和社会热点，找到社会公认的高频"共享场景"并借势打造自己的 IP。观察者网视频栏目《逸语道破》主讲人为复旦大学国际政治系教授沈逸，"干货""知识密度高""中文长难句""打破对美国的仰望"是众多网友对这位出圈学者的评价。在"美国封杀抖音海外版（TikTok）"的社会热点话题上，《逸语道破》分别在 2020 年 8 月 3 日、4 日、5 日连更三期关于抖音海外版的视频，每期的播放量均在百万次以上（图 9-6）。这类节目以视频之形为广大青年作政治科普，相关话题的成功既是

图 9-5　B 站观察者网粉丝量超过 700 万名

图 9-6　观察者网《逸语道破》主讲人沈逸解读 TikTok 话题

---

① 观察者网，系上海观察者信息技术有限公司和上海春秋发展战略研究院联合主办的新闻时评集成网站（Online News and Comments Aggregator），旨在以即时综合资讯和特色原创内容为全球中文阅读者提供时政事件的深度报道以及思想领域的全面解读。

源自主讲人对热点时事的犀利论述和对中美关系的精彩研判，更是在中美国际关系大变局时代切中圈层用户对国际关系的兴趣与民族主义的情绪。

另一方面，观察者网针对目标圈层的需求与时俱进地调整话题，时尚流行趋势类相关报道也被纳入内容生产体系当中。以旗下自媒体创作人董佳宁主讲的《懂点儿啥》栏目为例，2020 年 8 月 3 日，栏目同步跟进社会热点话题，更新一期"美国针对 TikTok，背后还有更大玄机"，节目播放量超过 200 万次。8 月 20 日，游戏科学上传了一段即将发行的游戏《黑神话：悟空》13 分钟的实机演示视频，B 站播放量破千万次。24 日，《懂点儿啥》更新一期《〈黑神话：悟空〉不是村里出状元，而是大国终于搞核试验了》，播放量达 200 多万次。8 月 24 日，一则"新员工不喝领导敬酒被打耳光辱骂"的新闻冲上热点，很多初入社会的年轻人对所谓的酒桌文化"深恶痛绝"。25 日，《懂点儿啥》栏目更新一期"酒桌文化糟粕那么多，年轻人凭什么要服从"，播放量逾百万次。观察者网以选题显著性高、风格生动活泼的长视频节目与短视频新闻形成良性互动，通过准确击中用户需求的话题切入、独特的视角与细致的分析，数个视频产品都产生百万级别的浏览量，用视频影像话语构建了青年群体认同。

2. 触动传播爆点的共情共鸣

热点话题的形成是通过用户在平台上生产内容促成人际传播，由转发等互动行为产生辐射性热度，再由大众传播变成跨平台传播，最终形成的热点话题。对于一个平台或者渠道而言，每一个话题的出现都代表新的关注度、新的热议话题。并非所有的话题都能广泛传播，话题引爆的前提在于是否触发了人际传播的机制。

人际传播活动开始于自我意识与自我表露，在所有传播方式中，它的人情味最浓。情感交流是促进人际传播的最佳方式，因此，找准情感交流的共鸣点，进而探索用户的传播形式和话语表达方式，让用户参与话题讨论、主动生产内容，成为新视频节目触动传播爆点的策略。

以爱奇艺自制的华语青年说唱音乐真人秀《中国新说唱》为例。艾瑞咨询《2018年中国数字音乐消费研究报告》显示，数字音乐消费者更能接受个性化的独立音乐和国际化音乐，并且热衷音乐社交。嘻哈、说唱与电音、爵士等共同成为当下数字音乐消费者偏好的风格类型。2021 年 9 月，DT 财经联合爱奇艺发起的《2021 当代年轻人兴趣爱好大调查》显示，以"Z 世代"为代表的年轻受众有愿意花时间或花钱的爱好，音乐、游戏是主流爱好。[①] 爱奇艺基于对综艺娱乐内容、音乐形式、"Z 世代"用户需求等多个维度的深入洞察，自 2018 年开始推出三季《中国新说唱》，每一季都产生一系列热度话题。

在引爆话题的具体操作上，《中国新说唱》用 Hit Song[②] 形成特色 IP，让有流传度的歌曲持续推广说唱文化。如王以太的《目不转睛》、那吾克热与尤长靖合作的《飘

① TalkingData.2021 年 Z 世代兴趣调查报告：我们发现了 7 个趋势 [EB/OL].[2021.10.11].https：//www.sohu.com/a/494405101_617676.

② Hit Song：原指占据榜单的热歌，在节目中对于 Hit Song 最重要的评审指标是"流行度"。

向北方》、艾热和李佳隆演唱的《坠落星球》等在 2018 年夏天霸占各大音乐榜单连续数周。有了话题度的基础，节目组趁热打铁，在 2019 年的《中国新说唱》节目中提出说唱全景化的概念，对外输出华语说唱。宝石老舅的《野狼 disco》代表说唱文化成功登上央视春晚的舞台，可见华语说唱开始进入其他圈层。《人民日报》点评："对于青年一代而言，说唱不只是一种音乐形式，更是一种个性表达，通过说唱展现对艺术的追求、生活的感悟、奋斗的态度以及对理想的追求，是《中国新说唱 2019》致力于呈现给大众的精神面貌。"① 当说唱成为普通大众可以接受的音乐形式，也就意味着节目的受众范围得到拓展。三季节目话题不断，后续的持续话题产生雪球式的热度增长，第三季单周话题量突破 20 亿次并斩获全网 97 个热搜。② "Z 世代"群体的情感特征为《中国新说唱》的话题打造贡献灵感，节目内容所呈现的青年圈层的共同兴趣爱好，实质上是年轻人构建同好圈层集体情感的重要互动形式。因此，说唱不只是一种流行的音乐风格，而是将对真实生活的关注、对社会话题的思考和犀利观点的表达注入音乐载体之中，与有态度的"Z 世代"产生共情。

以爱奇艺为代表的互联网视频平台围绕说唱、舞蹈等兴趣主题推出多个综艺节目，综艺节目内容和年轻人的兴趣正在相互呼应。不同于《中国新说唱》对"Z 世代"的共情传播，搜狐视频出品《送一百位女孩回家》定位于针对都市女性受众的感情治愈系真人秀，通过对当下女性情感的把握，成功打造多个热度话题。

在节目的具体操作上，《送一百位女孩回家》以当下受众更为关注的都市话题、女性话题、焦虑话题入手，探寻都市女性的生存状态和成长心路。该节目较好地拿捏了情感命脉，与其说是陪伴一个女性嘉宾回家，不如说是节目在陪伴并治愈当代都市女性的情感。环环相扣的社会热点讨论，锁定都市女性的感情治愈话题，使得该节目播出后的多个话题登上微博热搜，引发全面社会化讨论（图 9-7、图 9-8）。

图 9-7 虞书欣话题讨论

图 9-8 胡杏儿热搜讨论

① 《人民日报》海外版 . 说出唱出年轻人的"精气神" [EB/OL].[2019.7.6] https：//baijiahao.baidu.com/s?id=1638253215774470997&wfr=spider&for=pc.

② Morketing. 单周话题量突破 20 亿并斩获全网 97 个热搜的《中国新说唱 2020》能给品牌带来什么价值 ?[EB/OL].[2020.8.8]. https：//baijiahao.baidu.com/s?id=1674442933910448135&wfr=spider&for=pc.

3. 持续输出的话题营销

话题相当于一个载体，承载着人、内容和平台（或渠道）三者的关系。对话题的打造需要从"人"出发，平台或渠道切中目标用户的内在需求，以话题遴选、及时跟进等方式引发圈层人群的"信息渴求"，进而以核心人群为推手，向外扩散形成从人内传播、人际传播再到大众传播的一条完整传播链。

然而，热度时效有长有短，碎片化的阅读环境与迭代迅速的内容生产导致受众的注意力被分散，进而加速话题热度的沉没时间。受众对于热度内容的感知更多停留在浅层次的感官层面，缺乏深层次的心理价值认知，因此，节目的话题营销需要在持续生产并输出高质量内容的基础上打造可循环的话题传播机制，以实现节目传播的裂变效应。

（1）创建话题：明确讨论主题

持续性的话题生产首先要有明确的讨论主题，即你想讨论的是什么，用户希望跟你一起讨论什么。当你的主题对焦越准确、目的性越明确，参与讨论的用户就可能越多。当用户在平台讨论发声时，会逐渐吸引同一圈层用户不断参与，平台和用户的联系不断紧密。当聚集的用户数量足够多时，他们在平台上不断进行的话题讨论和大量的内容生产会促进社区生态的形成及跨圈层传播的突破，使得话题的热度上升。吸引的人群越多，热度越高，话题就会像滚雪球一样越来越大。

在创建话题时，一是要简单直接，把话题关键词摘出来，要让普通大众能够迅速理解，不要让用户反复猜想，尽量减少用户的学习成本；二是要开放，关注"流行梗"的使用，单一的人物或者唯一性的观点无法形成一个话题，需要借助群体的力量。对"流行梗"而言，作为在互联网中得到频繁复制、广泛传播的文化片段，学习用户语言对话"Z世代"，学会造梗、借梗、玩梗对话题营销很重要。

此外，要注重平台的差异，均衡跨平台传播指标。热度包括全网传播热度、用户热词搜索、内容浏览、话题互动热度等，不同的平台有不同的平台规则。在平台上打造话题的时候，要具体分析平台聚焦的受众群体，如腾讯新闻的用户更关注时事政治，微博用户更青睐年轻化的内容，话题的平台受众不同，所采取的方法也会有差异。

（2）制造话题：造势与借势

制造话题既可以造势，也可以借势。

造势就像京东的"618"对打淘宝的"双11"，京东"618"要成为一个能与淘宝"双11"抗衡的产品，就以明星代言、疯狂撒券等多样化广告形式凭空造势。以爱奇艺音乐综艺节目《乐队的夏天》为例，该节目通过选择有代表性的、有话题性的人物来制造话题，盘尼西林乐队、刺猬乐队、新裤子乐队和痛仰乐队等富有个性色彩的乐队成员让观众印象深刻。在节目中，他们时常因为音乐上的观点"口出狂言"，与主持人、专业乐评人、其他乐队的选手等形成针锋相对的态势，展现出他们作为摇滚乐手的个性，为节目产生争议性话题提供可能。如痛仰乐队在节目中改编金曲《我愿意》，因为专业乐迷的点评，在网上引发了争议与评论，微博上更是达到了1.3万次的讨论量，

5229.3 万次的阅读量。而主持人和节目组也会成为话题的有效推动者和制造者，如在嘉宾、专业乐评人与乐手中制造"难题"，主持人让自己成为乐队成员们"吐槽""怼"的焦点等。在节目最后一期，节目组推动"朴树录节目中途回家睡觉"这一事件成为微博话题，引发观众关于规律作息的共鸣，最终收获 4.1 万次的讨论量，3.5 亿次的阅读量；从刺猬乐队引发的话题"陈辉是怎么保养的"，引发受众对养生的关注，在热搜榜获得了 512.8 万次的阅读量。

相比于从节目中挖掘话题再制造话题，借势做话题的操作相对更容易。借势的关键在于要及时发现话题，敏锐抓住热点，这也是目前节目营销当中更为常见的做法。如《披荆斩棘的哥哥》开播前就抓住"大湾区哥哥们的组队"进行话题营销，借"大湾区哥哥们的普通话""大湾区哥哥们的粤语 Rap"等微博话题吸足了话题热度；《向往的生活》第三季因 2005 届《超级女声》部分成员周笔畅、叶一茜、黄雅莉、纪敏佳等重聚，引发不小的话题热度；《创造营 2019》导师宣传片放出后，借"苏有朋谈退出小虎队原因""吴奇隆回应小虎队约饭"等制造前期话题，推动后续节目的热度发酵。

（3）运营话题：网络社交的发酵

一个话题持续时间有多长，两个小时，还是两三天，甚至两三周后是否还有人一直在讨论它，讨论的力度是不是像滚雪球一样越滚越大，这就涉及了话题的持续运营问题。唱吧 CEO 陈华曾说："只要找对支点，就可以撬动整个社交网络。"当纯内容消费已经不能满足现在市场及用户的需求，社交网络所体现的社区文化的价值开始凸显。基于互联网的社交分享、炫耀地自发传播发酵话题，成为持续性"雪球效应"的方法内核。

在《声入人心》节目中，节目官方微博发布男歌手周深因为比赛失利而被其他参赛选手抱着安慰的画面，被网友制作成了表情包、漫画、混剪视频广泛传播，最终推动了"周深偶像剧女主角"形成热搜。此时，节目组的微博和 36 位艺人嘉宾的微博联动，受众可以在不同的微博账号下互动留言，与节目中的艺人"跨屏互动"，这样的互动直接影响了"梅溪湖女孩"[①]这一特别的受众群体名称的形成。把握社交传播的内涵、话题的选择与抛出、对用户自觉参与话题传播的引导、粉丝圈层的构建等，都是该话题成功营销的经验。

在具体操作层面，运营话题有以下三点值得注意。

一是话题的运营要注重话题的多角度延伸。在对待同一个热点的时候，要列举不同的话题点，遴选最优的一个或多个方案，可按照优先级别逐个抛出或全部抛出。

二是注意话题抛出的节奏。前期要吊足胃口，中期要放大戏剧点，后期要实现引流和情感共鸣。如在科比去世时，腾讯新闻做了一个话题叫"与科比有关的记忆"。在 4 个月之后，该话题持续活跃，讨论的内容从关于科比的回忆转向更为生活化的内

---

① 梅溪湖女孩、饭圈梗，指综艺节目《声入人心》里 36 位选手的粉丝，因该节目在梅溪湖大剧院录制，所以粉丝把参加节目的 36 位选手称为"梅溪湖 36 子"，其粉丝自称为"梅溪湖女孩"。

容。用户将科比身上那股永不退却、永不言弃的"黑曼巴精神"映射到自己的生活当中，在持续参与讨论的同时，也是持续从话题中收获情感的力量。

三是时刻观察用户，随时跟踪用户对特定话题的反馈，根据反馈对话题进行适度的调整和引导，也可以调整用户反馈的方式加强用户体验。此外，当下内容市场，悬念设计是很多节目常见的营销策略。值得警惕的是，有一些节目为炒作热度而采取虚假的套路式营销，或虚假制造某些明星参与的噱头，或人为剪辑制作嘉宾之间的矛盾冲突等。人为推波助澜的话题营销缺少后续节目作品的质量支撑，终会伴随偶现即逝的热度而云消雾散。

三、口碑：新视频节目的影响力构建

飙红的节目热度能带来受众一时的集中关注，也可能为节目制作方赢得暂时的利益。但是，所谓的热度终究昙花一现，以"热度"作为唯一门径使得许多节目陷入热搜化的套路之中，从而丧失文艺作品回应社会关切的应有职责。因此，创造出热度和美誉度兼备的优质新视频节目，以价值取向打造品质口碑，这才是新视频节目可持续的健康发展之路。

1. 有价值细节的内容领航

新视频节目的"内容"不是过去简单的节目内容生产，它既与时俱进地包含节目传播的形式载体，同时还包含内容当中更为重要的价值细节。

平台有大小之分，节目也有体量的差异，但有价值细节的内容在不同节目中都能创造出良好的口碑。在大型综艺方面，湖南卫视的《旋风孝子》定位为"大型孝道类真人秀节目"，区别于传统明星亲子类综艺，节目以弘扬中华传统孝道为己任，分享6组明星家庭中不一样的亲子关系。在节目中，明星与父母中的任何一位共同生活6天5夜，陪伴父母回老家感受回乡生活，向父母表达孝心，通过明星亲子关系弘扬孝道文化，为现代人带来思考和感动。为了响应乡村振兴战略，湖南卫视另一档节目《向往的生活》第三季打破了前两季以嘉宾为中心的叙事策略，"以真实感及体验感为导向的生活线、从帮扶角度切入的调研线，一明一暗两条线索让乡村成为节目的研究对象和记录目标"。观众在节目中体验到了中国广大乡村的真实变化，唤起对发展乡村、振兴乡村、繁荣乡村的关注与向往，有力彰显出节目的公益性与社会价值。

对于没有流量和资本加持的小体量节目来说，缺乏头部资源助推，没有粉丝群体的关注和热议，节目传播出圈难度相对更大。作为一档小体量的垂直教育类节目，北京卫视的《老师请回答》在聚焦垂直圈层的受众需求、打造有价值细节的内容方面作出尝试。该节目定位于中国首档家庭教育公开课，聚焦全民关注的教育热点和难点，围绕如何构建良好的家庭教育、如何重塑亲子关系、如何减少家长在家庭教育中的焦虑情绪等众多话题，集结北京一线优秀骨干教师和教育名家，以公开课堂的形式将线下课堂搬上屏幕，被网友称为"一部视频版的亲子教科书"。在节目传播方面，推广方没有采取"广撒网"的常规营销手法，而是精准切入有教育困扰的家长圈层，让垂

直内容与特定受众产生心理共鸣，再通过整合与节目有契合度的媒体资源，实现对垂直受众群体的精准覆盖。近年来，涌现出不少类似的小体量、高口碑节目，如中央广播电视总台的《一堂好课》，节目针对学习文化需求，打破传统讲座式、讲坛式的知识传播方式，通过特殊授课、线上互动、户外实践等方式，邀请青年人广泛参与其中，以循循善诱的方式传播知识、启迪智慧，掀起"课堂学习"的新热潮。中央广播电视总台的《中国地名大会》聚焦大家习以为常的"地名"，在知识问答与延伸拓展中完成对地方性空间的文化想象，让看似静止的、固定的地理方位有了更深入的文化意义，唤起人们对居住地场所文化意义的探寻。与此同时，该节目还推出了一款小程序，让手机用户在线参与答题，把空间地理坐标知识融入游戏实践，趣味性实现影像节目与现实互动的结合。

除媒体在各平台推出的多类型新视频节目外，商业机构和自媒体中不乏将有价值细节的内容与小众化、纵深化传播思路融合的案例。在移动传播时代，很多形式看起来单一、受众看起来小众的节目，在固定群体中同样能收到不错的传播效果。一席话（北京）文化传媒有限公司出品的《一席》定位于做有价值的传播，从 2012 年起邀请人文、科技领域有故事、有智识的嘉宾在自建平台上以现场演讲和网络视频等方式分享内容，形成多网络渠道传播的新视频演讲节目（图 9-9）。自媒体平台 AHA 视频出品的短视频谈话节目《CEO 们的酒局》，让几位处在资本漩涡里正在创业的 CEO 在他们"酒醉吐真言"的情况下谈人生，呈现出真实反映当代现实情绪的价值内涵。

图 9-9 《一席》——许子东《网络上的人民》

《你说我听着呢》是歌手吴克群及其团队创作的短视频微访谈节目，定位于社会影音小说系列短视频节目。节目是以歌手吴克群为主线，与若干个典型人物对话，从一个个微小的社会议题，如围绕梦想、热爱、职场女性、抑郁症等开始串联人物真实的人生故事，在对故事里问题答案的寻访中共同完成音乐的创作。在对《我的滑板鞋》创作者庞麦郎的访问中（图 9-10），探讨其在面对众多非议时的坚持；在与大岛 4K 4 位歌手的对话中，策划粉丝参与的活动将节目录制、活动、歌曲互动都融合到这样一场实验当中（图 9-11）。节目完成对吴克群由歌手到制作人的转型，以歌曲下沉的

图 9-10　《你说我听着呢》吴克群对话庞麦郎　　图 9-11　《你说我听着呢》节目录制中
　　　　　　　　　　　　　　　　　　　　　　　　　　　　策划粉丝活动

方式寻找群体的共情效应，在赋予音乐更多社会责任的同时，也完成了单纯音乐到社会服务在经济业态上的开拓。更为值得关注的是，该节目细分受众鲜明，植根社会热点，从小众的视角探究对社会问题的思考，具有一定的试验性。一定程度上，此类型的节目或成为新视频节目未来发展的重要趋势。

2. 有现实意义和社会价值的话题选择

在信息垂直领域，受到关注的热点话题取代了之前的代言人、广告，成为联结受众和产品之间新的传播渠道，扩散性的传播将打通不同媒介之间的隔阂，形成突破媒介壁垒的同频共振。纵观引爆关注的优质节目话题，我们会发现，这些内容均有一个共性，即具有高度的现实意义和社会价值。

媒介作为社会的瞭望者与监督者，始终伫立于社会发展前沿，新视频节目的创作更是如此。2019 年的《主持人大赛》注重国家战略的引领，在"挑战 90 秒"环节纳入乡村发展相关话题，如对十八洞村龙德成脱贫致富的关注，与当下国家的精准扶贫政策紧密结合。广东卫视 2018 年推出社会观察类真人秀《你会怎么做》第四季，再现或改编新闻热点，如青岛某"天价海鲜"宰客无视诚信、儿女拒教老人微信、出租车"绕圈""拒载"让人心凉……以"痛点共鸣"的方式提醒观众，在物质文明飞速发展的时代，在跑得快的同时一定不能忘了跑得稳。[①] 面对工业化、城市化带来的环境污染问题，2019 年播出的《奔跑吧》首期节目以"城市垃圾"为主题，让"跑男团"成员与城市垃圾进行"亲密"接触，展开垃圾分类、垃圾分拣、垃圾清运等一系列趣味竞技。节目嘉宾在竞技过程中亲身体验环卫工人的不易，观众与之共同感受到城市超级浪费对生态环境的严重破坏。"跑男团"成员通过挑战答题，为杭州市的环卫工人争取价值 9 亿元的保险，这是节目的一份爱心，更是一种责任。[②]

围绕社会话题做文章，为时代把脉、为社会服务，以此回应这个伟大时代的关切，这是新时代新视频节目的特质。还有一些节目将优质话题与商业无缝对接，如凤凰网与舍得酒业联合打造的时代先锋人物深度对话节目《舍得智慧人物》。该节目关注年

① 王真 . 练就中国好故事：聚焦热点＋真实反应＋创新镜语——《你会怎么做》价值取向构建策略分析 [J]. 新闻研究导刊，2019，10（2）：94-96+98.

② 赵红勋，吕成凤 . 内容有态度 创新需升级——2019 年中国电视综艺节目的观察与思考 [J]. 现代视听，2020（1）：16-22.

轻人的奋斗状态，让自带话题的明星从推动行业和社会进步的"少数个体"的角度讲述他们的故事（图9-12、图9-13）。对话的话题具有一定的广度和社会性，强调年轻人在奋斗与选择中呈现的态度，向观众传递"虽是少数人所选择的道路，却也是多数人的未来"这一时代精神，这一点正好契合舍得酒业的IP塑造。可以说，节目将人物故事与白酒IP合二为一，在实现正向话题引导、收获节目热度传播的同时，成功实现了商业营销。

2020-09-22《舍得智慧人物》郭麒麟：依然"范思辙"[3]

2020-09-29《舍得智慧人物》韩雪：娱乐圈反向生存手册[4]

2020-10-13《舍得智慧人物》PDD：电竞人"拼到底"[6]

2020-10-20《舍得智慧人物》张桂梅：大山的女儿[7]

2020-10-27《舍得智慧人物》邓紫棋：我只是商品吗？[8]

2020-11-03《舍得智慧人物》陈思诚：做导演需要修为[9]

2020-11-10《舍得智慧人物》李诞：脱口秀大王[10]

2020-11-17《舍得智慧人物》杨紫："想红"没有错[11]

2020-11-24《舍得智慧人物》特辑：品味舍得[20]

2020-12-04《舍得智慧人物》疫情特辑："战疫"建言者[12]

2020-12-08《舍得智慧人物》白酒特辑曾祖训：杯酒人生[13]

2020-12-15《舍得智慧人物》方锦龙：流动的国乐[14]

图9-12　《舍得智慧人物》第四季嘉宾图　　　图9-13　《舍得智慧人物》第四季之杨紫

3. 有精神文化价值的节目品牌打造

视频节目的内容定位决定了节目品牌定位，品牌定位的成功是节目成功的关键因素。然而，并非每一个获得暂时性传播热度的节目都能成为创造持续性竞争优势的品牌产品。因此，深入挖掘节目品牌的精神文化价值，发挥持续竞争优势的动因，打造品牌的核心竞争力，成为新视频节目品牌战略面临的长期任务。

2020年6月12日，芒果TV上线的全新自制女团选秀综艺节目《乘风破浪的姐姐》，一反当下选秀市场新人当道的局面，邀请影视歌领域出道已久的超过30岁熟龄实力派女艺人重新选秀出道。参与节目的每位女艺人几乎都成为自带话题和热搜度的天然流量，在当下逐渐饱和的选秀综艺市场中，该节目脱颖而出，掀起全民"姐姐"热潮。在无预热宣传、微博热搜暂停的情况下，节目上线播出量即破千万次，且"乘风破浪的姐姐"话题在1.5小时内增加了7000万次阅读量，"开播"话题达到4000万次阅读量。①节目播出后，累计播放量达19亿次，官方微博话题阅读量超240亿次，豆瓣评分8.2分，成为2020年毋庸置疑的一档爆款综艺。

---

① 娱乐快播频道.《乘风破浪的姐姐》开播，刷屏背后有什么传播逻辑?[EB/OL]. [2020.6.12].https：//www.sohu.com/a/401458139_119043.

这是一个有代表性的新视频节目品牌化传播案例，节目呈现的不仅是一场选秀，更是揭开了女明星光鲜亮丽的背后作为年龄超过 30 岁女性的困境和迷茫。选秀只是内容的载体，背后的价值观是女性逆龄奋斗的青春励志感，这是节目形式之外的价值内核。作为新视频产业的节目产品，《乘风破浪的姐姐》实现了叫好又叫座的节目传播价值，它打造的不只是一个栏目的品质口碑，还有广大受众对其背后制作方湖南广电的信任。2020 年 7 月 10 日晚间，芒果超媒发布了半年度业绩预告。据 2020 年半年度业绩预告显示，芒果超媒净利润预计达 10.4 亿~11.4 亿元，比上年同期增长29.42%~41.86%。业绩飘红的背后，是湖南广电媒体融合战略的引领与芒果 TV 强大内容自制能力的支撑，更是传统电视人在新媒体传播思维实践下打造系列化节目品牌的丰硕成果。

第三节　新视频节目的传播优化思考

各类型新视频节目不断崛起，在新兴赛道上探索着适合的发展路径。洞察节目受众最新的需求变化，尤其是关注年轻受众的兴趣转向，挖掘节目的价值能量以筑牢内容创作的基石，释放多元创作主体的创造力，以科技创新激活视听新活力，新视频节目正以持续创新之姿给予受众更高级的审美享受与更正向的精神价值。

一、创造正向情绪价值

新视频节目越来越多，节目同质化的现象越来越严重，对用户与时俱进的持续性研究贯穿在节目整个生命周期的各个阶段。对于传统节目的用户而言，节目所创造的功能性价值是第一位的，信息和情感的满足是受众收看节目的主要动因。随着新传播语境下受众的需求转向，传统的内容创作与传播渠道已经无法进一步满足其对情感与娱乐的需求，节目创造的情绪价值力量越发凸显。

1. 从用户最新需求中洞悉用户情绪

对当下年轻用户而言，趣味是他们对新视频节目收视的重要需求之一。艾瑞咨询发布的《2018 年中国综艺行业报告》显示，谈话和脱口秀类的节目以 14.7% 的占比在"TOP300 综艺节目"里排行第一，以《吐槽大会》《脱口秀大会》《奇葩说》等为代表的网络综艺节目因其新鲜有趣的内容，年轻化、个性化、生活化的风格成为年轻人观看综艺节目的首选。新兴的以脱口秀为代表的语言类节目，通过形态创新呈现出年轻态戏剧文化的内核，这类节目多以真实的生活场景切入，用调侃的态度、吐槽的语言和解构的方式直击生活中的痛点，通过不断输出诙谐幽默的生活化段子，在爆笑声中向受众传递快乐动力。

以快乐缓解当代年轻人生活工作的压力之外，正向的情感引导和陪伴成为受众对节目更深层次的需求。作为美食脱口秀节目的《拜托了冰箱》，洞察到了目标受众的情绪需求，每一季都在不断强化"温暖有趣陪伴＋生活方式引领"的 IP 精神内核，通过美食背后的生活之道，引导独居年轻人好好生活。在话题维度方面，由吴昕、彭昱畅等为代表的独居年轻人引起的"跟风消费""外卖人生""发际线困扰"等话题讨论，与年轻人日常生活有着极高的契合度。其中，在"车厘子自由"话题讨论中，嘉宾池子认为"车厘子自由"不是炫富而是对美好生活的向往，给人以正确、积极的金钱观指导。

不同于《拜托了冰箱》在内容中植入情感力量这种方式，哔哩哔哩和北京小河文化传媒有限公司联合出品的人文类新视频节目《但是还有书籍》，以富有温度的情感和年轻态的表达收获了超高口碑和极高的热度。该节目讲述的是和书籍有关的温情故事，记录了图书编辑、翻译、藏书人、旧书店店主等对书籍怀抱热忱的人物，定格了时代之下令人动容的人类精神世界。片名来自诺贝尔文学奖获得者、波兰诗人切斯瓦夫·米沃什的一首同名诗——《但是还有书籍》，诗的最后两句是："但是书籍将会竖立在书架，有幸诞生，来源于人，也源于崇高与光明。"在片子的评论区，随处可见这样的评论："它治愈了我积攒良久的压力和焦虑""看得我热泪盈眶，闭门即是深山，读书随处净土"等。节目上线后，B站评分9.9分，豆瓣评分9.4分，好看之外，该节目的出圈也为我们提供了一个小众内容的传播范本。青年文化领域的圈层传播不只意味着盲目降低姿态迎合受众，而是通过情感温度与文化深度的创新表达，契合青年用户更深层次的需求。

在视频内容泛滥的时代，受众思维会更加偏向感性，对内容深度的理性需求会退居其次。在观看节目画面的过程中，受众会带着自身的人生观、价值观、审美素养等欣赏节目，在不断的视觉接受与阐释中领悟节目的内涵。不同圈层的用户是在不断变化的，因此，新视频节目的创作应当敏锐发现用户需求的最新变化，寻找用户情绪与作品内容的交汇点，以满足用户多层次的审美期待与情感需求。

2. 以合理创新强化情绪价值

相较于过去常见的知识竞答、明星竞技、平民选秀等节目类型，当下节目市场被火热的养成类成团综艺、亲子家庭类观察综艺占据。在过去的节目中，信息获取与娱乐需求是主导，观众更重视最后的结果。在现在的节目中，观众更关注其中人物的情感变化、人物之间关系的变化，更关注于节目直观表象背后所呈现出来的情绪主题。

裹挟着社会议题、富有情绪力量的节目主题，能够发酵产出巨大的传播力和影响力，下面以近年热播的几档同类型职场类综艺节目为例进行对比分析。

腾讯视频的《我和我的经纪人》作为国内首档聚焦明星经纪公司的职场真人秀，用"明星＋经纪人"的阵容搭配吊足观众的胃口。节目没有全景式展现经纪人的职场全貌，而是依托于真实的案例和素材，截取经纪人职场里的代表性人物和事件，形成极强的写实感和冲击力。朱亚文"人设模糊"的问题、张雨绮感情纠葛产生的负面效应问题、白宇迅速爆红但经纪人成长速度跟不上的问题，以及乔欣面临是否解约的问题都被曝光于公众面前。经纪人杨天真曾表示，节目里播出的内容只是经纪人日常工作里非常小的一部分，但能保证播出的部分足够真实。节目以具有时效性的内容揭示娱乐经纪行业后台运转的方式增强节目的真实感，再用职场生存主题的情感共鸣进一步满足观众对真实情感呈现的渴望。节目透过白宇的宣传经纪人琪仔的情绪崩溃、张雨绮学着克制与妥协等事件，让粉丝在情感投射中释放自我情绪，同时引导更多观众学会面对职场压力。

腾讯视频推出的另一档职场观察类真人秀《令人心动的 offer》第二季则聚焦律政行业，每一期都会有讨论的主题，来自知名法学院的 8 位实习生在 4 位代教律师指导下争夺转正名额。如第七期《法律援助——实习生直面人间真实》探讨公益法律援助话题，节目呈现出实习生们在真实案例处理中的工作状态和工作过程，穿插观察室嘉宾讨论关于电话恐惧症和网贷诈骗舆情等信息，由律师嘉宾普及如何防范网贷诈骗、避免套路贷的技巧，既让观众在了解律师行业的过程中获得职场共情，又通过节目普法推动法治社会建设，引发观众进一步的思考。

不同于上述两档节目对职场痛点的捕捉，由优酷、淘宝直播共同发起，厂牌文化联合呈现的跨界主播职场真人秀《奋斗吧主播》，转而聚焦热门的直播行业。在节目中，25 位跨界艺人见习主播以现场带货走秀加直播间的跨屏直播方式，将真实直播现场呈现在观众眼前。评审团根据见习主播的直播表现、国民指数、硬通指数、招商价值、运营价值 5 个维度评定成绩，最后经过 3 个月的竞技养成和直播实战考核，选拔出前 4 位组成直播女团正式与聚划算合作，获得海量官方扶持资源。社会性议题的受众辐射广泛，明星粉丝受众与女明星对各品类品牌的搭配进一步助推节目的流量与口碑。该节目通过将电商直播的职业话题与女性议题嫁接的创新之举，在满足粉丝情绪、共享女性职场社会情绪之外，以节目创新实现了商业价值与流量价值的互补。

无论是给年轻人提供实用建议的职场节目，还是聚焦恋爱的治愈类情感节目，抑或是语言犀利又真实的脱口秀节目，都是在敏锐捕捉用户不断变化的需求的基础上，以合理的创新和更高水准的制作打造品质节目。新视频节目在给观众带来趣味、审美、信息等多维度满足的同时，更要注重契合用户的感性心理，深化提炼节目的情绪主题，打破和超越观众的期待，从而提供给观众正确的情绪价值与正向能量。

二、激发多元主体的创作活力

传统的节目创作主体只限定于主流媒体从业人员，对新视频节目而言，主流媒体、商业机构、自媒体等共同构成多元创作主体。同时，受众在参与传播和再创作的互动过程中持续拓展话语空间，与作为创作者的主体一起形成合作式生产，进一步促进了新视频创作主体的多元化发展。

1. 多层级主体的资源共享与合作共赢

在生产组织层面，过去的节目内容生产具有一定的从业门槛，从业者本身需要具有相当的新闻敏感性、有一定的文字写作能力以及较为全面的综合素养。在宣发渠道层面，过去是由传统媒体牢牢掌握着话语权，普通个体几乎无法参与。然而进入信息流产品时代之后，短视频的冲击使得大量的生产者涌现出来，节目的生产组织形式发生了全新变化。简单来说，可能过去我们生产一个内容，需要记者采访、写稿子、三审三校，而现在我们生产一个内容，很多时候就是拿出手机直接拍、直接传。

"万民皆媒"的时代，生产者与生产渠道发生分离，生产流程极大缩短，生产者不一定再需要专业的生产渠道，生产渠道也不一定需要专业的生产者，人人都可以成为新视频节目的生产者。多元主体共享资源、整合配置的模式，成为打造新视频节目价值共同体的路径。

在平台合作方面，目前已经有不少节目制作采取平台方、内容方、商业运作方三方合作的模式。如优酷"这！就是"系列就是由优酷作为平台方负责播出，根据具体节目遴选出来的不同内容方负责内容生产，再交由商业运作方负责统一的市场推广与运营。在与自媒体人的合作上，以 B 站、抖音等为代表的商业机构往往邀约头部的内容生产者联合打造 IP 栏目，或通过策划各种垂直类的活动，如各类直播节目，拉动垂直内容的生产者入驻，并与平台产生良性互动。

对于国家级、省级等拥有较好资源和较大投入的主流媒体而言，自 2014 年媒体融合发展战略正式上升至国家层面之后，对融合发展探索持续不断。新兴技术的应用促使新视频节目在节目样式、表现形式、文本语言等方面呈现出更丰富多元、更贴合受众的新发展，传播理念也不断进步。对于主流媒体而言，未来要持续深化"5G+4K/8K+AI"的科技创新，加大科技创新的投入，巩固、扩大视频传播领域的技术优势，打造充满创新、创意的新媒体新平台。

值得注意的是，在多层级主流媒体当中，县级媒体融合发展的实力和语境虽与国家级、省级媒体融合相差悬殊，但未来发展大有可为。一方面，基层县级媒体既有本地优势资源，又自有平台，还能对外对接平台形成上下联动效应，比 MCN 集中在抖音、快手、淘宝等互联网大型平台分发自主性更强；另一方面，县级媒体扎根基层，具有广泛的基层群众基础，可以通过激发从业者主体的活力，孵化更多本土网红及垂直类账号，释放基层无限的创作活力，同时实现社会效益、经济效益的并重发展。

2. 受众的创造性互动反哺节目创作

相较于传统的被动观看节目，以"Z 世代"为代表的青年受众倾向于通过发弹幕、剪视频等多元化互动行为打开节目。这种"创造性转化"淡化了视频创作者与观看者之间的界限，让受众从"旁观"变成"参与"，从"参与"走向带有主导性的"二次创作"，从而成为新视频节目内容生产的一分子。

在容纳多元文化社群的 B 站上，百万以上 UP 主的作品引起弹幕刷屏是十分平常的现象。当每一条字幕从屏幕的一端滑到另一端，其他用户可以同步视频内容，在屏幕上看到密集文字移动的幕布效果。密集的弹幕从某种意义上来说是一种媒介仪式，受众通过仪式化表达共同参与到同一个事件、现象或者情绪当中。同时，视频节目的主文本与弹幕的副文本在互动过程中对原来的视频内容构成补充。

以 B 站百大 UP 主"朱一旦的枯燥生活"为例，账号主体人设鲜明，内容主打黑色幽默，在保证原创性的同时能够精准捕捉受众痛点，折射出现实生活中的残酷与真实，粉丝量超过 370 万人。其中，播放量最高的视频为"一块劳力士的回家路"，讲述的是某些无良商家贩卖口罩牟取利益的行为，讽刺的是在疫情下口罩难求的现状，截至 2021 年 8 月 28 日播放总量已达到 1157.3 万次。在视频结尾，满屏的"保护"弹幕构建出狂欢的媒介仪式感（图 9–14），弹幕互动成为公众情感交流的重要载体，也成了视频内容不可分割的一部分。

　　相比于各圈层常见的点赞、转发等行为，剪视频、再创作是继发射弹幕之后最受年轻受众青睐的互动方式，也是极具圈层特色的情绪表达方式。所谓剪视频，即节目生产中的 UGC（User Generated Content）环节，用户根据节目播出的内容，选择自己感兴趣的部分，利用节目素材或者以节目中的艺人为原型，生产出二次创作内容或者原创性内容。

　　以音乐综艺《声入人心》为例，节目当中最具有代表性的原创生产内容就是成员间的 CP[①] 内容。实力选手郑云龙和阿云嘎是大学同学，两人在节目中互动频繁、搭档默契，由于两个人的名字里面都带有"云"字，云乘以云，被称作"云次方"CP，曾一度占据 CP 超话榜首。不少网友从节目中遴选两人的互动场景进行再剪辑，生产出大量耽美[②] 视频（图 9–15）。再创作的过程加强了受众与节目互动产生的强烈成就感，生产出来的视频带来对原节目作品的二次传播，进一步加强受众与节目的情感联系，形成一种参与性文化。在"云次方"CP 大火后，节目组在官方微博的宣传文案中多次提及"双云"组合，回应受众讨论的 CP 热点，让"云次方"CP 持续成为讨论热点，为节目进一步宣传造势。

图 9–14　《一块劳力士的回家路》
视频结尾弹幕

图 9–15　B 站网友剪辑制作的"云次方"CP 视频

三、守正与创新同步的融合传播

　　小至一档节目，大到一个平台媒介，节目的生产与传播都密不可分。传播为内容赋能，内容的优劣是传播成败的核心，而传播的方向和质量又直接决定了新视频

---

① CP，英文 Coupling 的简称，指配对。源于日本 ACGN 同人圈的网络流行词，原指动画、影视作品粉丝将片中角色配对为同性或异性情侣，现泛指两人之间的亲密配对关系。

② 耽美：该词产自日本，指沉溺于唯美、浪漫的事物，后被用于表述同性之间（多为男性）的情感。

节目的价值实现。习近平总书记在全国宣传思想工作会议上发表重要讲话，强调"做好新形势下宣传思想工作，必须自觉承担起举旗帜、聚民心、育新人、兴文化、展形象的使命任务"。持续输出优质的精神文化产品，完成时代赋予节目文艺创作的新课题，新视频节目创作需要守正与创新同步的内容创作力，也需要融合传播的理念和格局升级。

1. 植根文化认同的价值坚守

习近平总书记在新疆考察时强调："文化认同是最深层次的认同。要端正历史文化认知，突出中华文化特征和中华民族视觉形象。"中华民族的传统传承带来个体的自我归属和精神回归，不少新视频节目从传统文化中吸取精髓，用文艺作品营造传承中华文明的浓厚社会氛围，引导广大受众更好地认识和认同中华文明，其中，文化类题材节目最具有代表性。

近几年来，《经典咏流传》《典籍里的中国》《中国国宝大会》《中国考古大会》等一批以传统文化为核心内容的综艺节目陆续推出，在广大受众尤其是在青年群体中持续收获口碑与热度。中央广播电视总台主办的《国家宝藏》，探寻历史文物的价值，解读历史并传播中华文化；北京卫视的《上新了·故宫》，以年轻态手法挖掘蕴含在文化遗产中的价值，展现紫禁城的历史与文化之美；《典籍里的中国》生动解读《尚书》《论语》《本草纲目》《孙子兵法》等中华优秀典籍，以戏剧形态展示中华经典古籍的丰富内涵，11 期节目累计收获全网 200 余个热搜热榜，触达受众 60 亿人次……这些爆款文化类节目立足我国深厚的文化内涵，对中华优秀文化基因进行创造性移植，将节目"思想 + 艺术 + 技术"的创作水准推向高峰，不少节目还在欧美国家受到热捧。

对文化认同的价值坚守不仅体现在从取之不尽的中华文化中吸取精神滋养，还体现在对青年用户的把握与引领上。新视频节目契合青年用户的内在需求，通过在传统文化与当代潮流文化之间寻求最新表达方式，引领当代年轻人的文化认同。不同于以往很多文化类节目严肃、刻板的宏大叙事，湖北卫视的《非正式会谈》不断融合国际、青年、诙谐等元素，并与 B 站合作打造弹幕版内容，备受青年人青睐。受疫情影响，湖南卫视 2020 年的元宵晚会在录制现场取消了实体观众席，首次设置弹幕式观众席，这既是疫情之下节目的应变之举，更是传统电视媒体拥抱青年弹幕亚文化的尝试……无论哪种类型的新视频节目，都要用心、用情做好新时代青年文化的引领者。节目创作通过在博大精深的传统文化中挖掘出最能与时代共情的内容，将中华 5000 年文明中的厚重感与审美力、时尚感、艺术性相结合，依托节目内容的创新呈现，让具有传承价值的文化精华释放出传播价值和现实意义。

2. 多屏交会的传播联动

随着台网融合的不断深化和移动端口对影像创造力的全面释放，新视频节目的融合传播从过去止步于多平台播出层面的初级阶段，发展为在节目研发、制作、播出和宣发的全流程中与不同媒体、跨界平台的协同合作。

以中央广播电视总台的多屏交会传播为例，在节目播出方面，中央广播电视总台持续以融合推动创新。2022 年以来，在北京冬奥会、全国"两会"、香港回归祖国 25 周年等重大报道中，通过多频道、多平台推出形式多样、内容丰富的节目内容，形成平台之间的同频共振。如在香港回归祖国 25 周年报道中，电视端口的《新闻联播》连续推出《良政善治开新篇》系列报道，新闻频道推出《香港回归 25 周年系列高端访问》《中国心 香江情》等系列报道，中文国际频道推出大型融媒体报道《直播大湾区》。在融媒体平台，短视频《香港街头出现移动中国红》相关话题阅读量达1.8 亿次；原创产品《粤语之美》邀请香港社会知名人士朗读唐诗宋词，相关话题阅读量超 1.1 亿次。①

在节目生产方面，传统广电在媒体深度融合过程中已经完成自有新媒体客户端的建设，在多屏传播受众分化的局面下，各平台发挥自有优势，在更大范围内整合资源，实现平台之间在团队、技术等诸多方面的优势互补。中央广播电视总台的视听新媒体平台"央视频"，充分挖掘总台的资源优势，集结央视众多知名主持人，以年轻语态和富有网感的内容打造"央 young"IP 系列节目《央 young 之夏》《冬日暖央 young》《开工喜央 young》，以多屏互动的传播方式输出热点话题。如 2021 年 12 月 11 日《冬日暖央 young》第一期在央视频上线播出后，引发观众的热议与参与。截止到 12 月 13 日，节目全网短视频播放量超 2.6 亿次，"冬日暖央 young""朱广权总结对东北人的三大误解"等话题登上微博热搜榜，"遇上朱广权才懂手语老师有多难""理论知识王者马凡舒""撒贝宁不想当队长的心情谁懂"等由节目内容衍生出的话题成为网友们热议的"心头好"，网友们纷纷喊话：第二期快来吧！根本不够看！② 通过节目内容与传播平台的精准对接，针对性生产新视频节目内容，让移动端与电视端双重导流，实现多屏交会的传播联动。

除了打造以新媒体客户端为代表的多平台传播渠道，传统广电通过加强与第三方平台的深度合作实现双向破壁。2019 年 12 月，活跃在 B 站混剪视频里的央视知名主播朱广权通过一段视频，官宣央视新闻正式入驻 B 站。B 站网友通过"前排合影""我们小破站有排面"等疯狂滚动的弹幕表达对它的欢迎，成为主流媒体拥抱青年圈层迈出的重要一步。2020 年年初，央视新闻联合 B 站多位 UP 主进行"战疫情"视频创作，将用户引入媒体业务流程……媒介融合没有边界，只需要找到连接的桥梁实现彼此的融合，在这一思路指导下，以中央广播电视总台为代表的传统媒体在与新兴媒体的融合实践中展现出勃勃生机。

在节目的传播方面，多屏互动和受众的高度参与性使传统媒体中原本的主动与被动、主体与客体的关系发生了根本性变化，受众的角色由单一的接受者变为传受合一的双重身份。在网络平台上，绝大多数节目会提供会员专享的内容服务，会员可解锁

① 央视网.彰显强大引领力、传播力、影响力，总台庆祝香港回归祖国 25 周年报道备受关注 [EB/OL].[2022.7.4].https：//1118.cctv.com/2022/07/04/ARTIqowx8Ud4kuv52AX08ApD220704.shtml.

② 传媒视听.《冬日暖央 young》是如何引领青年文化的？ [EB/OL].[2021.12.14].https：//baijiahao.baidu.com/s?id=1719132671350300122&wfr=spider&for=pc.

选择更多的独家视频和节目花絮。为了观看更多内容，受众的会员购买行为增强了他们对网站的使用黏度，也同步提高了对节目本身的黏性。同时，观众在收看在线节目视频时，还可以进行选择，且不影响节目的观看进度，这成为辅助电视节目直播的重要收看模式。在手机小屏上，观众可以拿出手机，选择摇电视，进入互动界面，通过手机摇一摇参与互动抽奖等活动，还可以一键分享形成节目的多次曝光机会。也就是说，受众在多屏中拥有自由选择的权利，原本的节目时长、单一渠道的内容限制、不同渠道的传播壁垒都不复存在。

新视频节目经历传播技术革新、媒介竞争激烈的大浪淘沙，涌现出不少极具生命力、创新力与竞争力的老节目和新节目，给行业和观众带来了惊喜。随着5G、超高清、虚拟现实等新兴技术的飞速发展，视频节目的生产和传播如何更好地满足人们对美好视听体验的新需求，如何持续推动视听行业高质量发展，道路依旧漫长。

2022年2月中国互联网络信息中心（CNNIC）发布的第49次《中国互联网络发展状况统计报告》显示，截至2021年12月，我国网民规模达10.32亿人，手机网民规模达10.29亿人，网络视频（含短视频）用户规模达9.75亿人，网民使用手机上网的比例为99.7%。[①] 庞大的网民规模加上移动短视频的崛起，不断加速视频内容生态的发展。一方面，在轻量化"微时代"背景下，以央视为代表的主流媒体和爱、优、腾等视频网站与商业机构，以及自媒体UP主等多元创作主体都在微视频节目生产的行列；另一方面，转型期的中国社会，涌现出多元化的个人选择和职业经历，也成就了各具特色的中国故事。随着直播和短视频的发展，大量草根网红出现，这类群体在新视频行业的深化发展过程中，将成为吸纳不同主体参与视频生产、共同引领社会主流价值观的重要力量。

受到新媒体尤其是移动社交媒体的冲击，传统适应于固定场景尤其是客厅文化分享的传统电视媒体日渐式微。在传统媒体移动优先的发展进程中，2022上半年CCTV-1的收视率或许会带给我们新的启示。2022年CCTV-1上半年的收视率统计显示，文化节目《古韵新春》首播收视率同时段排名第1，首、重播累计观众规模达1.79亿人；原创系列节目《当非遗遇上冬奥》首、重播累计触达观众1.79亿人次；《2022中国诗词大会》《"字"从遇见你》等多档精品节目的收视率位居同时段同类型节目第一；品牌栏目《今日说法》2022年上半年平均收视份额为9.18%，创5年来最高值，收视率全国同时段排名第一。融媒体生活服务节目《生活圈》25~34岁观众收视率提升109%[②]……电视媒体社交传播语境下的强势回归，意味着媒体融合告别了新老平台的高低划分与简单平移，走向更具顶层设计的立体化、连接化、融合化传播之路。大屏收视率的逆势上扬、节目口碑与收视共进，既与全国庞大的大屏收视人口基数有关，更与多屏互动同步发力的媒体融合举措、主流媒体对传播价值的守正创新关系紧密。

---

① 中国互联网信息中心．第49次《中国互联网络发展状况统计报告》（2022）[R/OL].[2022.2.25].http：//www.cnnic.net.cn/hlwfzyj/hlwxzbg/hlwtjbg/202202/P020220721404263787858.pdf.

② 中央广播电视总台总经理室．领跑电视赛道！2022上半年CCTV-1收视耀眼．[EB/OL].[2022.8.1]. https：//mp.weixin.qq.com/s/LA-oX4jfuIxy1e_c3GaQO2g.

　　放眼未来，无论是长、短视频形式，还是大小移动屏幕，新视频节目要做的是立足中国土讲好中国故事。唯有将中华民族特有的文化传统和内涵积淀融入具有中国特色的审美力，以前沿科技和艺术表达的创新构建富有中国特色的视频节目生态，新视频节目才能实现长久的引领力、传播力和影响力。

参 考 书 籍

[1] 赵玉明.中国广播电视通史 [M]. 北京：北京广播学院出版社，2004.

[2] 常江.中国电视史：1958—2008[M]. 北京：北京大学出版社，2018.

[3] 项仲平.电视节目策划 [M]. 北京：中国广播电视出版社，2002.

[4] 戴元光，金冠军.传播学通论（第二版）[M]. 上海：上海交通大学出版社，2007.

[5] 邢虹文.电视与社会——电视社会学引论 [M]. 上海：学林出版社，2005.

[6] 王晓红.电视画面编辑 [M]. 北京：中国传媒大学出版社，2002.

[7] 张健.视听节目类型解析 [M]. 上海：复旦大学出版社，2018.

[8] 徐光春.中华人民共和国广播电视简史 [M]. 北京：中国广播电视出版社，2003.

[9] 张新军.数字时代的叙事学：玛丽 – 劳尔·瑞安叙事理论研究 [M]. 成都：四川大学出版社，2017.

[10] [乌拉圭]阿里洪.电影语言的语法 [M]. 陈国铎，黎锡等，译.北京：北京联合出版公司，2013.

[11] [韩]郑淑.韩国综艺节目如何讲故事：从真人秀、脱口秀、喜剧节目到纪录片、广播节目的创作策略 [M]. 陈圣薇，译.成都：四川人民出版社，2019.

[12] 孙玉胜.十年：从改变电视的语态开始 [M]. 北京：人民文学出版社，2012.

[13] 张绍刚.电视节目策划笔记 [M]. 北京：新星出版社，2010.

[14] 张冠文.人与互联网的同构——媒介环境学视阈下互联网交往形态的演化 [M]. 北京：中国广播电视出版社，2015.

[15] 胡智锋主编.电视节目策划学（第三版）[M]. 上海：复旦大学出版社，2020.

[16] 喻国明，张小争.传媒竞争力：产业价值链案例与模式 [M]. 北京：华夏出版社，2005.

[17] 吴信训.新编广播电视新闻学（第三版）[M]. 上海：复旦大学出版社，2018

[18] 赵子忠，赵敬.对话：中国网络电视 [M]. 北京：中国传媒大学出版社，2011.

[19] [英]莫利，[英]罗宾斯.认同的空间：全球媒介、电子世界景观与文化边界 [M]. 司艳，译.南京：南京大学出版社，2001.

[20] 谢耘耕，陈虹.真人秀节目：理论、形态和创新 [M]. 上海：复旦大学出版社，2007.

[21] 景志刚主编.另一种镜像——中国电视综艺创新四十年 [M]. 北京：中国广播电视出版社，2020.

[22] 梁国伟，侯薇.数字电视的媒介形态 [M]. 北京：中国电影出版社，2008.

[23] 胡智锋，张国涛等.内容为王：中国电视类型节目解读 [M]. 北京：中国国际广播出版社，2006.

[24] 潘知常，孔德明.讲"好故事"与"讲好"故事：从电视叙事看电视节目的策划 [M]. 北京：中国广播电视出版社，2007.

[25] [美]伯格.通俗文化、媒介和日常生活中的叙事 [M]. 姚媛，译.南京：南京大学出版社，2006.

[26] 王明轩.即将消亡的电视：网络化与互动视频时代的到来 [M]. 北京：中国传媒大学出版社，2009.

[27]　宋晓阳 . 日本经典：电视节目模式 [M]. 北京：中国广播电视出版社，2009.

[28]　谭玲 . 网络文化与电视批评 [M]. 北京：中国社会科学出版社，2009.

[29]　[英] 阿伯克龙比 . 电视与社会 [M]. 张水喜，鲍贵，陈光明，译 . 南京：南京大学出版社，2007.

[30]　[美] 大卫·麦克奎恩 . 理解电视：电视节目类型的概念与变迁 [M]. 苗棣，赵长军，李黎丹，译 . 北京：华夏出版社，2003.

[31]　[美] 卡斯特 . 网络社会的崛起 [M]. 夏铸九，王志弘，等译 . 北京：社会科学文献出版社，2006.

[32]　[英] 汤普森，[美] 鲍恩 . 剪辑的语法（插图修订第 2 版）[M]. 梁丽华，罗振宁，译 . 北京：北京联合出版公司，2017.

[33]　任金州 . 电视节目策划研究 [M]. 北京：中国广播电视出版社，2002.

[34]　彭兰 . 中国网络媒体的第一个十年 [M]. 北京：清华大学出版社，2005.

[35]　雷蔚真 . 网络迷群与跨国传播：基于字幕组现象的研究 [M]. 北京：中国传媒大学出版社，2012.

[36]　黎斌 . 电视融合变革：新媒体时代传统电视的转型之路 [M]. 北京：中国国际广播出版社，2011.

[37]　李军 . 传媒文化史：一部大众话语表达的变奏曲 [M]. 北京：北京大学出版社，2012.

[38]　时统宇，吕强 . 电视知识分子 [M]. 北京：社会科学文献出版社，2012.

[39]　[美] 加里·维纳查克 . 感恩经济：新媒体时代的口碑营销 [M]. 刘海清，李红梅，译 . 北京：外文出版社，2012.

[40]　BIRESSI A，NUNN H. Reality TV–Realism and Revelation[M]. NY：Wallflower Press，2005.

[41]　HEYT，et al. The Fourth ParadigmLData–Intensive Scientific Discovery [M]. NY：REDMOND Washington，2009.

[42]　OUELLETTE MURRAY S. and Reality TV：Remaking Television Culture[M]. New York University Press，2004.

[43]　ULIN J.The Business of Media Distribution：Monetizing Film，TV and video content in an Online World[M]. NY：Focal Press，2009.